国家社会科学基金项目

国际视野下的南京国民政府
纸币政策研究

张秀莉 著

上海社会科学院出版社
SHANGHAI ACADEMY OF SOCIAL SCIENCES PRESS

目　　录

绪　论 …………………………………………………………………… 1
　　一　学术史回顾 ………………………………………………………… 1
　　二　研究思路与主要内容 ……………………………………………… 6
　　三　资料来源 …………………………………………………………… 7

上篇　兑换券阶段的纸币政策

第一章　各自为政的发行政策与参差不齐的纸币信用 ……………… 13
　　第一节　政府银行的纸币发行概况 …………………………………… 13
　　第二节　商业银行的纸币发行概况 …………………………………… 25
　　第三节　地方银行的纸币发行概况 …………………………………… 43
　　第四节　外商银行和中外合办银行的纸币发行概况 ………………… 45
　　第五节　领券制度 ……………………………………………………… 56

第二章　南京国民政府的管理措施 …………………………………… 61
　　第一节　收束纸币发行权 ……………………………………………… 61
　　第二节　检查纸币发行准备金 ………………………………………… 64

第三章　推行纸币改革的拟议 ………………………………………… 69
　　第一节　关于本位制问题的讨论 ……………………………………… 69
　　第二节　废两改元中关于统一纸币的讨论 …………………………… 74
　　第三节　各类币制改革拟议 …………………………………………… 77

小　结 …………………………………………………………………… 79

中篇　法币阶段的纸币政策

第一章　国际视野下的法币改革 ……………………………………… 85
  第一节　美国与法币改革 …………………………………………… 85
  第二节　英国与法币改革 …………………………………………… 90
  第三节　日本与法币改革 …………………………………………… 93

第二章　法币政策的规定及变动 ………………………………………… 97
  第一节　法币改革令的颁布及相关政策 …………………………… 97
  第二节　第二次币制改革宣言中的政策变动 ……………………… 103
  第三节　抗战期间法币政策的变动 ………………………………… 107
  第四节　抗战胜利后的法币政策 …………………………………… 112

第三章　法币政策的实际推行 …………………………………………… 115
  第一节　法币在全国的推行 ………………………………………… 115
  第二节　现银的集中 ………………………………………………… 126
  第三节　法币币信的维持 …………………………………………… 150

第四章　法币发行数额及币值的变动 …………………………………… 160
  第一节　从法币改革到抗战初期的发行数额及币值变动 ………… 160
  第二节　抗战中后期的发行数额及币值变动 ……………………… 170
  第三节　抗战胜利后的发行数额及币值变动 ……………………… 183
  第四节　发行准备日益空虚与币信下降 …………………………… 188

小　结 ……………………………………………………………………… 198

下篇　金圆券阶段的纸币政策

第一章　金圆券改革的决策内幕 ………………………………………… 203
  第一节　王云五与金圆券改革 ……………………………………… 204
  第二节　蒋介石在金圆券改革中的决定作用 ……………………… 208

第二章　金圆券本位制度之考辩 ………………………………………… 215
  第一节　各方对金圆券的质疑 ……………………………………… 215

第二节　金圆券何以立信 ································· 218
　　第三节　金圆券信用的监管 ······························· 228
　　第四节　金圆本位制的欺骗性 ····························· 236
第三章　金圆券定价研究 ··································· 242
　　第一节　法币币值的差异 ································· 242
　　第二节　金圆券定价依据 ································· 244
　　第三节　金圆券定价的影响 ······························· 245
　　第四节　制度设计的漏洞 ································· 255
第四章　金圆券的推行及结果 ······························· 258
　　第一节　收兑法币和东北流通券 ··························· 258
　　第二节　收兑金、银、外币 ······························· 261
　　第三节　"八一九"限价政策 ····························· 265
　　第四节　金融机构的外汇移存 ····························· 270
　　第五节　金圆券的急剧膨胀和崩溃 ························· 273
第五章　金圆券改革的政策缺陷和制度配套缺失 ··············· 282
　　第一节　金圆券改革的条件先天不足 ······················· 282
　　第二节　金圆券政策的内在缺陷 ··························· 287
　　第三节　金圆券改革推行中制度配套缺失 ··················· 289
小　结 ··· 295
尾声：银元券政策 ······································· 298
结　语 ··· 301

参考文献 ··· 305

后　记 ··· 319

绪　论

南京国民政府短短22年历史中,既成功完成了具有开创意义的法币改革,又出现了史无前例的恶性通货膨胀,其纸币政策经历了兑换券、法币、金圆券、银元券四个阶段,有关币制问题的法令、法规、条例、办法等更令人眼花缭乱。从史实上对南京国民政府纸币政策进行全面、系统研究非常必要。对纸币政策的分析从政府、机构、民众这三个层面进行分析,既可厘清制度设计与管理执行的是非得失,又可揭示影响政策推行的复杂因素,得出更为客观全面的分析与评价。

一　学术史回顾

南京国民政府纸币政策因为地位重要、涉及领域广泛,早已引起国内外学者的密切关注,相关成果丰硕。与本研究主题相关的成果可概括为以下几个方面:

第一,法币改革前的纸币政策研究散见于对地方银行、金融机构和纸币史的研究中。郭荣生(1967)和姜宏业(1991)都对省市地方银行的纸币发行进行过研究,他们认为绝大部分地方省市银行是地方军阀政府滥发纸币和替军阀借垫派款的金融机构,其内部管理十分混乱,随着军阀势力的兴衰而存亡进退,当然在政局稳定的地区,地方银行也开展以调剂地方金融、辅助经济建设为中心的金融工作。刘慧宇(1999)和石涛(2012)对于中央银行的研究、卜明(1995)和董昕(2005)关于中国银行的研究,《交通银行史》的研究中都涉及兑换券发行的内容。吴群敢(1949)和献可(1958)对在华外商银行的纸币发行做过系统研究。戴建兵(1993)关于中国近代纸币及于彤、戴建兵1996关于中国近代商业银行纸币史的研究,都是了解纸币发行及其形制的代表性成果。[①]

[①] 提到的书目已列入文末的"参考文献",在此不再详列版权信息。下同。

第二,法币政策始终是中外学界的研究热点。法币改革之初,即有众多著名学者著书立说,探讨法币改革前后的币制理论及法币政策出台的意义、解读政策的内容、提出稳固法币基础的条件等问题(如杨荫溥,1936;黄元彬,1936;余捷琼,1937;马寅初,1937;杨志鹏、王梅魁,1941)。抗战爆发后,又有学者对法币政策演变、地方钞券推行、与敌伪钞券斗争等问题进行研究(如刘大钧,1940;郭家麟,1941、1943;邹宗伊,1943;童蒙正,1944)。中华人民共和国成立以后,大陆有关法币改革的论文多达50余篇,涉及法币政策评价、法币性质、法币改革与通货膨胀、外汇政策或英美外交的关系、与金圆券的比较等问题,研究深度和广度不断推进。[①] 钟祥财(1995)关于法币政策前后中国的货币理论的研究,李爱(2014)关于美国购银政策对法币改革影响的研究,都从比较独特的视角对法币改革的成因进行了深入探究。台湾学者亦对法币改革、法币在近代货币演进的地位、战时法币与伪币和边币的斗争等问题进行深入研究,资料上多有突破(如卓遵宏,1985、1989;王业键,1981;林美莉,1996)。

由于法币改革处于中日战争这一特定背景下,无论政府还是学者都非常关注,观点上亦从对法币改革的敌视与否定评价,逐渐转向认可币制改革对中国经济发展的正面作用,对英美两国影响的评价亦更为客观(如东洋协会,1936;滨田峰太郎,1936;宫下忠雄,1938、1941、1943;饭岛幡司,1940;野泽丰,1981;久保亨,1999)。美国的财政顾问杨格在其关于中国财政问题三部专著(1963,1965,

---

[①] 吴景平:《美国和1935年中国的币制改革》,《近代史研究》1991年第6期;吴景平:《英国与中国的法币平准基金》,《历史研究》2000年第1期。吴景平:《李滋罗斯中国之行述评》,《近代史研究》1988年第6期。《国民党政府1935年的币制改革》,《浙江学刊》1995年第4期;《重评一九三五年的"币制改革"》,《近代史研究》1987年第1期;《南京国民政府历次重要的币制改革》,《中国档案报》2005年6月10日;《南京政府的三次币制改革》,《中国档案报》2004年2月13日;《1948:南京政府币制改革内情》,《民国春秋》1999年第2期;《1935年中国币制改革与英美日关系探析》,《四川师范大学学报》(哲社版)1998年第3期;《1935年币制改革对中国经济的影响》,《山西高等学校社会科学学报》1998年第4期;《简论在1935年中国"币制改革"问题上中日两国的矛盾与斗争》,《学海》1998年第3期;《旧中国的两次币制改革及其教训》,《改革》1996年第4期;《国民党政府时期的币制改革与通货恶性膨胀》,《郑州大学学报》(哲社版)1996年第2期;《1935年国民政府的币制改革》,《历史教学》1995年第9期;《1935年中国币制改革与中美英日国家利益的选择》,江西师范大学硕士论文,2004年;《对1935年国民党币制改革的反思》,《学海》2002年第2期;《美国的白银购买与中国国民政府的币制改革》,《齐齐哈尔大学学报》(哲社版)2001年第4期;《美国的白银政策与中国国民政府的币制改革》,《黄冈师范学院学报》2000年第6期;《一九三五年国民政府的币制改革》,《档案》1999年第2期;《美国对国民政府币制改革的态度及其影响》,《西南民族大学学报》(人文社科版)2005年第5期;《1935年中国币制改革与中美金银交换》,《学术研究》2004年第8期;《白银外交和币制改革:绝处逢生的"双赢"游戏》,《开放时代》2003年第3期;《白银危机与中国币制改革》,华东师范大学硕士论文,2005年;《南京政府币制改革在中美关系中的作用》,《青海师范大学学报》(哲社版)2006年第3期;《论西方大国对国民政府币制改革的反响及其成因》,《西华师范大学学报》(哲社版)2006年第3期;《英美日三国与国民政府的币制改革》,《历史教学》2005年第6期。

1971)中都涉及对法币政策的研究,他认为法币改革以无法预见的方式改变了世界的历史,但也造成了无法控制的通货膨胀。

第三,金圆券改革的研究从这一政策出台之际就开始了。《新币制——金圆券》①一书对金圆券的外部环境、政策缺陷、树立新币信用诸问题进行了探讨。但由于出版较早,有关金圆券的后续发展没有涉及。其他还有一些相关的文章诸如《望政府珍重金圆券的发行》②《从银本位、金本位、纸本位说到币制改革》③《泛论币制改革》④《论前后两次币制改革》⑤《从战后各国货币改革的经验看金圆券》⑥《从法币到金圆券》⑦《金圆券不能成功的十个理由》⑧等有代表性的成果,都从金圆券改革的不利因素等方面,提出保证币制改革成功应采取的必要措施。

中华人民共和国成立后出版了一些金圆券改革参与者、亲历者的回忆文章,这些文章所记载的内幕细节、生动事例等也具有较高的史料价值。代表性成果有黄元彬的《金圆券的发行和它的崩溃》、李立侠的《金圆券发行前的一段旧事》、寿充一的《发行金圆券是否是王云五之计?》和《蒋经国上海"打虎"记》、戴立庵的《蒋介石在上海勒逼金银外汇的回忆》、朱偰的《我所亲眼看到的通货膨胀内幕》、祝世康的《孔祥熙、王云五与通货膨胀》、龚凤皋的《上海通货膨胀见闻》、赵星洲的《币制混乱的贻害》、米庆云的《我所亲历的币祸之苦》、周启纶的《天津物价飞涨日记》等。⑨

其他关于金圆券的学术研究成果大致可分为以下几个方面:

第一,对于金圆券的通史性研究,有季长佑先生的《金圆券币史》,书中不仅收录了金圆券不同版别的图录、法令和办法的原文,还对金圆券发行的背景、主币券、辅币券、发行措施、货币流通、版别问题进行了探讨。⑩

第二,对于金圆券决策内幕及主要决策者的研究。如李金铮的《旧中国

---

① 中国经济研究所编著:《新币制——金圆券》,华夏图书出版公司1948年版。
② 社论《望政府珍重金圆券的发行》,《银行周报》第32卷第43期,1948年10月25日。
③ 王文玮:《从银本位、金本位、纸本位说到币制改革》,《银行周报》第32卷第39期,1948年9月27日。
④ 刘善初:《泛论币制改革》,《银行周报》第32卷第41、42期,1948年10月11、18日。
⑤ 李恭宇:《论前后两次币制改革》,《银行周报》第32卷第41期,1948年10月11日。
⑥ 庄智焕:《从战后各国货币改革的经验看金圆券》,《银行周报》第32卷第47期,1948年11月22日。
⑦ 汤德明:《从法币到金圆券》,《时与文》第3卷第19期,1948年8月27日。
⑧ 夏炎德:《金圆券不能成功的十个理由》,《银行周报》第32卷第50期(上),1948年12月13日。
⑨ 这些回忆文章收录于中国人民政治协商会议全国委员会文史资料研究委员会编:《法币、金圆券与黄金风潮》,文史资料出版社1985年版;文芳主编:《货币风潮——币祸》,中国文史出版社2004年版。
⑩ 季长佑:《金圆券币史》,江苏古籍出版社2001年版。

通货膨胀的恶例——金圆券发行内幕初探》①,朱雪芬的《南京政府倒台前夕的一场币制改革闹剧——评金圆券政策的出笼与失败》②。尤以对王云五与金圆券改革关系的研究较多,主要成果有沈云龙的《王云五与金圆券案质疑》③、张皓的《王云五与国民党政府金圆券币制改革》④、王作化等人的《王云五与民国末年的"金融风暴"》⑤,其中张皓的研究在史料引证和论述上最为深入、客观。

第三,对于金圆券推行过程及其措施的研究。主要有吴景平教授的《金圆券政策的再研究——以登记移存外汇资产和收兑金银外币为中心的考察》和《上海金融业与金圆券政策的推行》,揭示了南京国民政府宣称以收兑的金银移充发行准备的欺骗性,以及银钱业与中央银行围绕金银移交问题的复杂交涉过程。⑥张秀莉则对金圆券发行准备监理委员会进行了专门研究,分析了这一机构虽为确立新币信用而设,但从发行准备管理的实际来看,非但没有发挥应有的职能,反而成为检验政府屡次失信的晴雨表。⑦苏智良和朱华教授对伴随金圆券改革而推行的限价政策"打虎运动"进行过专题研究。⑧其他还有对于金圆券与法币改革的比较研究。⑨

第四,通货膨胀亦是中外学者的研究热点,主要内容都围绕法币与金圆券的通货膨胀。抗战胜利后,王璧岑和新陈(1948)针对法币急剧膨胀的恶果,提出挽救通货与财政总崩溃的对策,揭露政府表面上看似乎是始终"抱定了一个紧缩政策",实际上却完全是假的紧缩。杨格(1965)、张嘉璈(1958)和周舜莘(1963)的研究是有关南京国民政府通货膨胀研究的最重要成果。他们曾分别任中国高级财政顾问、中央银行总裁、中央银行国库局副局长,直接参与过货币政策的制订或执行,了解政策的内幕,研究中不仅使用了大量"第一手的独特资料",弥补了

---

① 李金铮:《旧中国通货膨胀的恶例——金圆券发行内幕初探》,《中国社会经济史研究》1999年第1期。
② 朱雪芬:《南京政府倒台前夕的一场币制改革闹剧——评金圆券政策的出笼与失败》,《宁波师范学院学报》(社科版)1990年第3期。
③ 沈云龙:《王云五与金圆券案质疑》,台湾《传记文学》第35卷第4期。
④ 张皓:《王云五与国民党政府金圆券币制改革》,《史学月刊》2008年第3期。
⑤ 王作化、王富喜、曹晓颖:《王云五与民国末年的"金融风暴"》,《文史精华》2009年第12期。
⑥ 吴景平:《金圆券政策的再研究——以登记移存外汇资产和收兑金银外币为中心的考察》,《民国档案》2004年第1期;《上海金融业与金圆券政策的推行》,《史学月刊》2005年第1期。
⑦ 张秀莉:《金圆券发行准备监理委员会述论》,《民国档案》2008年第4期。
⑧ 苏智良、朱华:《民国史上最丑恶的一章——金圆券币制改革与"打虎运动"》,《档案与历史》1986年第4期。
⑨ 戴友锋:《法币改革和金圆券改革的比较研究》,《福建金融管理干部学院学报》2001年第3期。

官方记录的缺漏,而且有实践经验的分析。新中国成立后大陆出版的《旧中国通货膨胀史料》(吴冈,1958)和《旧中国的通货膨胀》(杨培新,1963)兼具学术和史料价值,是研究这一问题的重要参考资料。

第五,在南京国民政府金融史[①]、财政史[②]、经济史[③]等通史类著作,及某些专题研究如发行准备政策[④]、白银问题[⑤]、外汇市场[⑥]、银行监管[⑦]、金融制度[⑧]、信用货币演变[⑨]等成果中,都涉及货币政策、纸币信用维持、纸币发行权等问题,但由于叙述主体不同,有关纸币政策的内容都比较零散。

从上述一些代表性成果的梳理即可发现,此项研究的前期成果很多,起点很高,这些成果为本研究提供了理论、方法、观点、史料的基础,但也使得创新突破的难度加大。笔者在细读这些研究成果时,发现了一些尚付阙如的重要问题值得深入研究。诸如:(1)尚没有关于南京国民政府时期纸币政策的整体性、系统性研究成果。虽然有诸多研究涉及这一问题,但人们对于南京国民政府纸币政策的认识仍旧是片断的、割裂的甚至是互相矛盾的。(2)关于纸币政策问题尚留下许多研究的空白点,如多数发行制阶段政府对纸币的管理、各发行银行的实际运作、省银行发行政策演变、币制改革大讨论与金圆券出台的关系、金圆券推行的过程及发行准备的处置、银元券出台的经过等问题都缺乏研究。(3)即使研究最多的法币政策亦有很多空白,已有成果多关注改革初期的研究,对后期政策演变、发行准备政策、法币政策的推行过程等问题的研究比较薄弱。(4)涉及纸币政策内容时,多是对文本规定的分析,而对这些规定的实际执行过程、结果及各方反应等缺少研究,因此对政策的绩效不能进行系统地对照与分析。本书即是要带着这些问题去做进一步的探索与突破。

[①] 洪葭管:《中国金融通史·国民政府时期(1927—1949年)》,中国金融出版社2008年版。杜恂诚主编:《上海金融的制度、功能与变迁(1897—1997)》,上海人民出版社2002年版。

[②] 贾士毅:《民国续财政史》,商务印书馆1932—1934年版。杨荫溥:《民国财政史》,中国财政经济出版社1985年版。

[③] 吴景平:《抗战时期的上海经济》,上海人民出版社2001年版。

[④] 张秀莉:《币信悖论:南京国民政府纸币发行准备政策研究》,远东出版社2012年版。

[⑤] 戴建兵:《白银与近代中国经济(1890—1935)》,复旦大学出版社2005年版。

[⑥] 宋佩玉:《抗战初期上海的外汇市场(1937—1941)》,上海人民出版社2007年版。

[⑦] 刘平:《近代中国银行监管制度研究》,复旦大学出版社2008年版。

[⑧] 杜恂诚:《金融制度变迁史的中外比较》,上海:上海社会科学院出版社2004年版。

[⑨] 刘艳萍:《中国近代信用货币演变初探(1840—1935)》,中国社会科学院研究生院博士学位论文,2008年。

二　研究思路与主要内容

一、研究思路

本书聚焦的问题是南京国民政府的纸币政策,从三个层面去深入研究纸币政策的发展脉络。第一个层面,是政策的决策过程。决策最能反映各种利益团体的博弈折冲,洞悉当权者对此问题的目标指向。第二个层面,是政策的推行过程。如果仅从文本上去解读与分析南京国民政府的纸币政策,便容易被其文字表面的叙述与严密所遮蔽,只有从具体执行中才能对其政策的合理性与当权者的真实目的做出较为客观的评判。第三个层面,是政策的影响过程。也就是政策从酝酿、决策、推行过程中所产生的影响,社会各界对政策的反应等,即从当时人、当事人的感受去理解政策的实际影响。在此基础上,可以比较立体地去呈现纸币政策的内容与利弊得失,从中发现问题,寻找其历史启示。

二、主要内容

南京国民政府纸币政策经历了兑换券、法币、金圆券、银元券四个阶段,每个阶段都有自身的特征,因此本书在结构安排上分为上篇(兑换券阶段)、中篇(法币阶段)、下篇(金圆券阶段)、尾声(银元券阶段),在每个阶段从上面所说的三个层面展开论述,这样比较容易分析与评判。主要内容如下:

绪论:通过学术史的梳理,阐述该项研究的学术基础和意义所在;对研究思路和主要内容进行简要说明;介绍本研究的资料来源。

上篇(兑换券阶段):这一部分包括三章,即"各自为政的发行政策与参差不齐的纸币信用""南京国民政府的管理措施""推行纸币改革的拟议",第一章是本篇的重点,全面梳理了各类发行银行的发行概况及币信维持措施。兑换券阶段的纸币发行主要沿袭北洋政府时期的政策,其特征是多元发行制下,不同银行、不同地区间的纸币信用参差不齐,但由于这一时期仍为兑现纸币,发行准备金就成为纸币信用的重要保障,从币信的维持主体而言,主要在发行银行自身,政府只起监督作用。但从国民政府的政策来看,收束发行权、严格发行准备是这一时期纸币发行管理的重要手段,并着手币制统一的工作。

中篇(法币阶段):这一部分包括四章,即"国际视野下的法币改革""法币政策的规定及变动""法币政策的实际推行""法币发行数额及币值的变动",从决策、执行到影响各个层面展开全面分析。法币政策的根本特征是从兑换货币转向管理货币,即管理和维持币值的责任从银行转向政府,但从南京国民政府的实际执行情况来看,并没有履行好管理的职责,问题不明、言行不一、虚与委蛇的情况屡见不鲜,政府在币信维持失败的同时也失去民众的信任。这一部分利用财政部和一些地方政府的档案,对法币政策的推行过程及其发行数额、币值变动等做了较为全面的梳理,是对以往研究的重要推进。

下篇(金圆券阶段):这一部分包括五章,即"金圆券改革的决策内幕""金圆券本位制度之考辩""金圆券定价研究""金圆券的推行及结果""金圆券改革的政策缺陷和制度配套缺失",除了从三个层面的全面论述外,还对金圆券的本位制度和定价进行专门研究,这一部分对以往研究的突破较多。以往关于金圆券的研究很不充分,原因是多方面的,一则是时间比较短,二则多半认为其"荒唐"不值得研究,三则是相关的资料特别少,着墨较多的是它所引发的史无前例的恶性通货膨胀。本人认为,正是因为金圆券是不合经济常规的币制改革,才更值得去研究,当局者并非不知其中利害,却为何执意要做,正是发现问题的突破所在。如果没有这样一次币制改革,就不会有对民间现金的再一次掠夺。

尾声(银元券阶段):银元券政策是国民政府军事溃败、政权行将瓦解之际推出的又一次币制改革,流通范围较小。其特征是国民政府试图以恢复银本位和兑现来获取人们的信任。其实,早在法币改革之前关于币制改革的讨论中,人们已认识到在当时的国际国内条件下已无法维持银本位,更何况在国内白银已出售或者外运殆尽的情况,再度打出兑现的幌子,已不可能唤起人们的信任,更何况在规定上又予以种种限制和推诿的手段,更让人反感,所以其失败在出台之际已经注定。

结语:这一部分进一步讨论了由南京国民政府纸币政策所引发的思考,即各类纸币政策的阶段性特征、政府管理上的"名""实"差异及其后果、纸币发行主体的自身问题、纸币政策推行中对于民生的影响等。南京国民政府纸币政策的失败对我们今天的货币管理仍有警示作用。

三　资　料　来　源

正如前面研究史的梳理部分所呈现的,与本课题相关的研究已有大批高质量的成果,因此要做好这项研究,不仅要选取一个好的视角,更需要新史料的支撑，否则很难跳出原有的叙述逻辑。本书主要运用未刊档案史料和报刊资料为基础展开研究。核心资料有以下几个部分。

一、中国第二历史档案馆藏档

南京中国第二历史档案馆的藏档无疑是本课题最核心的资料。本人利用三个多月的时间查阅了国民政府行政院档案（全宗号：二[2]）、财政部档案（全宗号：三、三[1]、三[2]）、中央银行档案（全宗号：三九六）、中国银行档案（全宗号：三九七、三九七[2]）、交通银行档案（全宗号：三九八）、中国农民银行档案（全宗号：三九九）、发行准备管理委员会档案（全宗号：六二六）中与本研究相关的内容。

二、上海市档案馆藏档

近代上海作为全国的金融中心，主要的发行银行都集中于上海，尤其是关于商业银行发行的内容，主要来源于上海市档案馆的资料。本人系统查阅了中央银行档案（全宗号：Q53）、中国银行档案（全宗号：Q54）、交通银行总行档案（全宗号：Q55）、中南银行档案（全宗号：Q265）、浙江兴业银行档案（全宗号：Q268）、浙江第一商业银行档案（全宗号：Q270）、上海商业储蓄银行档案（全宗号：Q275）、金城银行档案（全宗号：Q264）、中国实业银行档案（全宗号：Q276）、四明银行档案（全宗号：Q279）、中国农工银行档案（全宗号：Q280）、中国通商银行档案（全宗号：Q281）、上海银行公会档案（全宗号：S173）、上海市钱商业同业公会档案（全宗号：S174）等有关纸币发行和币制改革的内容。

三、斯坦福大学胡佛档案馆藏档

研究国民政府币制改革决策，离不开民国重要人物档案收藏的重镇胡佛档案馆。本人利用半年的时间，在胡佛档案馆系统查阅了蒋介石日记、孔祥熙档案、宋子文档案、杨格（Arthur N. Young）档案、张嘉璈档案、中国国民党党史会档案、Stanley K. Hornbeck Papers 等与历次币制改革攸关的重要资料。

四、斯坦福大学图书馆藏胶卷档案

斯坦福大学图书收藏的 *British FO Files*、*US Confidential Files*、*Records of the Office of Chinese Affairs 1945—1955* 是研究英美对华经济问题的宝贵

资料。比较遗憾的是由于这部分英文档案的数量庞大,整理需要时日,在本研究中尚未得到充分应用,以后会继续完善这方面的研究。

五、其他省市档案馆的藏档

为了对纸币政策在各地推行情况进行研究,本人还选取了一些有代表性的地方档案馆,前往查阅相关资料。如:四川省档案馆藏四川省财政厅档案(全宗号:民 59)、重庆市档案馆藏财政部档案(全宗号:0015)、中央银行档案(全宗号:0282)、中央银行重庆分行档案(全宗号:0286)、天津市档案馆藏天津市银行业同业公会档案(全宗号:J129)、中国银行天津分行档案(全宗号:J161)、大陆银行天津分行档案(全宗号:J216)、天津特别市财政局档案(全宗号:J54)、天津商会档案(全宗号:J128)、北京市档案馆藏北平市政府档案(全宗号:J1)、交通银行北京分行档案(全宗号:J032)、广东省档案馆藏广东省政府档案(全宗号:2)等,虽然相关资料不是非常多,但都提供了一些独特的资料,为全面研究南京国民政府纸币政策的实效,提供了立论的依据。

六、报刊资料

为研究各界对南京国民政府纸币政策的反应,本人全面查阅了《申报》《密勒氏评论报》《银行周报》《钱业月报》《中央银行月报》《东方杂志》和其他一些期刊。

七、资料汇编和研究著述

丰富的资料汇编和各类研究著述不仅为本研究提供了资料基础,更重要的是不同的理论、方法、观点对本研究启发和帮助很大,对原始资料的解读与组织也多有助益。

上篇　兑换券阶段的纸币政策

南京国民政府建立后至法币改革前,在纸币发行制度方面依然沿袭北洋政府时期的纸币条例及多数发行制度,各发行银行纸币信用的维持各自为政。纸币的种类更是五花八门,无所不有,有国家银行发行的,如中央、中国、交通、中国农民等银行;有商业银行发行的,如中国实业、四明、中南、中国垦业、浙江兴业、中国通商、中国农工、北洋保商等商业银行,都享有纸币发行权,并且都发行有相当可观数量的纸币。也有省银行发行的,如广东、广西、湖南、湖北、山东、山西、河北、四川、河南等省银行无不发有纸币。例如两广用毫洋,发的纸币通称毫券,其他各省用大洋,代表大洋的也是各种各样的纸币。此外还有外国银行发行的,如英国汇丰、麦加利银行,美国花旗银行,法国东方汇理银行,日本横滨正金、台湾、朝鲜等银行,都有巨量纸币流通于我国。此外还有企业商号发行的私票。

这样的币制格局,是国家不统一的反映,也是封建割据局面在经济上的表现,给人们的生活带来许多不便。如果一个人自北平动身旅行到广西,他在北平出发时手里所拿的纸币到上海要先换作上海通用的纸币,到广州后又要换成广东省银行的省钞,再自广东到广西,又由东毫换成西毫,种种贴水的损失自是难免。

而且,这些种类庞杂的纸币信用差别也很大,挤兑风潮时有发生。这一时期,纸币的信用主要依赖于各发行银行自身的努力,银行是维持币信的主体,纸币信用优劣的检验主要遵循市场的法则。这样的局面对民生所造成的影响,即是每当时局一有变动,大家就拿着纸币到银行去挤兑,挤兑的结果,现金准备充足的还好,现金准备不够的就只有关门大吉,纸币成为废纸,一般民众便要受到极大的损失。

第一章
各自为政的发行政策与参差不齐的纸币信用

法币改革前,全国享有发行权的银行除中央、中国、交通、中国农民银行外,还有四行准备库、中国实业银行、中国通商银行、中国农工银行、中国垦业银行、浙江兴业银行、四明银行、农商银行、大中银行、北洋保商银行、边业银行、美丰银行、福建东南银行;享有发行权的地方银行计有广东省银行、富滇新银行、湖南省银行、湖北省银行、河北省银行、广西银行、浙江地方银行、山西省银行、陕西省银行、广州市立银行、宁夏省银行、陕北地方银行、江西裕民银行、四川地方银行、南昌市立银行、河南农工银行、江西建设银行、青岛银行等。此外还有在华外商银行和中外合办银行。纸币种类庞杂,名目繁多,与此相应,发行银行也是币信维持的主体,各行的纸币信用也参差不齐。下文将从政府银行、商业银行、地方银行、外商银行四个系统分别展开分析。

第一节　政府银行的纸币发行概况

南京国民政府成立之初,承担政府银行职能的是成立于清末的中国银行和交通银行。1928年11月,中央银行成立。1933年,中国农民银行成立。从此,这四家银行作为政府银行,在南京国民政府纸币发行中发挥着最重要的职能。

一、中央银行

中央银行总行设于上海,根据《中央银行兑换券章程》规定该行兑换券发行须按照发行额数十足准备,以60%为现金,40%为保证准备,现金准备由现币及生金银充当,保证准备由国民政府财政部发行或保证之有价证券与短期确实商业票据充当。为了取信于社会大众,在章程中明确规定发行准备完全公开,每旬应将兑换券发行额数表及准备金额数表公布。"此为在法规上订定公布发行准备之嚆矢。"发行准备由该行监事会负责检查。① 中央银行兑换券印有上海地名,但不是地名券,全国一律通用。

中央银行之所以对发行准备如此重视,缘于广东中央银行的挤兑风潮和汉口中央银行的停兑,都使得人们对中央银行发行的纸币失去了信任,所以更要通过增厚准备来重建人们的信心。1928年行长陈行在谈及中央银行的沿革时,曾强调该行建立之初的应对策略:"于总裁、副总裁之下,设业务、发行两局,稽核、秘书两处,发行准备完全独立,发行会计完全公开,按月由监事会审核公布,以昭大信。此种制度,实施之前,煞费研讨,盖上海中外荟萃,金融业具有特殊势力,国府奠都未久,该行承粤、汉之后,不得不重树稳固之基础,以期未来之发扬光大,是故采发行独立制度,发行不与业务相混合,以示准备充实之意,其公开慎重,有足多者,行之既久,信用益著。"②

中央银行对发行准备的谨慎使它在1929年的挤兑风潮中成功应对,使该行兑换券的信誉大为提高。1929年3月5日,上海中央银行忽然发生挤兑风潮,但因准备充足,临时增设兑换处,并延长兑现时间,使得风潮平息下去。③ 为了推广发行,中央银行又于1932年向各地分支行处派驻发行专员,发行专员直接受发行局指挥,并得由发行局随时调派,可以随时检查驻在行处库存兑换券准备金,此项检查每星期至少举行一次,并将检查情形填表陈报发行局。④ 直至法币改革前,中央银行一直维持了较高比例的现金准备,高于中国银行和交通银行。这些措施使得中央银行兑换券发行数额增加较快。

二、中国银行

中国银行的前身是成立于1905年的户部银行,1908年改名为大清银行,1912年中华民国成立后改组为中国银行,继续享有发行兑换券的特权。成立之初,首先接收大清银行已、未印成之钞票,将已印成未签字之钞票改印行名,加盖图章签字与地名,并采用十足现金准备制度。1915年8月5日修正的《兑换券

---

① 洪葭管主编:《中央银行史料》(上卷),中国金融出版社2005年版,第54—55页;《银行周报》第12卷第44号,1928年11月13日。中央银行第一届监事会主席为李馥荪,监事有王敬礼、贝淞荪、秦润卿、虞洽卿、林康侯、徐寄廎。发行准备的历次检查公告详见《附录》。
② 洪葭管主编:《中央银行史料》(上卷),中国金融出版社2005年版,第26页。
③ 同上书,第56页。
④ 同上书,第62—63页。

条例草案》规定中国银行得以国债票、国库券、其他有价证券或商业上通用票据经财政部认为确实者,为保证准备,发行兑换券1亿元。其余发行额统须以国币及通用银元、生金银为现款准备,现款准备未满1亿元时,其用保证准备所发之券额,不得逾发行总额三分之二。1917年财政讨论会多次讨论《中国银行兑换券则例》后,公决:现金准备至少在三分之一以上;发行总额以2亿元为度,逾额增发须纳发行税;遇金融紧迫时,除原有流通数目照章准备后,暂时增发得用保证准备。在《中国银行兑换券法草案》中第二条规定为:"中国银行兑换券以国币及生金银为现金准备,照发行实数至少在三分之一以上,其余以中央公债票、国库券及其他有价证券,商业票据,经财政部认为确实者,为保证准备。"[1]

中国银行最初发行的兑换券,采取各地发行各地名券之制,其现金准备均由各发行行自行保管与调拨,另由总处向各发行行按成提取若干现金准备,作为集中准备金。1915年8月通过了《中国银行调度兑换券准备金办法》,设立调拨机关、分拨机关、领兑机关三级机关处理,调拨机关综理其统辖区内调度准备金一切事务,以分行统之。调拨机关应统筹各处兑换券行使程度,将准备金酌量支配于分拨机关。分拨机关收到前项准备金后,应即斟酌留存若干,并支配于所辖各领兑机关。调拨机关及分拨机关均得于其所辖区域内将准备金及兑换券随时酌量情形相机调动,或提回一部分。分拨机关如遇准备金不敷分布或留存准备金用罄时,得商调拨机关斟酌派拨,并得另提准备金若干,存备各领兑机关有紧急时运往使用;领兑机关准备不敷收兑兑换券时,亦得商请分拨机关添拨。各机关之库存准备金均须另设标记存库,不得与其他现款混淆。[2] 但随着各地分支机关的增设,兑换券的名目亦日益繁多,不但收付时手续繁琐、难于鉴别,而且时有贴水现象发生,钞券的流通受到影响。有鉴于此,中国银行改为分区发行制,将全国分为五大区,发行沪、津、鲁、汉、闽、滨、渝等地名券,其现金准备分存五区之发行行以备兑现,将发行权与发行准备初步集中。[3]

中国银行上海分行在宋汉章和张嘉璈执掌行务以后,即致力于维护纸币的信用,1916年抗拒袁世凯停兑令的成功更使得该行声誉鹊起,发行数额大增,流通范围亦广。1924年5月5日开始,中国银行将行庄领用券的发行准备实行公

---

[1] 中国银行总行、中国第二历史档案馆合编:《中国银行行史资料汇编》上编(二),档案出版社1991年版,第916—920页。
[2] 同上书,第927—928页。
[3] 同上书,第952页。

开检查,但并不公告。随着沪行发行额的增发,上海中国银行于1928年3月起,将属于沪分区行的发行额及发行准备,一律公开,以现金六成及有价证券、房地产、道契等按市价四成为十足准备。组织成立发行检查委员会,代表公众监督发行准备金及检查库存并予以公开,制订检查规则如下:

第一条 本委员会以左列各员组织之,均义务职,代表公众,有监督上海中国银行兑换券准备金之权,负随时检查上项准备金库存及账目之责。上海总商会委员中推定二人,上海银行公会委员中推定二人,上海钱业公会委员会中推定二人,领券各行庄推定代表二人,中国银行董监事中推定三人。

第二条 中国银行兑换券分本行发行、联行领用、及各行庄领用三种,均备足现金六成,其余四成,各行庄领券悉仍其旧,并在本委员会成立时,经本委员会将成立以前准备金内容,检查报告公众。以后继续发行,除各行庄领券仍照原定办法办理外,本行发行及联行领用,其准备金须照左列成分办理,现金准备六成,保证准备四成。

第三条 准备现金,或以银元生金银及庄票,或以外国现货币存在本库,或以外国货币存出国外,将单据存库抵充之,但中国银行为调剂市面起见,得提用一成,酌做押款,或往来透支,前项准备现金中,关于各行庄领券部分,订备短期押款,仍照原定办法办理。

第四条 保证准备以证券、房地道契、进出口押汇票据及商业票据,或妥实抵押品充之。但证券应以交易所逐日有市价,得以随时变现之公债票或库券为限,并照市价计算,房地道契照估价计算,进出口押汇票据照金额计算,商业票据以银行钱庄或殷实商号票据(酌取抵押品)充之,商业押款或往来透支,须有妥实押品,由中国银行核定,算之前项保证准备。关于各行庄领券部分,仍照原定办法办理。

第五条 上项准备金一律公开,与营业库存划分,专库存储。所存现金、生金银、外国现货币、证券、道契、庄票、商业票据、存出准备金之寄存证、及一切单据等,除由本会委员均得随时来行检查外,并由本委员会每三个月推定代表六人以上来行检查,将检查情形公布之。

第六条 本委员会聘请会计师一人,于检查库存时,经本委员会代表之嘱托,协助检查库存及账目事宜,其劳金由中国银行支给。

第七条　第一条所规定各团体推定之委员,有须增损时,得由中国银行提案,经本委员会决议之。

第八条　如金融界发生非常事故,中国银行认为必须研究补救时,得由中国银行提案,经本委员会决议行之。

第九条　本规则如有应行修改之处,应由中国银行提案,经本委员会议决实行。①

中行之所以自动公开发行准备,鉴于发行增加而责任愈重,即使有充足准备,而未尝公开,则难期社会完全信任,如果有风波,则影响于金融社会至巨。因为在多数发行制度之下,发行银行的责任更重,不仅本行挤兑风潮要时刻警戒,即使其他银行发生动摇,也要受到影响,公开发行准备则有助于提高中行钞券的社会信用。至于六成现金准备的规定,张嘉璈认为在当时的金融实况下,不应再少,而且将来如果发行增加,市面较松,尚拟增加至七成以上。②

上海中国银行公开发行准备的举措在当时即引起很大反响,获得积极的肯定和评价,更有人称赞这一措施"为我国发行制度开一新纪元",认为其效益有三,而弊害则无:

(1) 为该行发钞基础之巩固,从来该行对于发钞之准备,虽系力求充足,但以本无完善之规,与彻底之公开,则偶因环境关系,发行增加而准备率减少,要为事实所难免,将来发生危机,亦即预伏于此。今既规定彻底公开,又有委员会之严密监督,则发钞数目对于现金准备之间,必须谨遵六成之规定,现金准备能永远维持六成。该行纵有意外发生,当能应付裕如,是其发行基础,可以日臻巩固。

(2) 在发钞准备未曾公开时代,准备之实在情形,社会究难明白,则其信仰不坚,此其碍于钞票之流通者甚大。今中行全部公开,且因检查严密,将来按期报告之数字,社会皆信其可靠,是无形所获之效益,正至伟大也。

(3) 中行发钞数额最巨,足为沪埠全体华商发钞银行之代表。据调查所得,截至十六年末止,由该行直接发行者,计为七千余万元,由三十一家行

---

① 葛庐:《论上海中国银行之公开准备》,《银行周报》第12卷第12号,1928年4月3日。
② 张公权:《各国之发行准备制度与上海中国银行准备公开办法之比较》,《银行周报》第12卷第16号,1928年5月1日。

庄领去,间接发行者,计为二千二百余万元,两计该行上海区所发行之总额,共达九千余万元。吾人每期按该行所发表之数字,就其增减情形,可以藉见沪埠金融之变迁与其趋势,实为一极有价值之统计也。①

发行准备公开检查是中国货币发行史上的一大进步,通过这一制度,中国银行的钞票更加得到了社会的信赖。张嘉璈在后来的回忆中曾不无得意地肯定公开发行的意义:"此后中国银行全体发行,在国难重重,金融风潮迭起之中,仍能有增无减,而在法币实行前夕,中行发行且占中央、中国、交通三行之一半,不得不谓得力于发行准备之公开。日后中央、交通两行相继效法,民众至视三行纸币同于现金。……若非七年前,中行首倡发行准备公开检查,厚植券信,曷克臻此,是以动机虽微,而收效实宏。"②其实从1928年3月24日张嘉璈的一封密函中发现,沪行兑换券准备金公开推行的原因,消极方面是金融管理局派员来行检查,如果主动将准备公开,当局既不能以检查准备为要挟,而一经公共团体负检查之责,政府指此筹款当亦有所顾虑,积极方面是沪券正推行长江一带,一经公开不特信用昭著,推行顺利,而中行当局责任亦可大白于公众。③

1932年1月14日,为避免因公债与库券市价变动剧烈而对发行准备的负面影响,中国银行上海分行将发行准备金中之四成保证,内有以关余及盐余各种税收担保的公债与库券,以市价变动甚剧,一律抽换,另以道契、金公债及以德俄赔款担保之内国公债暨押汇票据等加入,以期稳固而昭信用。当时中行发行总额计达18 000余万元,上海分行发行占其中之七成,计12 500余万元,为使准备益臻确实,决定采取此项措施。④

中国银行上海分行的开创之功,使得中行的兑换券发行额不断增加,流通范围也最广,始终领先于其他发行银行。到1934年底,中国银行的钞票发行额为20 471万元,占中央、中国、交通三行发行总数的50.7%,占全体银行发行数的34.6%,成为全国资力最雄厚、业务最发达的华资银行。⑤ 而在中行内部,沪券占全行的比重也不断攀升。通过下面两个统计表的分析,即可直观发现这一变化。

---

① 谦益:《论上海中国银行发钞公开》,《钱业月报》第8卷4号,1928年6月。
② 姚崧龄编著:《张公权先生年谱初稿》,台北传记文学出版社1982年版。
③ 中国第二历史档案馆藏,中国银行档案,档号:三九七(2)-36。
④ 姚崧龄编著:《张公权先生年谱初稿》,台北传记文学出版社1982年版。
⑤ 洪葭管主编:《上海金融志》,上海社会科学院出版社2003年版,第153页。

表1　1914—1928年中国银行上海分行兑换券发行额　　（单位：万元）

年　份	1914	1915	1916	1917	1918	1919	1920	1921
全行发行额	1 640	3 845	4 644	7 298	5 217	6 168	6 688	6 249
沪行发行额	282	494	370	508	668	701	1 220	2 184
沪行占总行%	17.2	12.9	8.0	7.0	12.8	11.4	18.2	35.0
年　份	1922	1923	1924	1925	1926	1927	1928	
全行发行额	7 777	8 099	8 998	12 709	13 742	15 900	17 230	
沪行发行额	2 753	2 928	4 133	6 629	4 581	7 034	11 195	
沪行占总行%	35.4	36.2	45.9	52.2	33.3	44.2	65.0	

资料来源:《中国银行上海分行史(1912—1949)》,经济科学出版社1991年版,第22—23页。

表2　1928—1935年中国银行全行及上海分行发行额　　（单位：万元）

年份＼类别	全行发行额	占全国重要发行银行发行总额%	上海分行发行额	占全行发行总额%
1928年底	17 280	55.79	11 195	64.9
1929年底	19 773	56.46	13 135	66.4
1930年底	20 385	49.36	13 061	64.1
1931年底	19 175	47.76	12 349	64.4
1932年底	18 443	41.60	11 287	61.2
1933年底	18 373	36.52	12 188	66.3
1934年底	20 471	34.65	13 687	66.8
1935年底	28 625	42.53	17 567	61.0

资料来源:《中国银行上海分行史(1912—1949)》,经济科学出版社1991年版,第67—68页。

从上表可以发现从1928年开始,中行沪券占全行的发行比例始终在60%以上。而与之形成鲜明对比的是,贵州中行因无力兑现,难以为继,1929年被贵州省政府告到财政部,称该行"滥发纸币吸收现金,黔民脂膏亏耗殆尽"。对于这一控告,中国银行也是满腹委屈,因为无法兑现的原因是前贵州省政府亏欠银行巨款,导致行力空虚,至1927年2月券价跌落,行力告竭,无法挽救,经各界议决维持办法,以二成兑现,二成发给特别存单,其余六成之数作为商民代前省政府归还旧欠。贵州中行的纸币因行库空虚不能恢复兑现,导致纸币折减至一二折。① 从中行钞券的正反对比中,反映出当时钞券发行各自为政的特点,即使同一家银行,不同发行区域的纸币信用也存在巨大差异。

三、交通银行

交通银行成立于 1907 年,1909 年开始发行兑换券。因为政府垫款滥发钞票,现金准备不足,只得于 1916 年遵令停止兑现。直至 1917 年 2 月 1 日向日本兴业、朝鲜、台湾三银行借款日金 500 万元,交行沪行才于 4 月 30 日起照常营业,恢复兑现。② 1921 年 11 月,交行因京钞存单债务及上海交易所风潮影响,再起挤兑,不得已再度限制兑现。上述两次停兑对交行兑换券的信誉影响很大,为此交行在发行业务上进行较大改进,以提高钞券的信用。1922 年 1 月 6 日恢复无限制兑现时,同时筹备发行独立,增订京、津二行及沪行增设发行股暂行办法,规定兑换券发行须备现金准备七成,保证准备三成。11 月增订分区发行试办章程,发行独立,准备公开,四六成准备从此成为定制。同月改组津行发行股为第一区发行总库,次年开始检查准备。后又陆续增设上海、汉口、奉天、哈尔滨 4 个发行总库,根据需要设立分支库。各区发行的兑换券,印有发行所在地的地名,由各发行银行负责兑现,发行准备金亦由各该发行银行自行保管,以备兑现。③

但从其内部的资料来看,各发行库的发行准备状况差别较大。1928 年 12 月 29 日,据交行沪行称,该行发行自 1924 年 8 月移交沪库接管之初,自身发行准备缺款为数甚巨,虽经推广发行、切实经营,渐渐补足了所缺准备。但由于营业受时局影响,现金头寸塞涩,所缴现金准备之一部分仍不能不以证券折价作抵,与定章尚有未合,不得不提出变通办法。以有价证券按市价九折抵用发行现金准备,现金准备以总数二成为度,而将同业领券现金准备项下提出现款二成存放营业,由营业交入实值证券以资抵数。这一移花接木的做法无疑使沪行发行的现金准备比例大打折扣,但交行总管理处通过了沪行库的这一做法,只是提醒

---

① 中国第二历史档案馆藏,财政部档案,档号:三(2)-170。
② 据曾任北洋政府财政总长的李思浩回忆:袁世凯被迫取消帝制后,梁士诒认为中交两行共发行钞票 7 000 余万元,而库存现金只有 2 000 万元。除放出商款约 2 000 万元外,历年贷与政府约有 4 000 万元,当时内外债方面业已无法可想,如因军政各费,继续增发钞票,必将引起提存挤兑风潮,银行会立即倒闭,局面将不可收拾,主张由政府通令停止兑现付现。(《关于上海中国银行 1916 年抗令兑现的回忆》,载上海市政协文史资料委员会编:《上海文史资料存稿汇编》经济金融(五),上海古籍出版社 2001 年版,第 1—13 页。)
③ 交通银行总行、中国第二历史档案馆合编:《交通银行史料》第一卷(下册),中国金融出版社 1995 年版,第 805—821 页。

倘遇市面紧急兑钞增多之时,应陆续设法掉换现金以固准备。①

北京分库所存现款更显单薄,天津总库的现款接济随运随用,1928 年 10 月 25 日,津总库密函总管理处,要求严令禁止京行任意挪用库款、流出现金。但总管理处认为为了兼顾营业起见,不能不暂予通融,京库存现无论如何须以 100 万元为最低限度,其余所缺额数只可另行从长计议。津库依然坚持"根本办法仍唯有力请津京两行将原挪准备尽速设法补充,始为正办,盖津钞准备长此薄弱,无论市面发生变动,危险立见,即目前北方各行亦日在惴惴不安之中,瞻念前途,深用悚惧。"②可见以发行现金准备挪作营业用款,已为交行总管理处所公然支持,在此政策下所谓的四六准备制亦成为虚设的规定。

1930 年 3 月 6 日,据烟台分库报告该处烟钞及龙钞发行额共为 752 100 元,其六成现款准备金除存总处 254 500 元及龙处存现 1 620 元外,活期存款烟行项下为 15 万元,此款随烟钞发行额而伸缩,除上列各款外,烟库实在库存现洋仅有 45 140 元,连同保证准备内所有之现洋 1 万元计算,共计库存现洋 55 140 元。津行库认为"准备实嫌过于单薄,每念及之,深抱不安"。1930 年 8 月 6 日,总管理处就烟台行库存空虚一事致函津行库:"唯对于准备成分至为忽略,现金既经逐渐减少,从前存于汇丰之款又复换为支票代替,目前准备现金已无成分可言,长此以往,分库不啻虚设,殊失本行发行独立之本旨,如因该地接近军事范围本行库房不便多存现款之故,尽可酌存于当地较为稳便之外国银行,名义手续,行库不妨分办,凡属准备款项之他行存折等证据应用烟库名义,由库收存,方为合法,倘以烟行所开之汇丰支票交库抵现,是无异以本行活存作为准备,此种办法殊欠慎重,特此函达,即希转嘱烟行库从速切实整顿,并将办理情形具后为要。"③1930 年 3 月 27 日,鲁库发行额有 2 723 000 元,库存现洋实际只有 430 730 元,现金准备只有 15.8%,准备非常薄弱。④

1933 年 7 月,交通银行又变更了分区发行制,改为集中发行制,沪区发行总库并入总行为发行部,同时改进发行组织,取消津区、沪区等分区名称,以原设各区总、分库为各地分、支库,又以济南、青岛、烟台三库改隶总行。⑤此后,发行准

---

① 中国第二历史档案馆藏,交通银行档案,档号:三九八-12154。
② 同上。
③ 中国第二历史档案馆藏,交通银行档案,档号:三九八-12250。
④ 同上。
⑤ 交通银行总行、中国第二历史档案馆合编:《交通银行史料》第一卷(下册),中国金融出版社 1995 年版,第 812 页。

备虽然仍分存各地,但由总行统一调度。从下面的资料中,我们可以了解其发行准备在各库之间的划转情况。1933年8月14日,交行总行致函定海支库:查定库发行发出多而兑入少,存置准备现款之额应以8万元为度,遇有余多应随时汇划或装运来沪,俾收集中之效,再各行库应将每日库存现金、同业往来存欠余额及兑入、发出钞券数目用公函陈报本总行发行部。兹查其实际存数超出甚巨,务希将逾限之额即日设法装运或由营业划转前来。9月29日,交通银行余姚发行支库致函总行:查敝处库存现金日渐增多,花市形将落令,用场不广,兹在准备金内提出5万元运交甬库。11月27日,武进交通银行库存现款准备金为数过巨,总行要求其调沪15万元,由大丰公司装运到沪。12月8日,交行浙库以现金准备单薄,不敷应付兑现,请求总库即予装现金准备10万元运往,以备应用。交行总库拨付无锡支库10万元准备金。12月25日,闽省事变,余姚金融紧张,谣诼纷繁,姚库为充足准备起见,曾于12月10日商请甬行装运现洋3万元以资准备。12月26日,无锡交行库存不丰,由武进库于现款准备项下提出10万元运往。①

1922年起,交通银行鉴于1916年和1921年两次挤兑风潮打击的教训,决定充实钞票准备金并予以公开,因为天津发行钞票数量较少,现金容易筹措,所以津库先予试行。1922年10月25日起即开始在北京的《银行月刊》上公告流通额和发行准备,公告以后,发行数额即显著上升,1922年9月30日的流通券仅579 390元,到12月16日止流通券数额已达1 564 000元。②但交行津库的发行准备公开,由该行董监事和会计师一起检查,尚不属公开检查。

1930年12月17日,交通银行总管理处呈财政部称:"敝行沪区总库自发行独立以来,因在筹备期间,故对于准备公开手续迄未办理,兹以各发行银行之准备多已次第公开,敝行自应同样办理,藉昭慎重,拟自民国二十年一月一日起即将筹备字样取消,正式成立沪区总库,并组织检查发行准备委员会实行检查。"显然交行已感受到其他银行公开准备的压力。交行《检查发行准备委员会规则》规定:检查发行准备委员会,先从沪区总分库实行。检查发行准备委员会由该行的董事长、总经理、常务董事1人、董事1人、常驻监察人6人、券务部主任7人、所在地行经理或主任组成,以总经理为主席,总经理缺席时由委员中互推一人为

---

① 《分支库调拨准备》,中国第二历史档案馆藏,交通银行档案,档号:三九八-12466。
② 交通银行总行、中国第二历史档案馆合编:《交通银行史料》第一卷(下册),中国金融出版社1995年版,第859—868页。

临时主席。检查事项为现金准备和保证准备。每月至少检查一次。聘请会计师一人会同办理检查事务，所有检查情形由会计师证明公布。财政部认为检查委员会各委员均系该行本行职员，核与中国银行检查委员加入银行公会、总商会、钱业公会及领券各行庄代表并由部派主管司长等之规定不同，似与公开之旨未符。关于准备金成数，又未分别订明，亦有未合，唯该行骤然公开，事实上或有为难之处，为顾全该行起见，准予照原订规则试办一年或半年，再由财政部令饬修改。① 而从交行公布的检查报告来看，现金准备成数勉强凑足六成（见表3）。

表3　交通银行沪区发行总库检查报告表　　　　（单位：元）

检查日期	兑换券发行额	现金准备 数额	比例%	保证准备 数额	比例%
1930.1.9	40 636 649	24 531 529	60.37	16 105 120	39.63
1931.2.13	42 706 749	25 665 869	60.10	17 040 880	39.90
1931.3.14	39 293 185	23 606 305	60.08	15 676 880	39.92
1931.7.18	43 348 369	26 046 769	60.09	17 301 600	39.91
1931.8.15	42 484 569	25 529 289	60.09	16 955 280	39.91

资料来源：中国第二历史档案馆藏，财政部档案，档号：三(1)-2504。

四、中国农民银行

中国农民银行创办于1933年，最初称豫、鄂、皖、赣四省农民银行，1935年3月改组为中国农民银行。1933年4月蒋介石发布的《国民政府军事委员会委员长兼豫鄂皖三省剿总司令布告》中，宣称该行流通券"十足准备，随时兑现"。② 但该行成立目的即是作为蒋介石的筹款机构，其钞票发行也是作为发放军饷的来源，依靠军队强行使用，因此实际上不可能有充足的准备，更无法兑现，在法币改革以前也从未公布过发行准备的内容。

据统计，法币改革前中中交农四行的发行数额占各年度发行总额的比例都在65%以上，中交两行的发行额始终在中央银行之上，中国农民银行的发行额相比而言则差了很多。这一现状是法币改革时宣布以中中交三行发行纸币为法币的基础。详情见表4、表5。

---

① 中国第二历史档案馆藏，财政部档案，档号：三(1)-2504。
② 中国人民银行金融研究所编：《中国农民银行》，中国财政经济出版社1980年版，第178页。

表4　政府银行发行兑换券指数及占发行总额比例

（指数1921年=100，单位：百万元）

行 别	1927 指数	1927 比例	1928 指数	1928 比例	1929 指数	1929 比例	1930 指数	1930 比例	1931 指数	1931 比例
中央银行	—	—	100.00	3.79	131.31	4.39	193.54	5.49	214.92	6.40
中国银行	254.43	60.65	275.72	55.79	316.40	56.46	326.19	49.36	306.83	48.75
交通银行	215.96	24.83	225.68	22.03	229.64	19.76	275.00	20.07	269.04	20.62
合　计		85.48		81.61		80.61		74.92		75.77

资料来源：《中国重要银行最近十年营业概况研究》，第22页。

表5　中中交农四行发行兑换券统计表（1932—1935）　（单位：元）

银行名称	1932	1933	1934	1935
中央银行	39 995 360	71 063 301	86 048 617	179 923 546
中国银行	184 426 937	183 726 997	204 713 465	286 245 042
交通银行	94 500 925	93 004 611	112 512 472	180 825 650
中国农民银行	—	2 008 000	5 663 382	29 846 807
合　计	318 923 222	349 802 909	408 937 936	676 841 045
占全年发行总额比例	70.6%	65.4%	65.7%	78%

资料来源：中国银行经济研究室编印《全国银行年鉴》(1936)。

由上述统计比较可以发现，在政府的纸币发行业务中，中国、交通银行占有绝对优势，这也是法币改革时由中中交三行共担法币发行的原因，再者政府银行的纸币发行额在所有纸币发行中占有主导优势，这是发行权趋于集中的前提所在。

据耿爱德研究，"上海各银行发行纸币状况，实极健全完善，大都有充足之准备金"。[①] 尤其是中国、中央、交通三家银行通过各自的努力，使它们所发行的纸币赢得了全国各地商民的信任，为在全国推行纸币打下了基础。1934年11月起，受银价上涨的刺激，民众藏现心理复萌，内地需用现洋突增，中国银行当局见此情形，决定对内地分支行来电请求装运现银元者，一律应允，予以充分供应。1934年11月1日起，至12月25日止，由上海装入内地现洋计5700余万元。

---

① 耿爱德著，受百译：《上海纸币及现银准备述略》，《银行周报》第14卷第6号，1930年2月25日。

但上海全体华商银行库存,并未见大减。10月底,上海华商银行钱庄库存银元24 708万元,现银2 068万两。所减之数,银元只400余万元,现银只500余万两。原因在于中、中、交三银行之纸币发行,有增无减,同时尚有造币熔银所铸之银元。1934年中、中、交三行发行共增5 548万元,仅中国银行一家即增加发行20 986 468.04元。上海中国银行为民众之需要,增加一元券发行,减少现银元需求。一时库存一元券供不应求,不得不以已印就北京地名之一元券,改印上海地名,供应市面。① 由此可见在白银压力之下,民众对于中国银行纸币信心,丝毫未减,而1934年中国能度过白银外流所引发的危机,不得不谓有赖民众对于中央、中国、交通三行纸币的信任。这与三行注重充实发行准备,并予以公开的努力密不可分。

第二节 商业银行的纸币发行概况

发行兑换券本为中央银行特权,但在1928年以前,因中央银行制度尚未确立,因此商业银行亦得发行兑换券。1921年以前成立的地方银行和普通商业银行都享有兑换券发行权,以致每一银行成立,新兑换券随之出现。1921年以后成立的新银行拥有发行兑换券之权的绝少。南京国民政府初期拥有发行权的商业银行,全部是原有发行权的延续。

一、中国通商银行

中国通商银行于1897年5月27日在上海成立,是中国自办的第一家银行。该行成立时,获得清政府户部批准,发行银元和银两两种钞票。中国通商银行在获准纸币发行权后,对发行准备作了如下规定:"本银行可出钞票,见票即付来人通用之银或金(为当地出票之合例通宝)。其行用钞票总数,不拘何时,不得逾收足股本十成中之九成。本银行每处发行钞票,须按钞票行用之数,各行常时留备通用现银或现金三分之一。"② 从中我们可以了解到,通商银行的钞票是分区发行,发行准备中的现金比例为三分之一,现金准备的形式为银或金,发行额不超过实收股本额的十分之九。

---

① 中国银行总行、中国第二历史档案馆合编:《中国银行行史资料汇编》上编,档案出版社1991年版,第557—558,2176页。

② 谢俊美编:《盛宣怀档案资料之五——中国通商银行》,上海人民出版社2000年版。

中国通商银行虽然将纸币发行作为重要的资金来源,但其发行准备政策有失严密。1928年底南京国民政府财政部鉴于北方的钞票挤兑风潮,通令各行将发行额数及准备实况呈报。从财政部对于该行呈报内容的批复来看,该行"所报发行总额仅举约数,而准备金项下又不将细数详列,殊属不合",因此要求该行将最近发行数额暨准备金实况再行分别列表详报。① 但这一状况并未因财政部的调查而有改进,直至1933年,该行各分支行处理发行准备的办法还未能一致,各行自行其是,完全独立,以致该行总管理处每期汇总的发行额与准备额,难以尽合。财政部派员查核后,认为不符合发行原则,必须严格纠正,要求平时对于发行准备两额亦须对照相符,凡非即期票据仅可充作保证准备。总管理处为了应付部定法例,提高发行信用,暂定补充办法:

(1) 自1933年8月10日起各分支行办事处对于每月十日、廿日两期之实际发行额及自行准备额均应按照每月底电告办法办理,由本处核实汇总,以免对照不符。

(2) 兑换券准备比例表自本月十五日起改为按日填报,每月三期电告,之后关于自行准备之现金、保证两种细目如不能填入准备比例表,应按期加编兑换券准备金余额表两份,以一份留底,一份寄处备财部查核,至已发收回之券平时得列作现金,每旬转入库存券可也。

(3) 每日进出之库存兑换券允用去若干,即由各行自行设法准备若干,皆须当日转账,如有未能自行准备时应先电询代理总库之沪行商定代备额,并同时约定转账日期,即一方依额代备、一方依额转出库存券。

(4) 允各行庄所出期票除即期外均作保证准备论。②

1932年8月起,中国通商银行开始公告发行准备情形,每月检查一次。尽管从公告数字来看现金准备都在六成以上,但实际存在发行准备与营业资金相混、移东补西的情况,发行准备并不充足。1934年中国通商银行的发行额达到2900多万元,而现金准备加上保证准备不过900多万元,严重不足,1935年夏该行即因发行准备空虚,发生挤兑风潮,应付为难,岌岌不可终日,被迫改组董事

---

① 上海市档案馆藏,中国通商银行档案,档号:Q281-1-51。
② 上海市档案馆藏,中国通商银行档案,档号:Q281-1-124。

会,由中央银行、中国银行、交通银行等各拨款100万元接济,挤兑形势始告缓和。① 1935年6月3日,财政部派员检查该行发行兑换券数目及准备金实况后,认为发行准备保证准备金内列房地产一项,约占发行准备19%,达到保证准备半数以上,成数过高,殊有未合,要求该行设法减少,另行购置确实可靠之有价证券,以重准备。②

二、四明商业储蓄银行

四明银行创设于1908年8月,成立后即获得发行钞票权,根据其章程第二条规定"本银行按照商业银行通例,以存款、贷款、贴现、汇兑、发行银洋各票为营业之大宗"。在开办之初,"拟先发行期票、汇票两种,俟办有成效再行发行银洋各票"。③ 但不久发行钞票即成为重要的资金来源和业务大宗,发行数额有不断增加的趋势。根据其营业报告的统计,其兑换券发行额及准备金状况如表6。

表6 四明银行发行额及准备金状况(1931—1935)　　　　(单位:元)

届 期	时 间	兑换券发行额 本行发行	兑换券发行额 同业领用	发行兑换券准备金
第24届	1931.12.31	6 202 460	5 550 000	11 752 460
第25届	1932.12.31	8 344 600	6 750 000	15 094 600
第26届	1933.12.31	11 347 600	8 150 000	19 497 600
第27届	1934.12.31	11 810 300	6 500 000	18 310 300
第28届	1935.12.31	19 220 800	4 000 000	23 220 800

资料来源:上海市档案馆藏四明银行档案,档号:Q279-1-48。

对于钞票的发行,该行建立了一系列的规章与合约。为了扩大该行钞票的流通范围和纸币信用,四明银行还与其他银行签订了《领券合同》《代兑合约》。根据其与中国兴业银行签订的《领券合同》(1933年7月4日)来看,中国兴业银行领用兑换券数额以50万元为限,并须于两个月内领用足额,不得延误;领用兑换券时应备现金六成、保证品四成缴付四明银行作为准备金,其现金应以现币缴纳,不计利息,保证品应以市面流通之公债库券(应照市价七折计算)或上海房产

---

① 洪葭管主编:《上海金融志》,上海社会科学院出版社2003年版,第145页。
② 中国第二历史档案馆藏,财政部档案,档号:三(1)-2506。
③ 《四明商业银行营业章程》,上海市档案馆藏,四明银行档案,档号:Q279-1-47。

道契(须经甲方认可,估价照七折合计)充之。① 根据四明银行(甲方)与上海商业储蓄银行(乙方)签订的《代兑合约》(1933年9月26日)规定:甲方委托乙方代为兑现;甲方拨交乙方现金1万元充作代兑准备金,由乙方出给收条存查;甲方拨交乙方之准备金不计利息等共计13条详细的规定。②

关于纸币的发行准备,亦有明确的条文。《发行准备暂行办法》规定如下:

一,发行兑换券须有十成准备,归总管理处券务股保管。

二,现金准备至少须占发行总数十分之六,其余得以保证准备充之。

三,现金准备以现银圆、生金银及外国现货币为限,但存放同业各行及钱庄之现银圆、银两及外国现货币亦得作为现金准备,唯其数额不得超过现金准备总额十分之四。

四,保证准备以市面流通之公债、库券、各大商埠之房地产契据、进出口押汇票据及商业票据为限,公债库券应按市价折合,不得以票面金额计算,房地产契据照实在估价计算,进出口押汇票据照金额计算,商业票据以银行钱庄或殷实商号票据(酌取抵押品)充之,亦按金额计算。

五,存放准备金之同业各行及钱庄应由券务股长拟开户名,陈由总经理核定。

六,各分行代发行之流通券准备金暂以五成存各该分行作为存放准备金,其余五成划归总管理处保管,以四成作保证准备,一成作现金准备。前项存放准备金,总处得随时调拨,不计存息。前项保证准备得由代发行之分行购置,决算时归该分行计算损益,如遇跌价时应由该分行即行补足,但此项保证品应以本办法(四)所举之种类为限,并应陈报总管理处核定,并缴送总处券务股保管。

七,同业领用券准备金应按照本办法(二)所定现金六成保证品四成缴纳。此项保证品如遇跌价时应由领券同业即行补足。

八,准备金每月应由总经理券务股长盘查一次。③

从文本的规定上看,四明银行对于纸币发行准备的管理要比中国通商银行

---

① 上海市档案馆藏,四明银行档案,档号:Q279-1-270。
② 同上。
③ 上海市档案馆藏,四明银行档案,档号:Q279-1-267。

严密和规范。从 1932 年 8 月份起,该行开始在《新闻报》《晨报》《银行周报》《申报》《时报》《时事新报》《民报》上同时公布发行准备检查报告。① 根据其公布的数字看,现金准备的比例多在七成上下浮动。但据曾任四明银行经理的孙鹤皋回忆:总经理孙衡甫在发行钞票方面,只把发行钞票看作是重要的资金来源,却不注意建立准备金。有一次四明发生挤兑风潮,孙衡甫无法应付,只得与虞洽卿说妥,由虞亲自押运几箱银元到行,应付兑现,另以石子装箱百余只,尾随其后,抬入库房,以示现金准备充足,用了空城计,总算把挤兑应付过去。四明的最高发行额是 2 000 万元,却没有依照当时政府的规定,备足现金准备,检查时移东补西应付过去。②

另从其他一些零星的史料中,可以合理地推断,其发行准备并未遵照上述《发行准备暂行办法》的规定执行。1934 年 4 月 9 日,财政部对四明银行的训令中即指出:"该行发行兑换券数目及准备金实况业经部派员查明在案,兹查发行现金准备项下列有代兑领券准备金一百五十五万元,原系收回明华及万春两行庄之领用暗记券,此项暗记券既经收回,自应与各该行庄即日算清,未便长期抵作现金准备之用,又保证准备项下公债只占发行总额百分之七点五,数额过少,并应切实增加,合行令仰遵照办理,并具报查核。"③该行改组以后,奉派担任董事长的吴启鼎在向孔祥熙陈述营业没有转机的理由时,慨叹"无奈本行内容实属过于空虚,无米之炊徒滋叹息,其中最难于解决之点厥为呆账太多,存款总额五千余万元,而不易收回之旧欠竟达二千余万元之巨(可望收回者仅一千五百万元),准备如此其脆且弱,故数年以来每遇风潮发生辄感焦头烂额"。④

从充当发行准备的内容来看,四明银行发行准备中房地产所占比重更高,达到保证准备的 55% 以上,约占整个发行准备的 22% 以上,详见表 7。

表 7　四明银行发行保证准备分类报告表　　　　（单位:元）

分　类	1935 年 8 月	比　例	1935 年 9 月	比　例
公库证	880 000	21.6%	880 000	21.7%
存单存折	669 540	16.5%	662 774	16.4%

---

① 上海市档案馆藏,四明银行档案,档号:Q279-1-267。
② 孙鹤皋:《四明银行由商办改为官商合办的经过》,《旧上海的金融界》,上海人民出版社 1988 年版,第 203—209 页。
③ 上海市档案馆藏,四明银行档案,档号:Q279-1-267。
④ 中国第二历史档案馆藏,财政部档案,档号:三(2)-3704(1)。

续　表

分　类	1935年8月	比　例	1935年9月	比　例
各种公债库券	66 660	1.6%	57 700	1.4%
房地产	2 277 000	55.9%	2 272 725	56.1%
各种股票	176 800	4.4%	176 800	4.4%

资料来源：根据上海市档案馆藏四明银行档案 Q279-1-267 中相关资料编制。

三、中国实业银行

中国实业银行于1919年4月正式成立，1922年开始发行纸币。[①] 中国实业银行是一家重要的发行银行，钞票发行是其主要业务之一。关于发行业务的管理，在总管理处设发行部，专办发行兑换券及准备事宜，各分支行及办事处由总管理处考察地方情形，酌设发行分部或支部，分部隶属总管理处，支部隶属分部。兑换券由总管理处发行部定制分发各分部备用。各分部领用兑换券应先加印地名，总经理签字及所在地之分支行经理签字后再为发行。支部领用管辖分部之兑换券，但向管辖分部具领时并应报告总管理处查核，其具有地方特殊情形之支部经总管理处核准后，亦得发行所在地名之兑换券。各分部应将流通额及准备金数目每日列表报告总管理处，每旬由总管理处汇报财政部一次。对于发行准备的规定亦较为严密，发行准备金应按十足准备，但分支部得酌察情形交足六成现金，其余四成得以确实有价证券充当之，此项有价证券之种类应先陈经总管理处核准，遇有市面紧急时应酌量增加现金成数。准备金及流通数目均应公开，并由总管理处随时派员检查，以昭核实。总管理处对于各分支部准备金得斟酌调拨或集中之。各分支部兑换券及准备金应与营业库存分别保管以便检查。[②]

据中国实业银行1934年份营业报告称："本行于发行时准备力求充足，库存与营业完全划分，不相牵涉，上海及汉口方面且于每月经会计师检查登报公告，而财部且不时派员视察，故本行兑换券信誉甚著，流通甚广，自厦行闽处设立，已分布于华南。"[③]但在兑换券发行准备金的处理上，中国实业银行同样存在较大的漏洞。1935年财政部在检查了该行的兑换券数目及准备金实况，即指出：

[①] 上海市档案馆藏，中国实业银行档案，档号：Q276-1-158。
[②] 上海市档案馆藏，中国实业银行档案，档号：Q276-1-4；Q276-1-395。
[③] 上海市档案馆藏，中国实业银行档案，档号：Q276-1-82。

该行全体发行现金准备项下存出准备金内,由总管理处转拨存放沪行商业部 10 万元,又外存准备金内,由各发行分支部拨存各分支行商业部,计 12 916 210 余元,两项存款,合计 13 016 210 余元,约占发行准备 30%,存放本行为数过巨,核与发行独立原则不符,应即酌予收回存库,以重准备。①

1935 年 6 月 3 日,财政部又指出:中国实业银行沪行保证准备金内,公债库券约只占发行准备 13%,而道契约占 20%,成数过高,应即酌购确实可靠之有价证券以资安全。②

法币改革前,中国实业银行的有些分支行曾因各种原因发生过程度不同的挤兑风潮。1932 年初中国实业银行天津分行发生挤兑风潮,情况危急,这从 2 月 19 日津行密陈总行的信函中即可看出,该函称:"津行自挤兑风潮发生,连日筹划借款,应付兑现及存款,竭蹶万分,昨在协理公馆会议,承董事总协理诸公谆嘱鄙人勉力支持二日,至二十一日钧处必有具体办法,故此奔走借款,昼夜不停,现在款已用罄,仍须继续借款维持,迭向各方接洽,均不愿受股票作押,拟将言总董前提押品房契三张作押,前途业已首肯,上项房契如已由言总董抵押,借得款项,即请将款送下,以备明日各项应付之需,否则即请将契纸从速掷下,以便敝处设法押借,若无契纸又无款项则明日势必不能开门,事关恢复营业,责任至巨,敝经理实难负此重咎。"③1934 年 1 月 31 日,中国实业银行济南分行突然发生挤兑风潮,商民存有该行纸币者,均极恐慌,纷纷持往兑现,情形极为严重。该行为昭示信用起见,临时延长办公时间,对于前往兑现的商民,作无限制兑现,直至深夜十一时,始行休息。2 月 1 日早六时,即提前开始营业,前往挤兑,仍未减少,除由本行兑换外,又在济南市厚生、元康等银号二十余处,设立兑换处,代为兑现,至午后四时余,兑现商民,始渐形稀,一场挤兑风潮,至此始告平息。④ 这次兑现之所以能应付过去,据济南支行称该行"发行准备金原有头寸本不甚充足",但"自改组支行,颇具戒心",因此"竭力补充库存准备及外存准备",与发行额相比较,约有十足之数。⑤ 1934 年 11 月,在湖州和杭州的市面上,由于没有兑现机

---

① 中国第二历史档案馆藏,财政部档案,档号:三(1)- 2506。
② 同上。
③ 上海市档案馆藏,中国实业银行档案,档号:Q276 - 1 - 327。
④ 上海市档案馆藏,中国实业银行档案,档号:Q276 - 1 - 395。
⑤ 上海市档案馆藏,中国实业银行档案,档号:Q276 - 1 - 60、Q276 - 1 - 395。

关,关于中国实业银行的钞币信用谣言甚多,一些商家采用折价收受纸币的办法。① 苏州也曾因中国兴业银行倒闭发生误传,引起中国实业银行挤兑,不久波及于各地,总管理处居中调度,不久都归于平静。② 1935 年 5 月 28 日,青岛中国实业银行再度发生挤兑。③ 为了应付挤兑,中国实业银行连续三次向中央、中国、交通三行累计借款达 522 万元,直至 1935 年 12 月份才开始归还部分款项。④

南京国民政府在对中国实业银行进行救济的同时,也完成了对该行的人事改组。1935 年 5 月 30 日,中国实业银行总经理易人,刘晦之以病辞职,由中央银行国库局局长胡祖同代理。⑤ 通过初步的人事改组,无疑直接将势力打入银行内部,银行经营状况的真实情形尽在掌握之中。1935 年 8 月 24 日,中国实业银行新任总经理胡祖同密陈财政部,汇报充实发行准备的情况:

> 窃属行前因市面紧急,发生挤兑风潮,仰蒙钧部力予维持一切,状况早在洞鉴之中。查发行准备照章现金至少六成,保证至少四成,祖同视事适在兑潮澎湃之后,所有现金准备存放沪行及分支行约一千一百余万,保证准备则多已抵押,爰自六月下旬起,将保证所短之数,悉转存放沪行账内,以昭核实,嗣经详加考虑,究觉现金部分多属沪行欠款,于法仍有未安。兹查属行沪分部最近发行数为二千七百万元左右,因就原有款品加以整理补充,自本年八月下旬起,计现金准备约得六成而强,保证准备约当四成而弱,核与部章规定勉可相符。唯历年以来百业凋敝,市面呆滞,银行放出各款一时难以收回,准备方面遂亦不免受其影响,此次编定各款,按之定例仍多未合,而溯厥由来,要非获乙单内所列,除现金一部分分存于沪行及分支行,一俟头寸宽裕陆续拨还外,其保证项下所估债券地产价值亦均核实,唯内有扬子面粉公司等押品,永宁保险公司等股票资金,原系营业部分资产,因另有一部分债券地产押在中央、中国、交通三行,故以该项暂时替补,刻已督饬主管人员将所放各款上紧设法催收,地产则俟得价变卖,俾便购买法定债券,将不适

---

① 上海市档案馆藏,上海银行公会档案,档号: S173-1-300。
② 上海市档案馆藏,中国实业银行档案,档号: Q276-1-82。
③ 《中央日报》1935 年 5 月 29 日。
④ 上海市档案馆藏,交通银行总行档案,档号: Q55-2-584。
⑤ 《中央日报》1935 年 5 月 30 日。

于保证准备之品逐渐换回,其押存三行之债券,将来次第赎回,仍可将原件交库,不致虚悬,祖同深知发行准备关系极为重要,现金保证成数有定,不能随意变更,此后幸托并蒙行基得以日固,关于前项准备自当尽于最短时间纳之正轨,期于部章无背,行誉有裨,为此开单,据实密陈,伏乞鉴核备案。①

财政部收到这份呈文暨附于其后的清单以后,即密令该行:查该行发行兑换券准备金,虽据已就原有款品加以整理补充,勉与部章规定相符,但核其内容,现金准备沪行往来为数过巨,保证准备内容庞杂,均于巩固券信有妨,应即督同该行前任负责人员将现金准备项下沪行往来切实收回,保证准备项下不甚确实之证品,设法调换合法债券,以重准备,而固券信。②

四、浙江兴业银行

1908 年,浙江兴业银行获得清政府度支部颁发的营业执照,并取得钞票发行权,开始发行钞票。但至 1915 年 9 月,浙江兴业银行改为领用中国银行兑换券,收回自发钞票,兑换券领用额为 300 万元,领券时应备现金五成、中央公债券二成半交付中国银行,以充保证。其余二成半空额应由兴业银行自备保证,中国银行得随时派员点验。③

随着浙江兴业银行业务的发展,领用钞票不敷行使,于 1921 年又向财政部呈请继续发行。④ 根据《浙江兴业银行发行规程》的规定,发行完全与营业分立,所有发行准备金与营业准备金须分别存储,不得相混。发行准备金定为现金准备七成,现金准备以通用银元为限,不得代以他行钞票、外国银行钞票或各种票据等,如以现银换出银元至多不得逾现金准备十成之二,并应至迟于三日内换回银元。总分支行收发兑换券一律按此成数办理,不得随意参错,其余三成由总行以存款准备科目转账。存款准备三成作为分支行暂欠总行之款,遇兑现需要时即须照还。分支行所有发行准备金均系总行存入,非照总行规定办法不得动用。暗记兑换券之准备金得由发行行与领用行另订办法。总分支行应于营业库外另

---

① 中国第二历史档案馆藏,财政部档案,档号:三(1)-2506。
② 同上。
③ 上海市档案馆藏,浙江兴业银行档案,档号:Q268-1-66,Q268-1-71;《中国银行行史资料汇编》上编(二),第 1033 页。
④ 徐寄顾:《最近上海金融史》(上册),上海商务印书馆 1932 年 12 月增改三版,第 80—81 页。

设发行库，或将营业库划出一部分作为发行库，该库在分支行暂由会计股代总行掌理之，仍由收支股负收付之责。对于兑换券准备金的收付，亦规定了详细的办法：

甲，分支行向总行领到兑换券时，应由收支股点数装箱固封，交会计股存储发行库，待发行时会计股将原封点交收支股。

乙，分支行将兑换券发行时，应将现金准备七成由收支股装箱固封，预交会计股存储发行库，并将存款准备三成如数收入发行准备金，存折交会计股收执。

丙，分支行将兑换券换回准备金时，由会计股将收支股原封兑换券收回保存，同时将收支股原封准备金点交收支股，其存款准备三成应凭发行准备金存折付出之。

丁，分支行因彼此代兑关系，会计股应交还营业股之准备现金，逐日彼此结算清楚，由会计股收支股会同开箱，收支股将应收之数取出后，仍原箱固封交会计股保管。

戊，发行库存兑换券暨准备金遇检查时，应由会计股收支股会同启封查毕，仍由收支股固封之。①

浙江兴业银行的发行权统一于总办事处，总分支行所存兑换券暨发行准备金由总办事处随时检查，分支行并得由总行随时派员检查。1930年7月起开始将发行兑换券及发行准备情形，按期登报公布。

除发行规程外，该行还制订了一系列办法，有关发行准备管理的内容如下。《发行兑换券暨布置发行准备金办法》规定：

1. 本行发行准备金与营业准备金完全分离，另行存储，其办法另订之。
2. 各行所有发行准备金均系总办事处存入，非照总办事处规定办法不得动用。
3. 各行发行准备金暂定现金准备七成，各行收发兑换券一律按此成数办理，不得随意参错，其余三成由总办事处以存款准备科目转账。

---

① 上海市档案馆藏，浙江兴业银行档案，档号：Q268-1-31。

4. 现金准备以通用银元为限，不得代以他行钞票、外国银行钞票及各种票据等。

《各行领用兑换券及处理发行准备金办法》规定：

1. 各行向总处领到兑换券后应先交会计股暂存发行库，俟营业上有需用时再向会计股陆续领用，领用时须将准备金按照规定成数向会计股预缴清楚。

2. 各行营业上或以收存兑换券过多时得将兑换券向会计股换回准备金唯仍须按照规定成数（即现金七成存款三成）办理。

《各行兑换券及发行准备金记账手续》规定：

1. 各行向总处领到兑换券时即用存入券科目收总处之账。

2. 各行会计股将兑换券发交营业上应用并将准备金收到后即用存入券与存入准备金两科目照转总处之账。

3. 各行应在营业往来存款账上特设一发行准备金户专记暂欠总处三成准备之账。

4. 各行兑换券由营业上领去后无论已发行在外或存储营业库中，应即一律作为现金。注意：各行营业上积存之本行券无论领去未发或陆续兑存之券在未与准备金转账以前，均系总处流通券并非各行存入券，不得混入发行库内。

5. 各行营业上将兑换券向会计股换回准备金时，其转账手续即依第二条及之。

6. 各行代兑他地名券时除收总处存入券账外所有代付之款即由营业上全数照转原发行行之账，原发行行收到报单将应有准备金在营业账上收代兑行后即按照规定成数向会计股结算清楚，并照转总处发行准备金之账。①

---

① 上海市档案馆藏，浙江兴业银行档案，档号：Q268-1-330。

兹将其法币改革前兑换券及准备金情况列表于下：

表8　浙江兴业银行发行兑换券及准备金表(1935年3月4日)　　(单位：元)

发　行　数		准　备　金			
行　名	金　额	现金准备	对发行数之%	保证准备	对发行数之%
本行发行	4 169 773	库存 4 602 000	50.2	公债库券 2 319 000	25.4
他行领用	5 000 000	存出 968 000	10.5	道契 1 061 000	11.6
		存款 219 773	2.3		
合　计	9 169 773	5 789 773	63	3 380 000	37

资料来源：中国第二历史档案馆藏,财政部档案,三(2)-1220。

浙江兴业银行在发行业务方面较为谨慎,不愿有所扩充,虽然其纸币流通额不巨,但其金融地位稳固,所发纸币信用较高。耿爱德曾断定该行"若其当局果欲扩充发行额,其事至易也"。①

五、四行准备库(中南银行)

四行准备库是金城银行、盐业银行、大陆银行、中南银行为联合发行中南银行钞票而组建的。1921年6月,中南银行获准设立,并取得发行钞券的特权。中南银行总经理胡笔江为慎重政府赋予发行权及维持社会上钞票流通之信用起见,拟将中南银行钞票规定为十足准备,并由四行联合发行,设立四行准备库,公开办理,以坚信用。

《四行准备库发行章程》规定："钞票发行额暂以1 000万元为限,其准备金成分,以现金十足为准备,如至逾额发行之必要时,须由四行公议核定之。""四行准备库次第在沪、津、汉及其他已经设立四行之处所分设之。""四行准备库无论在何地方均须特立机关,设置于四银行之外。其准备库职务,专办钞票之发行,准备金之存储,以及印票兑现一切事务,不兼做其他营业,但四银行营业所内也不再设钞票兑现处,俾免混合。"为提高公众对所发钞票的信任,章程还特别规定"本准备库除政府特派监理官监察外,如银行公会、商会欲来本库调查,持有银行公会及商会正式介绍函者,一律欢迎"。② 后来发行准备的比例有所调整,自

① 耿爱德著,受百译：《上海纸币及现银准备述略》,《银行周报》第14卷第6号,1930年2月25日。
② 上海市档案馆藏,中南银行档案,档案号：Q265-1-181。

1926年起,四行向四行准备库领券开始用暗记券,准备金随即改为六成现金、四成保证,但依领券额的高低,可以调换;1927年又改为五成现金准备,五成保证准备;1931年3月,又改回到六成现金准备、四成保证准备。现金准备规定为金、银、银元、外钞等,保证准备为各种公债、债券、房地契和贴现票据等。准备库的账目完全独立,还建立严格的稽核制度,并邀请中外会计师定期检查,在报章公布检查结果。由于四行准备库认真执行"信誉第一"的原则,中南银行的钞券发行最高额虽至7 228万元,但准备充足,信用卓著。四行准备库发行准备的公告由天津、上海、汉口分别举行,每星期登报公告一次。天津四行准备库公告始于1929年7月,现金准备成数多在八成以上;上海四行准备库发行数额高于天津,公告始于1930年1月,起初现金成数在六成左右,自1932年12月后现金成数多在七成以上;汉口四行准备库发行数额最小,公告始于1934年4月,现金准备成数在七成上下。该行总体发行及准备情形详见表9。

表9　四行准备库历年兑换券流通数及发行准备比较表(1922—1935)　　　　(单位:元)

年　份	兑换券发行额	现金准备%	保证准备%
1922	2 052 398	100	—
1923	14 071 540	100	—
1924	12 743 850	99.46	0.54
1925	14 514 957	95.36	4.64
1926	15 420 762	96.13	3.87
1927	17 330 379	96.55	3.45
1928	29 645 905	64.40	35.60
1929	33 120 336	66.00	34.00
1930	49 184 656	65.32	34.68
1931	43 974 008	63.49	36.51
1932	44 704 668	78.57	21.43
1933	43 842 898	79.69	20.31
1934	44 651 613	73.83	26.17
1935	72 282 400	60.07	39.93

资料来源:上海市档案馆藏中南银行档案,档号:Q267-1-123。

从四行准备库的分区发行比例来看,上海约占 75%,天津约占 17%,其余在北平、汉口等处约占 8%。① "北四行"除联合发行"中南钞"以外,还各自领用其他银行钞券,根据法币改革时所做的统计,改革前四行领用钞券 41 232 000 元,领用比例见表 10。

表 10 "北四行"领用钞券比例统计表　　　　　　　　(单位:千元)

行名	合计 金额	合计 %	津钞 金额	津钞 %	沪钞 金额	沪钞 %	汉钞 金额	汉钞 %
盐业	7 370	17.87	2 425	21.94	4 340	15.40	605	30.30
金城	10 229	24.81	3 440	31.12	6 125	21.73	664	33.25
中南	12 741	30.90	2 610	23.61	9 403	33.37	728	36.45
大陆	10 892	26.42	2 578	23.33	8 314	29.50	—	—
合计	41 232	100.00	11 053	100.00	28 182	100.00	1 997	100.00

资料来源:《金城银行史料》,第 302 页。(根据金城档案:"四行准备案库结束事务所致金城函附表"整理)

六、中国垦业银行

中国垦业银行最初设于天津,有发行权,因主持乏人,1929 年由秦润卿、王伯元等集议接办,加以改组,总行迁至上海。1930 年 10 月,中国垦业银行呈请将发行总额由 100 万元增加至 500 万元,理由是总行移沪后业务增加,而且拟增设分行。11 月,财政部钱币司批准发行额增至 300 万元为限。1931 年 4 月 20 日,中国垦业银行又请求将发行总额增至 1 000 万元,财政部批准增至 500 万元。1932 年 10 月 21 日,请求再增加 500 万元发行额,合计 1 000 万发行总额,财政部批准增至 750 万元。1934 年 3 月,中国垦业银行再度呈请增加发行额,称:"自商行发行兑换券以来,流通市面,社会称便,当一·二八之役,商行兑换券以准备充足,各地照常用现金无限制收兑,尤荷各界信任,唯是原有旧券除印有天津地名封存内库不便行使者占二百数十万元外,其余旧券因破损券之收回替补数量日少一日,而商行年来业务进展,分支行分布重要各地,因之兑换券流通范围亦随之日形扩充,加以废两改元之后银圆筹码需要激增,以致商行前奉核准之发行额愈觉供不应求。……陈请钧部俯准将商行兑换券发行额增加银元三千万元,前后合成总额三千七百五十万元。"财政部回复从缓议批。②

---

① 中国人民银行上海市分行金融研究室编:《金城银行史料》,上海人民出版社 1983 年版,第 302 页。
② 中国第二历史档案馆藏,财政部档案,档号:三(1)- 2510。

中国垦业银行历次请求增加发行额来看，足见其发行业务的推进，而从法币改革前财政部对于该行全体发行准备状况和沪库发行准备的检查状况来看，现金准备都维持了较高的比例。

表11 中国垦业银行全体发行兑换券及准备金表（1935年2月15日）

（单位：元）

行　名		沪库	津库	甬库	京库	总　计	对发行数之比率
发行数金额		2 672 100	600 000	3 100 000	210 000	6 582 100	
现金准备	存出	1 416 058.04	75 000	811 000	100 000	2 402 058.04	
	库存	762 441.96	345 000	1 347 000	110 000	2 564 441.96	
	合计	2 178 500	420 000	2 158 000	210 000	4 966 500	75.5%
保证准备	公债库券	0	180 000	142 000		322 000	4.9%
	房地产	0	0	800 000		800 000	12.1%
	其他	493 600	0	0		493 600	7.5%
	合计	493 600	180 000	942 000		1 615 600	24.5%

资料来源：中国第二历史档案馆藏，财政部档案，档号：三(2)-1220。
原表签注：（一）查该行全体现金准备均经与账册核对无讹。（二）查该行全体保证准备悉存沪库，均经查点无讹，内有程贻泽道契押款一笔，计80万元，系与福源庄合做，原额为95万元押品，系存该庄，以押款充作保证准备似有未合。

表12 中国垦业银行沪库发行兑换券及准备金表（1935年2月26日）

（单位：元）

行　名	发行数金额	准备金			
		现金准备	对发行数之比率	保证准备	对发行数之比率
本行发行	2 661 500	库存 769 441.96	28.8%	有价证券 50 000	1.9%
		存出 850 000	32.4%	公库证 443 600	16.6%
		寄存代兑 548 458.04	20.3%		
合　计	2 661 500	2 167 900	81.5%	4 936 000	18.5%

资料来源：中国第二历史档案馆藏，财政部档案，档号：三(2)-1220。

七、中国农工银行

中国农工银行由大宛农工银行改组而成，1927年2月开业，1928年冬再度改组,将总行迁移上海。1930年4月,该行总管理处业务会议讨论发行钞票一案,决定发行新银元钞票1 000万元,分两期发行,发行暂分南北二区,南区以沪行为发行行,北区以津行为发行行,并各设准备库南北两区,钞券颜色各为一类,准备金遵照财政部规定最低须现金六成,确实有价证券四成,准备金主张公开,其公开方法随时随地酌定,发行先由平津两行试办,沪杭两行于6个月内筹备,并拟具方法陈报总处核夺。[①]

1933年7月13日,行务会议议决将沪发行区发行分账制改为统账制,南京支行针对准备金调拨问题提出不同意见。因为在统账制度下,准备金调拨,发行区行原则上自应有全权处理,但各发行行因同业竞争关系,发行钞券所收之款每多期款,倘为现金亦多按日给予利息,因此发行区行对于调拨准备金似亦应在此项期间之后,南京同业及机关领券普通约7天,多则10天,最多为15天,因此发行区行调拨准备金宜定为在15天以后,至少亦须12天方为平衡。又准备金存放问题,所有特约代兑处及应存代兑准备金统由发行区行直接办理,自无问题,但发行行对于准备亦应保留相当成数,以备应兑发行行自发流通券以及联行所发流通券流入之用。因此,保留准备金拟请就已发流通券之数目规定五成,以资调剂应付。[②] 截至1935年11月3日,中国农工银行沪区发行总额计8 344 382元,其发行准备金为现金准备项下6 316 403元,为75.7%,保证准备2 027 979元,为24.3%。[③]

拥有纸币发行权的除上述7家主要商业银行外,还有江苏银行、农商银行,但所占比例极小,1929年后江苏银行已不再发行纸币。为便于对商业银行的兑换券及发行准备状况,进行一个总体的比较,详见下述统计。

表13 各行发行兑换券发行指数及占发行总额比例比较表

(指数1921年=100,单位:百万元)

行　别	1927 指数	1927 比例	1928 指数	1928 比例	1929 指数	1929 比例	1930 指数	1930 比例
中国通商银行	123.86	0.70	144.87	0.70	258.01	1.10	324.76	1.17
浙江兴业银行	396.99	1.36	478.65	1.40	440.47	1.13	811.01	1.77
四明商业储蓄银行	439.86	2.85	530.01	2.91	566.38	2.74	665.21	2.73
江苏银行	2.47	0.00	2.47	0.00	2.33	0.00	—	—

① 上海市档案馆藏,中国农工银行档案,档号:Q280-1-40。
② 同上。
③ 上海市档案馆藏,中国农工银行档案,档号:Q280-1-41。

续 表

行　别	1927 指数	1927 比例	1928 指数	1928 比例	1929 指数	1929 比例	1930 指数	1930 比例
中国农工银行	100.00	0.11	146.23	0.14	115.73	0.10	290.91	0.21
中国实业银行	6 866.99	2.89	10 208.69	3.64	15 463.45	4.86	25 695.00	6.85
四行准备库	123.16	6.61	210.68	9.60	235.37	9.46	349.53	11.91
总　计		14.52		18.39		19.39		24.64

资料来源：《中国重要银行最近十年营业概况研究》，第22页。
说明：此表中缺少中国垦业银行和农商银行的统计。

表14　各行发行兑换券发行额、发行指数及占发行总额比例比较表

（指数1921年=100，单位：万元）

行　别	1931年 金额	1931年 比例	1931年 指数	1932年 金额	1932年 比例	1932年 指数	1933年 金额	1933年 比例	1933年 指数
中国通商银行	1 000	2.49	568.2	1 128	2.55	640.9	2 509	4.99	1 425.6
浙江兴业银行	733	1.82	814.4	709	1.60	787.8	819	1.63	910.0
四明银行	1 175	2.93	683.1	1 509	3.41	877.3	1 950	3.88	1 133.9
中国实业银行	2 435	6.06	7 854.8	3 586	8.10	11 567.7	4 000	7.95	12 903.2
其他银行	610	1.52	2 103.4	993	2.24	3 424.1	1 868	3.71	6 441.4
四行准备库	4 397	10.95	758.8	4 470	10.09	1 788.0	4 384	8.71	1 753.6
总　计		25.77			27.99			30.87	

行　别	1934年 金额	1934年 比例	1934年 指数	1935年 金额	1935年 比例	1935年 指数
中国通商银行	4 498	7.61	2 555.7	2 662	4.52	1 512.5
浙江兴业银行	921	1.56	1 023.3	945	1.61	1 050.0
四明银行	1 831	3.10	1 064.5	1 922	3.27	1 117.4
中国实业银行	4 350	7.36	14 032.3	4 446	7.56	14 341.9
其他银行	2 679	4.54	9 237.9	4 804	8.17	16 565.5
四行准备库	4 465	7.56	1 786.0	7 228	12.28	2 891.2
总　计		31.73			37.41	

资料来源：中国银行经济研究室编：《中国重要银行最近十年营业概况研究》，第319页；《全国银行年鉴》1936年，第19、85—90、116—119页；《金城银行史料》，第299—301页。

说明：1."其他银行"指中国农工银行、中国垦业银行、中国农民银行及农商银行等4家。1933年中国农民银行成立后，使得这一部分的发行比例大为提高。

2. 1935年的数字是截至11月底数字。

另外关于上述商业银行的发行准备金情况,根据财政部于 1934 年和 1935 年派员赴各行的检查将结果列表如下:

表 15　各银行发行兑换券暨准备金数目表(1934 年 6 月底)　　(单位:元)

行　名	发行数	准备金			
^	^	现金准备	比率%	保证准备	比率%
中南银行	40 368 248.00	32 965 648.00	81.67	7 402 600.00	18.33
中国实业银行	39 265 793.00	25 249 257.03	64.30	14 016 535.97	35.70
中国通商银行	21 688 900.00	14 974 928.00	69.04	6 713 972.00	30.96
四明银行	17 083 600.00	13 118 350.90	76.79	3 965 249.10	23.21
中国农工银行	12 253 767.00	9 268 460.00	75.64	2 985 361.00	24.36
浙江兴业银行	8 561 838.00	5 317 838.00	62.11	3 244 000.00	37.89
中国垦业银行	6 712 000.00	4 865 000.00	72.48	1 847 000.00	27.52

资料来源:中国第二历史档案馆藏,财政部档案,档号:三(2)-145(2)。
说明:发行准备比率系根据数据计算而得,四舍五入。

表 16　各银行发行兑换券暨准备金检查报告总表　　(单位:元)

行名	检查时间	发行数	现金准备		占发行数%	保证准备		
^	^	^	库存	存出	^	公债库券%	房地产%	其他%
中南	1935.2.20	43 577 513	15 071 558.95	17 139 454.05	73.9	25.8		0.3
实业	1935.2.10	42 932 135	7 798 041.71	20 900 909.28	67	19.8	11.6	1.6
通商	1935.3.2	19 677 900	7 382 167.77	4 732 965.58	62	17	19	2
四明	1935.2.27	17 780 600	5 065 500	7 535 100	70.9	15.1	4.7	9.3
垦业	1935.2.15	6 582 100	2 564 441.96	2 402 058.04	75.5	4.9	12.1	7.5
兴业	1935.3.4	9 169 773	4 602 000	1 187 773	63	25.4	11.6	
农工	1934.12.31	12 225 547	4 002 989.75	4 951 800	73.2	21.5	5.3	

资料来源:中国第二历史档案馆藏,财政部档案,档号:三(2)-1216。

从上述统计分析来看,南京国民政府时期,商业银行的纸币发行额都有较大增长,它们的发行规模约占总发行额的 20% 左右,从纸币信用的维持方面来看,现金准备的比例较高,可见这一时期商业银行在整个纸币发行中占有的地位也很重要。

第三节　地方银行的纸币发行概况

南京国民政府初期的发行银行,除上述国家及特许银行和商业银行外,还有一类比较特殊的发行银行——即省市立银行,也称地方银行。我国的省银行,渊源于清咸丰二年(1852)户部招商于京内外设立的官银钱号,民国改元以后,各省都就官银钱号改办省银行,发行纸币,代理省库。在北洋政府军阀割据的政治格局下,省银行成为各省地方领袖的金融地盘,全省财政的支持与预算亏绌的弥补,都依赖发行纸币为挹注,因此省券的发行大半由各省财政厅核准,对于财政部之呈报仅属于追认备案性质。省券的发行成为支持省财政的柱石,中央政府虽三令五申,限制发行,而各省银行视若具文,对于发行准备更难保充实,所发纸币多不能兑现。

根据1928年的一份调查研究,各省银行的不兑现纸币非常普遍。一、直隶省银行为本省军政各费调达之枢纽,年来以军事影响,滥发纸币达1 600万元,因省政府命令,停止兑现,遂一律变为不兑换纸币。二、山西省银行自奉晋战事发生后,阎锡山特颁布集中现金命令,所发纸币均变为不兑换纸币。三、山东发出不兑换纸币,最初以直鲁联军名义,在北京发行军用券300万元,后虽陆续收回焚毁,尚余20万元未曾收回,本省方面,原定发行800万元军用票,虽规定按月抽签收回办法,然流通社会者甚多,价格低落至二三折。其次则为银行券,总额共有2 300余万元,其中在江苏安徽发行及流通省外者,约1 000余万元,在本省发行者,约1 300余万元,自1927年9月19日颁布停兑命令后,一律变为不兑换纸币。四、河南、陕西、甘肃三省,属冯玉祥势力范围,其所发出不兑换纸币,有西北银行券及流通券两种,总额若干,无从调查。五、东三省官银号所发之奉票,流行区域极为广大,除奉、黑、吉三省外,且及于北京和山东蓬莱等处,其总额有谓为4亿元者,有谓为4.6亿或4.7亿元者,有谓为6亿元者,因时局关系,价格涨落极不稳定,对三省金融界,影响最巨。六、江西地方银行滥发之纸币,总额约达一千数百万元,因该行停闭,其所发出纸币,停止兑现,竟跌至二二折行使。七、湖北省官银号因为停办,以致官银票价格顿落,几成废纸。八、云南自1926年起,市面金融忽起恐慌,全市无一现洋,不兑换纸币日见充斥。九、贵州省银行发行的黔币,亦因政府变局变为不兑换纸币。① 其他省银行发行的不兑现纸币,还有许多。四

---

① 罗从豫:《吾国今日不兑换纸币问题》,《银行月刊》第8卷纪念刊,1928年1月;郭荣生:《中国省银行史略》,台北:文海出版社1975年影印版,第61页。

川银行于 1923 年发行纸币 100 万元,有 60 万元未曾兑回。同年,四川官银号发行纸币二百六十七十万元,全数未兑,此外还有四川官立、半官立银行、军队发行的纸币以及重庆地方银行券、重庆川康银行券、廿一军粮契税券等种。1931 年,山西省银行停兑,发行额或说 4 700 万元,或说 7 000 万元,甚至有谓 1 亿元者。1933 年,宁夏省银行停兑,发行额百余万元。云南富滇银行发行不兑纸币,至 1931 年数达 1 亿元左右,后由富滇新银行以二折换给新银行纸币。[①] 据统计,1932—1935 年间省市立银行发行兑换券数额占总发行额的比例在 10% 左右。详见表 17。

表 17　地方银行发行兑换券统计表(1932—1935 年)　　　(单位:元)

银 行 名 称	1932	1933	1934	1935
山西省银行	2 175 734	4 644 084	6 125 452	6 949 729
山东省民生银行	—	1 713 000	2 060 000	2 380 000
四川省银行*	—	—	587 486	—
江西裕民银行	397 857	426 568	634 865	788 370
河北省银行	2 787 503	2 963 849	—	—
河南农工银行	1 428 038	1 068 424	698 540	385 410
青岛市农工银行	—	—	8 198	78 681
南昌市立银行	335 606	263 275	324 822	459 160
浙江地方银行	—	1 352 458	3 473 313	3 493 822
陕西省银行	1 398 144	1 841 136	2 612 893	4 833 819
湖北省银行	2 900 500	4 111 400	6 075 050	7 847 800
湖南省银行	1 510 400	3 276 517	7 231 750	8 778 400
富滇银行	2 982 000	13 036 100	—	—
宁夏省银行	—	850 000	2 450 000	—
广州市立银行	—	—	—	5 925 472
广西银行	—	4 437 871	5 244 419	16 776 412
广东省银行	33 761 626	31 399 726	33 333 898	75 502 965
合　　计	49 677 408	71 384 408	70 860 686	134 200 040
占全年发行总额比例	11%	13%	11%	15%

资料来源:中国银行经济研究室编印《全国银行年鉴》(1936 年)。

* 此处行名应为"四川地方银行",因四川省银行是四川地方银行难以为继结束后,于 1935 年 11 月 1 日正式开业。

---

① 章乃器:《中国货币金融问题》,生活书店 1936 年版,第 36—38 页。

上述银行的发行准备情形由于缺乏系统的资料无法进行全面评价,但从一些个案情况来看,由于发行准备不足,纸币的信用比较低。1933年9月,四川地方银行成立,以调剂金融、统一币制为职责,发行10元、5元、1元券三种。据银行称该行承货币紊乱之后,对于发行颇为慎重,现金准备极为充足,为监督兑换券发行事务,还专门成立了由财政处处长、银钱业同业公会主席及常务委员、市商会主席、会计师,以及绅商界中负有声望及具专门学识者19人组织"兑换券准备金检查委员会"。1934年8月1日,并由四川善后督办公署命令组织"四川地方银行兑换券准备库",专司发行保管事宜,将截至1934年7月31日发行之钞券共计563万元,连同六成现金准备,四成保证准备,一并移交该准备库接收。但就在准备库接收后,因当时军需浩繁,发行额继续增加,且由廿一军提借应用,以致准备金短缺而限制兑现,地钞几乎成为一种"命令纸币",截至1935年6月14日,其流通额为32 003 263.4元,其准备金仅1 241 944.88元,占发行额3.88%。[1] 1935年据四川财政特派员调查报告,指出"四川地方银行计发行纸币3 307万余元,而现金准备共只306万余元,去六成之数甚远,足证省市钞问题,在今日仍极严重,亟有待政府之整理也"。[2] 四川地方银行纸币发行准备空虚的原因,反映了地方银行受制于地方军政长官的通病。所以,即使到法币改革以后,地方银行发行准备的移交和省钞的整理依然经历了一个漫长而复杂的过程。

第四节 外商银行和中外合办银行的 纸币发行概况

纸币发行,本是一国主权政府的特权。但近代以来,在华外商银行在治外法权的掩护下,纷纷在中国境内擅自发行银行券。外商银行在中国发行纸币,既无条约规定,又未得到中国政府特许,外商银行在中国发行银行券的曾有汇丰银行、麦加利银行、有利银行、花旗银行、东方汇理银行、德华银行、横滨正金银行、朝鲜银行、台湾银行、华比银行、荷兰银行、友华银行等12家。其中以汇丰、麦加利、花旗、东方汇理及横滨正金银行,发行数量最多,流通领域最广。[3]

另外还有许多中外合办银行也都取得纸币发行权,这些银行包括华俄道胜

---

[1] 郭荣生:《中国省银行史略》,台北:文海出版社1975年影印版,第81—82页。
[2] 寿熹:《我国纸币发行现况之考察》,《东方杂志》第32卷第17号,1935年9月1日,第8—9页。
[3] 吴群敢:《在华外商银行的概况》,现代经济通讯社1949年版,第51—53页。

银行、中法实业银行、中法振业银行、中华汇业银行、中华懋业银行、华义银行、华威银行、震义银行、北洋保商银行等。这些银行名义是中外合办，但都是配合着其国家在华的政治势力，进行政治投机和金融投机，发行纸币即是重要的经济特权之一。与各国在华势力范围相适应，这些外商银行和中外合办银行的纸币流通范围分布见表18。

表18　外商银行纸币流通状况表

区　域	外　商　银　行	中外合办银行
上　海	横滨正金、汇丰、麦加利、有利、花旗、友华、华比、美丰等银行	中华汇业、华俄道胜、中华懋业、震义等银行
青岛及胶济铁路沿线	横滨正金银行、日本银行、朝鲜银行	
天　津	汇丰、友华、花旗、华比、麦加利、横滨正金等银行	华俄道胜银行
北　京	横滨正金、友华、花旗、汇丰等银行	中华汇业、中华懋业银行
汉　口	横滨正金、台湾、华比、汇丰、友华、花旗等银行	中华懋业、华俄道胜银行
福建省	美丰银行	
湖南省	汇丰、花旗、麦加利等银行	
广西省	汇丰、麦加利、有利、东方汇理等银行	
广东省	汇丰、麦加利、有利等银行	
四川省	美丰银行	
云南省	东方汇理银行	
东三省	朝鲜、横滨正金等银行	

资料来源：献可编著：《近百年来帝国主义在华银行发行纸币概况》，第43—48页。

外商银行在华纸币流通数字，从来没有比较完整的统计。据推算，外商银行纸币在中国流通最多最广的时期是清朝末年至1918年间，最低估计约有310 303 644元左右。[①] 但自1925年以后由于本国银行发行纸币信用提高、兑现方便，受到人们欢迎，而且其他非发行银行和钱庄的领券制度也对纸币的推广发挥了重要作用，另一方面则是外商银行纸币停兑、倒闭清理不断发生，致使信用

[①] 献可编著：《近百年来帝国主义在华银行发行纸币概况》，上海人民出版社1958年版，第35页。

降低,加以民族运动高涨,抵制外钞运动时有发生,外商银行纸币在发行总额中的比重有所下降。外商银行与中国的银行在纸币发行上的势力消长,固然有民族运动日益高涨的因素,但人们对于中外纸币的偏好与信任是最直接的原因,纸币是否有充足准备、能否及时兑现又是决定人们态度的关键。

外商银行在华发行纸币的发行准备制度,各依照它们本国的法令进行。从汇丰银行的发行准备制度来看,也经历了几次调整。1866年,《汇丰银行则例》第十二、十三款规定:该行发行钞票应以当地合法货币兑现;发行纸币仅尊重英国法律,对于发行的钞票负无限责任;发行钞票不得超过实收资本额,银行应有流通总额三分之一的硬币与生货作为准备。1899年《汇丰银行则例》第十三条中增加了两款:汇丰无论何时应当另行存储等于实收资本总额1000万元的三分之一为准备,此项准备,或为硬币,或为证券,或两者并用,而存储机关由英国政府指定,专门用于钞票兑现,超过1000万元发行时,须有百分之百的准备。1907年汇丰银行将溢额发行准备由全部现金改为现金和证券。1922年该行则将钞票发行担保各项规定全部废除,另外规定汇丰资本总额得由政府批准由2000万增至5000万元,流通总额不得超过当时实收资本2000万元以上;发行准备应等于发行总额2000万元的三分之二,全为硬币或全为证券或两项并用,存于皇室代办所;而且汇丰银行也可超过2000万元的发行额进行溢额发行,发行准备的硬货和生货要全部存于香港政府库中。不仅准备的比例高,而且这两项准备,皆存储于政府机关,该行丝毫不能动用,营业与发行完全分立。① 这个规定也适用于享有在华发行纸币特权的麦加利银行和有利银行。

美国为比例准备发行制的创始者,不规定保证发行的最高额,但规定发钞额与现金准备须保持最低限度的比例,其联合准备制规定现金准备为40%,其余60%为保证准备,可以证券作抵。美国联邦准备法规定凡准备银行,如欲发行钞票,须以(1)会员银行签付之贴现票据;(2)现金及金证券;(3)农业及家畜票据,交于准备监督官,方可领用同额之纸币,此外尚须按照流通额在本行库中存储十分之四之现金兑换准备。② 美商花旗银行和美丰银行是依照美国康奈克特州的法令注册的,按照该州的法令,对于发行纸币的准备,没有具体的规定,只说是"应当有充分的准备"。友华银行在纽约注册,按照纽约州投资法成立,按照这

---

① 马寅初:《汇丰银行》,《马寅初全集》第3卷,浙江人民出版社1999年版,第14—17页。
② 张公权:《各国之发行准备制度与上海中国银行准备公开办法之比较》,《银行周报》第12卷第16号,1928年5月1日。

个法令,规定银行发行准备,为发行总额的 50%。①

横滨正金银行在日本国内并未取得发行权,但它于 1902 年 1 月在天津首先发行银元纸币,其后营口分行也开始发行银元纸币,最初发行数量不多,而且还没有获得日本政府的积极支持。直至 1906 年 9 月,日本政府才授权该行准许它在我国东北发行日本银元纸币。1913 年 7 月日本政府又准许该行在东北发行日本金圆纸币,发行数量相当庞大。关于该行的发行准备,未见具体的规定,但它发行过大量不兑现的银元纸币却是事实。台湾银行于 1899 年 9 月成立,同年起即开始发行银元纸币,现金准备中包括金银币及生金银等,额外发行规定以 500 万日圆为限。它的保证准备中,包括日本政府纸币、证券、日本银行纸币及其他有确实担保的证券和商业票据等。原来规定该行纸币发行额不得超过其现金准备额,限额外的发行,不仅须有充分的保证准备,而且还要得主管大臣(日本财政部长)的许可,每年须缴纳 5% 的发行税。②

东方汇理银行取得了不同于法国其他殖民地银行的纸币发行特权,它所发行的纸币可以在各该分行兑现,纸币发行总额不得超过现金准备的三倍,同时现金准备必须是在法律上有免除债务资格的货币,其发行准备亦可以金库券抵充,并且可以用银币作为发行现金准备。③

德华银行在华发行银两及银元纸币始于 1904 年 10 月 20 日。该行纸币发行准备,采取下列三种方式:(1)该行股东对纸币发行,负保证责任,各按出资额负担一部分债务;(2)该行须提供德国政府认为适当的有价证券,存入德国国家银行,作为保证准备;(3)得在该行营业用的土地上设定抵押权,但不得超过课税额的 40%。④

20 世纪 20 年代,中外合办银行中因无法应付兑现而停闭的现象大量出现。中法实业银行在 1921 年间因战后法郎贬值,在南京、上海、汉口、天津、沈阳各地所发银行券均无力兑现,而告倒闭。⑤ 1926 年 9 月 16 日,华俄道胜银行由于外汇投机失败,总行宣告清理,其在中国各地分行,也随之倒闭。当时中国政府迫于要求,清理该行在华资产负债,只对官僚资本折扣清偿,但对于人民大众由于

---

① 献可编著:《近百年来帝国主义在华银行发行纸币概况》,上海人民出版社 1958 年版,第 61—62 页。
② 同上书,第 109—114、119—120 页。
③ 同上书,第 154—155 页。
④ 同上书,第 163 页。
⑤ 吴群敢:《在华外商银行的概况》,现代经济通讯社 1949 年版,第 51—53 页。

该行发行纸币所遭受的严重损失,却不予重视。该行纸币除在清理期间陆续收回者外,尚有银元纸币 39 666 元、银两纸币 11 858 两、卢布纸币 107 000 卢布皆成废纸。①

1928 年 12 月 10 日,中华汇业银行刊登紧要通告,暂行休业一个月,将银行改组为纯粹华股银行。② 中华汇业银行本为中日两国政府达成西原借款的产物,由中日合资开设,1917 年经财政部批准立案,资本金总额日金 1 000 万元,先收足二分之一,计日金 500 万元,日方股东为日本的兴业、朝鲜、台湾及其他银行等,华股方面除中国、交通两行各占十分之一外,其余为国内军政商各界个人投资。③ 因此,该行从成立之初即享有北洋政府所赋予的许多特权,发行纸币,经理日方对华债权事宜。北洋政府垮台以后,自然对该行营业产生较大冲击,不仅失去了政府的靠山,而且长期以来放给政府的巨额款项不能收回,再加上反日风潮高涨,挤兑提存屡起波澜。但日方股东对该行的困难反应冷淡,认为风潮全由排日而起,银行陷于困穷的原因全因政府从前借款过多,因此拒绝援助。中方大股东中、交两行也无暇他顾,国民政府财政部不予援助。中华汇业银行只得宣告停业,但未曾料及的是随之引发了北平天津的挤兑风潮。

中华汇业银行总行设在天津,发行的纸币大洋票约有 220 余万,角票 30 余万,保证准备金约为三分之一,其余均为现金准备,主要流通于天津和北平两地。在停业之前的挤兑风潮中,连日收回者已有 100 余万。中华汇业银行在停业之初,委托恒通银号、聚兴银号、同孚银号、恩庆永银号、永亨银号代兑角票,每号 5 000 元。但由于持票前往兑现的人太多,不分大洋券与角票,以致各该银号无法应付,只得停兑。而一般小钱铺借此图利,折扣收买,大洋券 5 折收用,角票 55 折收用。前往兑现的人中,有的嚎啕大哭,被巡捕驱散。④

中华汇业银行宣布停业改组后,因平津市场萧索,金融缓慢,人心不定,妄加揣测,再加一般钱商推波助澜,乘机图利,任意定出角票行市,折扣收买,使人心更加恐慌,引发了其他银行的挤兑风潮。12 月 11 日下午二时后,所有华威、劝业、蒙藏、农工、垦业等银行钞票,均不能行使,至四五时许谣言愈大。⑤ 11 日,北

---

① 徐寄庼:《增改最近上海金融史》(下)。
② 《中华汇业银行改组委员紧要通告》,《大公报》1928 年 12 月 10 日,第 1 版。
③ 静如:《中华汇业银行停业改组之分析观》,《银行周报》第 12 卷第 49 号,1928 年 12 月 18 日。
④ 《天津中华汇业银行广告》,《大公报》1928 年 12 月 10 日,第 1 版;静如:《中华汇业银行停业改组之分析观》,《银行周报》第 12 卷第 49 号,1928 年 12 月 18 日。
⑤ 《平津金融风潮》,《大公报》1928 年 12 月 12 日,第 4 版。

平市发行钞票的各家银行,亦受池鱼之殃,市民储存各家钞票,均纷纷持往兑现,华威、农工、农商、劝业、中华懋业等四五家银行,都发生挤兑。其中尤以华威较甚,上午七时许,即有人前往华威门前待兑,华威银行延长时间兑现,每日自早八时起开门营业,至晚八时止,持票来兑者,随到随兑。仅 11 日兑出即达 30 余万元,在市面流通额共有 60 余万元,农工、劝业等银行虽有往兑者,形势不如华威严重。①

挤兑风潮发生之初,各银行都采取了积极的应对措施,并且都纷纷宣称准备充足,不足为虑。据称:劝业银行发行的角票流通市面的不到 20 万元,行中备有十足现金准备用于兑换。蒙藏银行于 10 月份开始发行角票,至挤兑风潮发生时发出总数仅六七万元,有基金准备兑换。农工银行发行的角票,流通不过数万元,前曾因谣言,闹过两次风潮,故平时早有准备。即便是挤兑形势最为严峻的华威银行也认为自己"备有充分准备金,以资应付"。② 中国垦业银行则直接在报纸上发表紧要声明:"本行钞票除委托下列各银号代兑外,兹为便利兑换起见,自本日起特别延长兑现时间,上午自九时起至下午六时止,凡持有本行钞票者,请勿轻信谣言,特此通告。"③ 中华懋业银行的纸币在平津地区流通不多,而农商银行现金准备充裕。所以在各银行紧急应对和承诺兑现之下,除华威银行被迫停业外,其他银行的挤兑风潮暂时趋于平息。

华威银行成立于 1921 年,总行设于天津,分行仅北平一处,发行大洋票及角票,约共 70 余万元,内计角票 30 余万元,流通市面,信用尚著。1928 年夏间,总商会会同专家向该总行调查准备金时,结果尚称充足,唯数月来,北平分行忽因经营证券失败,亏蚀现款约 30 万元,内部顿形空虚,又受中华汇业银行休业影响,北平分行即于 11 日首被挤兑,因无法应付,于次日搁浅,并在门首贴一布告云:"本行因受金融影响,筹集现款,一时尚未到齐,迫不得已。拟暂行停兑一日,容俟现金筹备妥协,明日(十三日)即照常开兑。"但届期风潮愈大,该行卒未能如约实践,而天津总行亦于同时发生风潮。11 日因为时已晚,尚作无限制之兑现,并由各银号存款冲清所收回之钞票 11 万元,12 日因现款不足,限制兑现。每人仅限 10 元,计共兑出五六万元,现金于是告罄。而银行公会所筹措之现洋 50 万元,又以无抵押品不能动用,应付无术,该行经理即称秦皇岛支行来电,赴秦皇岛

---

① 《北平亦发生挤兑》,《大公报》1928 年 12 月 12 日,第 4 版。
② 《平津金融风潮》,《大公报》1928 年 12 月 12 日,第 4 版。
③ 《中国垦业银行紧要声明》,《大公报》1928 年 12 月 12 日,第 1 版。

筹款。至 13 日挤兑更甚,法工部局见此情形,即向该行查询,该行仍称其经理 15 日准可带款回津,现款能兑至 14 日,至 13 日晚间,该行实存现洋仅剩 4 000 余元,及该行会计主任到工部局报告,被扣留,即派捕探将该行门把住,又将营业主任亦带工部局拘押,该行同人,亦均被监视。该行门前并贴有停兑布告云:"启者,本行挤兑风潮,一时周转不灵,业经呈请公安社会两局,准予自十二月十四日起,暂行停止兑付一个月。届时筹足基金,即行开兑,以维信用,恐未周知,特此通告。"①

但此后一直未能筹措到相当现款,迟迟不能恢复营业。自 1929 年 2 月 24 日起,天津总行迁往北平,在北平前门外掌扇胡同该行旧址,设立清理办公处,并清理一切债务,所有天津总行的事务统统移往北平办理。②

这次平津挤兑风潮中主要是角票的挤兑,而角票的持有人主要是中下阶层,角票一旦不能正常使用,对他们生活的影响即很大。所以挤兑风潮引起了这些人的恐慌。据报载:当时市面一般洋车夫、工人及小贩商、米面铺所持各行角票,为数实不少,每日作工所得,或售卖零物所入,几全为角票,自发生挤兑风潮后,彼等无不恐慌,昨日记者于下午五时许在电车上见有售票者与二三人互谈各种角票不能行使,忽有一工人模样者,聆此消息,面色即变苍白,脱口而呼曰,果真有此事耶,随即唉声叹气,且曰余家数口,依我为生,我每日工钱八角,今日所得,尽系角票,果真不用,全家晚饭即不能吃矣。言下不胜唏嘘之慨,闻者莫不悯然,由此足可代表一般劳工阶级所受之影响矣。③

中华汇业银行的持票人,则组织团体,呈请市政府催促该行早日兑现。据该团代表谢振翮云,汇业停兑以来,已历四阅月之久,股东不筹救济方法,官厅不取干涉态度,长此以往,市民已失之权利,永无收回之日。查该行资本,并未收足,尚差 250 万元,按银行通例,股东应将未缴之款,全数缴齐,如存欠实不相抵,只能宣告破产,被害者当然亦无异言,今该行股款并未收齐,且放与工商界之款,有 800 余万元,与发行之钞票额,及他人存款数相较,实相差无几,况停兑后,收回之放款约 300 万元,以之开兑发行之钞票 80 余万元足有余裕。该行计不出此,一方借口政府欠款未清(1 000 余万元),一方暗中用低价收回钞票。日本股东又要求撤回股本,各股东应付之未缴股本,又不补交,以致开兑无期,政府亦不督催,

---

① 静如:《平津金融风潮纪略》,《银行周报》第 13 卷第 1 号,1929 年 1 月 1 日。
② 《天津华威银行移平清理》,《银行周报》第 13 卷第 8 号,1929 年 3 月 5 日。
③ 《劳工阶级之恐慌》,《大公报》1928 年 12 月 12 日,第 4 版。

设买进之钞票,再行卖出,则其遗害社会,更不堪设想矣。同人组织团体,要求政府彻查。并非专为少数持票人之利益计,实为市民全体计,因持票者并不限定于上等社会也。第一步征集多数持票人,共同研究办法。第二步请各行商会代为调查全市究有该行钞票若干。第三步请市府彻查该行存欠实数,对该行加以监视。将来此问题结束后,尚拟组织市民监察发行钞票团体,对各银行钞票之准备金,是否充足,每月清查公告一次,以免发生停兑后市民再受损失也。云云。兹将该团通启录后:查汇业钞票,停兑已久,价格日落。而该行迄未宣布切实办法。长此以往,恐成废纸,同人等为顾全民众及自身利益起见,特组织持票人代表团,共商应付之方,督催开兑,不达目的不止,凡持票而表同情者,务请踊跃参加,共策进行。①

1928年12月11日,天津银元行市,因受各行角票挤兑影响,价格突起猛涨,已涨至六钱八分七厘,计开盘六钱八分六厘二五,最低六钱八分六厘,收盘最高六钱八分七厘,每万较前涨有七两五钱。铜元价格,因角票不能行使,铜元需要陡盛,上午每洋一元尚可换铜元420枚,至下午二时许可换408枚,晚间只可换400枚,而且发生铜元缺乏恐慌。② 所有兑换铜元的小钱摊,则借此铜元需要甚殷之机会,故意抬高价格,对挤兑风潮起了推波助澜的作用。

有鉴于钱庄在挤兑风潮中的负面作用。北平市市长以钱商积弊甚深,亟应改革,以免病民,特令财政、公安两局,会商办法,由该两局拟订了一份取缔钱商的规则,原文如下:第一条:北平特别市银钱行市,应于每日早晨,钱市开盘时,由公安局特派长警,并该管区署派员监视。第二条,业兑换者,于每日钱市开盘后,须将本日行市书于木牌之上,悬挂明显易见之处,以便兑换者一目了然,如不将本日行市悬挂,一经查觉定即罚办。……天津方面,自金融风潮发生后,社会局以难免不有钱商从中操纵渔利,铜元市价又涨落不定,影响市民匪浅,先后致函总商会,请其转饬钱商公会,对于钱商操纵,亟应取缔,并请其按日将铜元市价,送局备考。③

尽管在1928年12月的挤兑风潮中,除华威银行停业外,其他几家银行渡过难关,暂时平息,但银行的元气以及市场对纸币的信心都大受影响。因此,不久之后,各行又相继出现停兑。

首先是平津的劝业银行相继发生挤兑风潮。1929年2月19日傍晚,北平

---

① 《汇业银行持票人之谈话》,《银行周报》第13卷第18号,1929年5月14日。
② 《洋厘铜元价均涨》,《大公报》1928年12月12日,第4版。
③ 静如:《平津金融风潮纪略》,《银行周报》第13卷第1号,1929年1月1日。

劝业银行的钞票及辅币券,市面忽然拒用,一般商民以汇业、华威两行之停兑,余痛未定,故闻此消息,莫不恐慌万状。20日黎明,商民即已陆续前往该行候兑,至上午9时半,该行即开门兑现,而持票兑现者,异常拥挤,西河沿东口几途为之塞。该行虽随到随兑,并无限制,但人数过多,秩序甚乱,时间不免稍有稽延,且该行于旧历年前,为迎合社会心理,发出新印辅币券,为数不少,故此挤兑之风潮亦益烈。因角票零星,兑现时颇费手续,该行有鉴于此,除准备充足现金,无限制兑现外,并在西单牌楼设立代兑分所,以便西化城商民往兑,免在该行门前拥挤。仅20日一天,该行即兑出7万元,流通市面的钞票已经不多。至晚间各商号均照常收用,唯邮局依然拒绝。天津劝业银行角票,因受平行挤兑影响,市面亦发生拒绝或折扣行使之事实,前往该行兑换者,络绎不绝。华界方面,因维持得法,尚无明目张胆作行市者,但多表示不乐承受及行使之意;法租界之小钱摊钱肆,每角多折扣铜元二枚四枚不等;日租界小钱商亦多乘机贬价。① 最终天津劝业银行因现金周转困难,停业逾两月之久。直至6月18日,由北平总行筹款接济,正式复业,开兑钞票。自18日上午九时开始营业后,市民之存有该行大小钞票者,均前往兑现,且多系大批者,此等大都为投机者,在劝业停业后,用折扣购买,该行是日共收回大小钞票4万余元,内大小票各半。②

接着,天津农商银行因放出各款,一时调拨未齐,于1929年3月27日宣告暂停营业两星期。该行经理积极向各方筹款,及款项调齐,该行即发出通告,定于4月10日起,先行收兑票币,无限制兑现。余候整理就绪,即行恢复营业。③

1929年4月12日,蒙藏银行又发生挤兑。原因是市间一般小钱商希图渔利,无事生非,散布谣言,致使该行角票忽然发生挤兑,市间商号亦多折扣使用,该行得讯后,当即延长兑现时间至下午六时,并定十二日晨提早开兑时间。公安局并发出布告,安谕市民,对于该行钞票,务须照常使用,倘有故意造谣,拒绝行使或折扣牟利者,定即查拿带局,依法严重惩办。但公安局的布告并未平息持票人的恐慌,蒙藏银行自发生挤兑后,兑者颇为拥挤,该行准备之现金,渐有不敷,又筹措不到现金,致使该行的继续兑现计划,根本打破,不得已而宣告暂时停兑,以便徐筹现金,再行兑现。14日早7时,该行门前即贴有布告,谓本行刻下发生

---

① 《天津劝业银行挤兑之经过》,《银行周报》第13卷第8号,1929年3月5日。
② 《天津劝业票有开兑说》,《银行周报》第13卷第21号,1929年6月4日;《天津劝业银行复业》,《银行周报》第13卷第25号,1929年7月2日。
③ 《农商钞票恢复兑现》,《银行周报》第13卷第18号,1929年5月14日。

挤兑风潮,现金一时周转不灵,暂停兑现两星期,特此布告。蒙藏角票停兑已届一周,尚无复业办法,当该行发生挤兑时,公安局曾出示辟谣,劝令商民照常使用,讵料该行竟至停业,公安局即设法将该行经理李汝楫及会计赵崇隆出纳员夏芹香,引渡到局拘押,严令设法恢复兑现,收回角票,以免商民吃亏,否则定以法律制裁,决不宽恕。据李供称,仅有角票七万数千元未曾收回,容俟筹得的款,即行兑现,唯何日筹得的款,则无把握。①

中华汇业银行、中华懋业银行与华威银行都是中外合办银行,成立之初即代理各国对华借款和汇兑业务,并享有发行纸币的特权,因此和北洋政府的关系密切。与享有特权相应的,即是对政府的巨额放款。北洋政府垮台以后,这些银行既失去了获得特权的靠山,营业衰落,又因政府所欠的巨额借款无法偿还,所以在资金上都面临极大的困难。中华汇业银行被迫歇业改组即是因为北洋政府欠款1600万元无从归还,而新成立的南京国民政府又不予承担。②华威银行也因北洋政府财政部的欠款47万余元未经拨还,以致现金无法周转,该行虽多次请求南京国民政府财政部拨款救济,以便复业,恢复兑现,但亦无回应。③早在1926年,美国商业部的一份报告中就对当时中外合办银行存在的问题做了总结:(中外合办银行)"这种机构力量之所自,在于和那些独资的外国银行比起来,它们能够在较大的范围内参与中国内部事务。"但这类银行的"一大弱点"是"它们无法避开强加给它们的政治需索,不能免于中国内部政治的干预"。④经过此次集体倒闭与引发的挤兑风潮,中外合办银行的信用更是一落千丈。

外商银行及中外合办银行在华纸币发行及其流通情况可通过表19、表20分析比较:

表19 外商银行在华发行纸币及流通额估计表

(单位:折合战前中国银币 元)

时 间	纸币流通额	发 行 银 行
1925	323 251 228.46	汇丰、麦加利、花旗、友华、美丰、横滨正金、台湾、朝鲜、东方汇理、华比、中华汇业、中华懋业、华俄道胜等
1933	299 341 937.80	花旗、美丰、横滨正金、台湾、朝鲜、东方汇理等

---

① 《天津蒙藏银行停兑之经过》,《银行周报》第13卷第18号,1929年5月14日。
② 《中华汇业银行电请财部拨款救济》,《银行周报》第12卷第50号,1928年12月25日。
③ 《华威银行企求复业》,《银行周报》第13卷第18号,1929年5月14日。
④ 汪敬虞:《外国资本在近代中国的金融活动》,人民出版社1999年版,第341页。

续表

时间	纸币流通额	发 行 银 行
1934	222 755 453.40	横滨正金、台湾、朝鲜、东方汇理等
1935	322 016 195.20	汇丰、麦加利、有利、横滨正金、台湾、朝鲜、东方汇理、德华、华比、北洋保商等

资料来源：献可编著：《近百年来帝国主义在华银行发行纸币概况》，第57—58页。

表20 中外合办银行纸币发行情况统计表

行 名	成立年月	出资方	发行纸币种类	流通区域	备 注
华俄道胜	1895	中、俄、法	金卢布、银本位纸币、银两纸币	新疆、华北、汉口、上海、东北	1926年停业清理
中法实业	1913.7	中、法	银本位纸币	北京、天津、上海、汉口、汕头、沈阳	1921年停业清理
中华汇业	1918.2	中、日	银本位纸币	北京、天津、沈阳	1928年12月停业
中华懋业	1919.4	中、美	银本位纸币	北京、天津、上海、汉口、哈尔滨、石家庄、济南	1930年停业清理
华威	1921	中、挪、丹	银本位纸币	北京、天津	1930年停业清理
北洋保商	1910	中、日、德	银本位纸币	北京、天津	停业日期不详
中法振业	1917	中、法	银本位纸币	北京、天津	停业日期不详
震义	1921	中、义	银本位纸币	北京、天津	停业日期不详

资料来源：献可编著：《近百年来帝国主义在华银行发行纸币概况》，第172页。

法币改革后，外商银行的纸币并没有就此消失，尤其是日本发行的纸币及美钞，不过其流通区域不像原来那样广泛。

除上述四大类机构发行的纸币外，还有一类私票的发行。私票指各种经营性或行政部门发行的小区域流通货币，多在县或县以下的乡村流通，名称也千奇百怪，诸如钱票、银票、私票、花票、流通券、土票、抵借券，等等。这些私票具有一般货币的职能，如价值尺度和流通手段等。1920—1935年，中国私票的发行量开始下降，并在流通货币总量中日益减少，主要原因是这一时期货币内部运行的规律，正驱动着货币向更近代化的纸币——银行兑换券的方向发展。与此同时，省市地方银行的发行量增加,所占比重上升。[①]

根据王业键先生的估计,法币改革前中国货币流通总量如下：

表21 法币改革前中国流通货币流通数量估计　　　（单位：百万元）

货币种类		数额	百分比
金属货币	小计	1 000	31.3
	一元银币	600	
	银辅币	300	
	铜币	100	
纸币	小计	1 131	35.4
	国家银行纸币	457	
	商业银行纸币	224	
	省市银行纸币	100	
	外国银行纸币	300	
	私票	50	33.4
存款货币	小计	1 067	
	本国银行支票存款	767	
	外国银行支票存款	300	
总计		3 198	100.1*

资料来源：王业键：《中国近代货币与银行的演进(1644—1937)》,第49页。
*因四舍五入,略有出入。

第五节　领券制度

领券制度是一种变相的发行形式,其用意是借领用钞券的行庄间接推广发行,领用行庄在缴纳一定成数的现金后即可使用十足纸币,无异于获得发行权的银行,只不过在发行方面一为直接,一为间接。领券者不仅有非发行银行,亦有发行银行,对于领券准备金的规定也有差异。此制以1915年浙江兴业向中国银行订立领券合同开其先声,此后无发行权的银行钱庄接踵而起,凡领用行庄在缴纳六成现金、四成保证于发行银行后,即可订立领券合同,开始领用印有该行庄

[①] 戴建兵：《白银与近代中国经济》(1890—1935),复旦大学出版社2005年版,第95—97页。

暗记的钞券,发行银行如兑入该项暗记券,可随时向该行庄调回现金。从上海商业储蓄银行的个案来看,该行顾虑提存、兑现的风险,始终没有发行钞券,但向中国银行、交通银行、浙江兴业银行大量领券。对于领券准备金的规定,向中国银行领券的现金准备有五成、六成、七成不等,如遇挤兑风潮发生,领券行应向发行行补足所空现金成数,以补足兑券准备。向交通银行领券的现金准备五成,保证准备二成半。向浙江兴业银行领券的现金准备七成,保证准备三成,倘遇挤兑风潮,领券行收兑暗记券已将自行准备之三成现金兑尽时,可通知发券行不再收兑。① 兹将各银行领券情况列表如下:

表22 各行领用兑换券指数及百分数比较表

(指数1921年=100,单位:百万元)

行 别	1927 指数	1927 百分数	1928 指数	1928 百分数	1929 指数	1929 百分数	1930 指数	1930 百分数	1931 指数	1931 百分数
浙江兴业银行	105.89	23.33	100.00	16.56	97.26	13.76	97.26	9.96	94.52	7.88
浙江实业银行	121.00	12.44	252.58	19.51	297.06	19.60	269.12	12.85	264.15	10.25
江苏银行			100.00	10.89	97.92	9.11	91.67	6.17	91.67	5.03
中华商业储蓄银行			111.11	2.27	177.78	3.10	177.78	2.25	177.78	1.83
聚兴诚银行	290.00	8.75	290.00	6.58	264.00	5.12	264.00	3.70	400.00	4.57
上海商业储蓄银行	126.90	25.15	106.61	15.88	100.52	12.79	322.87	29.73	457.81	34.34
中孚银行	326.47	16.75	347.06	13.38	317.65	10.47	294.12	7.01	273.53	5.31
中国农工银行	200.00	1.21	520.00	2.36	1 350.00	5.23	2 050.00	5.75	4 500.00	10.28
东莱银行	100.00	1.81	156.67	2.13	133.33	1.55	83.33	0.70	83.33	0.57
永亨银行	1 750.53	10.56	2 300.69	10.44	2 600.78	10.08	2 600.78	7.29	1 850.56	4.23
国华银行					100.00	4.07	195.24	5.75	259.05	6.22
中国垦业银行					100.00	5.12	162.88	6.03	193.18	5.83
总 计	243.53	100.00	324.00	100.00	379.24	100.00	524.10	100.00	643.48	100.00

资料来源:《中国重要银行最近十年营业概况研究》,第26页。

---

① 中国人民银行上海市分行金融研究所编:《上海商业储蓄银行史料》,上海人民出版社1990年版,第240—257页。

表23 全国银行发行及领用兑换券统计(1932年)

银 行	本行发行兑换券	领用他行兑换券	银 行	本行发行兑换券	领用他行兑换券
山西省银行	2 175 734		中央银行	39 995 360	
大来商业储蓄银行		400 000	中孚银行		2 275 000
上海女子商业储蓄银行		900 000	中和商业银行		450 000
上海市银行		950 000	中原商业储蓄银行		240 000
上海永亨银行		1 320 000	中国企业银行		1 250 000
上海江南商业储蓄银行		800 000	中国通商银行	11 276 873	
上海商业储蓄银行		20 030 000	中国国货银行		2 400 000
上海通和商业储蓄银行		2 400 000	中国农工银行	4 709 600	4 400 000
上海通易银行		500 000	中国银行	184 426 937	
太平银行		300 000	中国实业银行	35 860 485	
天津边业银行	1 135 500		中国垦业银行	5 221 000	3 350 000
中华商业储蓄银行		500 000	中华劝工银行		1 250 000
中汇银行		1 500 000	中鲁银行		350 000
四川美丰银行		630 792	四明商业储蓄银行	15 094 600	
北洋保商银行	1 437 600		交通银行	94 500 925	
江西裕民银行	397 857		江浙商业储蓄银行		100 000
江丰农工银行		105 000	江苏银行		2 450 000
河北省银行	2 787 503	550 000	河南农工银行	1 428 038	
东莱银行		250 000	明华商业储蓄银行		3 200 000
松江典业银行		200 000	南昌市立银行	335 606	
信孚商业储蓄银行		1 200 000	恒利银行		200 000
浙江地方银行		699 829	浙江实业银行		3 482 800
浙江兴业银行	7 088 917	3 450 000	陕西省银行	1 398 144	
徐州国民银行		200 000	浦东商业储蓄银行		1 400 000

续　表

银　行	本行发行兑换券	领用他行兑换券	银　行	本行发行兑换券	领用他行兑换券
浦海商业银行		175 000	国民商业储蓄银行		16 721
国华银行		2 520 000	惇叙商业储蓄银行		270 000
湖北省银行	2 900 500		湖南省银行	1 510 400	
华东商业储蓄银行		200 000	富滇新银行	2 982 000	
裕津银行		500 000	宁波实业银行		980 000
福建东南银行	656 000		新华信托储蓄银行		1 370 000
嵊县农工银行		100 000	广西银行	4 437 871	
广东省银行	33 761 626		聚兴诚银行		1 200 000
瓯海实业银行		689 500	四行准备库	32 307 857	
总计	487 826 933	71 704 642			

资料来源：《全国银行年鉴》1934年，第F70—74页。

表24　1933年、1934年各银行领用兑换券统计比较表　　（单位：元）

行名＼年份	1933年	1934年	1934年比1933年增减
上海商业储蓄银行	22 280 000	28 110 000	加 5 830 000
中南银行	—	14 874 000	加 14 874 000
农工银行	4 950 000	5 150 000	加 200 000
东莱银行	3 490 000	4 160 000	加 670 000
浙江兴业银行	3 650 000	3 850 000	加 200 000
国华银行	2 280 000	3 780 000	加 960 000
中国国货银行	2 740 000	3 700 000	加 960 000
浙江实业银行	3 522 800	3 522 100	减 700
中国垦业银行	3 350 000	3 500 000	加 150 000
江苏银行	3 080 000	3 300 000	加 220 000
新华储蓄银行	1 950 000	2 950 000	加 1 000 000
中孚银行	2 125 000	2 085 000	减 40 000
绸业银行	1 550 000	2 000 000	加 450 000

续　表

行名＼年份	1933 年	1934 年	1934 年比 1933 年增减
聚兴诚银行	1 500 000	1 970 000	加 470 000
通和银行	1 900 000	1 900 000	—
中汇银行	1 450 000	1 500 000	加 50 000
江浙银行	—	1 000 000	加 1 000 000
永亨银行	1 150 000	880 000	减 270 000
中华银行	500 000	300 000	减 200 000
恒利银行	200 000	300 000	加 100 000
总　　计	62 207 800	88 831 100	加 26 623 300

资料来源：王维骃：《最近两年中国各银行之业务》，《东方杂志》第 32 卷第 15 号，1935 年 8 月 1 日。

领券制度作为一种独特的发行制度，是从分权制向集中制过渡的发行方法，即在分权制的前提下，先将分散的发行权向信用巩固的大银行转移，等待时机成熟后实行集中制，客观上减少了纸币发行和流通的紊乱，在当时具有一定的成效。由上述三个表格中可以发现，领券的不仅有非发行银行，也有中国农工银行、江苏银行、中国垦业银行、浙江兴业银行等发行银行。领券制度扩大了华资银行业纸币的发行与流通。通过领券，领券行庄代为发行，发展了业务，发行银行则进一步树立起信用，兑换券得到扩大发行。

上述梳理中可以大致勾勒出南京国民政府成立初期所面临的纸币发行现状，长期以来所形成的多元发行与币制紊乱局面。如何通过逐步统一的政权来加强与完善其管理，便是南京国民政府所面临的一大经济任务，从货币统一与政权统一的因果关系来说，也是一大政治任务。

第二章
南京国民政府的管理措施

南京国民政府成立后,尽管它不得不沿袭历史上形成的多数发行制局面,但对于发行权和发行准备的监督检查日益严格,即逐渐加强了对金融业的管制,其政策目标即是逐步向统一发行、集中准备推进。

纸币作为一种授信工具和银行负债,影响社会经济和民生至巨。多元发行制下,如果银行发行过滥、准备空虚,就会造成投机、挤兑等经济恐慌。特别是与地方财政息息相关的省市立银行,其发行的纸币多依靠命令或军队强制推行,一旦政权更替,失去靠山,纸币无法兑现,只有折价行使或完全成为废纸,对民生影响极大。从南京国民政府初期的状况来看,多元发行制是政治不统一的产物,其存在又会成为政权统一的障碍,因此在国民政府不断推进中央集权的过程中,集中纸币发行权便是其政治经济工作中的题中应有之义。具体措施包括:(1)收束纸币发行权,逐步取缔发行银行的权利;(2)限制发行银行的流通额,并规定现金准备金的最少数额;(3)向发行银行课收重税;(4)限其于一定年限内一律收回。

第一节 收束纸币发行权

1927年11月19日国民政府公布的《国民政府财政部金融监理局组织条例》中,第一课职掌之一即为"监察银行纸币之发行及准备事项"。11月28日公布的《金融监理局检查章程》中规定检查银行纸币及其他流通性储蓄券之发行及准备事项,并得检查一切文件账簿及库存各项,被检查机关不得托词抗拒。12月2日公布的《金融监理局补行注册简章》中规定"凡有发行纸币权之银行,应将取得发行权之经过、发行限额、最近发行数目及准备状况,分别种类,列表具报"。① 纸币发行成为金融监理局监察的主要内容。

1928年6月召开的全国经济会议上,即提出"全国纸币归国家银行一家发行,其余银行不准印行纸币,其已印行者由国家银行派员点验基金并限期收归取消之"。并特别强调"军阀时代滥发纸币无相当基金者应由政府审查后确定办法,于相当期间收回销毁"。陈行认为纸币不应贻祸人民、省银行不应有发行权。李铭认为"发行权属于国家银行,故银行条例亦明订禁止发行"。贝祖诒指出"中国应设立国家银行,已为确定之原则"。但在当时条件下,财政无统系,中央与地方未能确定划分,因此国家银行颇不易实行,其职权或反因此损其威信,而制度亦随以破坏。他也强调虽然当时取消省银行的条件尚不成熟,但政府宜设法限制,亦宜规定。②

1928年平津挤兑风潮发生后,国民政府借此加强了对纸币发行权的管制。1929年1月3日,财政部布告《取缔地方钱庄、商号私发纸币》,自布告之日起,不得再另发行。其业已发行者,限于一个月内将发行数目及准备实况,呈由地方政府查明,转报财政部核定,分期限令收回。③ 1929年2月,财政部撤销了江苏省银行的发钞权。④

1930年4月,财政部拟就统一全国币制计划:(一)先将各民营银行所发纸币及兑换券限最短期内一律收回。(二)由省市中央银行发行钞票及零洋兑换券,推行各县。(三)完全以元为单位。(四)各省中央银行钞票无论流通到何省,完全按十足兑现。⑤ 1931年2月4日,财政部又公告取缔滥发新钞,公告指出:"本市各银行,用种种不正当手段,吸收存款,滥发新钞,希图厚利,而于正当商业,反不注意,殊足妨害社会金融,特通令严行查禁,如违定予罚办,其有发行权者,即立予撤销。"⑥

1931年7月,财政部提议征收银行兑换券发行税,银行如不遵照法令规定纳税,财政部得取消其特许发行权。领用兑换券部分的税金仍由发行银行负担,

---

① 中国第二历史档案馆编:《中华民国史档案资料汇编》第五辑第一编,财政经济(四),江苏古籍出版社1995年版,第1—5页。
② 全国经济会议秘书处编:《全国经济会议专刊》,财政部驻沪办事处1928年版,第533—540页。
③ 《财部调查发钞银行内容》,《银行周报》第13卷第5号,1929年1月29日。
④ 中国第二历史档案馆藏,财政部档案,档号:三(1)-2498。
⑤ 中国人民银行总行参事室编:《中华民国货币史资料》第二辑,第85页。
⑥ 《财部取缔滥发新钞》,《申报》1931年2月4日,第4版。

发行银行可向领券银行收回税金。①

1933年12月19日,财政部致各省市政府,重申禁止钱庄、商号私发钞票。要求地方政府对于尚在私发纸币的各钱庄、商号严定期限,勒令兑现收回销毁,并随时监视各庄号以后不得再发,务于最短期内,彻底禁绝,以维金融,而重币政。②

1935年1月28日,财政部向行政院呈交了取消北洋政府财政部核准各银行发行权的办法。对于北洋政府财政部核准的各银行发行权,凡已停业尚在清理,及并未开始发行者,概予取消,已经停业清理者,嗣后虽呈准复业,亦不得再有发行。其理由是有些发行银行仅借发钞为挹注,发行数额漫无限制,准备又甚空虚,一旦停歇,纸币立成废纸。经北洋政府财政部核准发行之银行,业经停业或从事清理者,计有华威银行等10余家,颇有人欲利用此种特准发行原案,坐袭该项权益,若不预为防范,无以整肃币政。此外尚有获得发行权之行号,迄未开始发行者亦有数家。③ 此案经行政院第197次会议决议通过,并于1935年1月30日以行政院指令第299号令财政部遵照执行。因此通过发行银行自身的停业与清理,又减少了一批发行银行。

南京国民政府鉴于省券为统一币制与集中发行的一大障碍,所以也力图采取措施收缩和限制省银行的发行。1935年3月15日,南京国民政府中央政治会议核定通过了《设立省银行或地方银行及领用或发行兑换券暂行办法》。收束的办法是原有发行权系经中央核准的仍得继续发行,其余经中央核准之银行业已发行一元及一元以上之兑换券,应立即停止发行,而由中央银行印发一元及一元以上之省市暗记兑换券,标明某省市字样,由各省银行或地方银行领用。省银行或地方银行领用中央银行兑换券,应照领用数额缴存六成现金准备,四成保证准备于中央银行,此类兑换券由中央银行负责兑现,兑入后依照暗记,分向原领用之各省市银行换回十足现金。④ 这一办法显然是将省银行或地方银行纳入了中央银行的控制之下,收缩了其发行权。

---

① 中国第二历史档案馆编:《中华民国史档案资料汇编》第五辑第一编,财政经济(四),江苏古籍出版社1995年版,第19—26页。
② 中国人民银行总行参事室编:《中华民国货币史资料》第二辑,第85—86页。
③ 中国第二历史档案馆编:《中华民国史档案资料汇编》第五辑第一编,财政经济(四),江苏古籍出版社1995年版,第35—36页。
④ 中国第二历史档案馆、中国人民银行江苏省分行、江苏省金融志编委会合编:《中华民国金融法规选编》上册,档案出版社1989年版,第396—398页。

第二节　检查纸币发行准备金

纸币的信用在多元发行制下的维持多有赖于发行银行自身,在兑换券阶段直接的表现即是是否拥有充足的现金准备。关于发行准备的现金与保证比例,南京国民政府未再公布专门的纸币条例,但是六成现金、四成保证的发行准备成数,却在《银行兑换券发行税法》中以明文规定下来,并成为各发行银行依据的标准。

1928年6月召开的全国经济会议上,确立纸币信用、巩固发行准备成为金融股的重要议题。周星棠、刘秉义提出《拟请发行钞票权属诸政府并保障基金与行使信用案》,强调"财政之运用不能无替代之信符,而纸币之发行尤须有基金之准备"。[①] 在6月21日金融股的会议中,与会委员亦就纸币发行准备问题展开了广泛讨论。贝祖诒认为省银行制宜"限制发行额""确定准备制度";李铭提出"发行之准备应集中于一处,但主体在政府抑在银行请讨论";贝祖诒认为"准备金可由金融监理局管理,至各省银行之发行额及准备或数亦应由该局规定";李铭认为"发行及准备非统一不可,省银行可办,而现金必集于中央";贝祖诒认为"制度须据事实,目前省银行之设立实非中央力所能阻,即使纸币由中央发行,各地仍须兑现,至少一部分准备仍须置于各省";秦祖泽主张"宜分全国沪汉津粤四大准备区";贝祖诒认为"纸币之发行与兑现可分为四区而统辖于中央";胡祖同主张"准备金应由商民组织委员会监督之";李铭认为"可先就上海一区试办总库";徐新六认为"美国之Federal Reserve Board(联邦储备委员会——引者)及上海中国银行现行之核查准备制度均可仿行",贝祖诒提出"委员是否由各处代表参加,已发行者是否须将准备移于上海";姚詠白认为"纸币与现货相同,在理论上发行权当然属于政府,惟就事实方面则可由中央出一部分,各省出一部分,共同组织准备总库,自觉轻而易举";周亮主张"人民应要求监督政府之发行纸币";陈行则提出"为目前整理金融计(一)纸币不应贻祸人民,(二)宜定良好之银行制度,(三)省银行不应有发行权"。[②]

上述主张虽仅限于讨论的层面,却是日后南京国民政府相关政策的指针和

[①] 全国经济会议秘书处编:《全国经济会议专刊》,财政部驻沪办事处1928年版,第212页。
[②] 同上书,第533—540页。

目标,纸币发行和发行准备的集中是该政权始终着力推进的重要工作。

1928年中华汇业银行因挤兑风潮停业,请求财政部救援。财政部指责该行"发行钞票过多,准备不足"导致风潮发生,牵及其他银行。继中华汇业银行改组停业后,华威银行亦因挤兑停业。根据调查发现中华汇业银行的发行准备,大半属于北洋政府财政部所发的公债及其他公司股票,因为政局变迁,各种公债股票价额跌落,表面上虽称十足准备,实际尚不足五成。而华威银行的发行准备一项则完全空虚。1929年4月25日,财政部接到天津总商会的信函,转达天津的公民张盐等人呈称:

> 津埠银行众多,发行钞票者类皆准备空虚,以故自直隶省银行倒闭之后,继之以丝茶汇业华威农商劝业等行,最近中南之风潮方度平息,乃蒙藏又已停兑,鄙人等皆系受害分子,每闻钞票挤兑有如魂魄惊飞,虽已倒闭者固皆有其倒闭之原因,然滥为发行,准备空虚,实为银行业普通之大病,往者不论,即如本埠最著名之某某大银行均号称资本五百万,实际尚未收足,乃其钞票发行数目或与资本相等或已超过资本原额,及一究其准备,其所谓信用素著者,现金不足三成,递降则不足二成者有之。故欲求根本整顿非限制其发行数目无以保市面之安全,非认真检查资金无以臻金融之巩固,拟请转呈市府训令发行钞票各行限制发行数额,不得逾资本四分之一,至检查办法应由地方行政机关并各法团轮流办理,每五日检查一次,使其不敢稍有移动,庶挤兑风潮不至再见,而人民商业皆免损害。①

针对这些反映,南京国民政府财政部表示:所有关于发行各银行纸币数目及准备状况正统筹取缔办法,禁止地方行政机关限制发行、检查资金。1929年8月8日,财政部派特派员与北平、天津市政府商讨充实发行银行准备、巩固金融基础的办法。

除了对已发生挤兑风潮银行的救援措施,财政部加强了对所有发行纸币机构的监管。1929年1月3日,财政部布告《取缔地方钱庄、商号私发纸币》,复于1929年1月19日电令各发钞银行呈报发行数额及准备金实况。② 1929

---

① 中国第二历史档案馆藏,财政部档案,档号:三(2)-168(1)。
② 《财部调查发钞银行内容》,《银行周报》第13卷第5号,1929年1月29日。

年 2 月,撤销了江苏省银行的发钞权。1930 年 6 月 27 日,财政部训令各发行银行,自 7 月上旬起各行总分各行印发纸币与准备状况,依照财政部制定的银行发行兑换券暨准备金数目表及银行库存券数目表式,按旬报部备核。① 各行不仅要自行填报发行兑换券及准备金情况,财政部还派员赴各行检查,将发行数目及准备金实况逐一详查具报。为监督上海各发行银行之发行额及其准备金是否充实,复陆续由财政部派监视员驻守各行,以便随时稽核,中国农民银行、四明银行、中南银行、中国实业银行、中国通商银行及浙江兴业银行等均有监视员驻守。② 1933 年、1934 年财政部又先后派员分赴平、津、沪、杭各埠,检查各发行银行发行数目及库存现金与保证准备实况,列表具报,对于准备状况与法定不符者,分别令饬充实。③ 1935 年 6 月 5 日,财政部钱币司在对中国农工银行的检查中,发现该行保证准备内有房地产 37 万元,约占保证准备的四分之一,比例过大,训令该行设法减少,另行购置确实可靠的有价证券作为准备。④

为了增强发行准备中现金准备的比重,1931 年财政部长宋子文提议征收兑换券发行税,对保证准备部分课税,现金准备部分宽免。1931 年 8 月 1 日,国民政府明令公布施行了《银行兑换券发行税法》,规定"银行发行兑换券应具十足准备,以六成为现金准备,四成为保证准备",发行税率以保证准备额为标准,定为 2.5%,其现金准备部分免征发行税。该法施行后,各发行银行纷纷抗议,中国、交通、中南、四明、中国实业、中国通商、浙江兴业、中国垦业、中国农工等发行银行联名会呈财政部,认为中央所定税率太高,银行力不能胜,必然影响金融全局。因为当时上海金融业已面临着金融紧缩的局面,发行各行用以保证准备的债券又因"一·二八"事变的影响,价格大跌。因此他们认为 2.5% 的税率负担实属过重,应将税率准予减轻,最多不得超过保证准备数 1.25%。根据 1931 年底中国银行全年纯益为 1 787 400 余元,所应缴纳税额为 1 535 574 元,交通银行全年纯益为 787 500 余元,应缴税额为 622 690 元,以此相衡,全年纯益最大的中、交两行已几乎将收益尽充缴税之需,其他银行更可概见。针对银行的抗议,财政部修订了银行兑换券发行税法,将税率定为依实际保证准备额 1.25% 征收,对于发行

---

① 中国第二历史档案馆藏,财政部档案,档号:三(1)-2498。
② 中国第二历史档案馆藏,财政部档案,档号:三(2)-158;寿熹:《我国纸币发行现况之考察》,《东方杂志》第 32 卷第 17 号,1935 年 9 月 1 日,第 11—12 页。
③ 中国第二历史档案馆藏,财政部档案,档号:三(2)-145(2)。
④ 中国第二历史档案馆藏,财政部档案,档号:三(2)-1216。

准备的规定改为"银行发行兑换券应具十足准备金,至少以六成为现金准备,余为保证准备,其现金准备部分得免征发行税"。[①] 修正法于1932年11月25日奉行政院令施行。

1935年3月11日,南京国民政府通过了《设立省银行或地方银行及领用或发行兑换券暂行办法》共13条,其中关于发行准备的规定有:

(四)省银行或地方银行领用中央银行兑换券,应照领用数额缴存六成现金准备、四成保证准备于中央银行。前项六成现金准备得由中央银行以二成转存于原领券银行。

(五)现金准备以现币及生金银充之。保证准备以财政部发行或保证之有价证券照市价折实充之。

(六)各省、市银行领用之中央银行兑换券,由中央银行负责兑现,兑入后依照暗记分向原领用之各省、市银行换回十足现金,各地中央银行分支行亦照此同样办理。

(八)省银行或地方银行领用中央银行暗记兑换券后,除原有发行权系经中央核准仍得继续发行外,其余未经中央核准之银行业已发行一元及一元以上之兑换券,应立即停止发行。所有已未发行之兑换券应分别列表呈报财政部备案。其未发行之券,并应即时报请财政部派员点验销毁之。其已发行之券,应于六个月内全数收回,报请财政部派员点验销毁之。在未经收回之前,应按其发行数目以中央银行兑换券为准备金,交由所在地之中央银行保管。在未设有中央银行地方,由财政部指定当地商会、银钱业公会及财政部核准之银行共同组织保管会保管之。

(十)省银行或地方银行为调剂农村金融起见,暂得发行辅币券。此项辅币券准备金,现金准备六成,保证准备四成。但现金准备内之二成得以具有确实担保之货物栈单代充之。其余准备金应按照本办法第五款规定办理。所有准备金除以二成现金留存本行为随时兑现之需外,其余现金二成栈单及保证准备全数均应交存所在地之中央银行保管。在未设有中央银行地方,由财政部指定当地商会、银钱业公会及财政部核准之银行,共同组织

[①] 中国第二历史档案馆编:《中华民国史档案资料汇编》第五辑第一编,财政经济(四),江苏古籍出版社1995年版,第19—26页。

保管会保管之。

（十二）辅币券流通暨准备金数目应按旬列表报部。①

此项办法之目的，在于限制地方银行的发行权，对其发行准备做出统一规定，同时兼筹中央银行兑换券的推行。

综观南京国民政府这一时期管理纸币发行的上述措施，可以发现其对于发行权是严格限制和收缩的，对发行准备的维持也更加严格和重视。在此政策下，纸币的发行权日益集中，但就整体而言政府对发行银行的管控和干预还比较少，在多数发行制的格局下，发行银行是币信维持的主体，市场的优胜劣汰法则对于发行银行而言更具约束力。

---

① 中国人民银行总行参事室编：《中华民国货币史资料》第二辑(1924—1949)，上海人民出版社1991年版，第86—87页。

第三章
推行纸币改革的拟议

南京国民政府成立后即把统一发行作为金融改革的目标,并在一步步推进中走向管理货币制度。在此期间,关于金本位、银本位的争论与采择,废两改元的成功推行为纸币走向统一提供了重要基础,纸币改革的讨论与建议等都进入了政府纸币政策的议程。

第一节　关于本位制问题的讨论

南京国民政府初期仍沿用银本位制度,但自此后不久即提出采行金本位制的拟议。事实上,关于金银本位之争,在中国是由来已久。同治末年,当时欧洲许多国家都采行金本位,白银跌价,中国货币的对外价值也不断下跌,无形中增加了偿还外债和支付赔款的负担。因此,有人主张改革币制,尤其在1894年甲午战争后,币制改革的主张,成了一种风气,而且多以采用金本位制为目的。

1903年,江苏候补道刘世珩的《圜法刍议》主张采用金币本位,铸造五圆、十圆、二十圆的金币,及银铜的辅币,并设立国家银行发行钞票。同年,海关总税务司赫德的《中国银价确定金价论》,主张采用金汇兑本位制。本位币不必铸造,只规定维持新币八两合英金一镑的比价,但银币可以自由铸造,所以成了一种金汇与银币的复本位制。同年,美国人精琦(Geremiah W. Jenks)也主张中国采行金汇兑本位制,以相当于白银一两的黄金为单位,人民可自由请求铸造这单位的倍数的金币。1907年,出使英国大臣汪大燮条陈行用金币办法,他以为采用金本位之后,中国可以用估值过高的银辅币来偿付一切赔款和铁路赎款。[①] 尽管这

---

① 彭信威:《中国货币史》,上海人民出版社1958年版,第632—634页。

些币制改革主张都异口同声地采用金本位,但清政府却在1911年明确提出实行银本位制,其根本原因还在于当时国内对金本位制的不了解。

北洋政府时期,曾聘请荷兰的经济学者卫斯林为名誉顾问,以达成与美、英、德、法四国银行团签订币制实业借款合同的目的。卫斯林提出《中国币制改革刍议》,主张采行金汇兑本位制。此种货币维持价格之方法,不在国内行用或储积金币,而专恃特储国外之金准备,凡远期、即期电汇,各种之外国汇兑,皆于此金准备取给。卫氏认为"此二三十年内中国可以采用最良之币制,厥维金汇兑本位。苟行之得其道,则金汇兑本位可以使现行之货币,无论其为国内之物价与国际之汇兑,皆有稳定之价格。……中国改良币制之初,莫过于暂时并用金汇兑本位及银本位两制"。① 1912年成立的币制委员会认为银本位弊多利少,不宜采用,其唯一优点是推行较易;金本位制筹备较为复杂困难;金汇兑本位利多弊少,较为可行。但在北洋政府颁布的《国币条例》中依然沿用了银本位,其理由是金本位虽然美善,但"中国现蓄之金,实不足供全国币材之用,购之外国,劳费太巨。国中现有之银,骤难处置,或致酿金融界非常之变扰耳"。而实行金汇兑本位制的国家皆属殖民地,"恃母国以为之卵翼",中国情势不同,不能效颦。②

南京国民政府成立初期,也聘请美国专家甘末尔为财政部顾问,设计币制改革方案。1929年2月,甘末尔即偕同专家6人,及其他助手、秘书等来华,成立设计委员会,调查财政币政等状况,并于同年11月提出逐渐采行金本位币制法草案。该草案规定货币定名为"孙"(Sun),应含有纯金60.1866公毫,其价值相当于美金4角,英金一先令七便士七二六,日金0.8025元。铸造一孙、五角及二角的银币,一角及五分的镍币,但不拟铸造金币。其理由是"金本位没有铸造金币或流通金币之必要。即在今日多数金本位国,实际上亦无金币之流通"。③ 甘末尔的设计方案其实是金汇兑本位制,而非纯粹的金本位制。

1930年2月,因金价暴涨,银价低落,影响所及,政府方面外债、关税两项损失极巨,社会方面进出口业、机械及原料均感受极大威胁。财政部和工商部在会商救济金融的办法中,提出改行金本位制的主张,两部出席人员意见为:(一)关税抽收现银,损失甚巨,亟应改收金币,既免除以后损失,复可吸收现金,以为实

---

① 中国人民银行总行参事室编:《中华民国货币史资料》第一辑,上海人民出版社1986年版,第63—64页。
② 同上书,第91页。
③ 中国人民银行总行参事室编:《中华民国货币史资料》第二辑,上海人民出版社1991年版,第68—69页。

行金本位之准备。(二)关税收金,如决定实行,则缴纳方法固不便用外币征收,但折金为银缴纳,亦有考量余地,至由中央银行发行一种专为纳税用之金券,并有研究价值。(三)吾国银两名称极为庞杂,实为改良币制之梗,而市场上犹使用之,亟应加以制止,改用元为计算本位,辅币情形亦与银两相同,复应加以规定,使其划一,此皆为统一银本位而趋于金本位一途之先着。论者多以改用金本位制为根本之图。① 最终,南京国民政府也没有采纳甘末尔推行金本位制的建议,但接受了他的另一建议,即1930年开始推行的海关金单位,使得中国避免了世界经济危机的巨大冲击。

当时侨居中国的奥地利货币问题专家耿爱德,即强烈反对甘末尔的建议。他认为"甘末尔的计划未能在当时实行,这对中国是一种幸福。如果中国在1930年采用黄金作为通货制度的基础,则一年之内,就将不得不放弃这个基础了"。②

因为就在这一时期,世界上许多国家都放弃了金本位制度。第一次世界大战期间,许多国家纷纷放弃了金本位制,但在战争结束以后又陆续恢复其金本位制度,至1929年时,金本位制几乎成为世界唯一本位制度。③ 但数年之间,由于世界经济危机的加剧,金本位国家一一难以维持。至1935年时,世界各国正式取消金本位制度的有32个国家,用管理方法而维持其名义上金本位者,有8个国家。未取消金本位者,只有10个国家,而此10国之中,其所施行之金本位制,也非完全自由流通。金本位制不能维持的原因究竟是什么?1932年国际联盟会的研究报告中,曾提出下列几点重要原因:

(1)战后之金本位制,其主要金本位币,大都不再流行市面。(2)中央银行所发行的纸币,不能兑现金币,只可兑现金块或外汇,或二者并用。(3)中央银行虽有兑现义务,然可存其一部分准备金于国外,以为外汇之用。此项资金,大都存于伦敦、纽约两埠。(4)中央银行的准备法,大都变迁,皆趋重于最低准备制。④

战前的金本位制,实有硬金本位币,可以自由铸造,人民持有纸币,可以直接

---

① 中国第二历史档案馆编:《中华民国史档案资料汇编》第五辑第一编,财政经济(四),第10—11页。
② 中国人民银行总行参事室编:《中华民国货币史资料》第二辑,上海人民出版社1991年版,第73页。
③ 只有中国与波斯两国为银本位制,西班牙、土耳其及其他数个小国为不兑换纸币。波斯在1932年3月时,曾改银本位制度为金本位制度,与英镑定有比率。
④ 蔡可选:《金本位制度之现在与将来》,《清华学报》第10卷第1期,1935年1月。

兑现。然而战后的金本位制，本位币均被中央银行吸收，市面所通行的，仅有纸币。纸币的价值，所以不致跌落者，仅依赖于能兑换现金。而此种现金，不是硬币，而是金条与金块。

上述变化必然产生如下影响：一、减少了兑现机会。因为纸币不能兑本位币，欲兑换金条与金块时，又非常不便。因为金条与金块在市面不能行使，除非用之于购买外国货物。然而纸币既可由汇兑而兑现外币，则金条与金块更无使用的必要。二、一国中央银行现金完全集中。由于兑现机会少，人民持有的现金除窖藏、工业与作首饰器皿外，全在中央银行库中。三、为应付国外汇兑的需要，大部分现金都集中于伦敦、纽约两埠，因为它们是世界汇兑市场。

中央银行将现金集中后，同时更改了现金准备的比例。欧战前，各国中央银行的准备法，大概可以分为三类：第一类为最高发行额制。其代表为英兰银行，根据国家法律的许可，可以无准备而发行一最高额，超过此最高额外，即须十足准备。第二类为局部准备法。由国家规定一发行额，其发行准备比例，国家不加以限制，任银行自身作主，其现金准备比例常在五六成之间。超过此发行额外，即使有现金，也不能多发行纸币。第三类为最低准备法。国家对于发行总额不加以限制，只规定最低的现金准备比例。欧战以后恢复金本位制的国家，有些国家仍维持战前的规定，但大多趋向了最低准备法，其最低准备率，常为 40％，然而实际上中央银行所存的现金，又不只 40％。下面的统计表（表 25）中即有所反映。

表 25　中央银行之现行准备法及其准备实率

中 央 银 行	法定准备率(％)	实际准备率(％) 1930 年末	实际准备率(％) 1934 年 4 月
法兰西银行	35％	60％	94％
荷兰银行	40％	54％	80％
南菲准备银行	40％	80％	150％
美国联邦准备银行	40％	204％	122％
比利时银行	30％	41％	78％
日本银行	最高发行制	73％	
英兰银行	最高发行制	44％	48％
德国银行	40％	50％	15％

续 表

中央银行	法定准备率(%)	实际准备率(%) 1930年末	实际准备率(%) 1934年4月
波兰银行	40%	53%	52%
罗马利亚银行	40%	50%	50%
瑞士银行	40%	64%	117%
意大利银行	40%	33%	53%
丹麦银行	50%	46%	38%
瑞典银行	最高发行制	43%	59%
脑[挪]威银行	最高发行制	48%	42%

资料来源：蔡可选：《金本位制度之现在与将来》，《清华学报》第10卷第1期，1935年1月。

金本位制存在的另一障碍是黄金不能自由流动，而且现金的分配极感不均。20世纪30年代，世界上所有的现金，用作币制功能的，美国和法国几乎占了三分之二。详见表26。

表26 各国中央银行与国库存金(1928—1933) （单位：百万英镑）

国 别	1928	1929	1930	1931	1932	1933
美	770	801	868	832	831	804
法	256	335	431	551	669	647
比	26	33	39	73	74	76
瑞 士	36	37	35	73	85	78
荷 兰	21	24	28	93	98	100
总	1 109	1 230	1 401	1 622	1 757	1 705
其他各处	948	907	869	716	709	751
全 球	2 057	2 137	2 270	2 338	2 466	2 456

资料来源：蔡可选：《金本位制度之现在与将来》，《清华学报》第10卷第1期，1935年1月。

黄金的过分集中及缺乏自由流动，必然使其他实行金本位制的国家，殊感现金不足，金本位制也必然难于长久维持。那么，这就引出了另外一个问题，金本位制的维系需要具备什么样的条件？

金本位制应具备的条件：(1)现金有自由运输的可能。(2)现金运输时，非尽出于人为的结果,必根据于收支的平衡,而为自然的流出流入。(3)现金流出流入后必任其影响于一国之工资与物价,而不加以制止。(4)中央银行可用适当政策,以减少国际平衡之纷扰。①

此种条件,在一战以前金本位制度盛行之时,各用金国,虽无明文规定,然而都默认遵守。因此,金本位制得以维其信用,倡行无阻,而国家的经济发展,也有赖于此。所以在19世纪末20世纪初,国际贸易发达、工商业兴盛,皆与金本位制度有连带关系。但随时20世纪30年代世界经济恐慌的蔓延,商业衰败,金本位实施条件被破坏,而各国又复利用此种无明文规定默守之条件,相继取消其金本位制度,或故意减低其本位币的价值,而造成币制紊乱局面。

既然金本位制已难以维持,南京国民政府便依然维持银本位制,并将重心转向了废两改元工作的推进,这是走向货币统一的重要一步,在此过程中,有关纸币发行的问题也纳入其中。

第二节　废两改元中关于统一纸币的讨论

南京国民政府成立之初,同样沿袭了银两、银元、纸币并行的货币格局,尤其是银两制度极为复杂,作为称量货币的银两仅衡量其重量的标准——平码即不下1 000种,甚至一个城市有两三种至几十种不同的平砝,这不仅不利于商品的流通,还增加了社会交易成本和投机行为。因此早在1917年,上海总商会会董苏筠尚、张知笙等提出废两改元之议,即获得各界的广泛认同。② 1920年全国银行公会联合会、上海总商会以及上海英国商会等中外团体再次陈请政府废两改元,并开始筹建上海造币厂。但由于钱庄业的反对,造币厂筹建失败等原因,北洋政府无意推行,但此后关于废两改元的讨论却是连篇累牍。

1928年3月,浙江省政府通过了马寅初提出的《统一国币应先实行废两用元案》,并报国民政府第58次会议通过审查,交财政部采纳施行。1928年6月的全国经济会议和1928年7月的全国财政会议议决通过了《废两用元案》,废两改元正式步入政策实施阶段。

---

① 蔡可选:《金本位制度之现在与将来》,《清华学报》第10卷第1期,1935年1月。
② 诸青来:《贸易改用银元平议》,《银行周报》1917年11月,第18号;徐永祚:《上海银两本位之难于维持》,《银行周报》1918年3月,第41号;戴蒿庐:《废两改元问题》,《银行周报》1928年3月,第539号。文中都表达了对废两改元提议的支持,并从各自角度阐述了废两改元的必然性和必要性。

废两改元作为统一货币、解决本位制度的"第一步骤",自然也会涉及关于纸币问题的讨论。南京市钱业公会向废两改元委员会所提建议中,即非常强调纸币发行准备问题,他们认为首先应限定银行发行权,使各地民众备悉发行准备实状,以免再受前此停兑影响,采取何种制度虽未确定,然而准备必须充足,必须使发行所在地之民众深识发行与准备之概数,以免再蹈前此各省银行及汉券之覆辙。应使发行所在地之金融团体,或职业团体,随时有监查公布之权。①

上海钱业公会也在不同的场合反复申述统一纸币发行权,充实准备的重要意义。1932年7月,上海钱业公会复中央银行副总裁陈行的信函中,发表对于废两改元的意见,其中之一即建议:欲使社会一般人对于变更不致怀疑,应以统一发行,特设专局,其准备金依照法定,至少须有现金六成,不得以他种营业款项移抵,尤须以公开主义,许各业团体,有随时检查之权,庶全国人民,不至再有疑虑,即外人无从訾议,此为全民生计、全国经济最要关键,应请格外注意及之。上列意见,实为整顿币制,谋整个办法,无丝毫成见于其间。1932年7月12日,上海钱业公会举行新闻记者招待会,秦润卿在报告中,指出币制统一问题,"最危险者,还是纸币,若基金准备不足,一旦因政治关系发生恐慌时,其为害社会,必有不堪设想者"。俞佐庭报告中强调以往纸币停兑的危害,认为上海能够稳度各种事变的原因在于现银码头,因此主张:"如果实行废两改元,应请政府必先统一铸币权,统一发行权,再行仿照英美十足准备,徐图统一币制之政策,使市面不致动摇。"俞佐庭在其他场合接受记者采访时,也曾主张"发行纸币,至少须有现金准备六成、保证准备四成"。② 1932年8月,上海市钱业同业公会发表为废两改元问题敬告国人书,再度强调他们的上述主张。③

1932年7月7日,宋子文以财政部长身份到上海听取各界对于废两改元的意见时,银行业提出:"统一币制后,钞票应归国家银行发行,在中国之国家银行即中央银行,如果将来以该行为唯一发行钞票之机关,则其准备金在一二年内,恐亦感不敷,故希望仍能维持由商业银行发行钞票以补其不足。"钱庄业认为"对银行钞票之发行,须有联合准备,负环保之责任,银元之成色与重量,尤须有公开之检定"。④ 1932年7月11日,钱业公会举行记者招待会,强调废两改元"不得

---

① 上海市档案馆藏,上海市钱商业同业公会档案,档号:S174-2-28。
② 上海市档案馆藏,中央银行档案,档号:Q53-2-74。
③ 《上海市钱业同业公会为废两改元问题敬告国人书》,上海市档案馆藏,上海市钱商业同业公会档案,档号:S174-2-28。
④ 《宋部长来沪后各界陈述意见》,上海市档案馆藏,中央银行档案,档号:Q53-2-74。

不先求统一币制","应请政府必先统一铸币权,统一发行权",呼吁社会舆论主持公道。① 1932年8月初,钱业公会就废两改元发表《敬告国人书》,再度强调必须先统一铸币权,统一纸币发行权,然后才能废两改元,并且指出废两改元后,银元不敷使用,必然增发纸币,失去控制,引发通货膨胀。钱业举出中国银行和交通银行停兑事例,进一步引申"若一旦废两改元,硬币不敷,势必软币代之。一遇市面变化,窃恐小而踏平津汉口等之覆辙,大则步俄德之后尘"。② 钱业公会的主张虽然有为维护自身利益、拖延废两改元时间的目的,但要求取消华资商业银行和外资银行的纸币发行权,从整个币制改革来说,无疑是合理的,而且这样的公告也引起了各界对于废两改元与纸币统一关系的关注与重视。

其他各业在发表对于废两改元的意见时,也都主张维持发行准备对于统一发行的意义。绸业银行董事长王延松认为"发行兑换券,应公开检查而求完善,则流弊自少"。蛋业主张:"应照钱业主张,特设专库,统一发行,其准备金至少有六成现金,不得以他种营业款项移抵,准许各业公开检查。"柴炭行业主张:"软币以统一发行为首要,由政府设一发行局,各普通银行发行权一概取消,一面充实准备,使持票者随时随地可以兑现。商民团体有监督检查之权,对硬币得化验成色,对现币得检查准备。"经售米粮业主张:"纸币准备应公开检查,并须组设监察机关。"崇明县商会主张:"发行钞币,应有现金六成准备,其余四成,须有确实信用保证。"江阴县商会主张:"各银行非照法定准备,不得滥发钞币。"③

上海的报章杂志如《申报》《银行周报》中关于废两改元问题连篇累牍的讨论中,几乎众口一词,对废两改元后是否会导致滥发纸币、停止兑换、集中现金等问题表现出一致的担心,指出:"假使易一恶政府,不问银两之已废未废,不问银元之已改未改,欲停止兑换则停止耳,欲集中现金则集中耳。此与废两改元有何关系?"④

1933年4月6日,全国正式实施废两改元。废两改元作为南京国民政府改革币制的一项重大举措,为将来彻底地整顿币制、统一纸币发行权打下了基础,接下来便是向实施纸币政策的推进过程。

---

① 《银行周报》第16卷第27号,1932年7月19日。
② 《银行周报》第16卷第29号,1932年8月2日。
③ 《市商会委员会再研究废两改元》,《新闻报》1932年8月11日。
④ 《银行周报》第16卷第47号,1932年12月6日。

第三节　各类币制改革拟议

　　1933年8月15日,顾翊群的《中国货币金融政策草案》引起了蒋介石的注意,并交由孔祥熙、宋子文采阅。顾翊群在这份草案中提出必须采行货币管理制,但要具备两个前提:一是统一发行权及中央银行与商业银行合作,二是设立汇兑平衡基金。实行货币管理制的步骤如下:设立货币管理委员会,司通货管理之执行,充实汇兑基金。第一时期运用汇兑基金,防止外汇过度涨落;第二时期汇兑基金应着手购进外汇,中央银行应着手以外汇生金等为基础,逐渐增发钞票,或膨胀商业银行之准备金。第三时期亟应设立长期证券市场和短期票据承受市场,以统制金融。[①] 从后来法币改革的内容来看,部分采纳了这个建议,但长远的制度配套没有做到。

　　在法币改革前,银行家张嘉璈在论及中国当时的币制问题时,认为中国已存在改为管理通货制的可能。对此,他曾作如下精辟的论述:"今后之币制问题,端在如何稳定对外汇率,及维持纸币信用。目前银币之对外汇率,一面因出口征税而降低,一面因国外银价提高而向上,致汇市捉摸不定,使进出口贸易与侨汇,均受到不利之影响。然中国为入超国家,欲求长期稳定汇率,必须充实外汇准备。救济之策,或售银易金,或得到外债。然根本之策,必须增加出口,减少入口,平衡国际收支。同时人民对于纸币信用,不能任其有丝毫动摇,其枢纽在于纸币准备必须确实,不能令发行任意膨胀。换言之,本行已尽其最大之努力,建立近代管理通货之基础,而今后完成改革币制之责,在于政府当局。吾于民国廿三年度营业报告中,一再强调限制进口,增加出口,上下一德一心,省吃俭用,以国民自身力量战胜难关。同时强调政府确立健全之发行制度,逐渐推行健全之银行纸币,以代替传统的用银习惯。利益健全通货,吸收散在人民手中十五六亿元银货之　部,不特可以补足目前出口之缺数,且可充实增加发行之准备,纵令不克取得外援,亦可自救。然而切不可增加非现金银为基础之信用工具,以摧毁已有之信用基础。"[②]

[①] 中国第二历史档案馆编:《中华民国史档案资料汇编》第五辑第一编,财政经济(四),江苏古籍出版社1995年版,第39—46页。

[②] 中国银行总行、中国第二历史档案馆合编:《中国银行行史资料汇编》上编(一),档案出版社1991年版,第558—560页。

这一点从 1933 年南昌市面各种兑换券流通和使用的情况得以直观的反映。据调查：

> ［南昌］市上流通之银元券，除少数之中国银行江西地名券，及交通银行之九江地名券外，余皆各银行之上海地名券，此种上海券，中有申钞与杂钞之分，中央中交三种，谓之申钞，流通区域较广，省城及其他较大城市以外，乡村亦多能通用，故申钞之价值，时较现洋为高，每千贴水常至三元以上者，较诸杂钞则每千必超出五角左右，中国实业银行券及其他如中南四明垦业等，未在南昌设行之货币，统称为杂钞，其流通范围，则只在各较大城市，据现状观察，我行券［即中央银行券——引者注］约占市面全数之六成，中国银行券，约占三成，其余合占一成而已。考纸币之值，宜与其替代之现货币相等，若升水或折扣皆非应有，银行券在南昌，较现洋为高，其原因乃南昌为入超之埠，对外贷借划拨之差额，当以现金输送，但现洋笨重，途中危险既多，而费用复大，不得已而求诸纸币，于是纸币之需要多而供给少，价值乃高，现洋则反是，其价自低，遂使市面歧视，券现计算，因亦繁杂，并致商人视货币如物品，待价而沽，从中渔利，国家圜法，破坏无遗矣。①

民众信用纸币，视同现银元，并且不以现银元业已贬值，而对于代表银元之纸币有所怀疑，足以使中国币制，随时有脱离银本位，而改为管理通货制的可能。1934 年 4 月 12 日，财政部成立了币制研究委员会，专门研究币制改革事宜，研究内容包括：关于改用金本位事项、关于银本位事项、关于各种旧币事项、关于辅币事项、关于取缔私铸事项、关于造币厂改良事项、关于纸币事项、关于取缔私发纸币事项等。币制研究委员会议决案可以直接送请财政部长采择施行。1935 年 1 月 29 日，财政部又成立了金融顾问委员会，目的即是"改进通货现状，调剂各地金融"，聘任素有财政、经济学识经验者担任委员。② 国民政府已在组织上进入币制改革的推进阶段。

---

① 《南昌之金融调查》，《中央银行月报》第 2 卷第 2、3 期，1933 年 1、2 月份。
② 中国第二历史档案馆编：《中华民国史档案资料汇编》第五辑第一编，财政经济（四），江苏古籍出版社 1995 年版，第 308、36—37 页。

小　结

兑换券阶段,采行的是银本位制,银两、银元、纸币并行,纸币只是银本位币的替代物,其币值的体现和维持依赖于充足的准备和无限制兑现。在兑换券时代,纸币被视为现金——金属货币的代用物,故以能随时兑现为发行原则。纸币的信用和发行额亦往往与准备高低和兑现能力息息相关。戴蔼庐有感于1927年汉口钞票停兑的风潮时曾指出:"钞票之行使,端在准备充足,按额兑现,若一旦不能维持其价格,虽有法令规定,亦无济于事,当时可十足兑现者,今乃得以一纸令文,作价二折,焉知不能更以一纸令文停止兑现乎。……夫钞票者代表现金者也。苟无现金为之准备,而发行钞票,斯谓之不兑换纸币,以法令强制行使,其额面价格,虽不能稍贬,而物价腾贵,币价遂于无形中跌落矣。"①裕孙在山东省银行第二次停兑后也发表感慨:"银行券为片纸所印成,本身价值殆不足言,其能代表本位货币,在市面流通无阻,并发挥其特殊之经济效能者,全恃发行银行有充实之准备,可以随时无条件兑得现金,换言之,即银行券流通之唯一要件,在于安全确实,而安全确实之解释,则在其可以自由兑现。"他认为停兑风潮的发生根本原因在于滥发银行券、准备日减、不能维持兑现所致。② 很显然,在他们看来兑换券的信用与价值的唯一决定因素就是准备充实,维持自由兑现。

在多数发行制下,发行准备对兑换券发行的制约作用,使得发行银行不敢滥发,即使某家银行发生挤兑风潮,亦不致影响全局,还可向其他银行求助,借与现金或代为兑现。宋子文亦曾肯定多数发行制的积极作用,他指出:"在国民政府定都南京,并继续统一国内时,华北、华中各地的发行钞票的银行,还是很多,他们是把银币作发行准备的,所以各有各的准备,有些倒闭,有些都能存在,但各银

---

① 蔼庐:《银行收兑汉口改钞感言》,《银行周报》第11卷第41号,1927年10月25日。
② 裕孙:《山东省银行二次停兑感言》,《银行周报》第11卷第38号,1927年10月4日。

行多少能自行管制,因为滥发纸币,便发生挤兑的后果,因为有了此种自然的约束,所以没有一个地方政府或独立军队能够忽略其发行的安全程度,即使偶有银行倒闭的事件,其影响亦只限于当地。"①

但以发行准备和兑现为后盾的多数发行制度亦存在着缺陷,即发行额受制于现金准备的持有量,一旦遇到经济恐慌,发行非但不能增加,而且常常大为收缩,反过来加重经济恐慌,其原因有以下几方面:(一)兑换券在多数发行制下,各家信用不免稍有参差,持有人为预防万一计,均以少藏钞券为较安全办法,恐慌发生后往往随以挤兑,而且经常因谣言而引起无谓的挤兑风潮。(二)在银行方面,深知恐慌发生,势必酿成挤兑风潮,影响全局。兑换券发行以稳健为原则,于是稍遇恐慌,往往先为之准备,自动收缩发行。一方面回笼钞券,不再发出,一方面广集现金,增厚准备,自动减少钞券流通数量。(三)在多数竞争发行制下,银行平时各谋个别发展,恐慌到来后,只图自卫。于是在广集现金之余,往往争藏他行发行的兑换券,以为临时应付。例如,如果甲行以乙行券来兑现,乙行即以甲行所发兑换券偿还,甲以券来,乙以券去,而乙行之准备可以维持。如果甲行现金准备,因兑现而渐见减少,则可以他行券向各行兑现,甲以券去,彼以银来,因此收藏他行券,即不啻收藏现金,不啻以他行为外库。所以在经济恐慌时期,发行银行一面须应付人民之兑现,一面更须应付同业之巧取,平日唯恐其发行进展之不速者,又唯恐其发行收缩之不速。②

1934年中国的巨额白银外流,使得发行银行普遍面临现金准备不足的困难,相率收缩发行,导致市面上筹码极度短缺,工商企业因缺乏资金周转亦陷入经济困难,造成经济恐慌局面。当时担任南京国民政府财政顾问的美国人杨格在回忆这一时期的状况时指出:1934年由于中国继续保持银本位币制,白银外流导致通货极度收缩,银根紧张已达极点。各商业银行这时宛如处身在铁夹之中,因为他们所持有的白银,一般都不能超过作为发钞准备的限额60%以上。因此它们处于没有办法增发钞票,或者即使拥有良好担保也不能多借到现款的地位。中央银行无力办理再贴现,因为它必须集中所有资源充作发行钞票的后盾,并且从财政上维持政府的日常用度。尽管有些资本外逃,也有人窖藏现银,所幸人们还怀有足够的信心,因而使要求把钞票兑成现银或者提取存款的恼人

---

① 《行政院长易选》,《东方杂志》第43卷第6号,1947年3月30日。
② 杨荫溥:《银潮中吾国纸币现状及其应变政策》,载吴小甫编:《中国货币问题丛编》,货币问题研究会1936年版,第228—230页。

小　结

风波得以避免。可是,挤兑风潮在这一时刻是可以因出现任何料想不到的严重政治或经济事态而一触即发的。[①] 另据分析,银价步步上涨,人民视藏银有利可图。若此心理逐渐普遍,势必舍货币而藏银元,其结果将使银行货币回笼,发行货币银行之现金准备,逐步降低。发行货币最多之银行为中央、中国、交通三行,其公开检查报告之现金准备均为六成。如是假定货币兑现 100 元,即将减少 166 元之发行。上海华商银行及钱庄存银 27 570 万元之中,中央、中国、交通三行发行准备,共为 15 246 万元,占 55% 强。因此,如果人民藏银心理刺激普遍,首受打击者,将为商业银行之货币。如四明、通商、浙江兴业、中国实业、中国垦业、四行准备库等,以其资力较弱,发生风潮可能较先。其发行数,在 1933 年底,约为 5 000 万元。其结果必波及中、中、交三行。而华商银行之存款,将随洋商银行之后,大量减少。上海中外金融业势必同处困境,结果不堪设想。[②] 1935 年夏中国通商、中国实业、四明银行即同时发生挤兑风潮,不得不依赖于政府出面救济。面对国内金融业的普遍恐慌和日本侵略的威胁,纸币停兑、统一发行已成为不得不然的选择。

[①] 〔美〕阿瑟·恩·杨格著,陈泽宪、陈霞飞译:《一九二七至一九三七年中国财政经济情况》,中国社会科学出版社 1981 年版,第 245—246 页。

[②] 中国银行总行、中国第二历史档案馆合编:《中国银行行史资料汇编》上编(一),档案出版社 1991 年版,第 552—554 页。

中篇　法币阶段的纸币政策

1935年11月3日,南京国民政府毅然宣布实行法币改革,统一发行,集中准备,停止兑现,白银国有,开创了中国货币史上的一个新纪元,使纸币脱离了金银的约束而进入管理通货阶段,从纸币史的发展及其改革时所处的历史背景来看,有其积极意义。但从实际执行的情况来看,南京国民政府却依然打着充实发行准备的幌子,既没有建立起必要的信用制度,又没有保护现金准备,而是无限制地增发纸币,导致纸币币值不断下跌。

法币改革后,维持纸币信用的责任则集中于政府当局,成败的关键在于"管理"。所谓管理通货制度,其着重之点就在于"管理"二字,而且货币不是容易"管理"的,因为物价问题不是单纯的货币问题,货币问题尤不是单纯的货币数量问题。实行管理货币的一大前提,就是必须有健全的机构切实管理,方能有效,南京国民政府时期始终没有这样一个健全的机构。要维持纸币币值的稳定,最关键的还在财政,如果财政能够平衡或接近平衡,不用借发行为挹注,发行数量自然能够控制。财政收支不能平衡,货币价值也不易维持稳定,而货币价值的不稳定,也更能加深财政收支的不平衡,二者互为因果,成则均成败则均败。而在南京国民政府时期,一多半的时间里战争不断,军费支出庞大,在此情形下,财政绝对不会平衡,每年惊人庞大的赤字支出,势必发行钞票来弥补,通货恶性膨胀,货币已成为财政的俘虏。管理通货的发行准备政策,以南京国民政府承担责任、做出承诺始,却以放弃责任、打破承诺终,在此复杂的演变过程中,由于政府对发行准备的规定、宣传与实际执行的背离而不断失去民众的信任,最终导致对政府信心的崩溃,使政府所有的挽救措施失去效力。

国民政府明知法币发行准备只是一个暂时的手段,更多是心理上的作用,但他们却不及时进行相应的财政金融改革,面对危机时依然打出发行准备充实作幌子。货币不是凭空产生的,国家虽然在主观上可以发行不兑换纸币,但却不能抹煞货币的客观条件。这是南京国民政府法币政策失败的根本原因。

第一章
国际视野下的法币改革

统一货币发行、实行管理通货制度虽是南京国民政府金融统制的既定目标,但在1935年11月突然宣布法币改革,并且盯住英镑,加入英镑集团,却又是复杂外交背景下做出的偶然选择。因此在探究法币改革的动因及其影响因素时,必须将其置于国际视野下,分析与之密切相关的美、英、日三国对法币改革的影响。

第一节　美国与法币改革

美国与法币改革的密切关系不仅表现于其购银法案对中国经济的深刻影响,迫使中国断然实行法币改革,加入英镑集团,而且表现于其对法币改革的态度又迫使南京国民政府很快修订了法币改革的有关规定,从盯住英镑到盯住英镑和美元。

一、白银政策与法币改革

法币政策的实施,虽是南京国民政府统一政权的必要前提,但在废两改元后这么短的时间内就予以完成,则主要是由于美国白银政策刺激所致。自1929年世界经济恐慌发生以后,美国经济受到极大冲击,陷入空前严重的经济危机,美国国内的工业生产在危机发生后下降了42%,股票价格下跌了79%,失业人数从1930年的400万人猛增到1933年的1 200万人。[1] 罗斯福就是在这样的背景下于1933年3月4日就任美国总统。

---

[1] 洪葭管:《中国金融史》,西南财经大学出版社2001年版。

竞选总统期间,罗斯福获得了美国白银集团的大力支持,因此在他就任总统后,也积极为他们谋求利益。1933年1月18日,罗斯福在竞选总统期间,就收到来自内华达州的白银集团代表 John Corning(约翰·科宁)的信件,请求在即将召开的国会中通过以每盎司65美分的价格购买100亿盎司白银,其中60亿500万盎司投入流通,从而打破目前的萧条局面,另外30亿500万盎司将作为政府盈余利润,用于平衡财政预算、降低税率、支付奖金、阻止从国外购买任何白银,这样一定会实现繁荣,不再有闲散失业人员。[①] 当时美国白银派议员在国会颇占势力,罗斯福总统始之以金银准备并用,继之以收买白银,终之以提高银价,其最后目的在提高银价到一盎司1.29美金。为了恢复经济、转嫁国内危机,在白银集团的压力下,罗斯福政府从1933年12月到1934年6月陆续颁布了《银购入法》和《购银法案》等购买白银的法律,实行了所谓的"白银政策"。美国是世界最主要的购银国家,他采取购银政策从1934年6月开始,自后银价狂涨,较上一年竟高了26.7%。1934年8月,罗斯福总统根据购银法案第七条的规定,颁发命令,限90日以内美国所有白银按照每盎司50.01美分之价格收归国有。同时又向国内国外大批购买白银。结果在1935年4月10日,银价高涨到每盎司71.11美分,4月27日更高达81美分,创造了世界银价的最高纪录。[②]

中国作为当时世界上唯一用银为本位的国家,银价高涨,对国民经济造成巨大威胁,主要表现为:入超增巨、物价惨跌、农业衰落、白银外流、通货准备紧缩,形成空前的金融恐慌。1932年以前,中国本是一个白银输入国,但从1932年起,到1934年底止,据海关报告,白银之公开输出至国外的,共达2亿3100万盎司,即达3亿500万元,又自1934年10月15日白银征收出口税始到同年12月底止,在这两个半月中,白银偷运出口的,据估计约达2000万元以上。上海中外银行库存白银,亦由1934年5月之569 356 000元,减为1935年5月之335 081 000元。外国在华银行,对中国的汇率与国外不断上涨的银价之间的差距最为敏感。美国《购银法案》通过后,它们立即扩大运银出口的数量。1933年底至1935年9月(即中国实行白银国有的前一个月),上海外商银行的白银库存量减少了23 300万元,相当于14 960万关两。仅1934年8月中旬山大来公司承运的外商银行白银数目就达4 000多万元。

---

① *Documentary history of the Franklin D. Roosevelt presidency*,volume10,Congressional Information Service, Inc.,2002,p.4.
② 千家驹:《中国法币史之发展》,南华出版社1944年版,第4—6页。

表27 1934年8月中旬山大来公司承运的外商银行白银数目表

行　　名	宝银(两)	洋(元)	厂　条
麦加利银行	5 000 000		
汇丰银行	1 300 000	10 000 000	
横滨正金银行	960 000		
安达银行	290 000	260 000	
三井银行	350 000		
朝鲜银行	300 000		
有利银行	390 000		
中法银行	1 080 000		
大英银行	2 650 000	2 000 000	
东方汇理银行	1 000 000	2 200 000	
荷兰银行	360 000	1 000 000	
大通银行		1 360 000	1 157
花旗银行	3 000 000		1 200
华比银行	1 000 000		200
德华银行		400 000	150
总　　计	43 932 000(元)		

资料来源：《汇丰等银行又运出大批现银》，《钱业月报》第14卷第8号，1934年8月15日。

据统计，上海的中外银行在此紧急期间的白银库存情况如下：

表28　上海的白银库存情况

（单位：国币百万元，1.558元=1关两）

时　　期	华资银行	外资银行	总　计
1933年12月	271.8	275.7	547.5
1934年7月	330.6	232.2	562.8
1934年12月	280.3	54.7	335
1935年9月	293.4	42.7	336.1

资料来源：郑友揆：《中国的对外贸易和工业发展(1840—1948)》，上海社会科学院出版社1984年版，第104页。

从表中可以看出,外商银行的存银从最高时的 2.757 亿元,下降到最低时的 0.427 亿元,在中外银行库存白银总额中的比重由 50.5% 下降为 12.7%,成为中国白银外流的主力军。巨额白银外流,造成的信用紧缩与金融恐慌弥漫全国。上海一地工厂停工者 3%,商店停业,失业人数达 70 多万,挤兑风潮频仍,银行钱庄倒闭时有所闻。

在此期间,南京国民政府也做过一些外交努力。1934 年 8 月 19 日,南京国民政府致函美国政府,请求说明美国将来购银政策大要,又与美国交换白银现状意见,美国政府鉴于中国货币所处困难,允许此后格外重视,在实施其程序时,允在可能范围内,避免扰乱中国经济与财政,并对于购银时间、地点及数量支配,予以密切可能之注意。1934 年 9 月 23 日,南京国民政府财政当局通知美国政府,说明银贵之后,对中国之不利情形,建议请其注意不再使中国现银继续外流之种种可能性。1934 年 12 月 19 日,国民政府财政顾问杨格就中国金融危机提出两项由美国协助的解决办法:(1)美国政府予以合作,将国外银价降至每盎司 45 美分,制止白银的外流和恢复信心;(2)国外对中国币改的积极支持,如美国通过延期交付白银来给予信贷,或通过进出口银行或其他途径来给予援助等。鉴于可能发生危机的这一非常情况,希望对第(2)项办法予以严肃的考虑。①

1934 年 12 月 19 日,美国联邦准备银行提出购银的四点计划,表示不在中国收购每盎司价格超过 55 美分以上的纯银,在中国以外,当世界银价在低于每盎司 55 美分时,白银收购在国内或国外如认为合适时,将照常执行,并采取步骤防止世界银价过分跌落到 55 美分以下。1934 年 12 月 20 日,孔祥熙致电在美国交涉的施肇基,希望美国能长期将银价稳定在每盎司 50 美分的水平上。强调中国的经济结构已不能忍受再提高汇价,否则将导致更为严厉的通货紧缩,进一步使国际收支的均衡趋于动摇,加剧白银继续外流,威胁着通货的早期崩溃。如果 50 美分的价格能固定下来,中国可能同时减低或暂时停止平衡税,借以恢复币信。12 月 31 日,孔祥熙再次致电施肇基,希望美国稳定银价,否则中国将考虑采行外币汇兑本位。②

但是美国财政部这时对于新出矿的国内白银价格,仍一再提高,继之以禁止白银出口,因而银价仍继续上涨不已,最终导致外汇汇率与理论平价之差额,有

---

① 中国人民银行总行参事室编:《中华民国货币史资料》第二辑,第 119—124 页。
② 同上书,第 125—127 页。

时竟达 30% 以上。① 1935 年 1 月 21 日,孔祥熙向美国提出了限制白银购买的三点建议,建议美国政府只收购以下几类白银:(1) 新开采的;(2) 按照伦敦协定所出售的;(3) 短期内在纽约或伦敦交货的,从而限制中国非法出口的存量的增加,此后,只收购那些美国政府确认其不是从中国走私的白银。1 月 21 日,美国政府给出了非正式的照会,指出购银法案是命令式的,美国政府不能正式地或非正式地订立对其条款有损害的任何协定。②

1935 年 1 月 31 日,宋子文致电美国驻苏大使布里特,提出向美国借款,首先让中国将货币联系美元,来避免即将到来的危机,其次,将节余的一部分存银用来满足美国的需要。电文中宋子文直言不讳地表达了中国面临的严重危机,在一个组织不健全的国家里,而又当日本为了要控制中国,正逼着中国摊牌的时候,届时中国政府就只能进行选择,要么在苛刻的政治经济条件下接受日本的借款,要么就面临着事实上在日人庇护下各省政府使用各种不同货币的情况出现。1935 年 2 月 5 日,中国驻美公使馆致美国国务院非正式备忘录,向美国提出要求售银和给予贷款,以便实行不兑现纸币的货币体制,而企图将这种新币与美元发生联系,以期从由于白银本位所产生的汇率不稳定情况中摆脱出来。这样,中国可以帮助美国政府获得它所需要的白银,而另一方面可以从美国得到对通货改革的支持。2 月 19 日,美国国务卿照会中国驻美公使:美国政府感到尚不可能与中国达成一项如上述计划纲要中所提出的协定。建议中国财政部长适当将上述计划同时向对中国财政问题,特别是对中国的币制改革表现极大兴趣的几个外国政府提出来,则美国政府准备与这些接触过的其他政府和中国政府合作,来探索共同给予中国所企求的援助的可能性。③

显然,美国不信任中国政府,更不愿单独给予中国援助。1935 年 3 月 4 日,孔祥熙请施肇基转告美国政府,中国的币制改革是因为美国购银政策造成中国的财政和经济困难,别国政府认为必须先与美国取得有关白银的谅解,才能寻求下一步的合作。但在私下里,国民政府也早已开始寻求英国方面的支持,并最终成功实现了法币改革。至于法币改革后美国态度的转变将在下文中展开论述,这里不再讨论。

---

① 千家驹:《中国法币史之发展》,南华出版社 1944 年版,第 8—9 页。
② 中国人民银行总行参事室编:《中华民国货币史资料》第二辑,第 131—132 页。
③ 同上书,第 132—136 页。

第二节　英国与法币改革

英国作为在华利益最大的国家,也受到中国白银风潮造成的通货紧缩和经济衰退的严重影响。1934 年下半年起,国民政府即多次向英国方面要求提供援助,以摆脱日趋严重的财政金融困难。10 月,中国海关总税务司梅乐和(F. W. Maze)回英国后,向英国政府转告了中国希望借款 1 亿英镑的要求,但被否决。此后,国民政府曾让张嘉璈、贝祖诒、徐新六等人出面,要求汇丰银行和麦加利银行率先对中国提供贷款。英国政府认为,对华贷款是使中国采取英镑本位进而将中国币制纳入英镑集团的绝好机会,但又担心单独对华贷款会引起日本和美国的反对,特别是英美日法四国银行团规定的限制。1935 年 1 月 25 日,英国驻华使馆代理商务参赞乔治(A. H. George)向孔祥熙、宋子文转达了英国贷款的条件,即中国必须脱离银本位并与英镑联系,实行有关的改革。对此,孔、宋表示完全赞同。① 1935 年 2 月下旬,英国政府感到中国经济有濒临崩溃的迹象,与美、法、日各政府进行商谈,希望对中国实施国际援助,改善其通货困难。美国因财政部长摩根索的反对,对此表示观望,日本则极力反对。因此,在能否得到美、日谅解与合作并且迅速实行对华贷款的问题上,英国财政部与外交部之间出现了重大分歧。财政部方面认为,即使是粗略的估计,英国在华投资额至少也有 3 亿英镑,中国关系到英国广泛的商业利益和国内就业问题;采取坐视中国经济崩溃的消极政策,将在经济上乃至政治上给英国带来最严重的后果;英国应立即同日、美、法方面协商,达成联合援华的协定,而日本从其自身利益出发也会同美国合作的。外交部方面则对贷款方案持怀疑态度,认为日本势必反对任何其他国家介入中日关系,因此在得知日方的真实态度之前,不能贸然对华贷款。② 英国决定先行就地调查实际情况。

1935 年 4 月 18 日,英国公使馆提交了 Monsieur Monnet 所做的关于中国《货币状况和金融危机》的详细调查报告,报告中详细叙述了中国面临压力和中国政府的态度。报告强调中国面临的两个困难是:日本坚决反对中国寻求国际援助,只要中国政府提出的建议都会被日本否决;这次改革必然是对金融制度的

---

① 吴景平:《李滋罗斯中国之行述评》,《近代史研究》1988 年第 6 期。
② 同上。

彻底改变,诸如放弃银本位和通货紧缩,这些问题提到国际讨论很难保守秘密,容易引起上海金融市场混乱。报告还详细记载了孔祥熙和宋子文关于币制改革的态度,希望相关国家能在上海召开国际会议形成币制改革的框架和方案,但改革必须是中国政府为主导。中国政府还表示在得到英国政府答复前,不会采取实质性行动。①

1935 年 6 月 5 日,李滋罗斯(Frederick Leith-Rose)被任命为出使中国的英国财政专家。② 标志着英国政府开始推行比较积极的对华政策,以恢复和发展在中国的地位。1935 年 6 月 6 日,宋子文给英国驻华外交大使贾德干(A. Cadogan)的信件中表示对于罗斯来华将全力配合,但希望尽早前来,因为当时中国的经济形势日益恶化,已到了非常严峻的程度,数家银行倒闭,政府不得不支持两家发钞银行,但当时失望情绪尚未蔓延,大银行的形势基本稳定。③

但李滋罗斯并未马上到中国,而是在 6 月至 8 月间为中国之行作准备,广为会见银行界实业界人士,充分讨论有关中国币制改革和外国贷款的问题,并最终形成了以承认满洲国的方式来缓和远东局势,给予中国政府以贷款援助。

1935 年 8 月李滋罗斯开始他的远东之行,第一站便是日本,目的是说服日本当局在援华问题上同英国合作。9 月 6 日,李滋罗斯抵达日本,开始与广田弘毅、重光葵、津岛寿一等政界要人以及金融界人士广泛会谈,但没有任何实质性成果。当李滋罗斯提出在伦敦所达成的关于中国的一般立场时,日本方面坚定地认为中国不会承认满洲国问题,即使中国承认了满洲国,要想使日本为对华贷款提供担保也是十分困难的。除非有严格的财政监督,任何外国贷款都会被浪费掉,而中国是不会接受这种监督的。日本人的观点是:中国必须依靠自己的资源和学会自助。④ 李滋罗斯的日本之行以失败告终。

9 月 21 日,李滋罗斯飞抵上海,随即赴南京向国民党政府要员汪精卫、孔祥熙、宋子文兜售以承认"满洲国"为条件、英日联合贷款的方案。出于李滋罗斯的意料之外,这一方案也受到了国民党政府的冷遇。英国财政部不了解的是让中

---

① *Confidential British Foreign Office Political Correspondence*,China,Series 3:1932 - 1945,Part 2:1934 - 1935,microfilm,FO371/19242,reel 45,University Publications of America.
② Ibid.
③ Ibid.
④ 吴景平译:《李滋罗斯远东之行和 1935—1936 年的中英日关系——英国外交档案选译》(上),《民国档案》1989 年第 3 期。

国在满洲国问题上做出退让,已是不可能之事。英国提出的以承认满洲国方式达成英日共同贷款的方案已无法推行。于是李滋罗斯最终选择了从中国的政治经济实际出发,提出另外的见解和主张。他分赴南京、上海、北平、广州、汉口等地考察我国经济情形。9月下旬起,李滋罗斯与孔祥熙、宋子文就币制改革方案、贷款条件展开会谈。在放弃银本位,发行与英镑相联的纸币问题上,孔、宋同意了李滋罗斯的意见。在中央银行改组问题上,孔、宋原则上同意了李滋罗斯的要求,答应使中央银行更独立于政府,但强调中央银行如完全独立不但不能增强在中国的信誉,反会减少吸引力。在财政预算问题上,孔、宋同意把这方面的改革作为整个币制改革方案的基本部分。在贷款问题上,孔、宋提出如果能获得1 000万英镑借款,中国将在10月份根据以上原则宣布币制改革方案。双方关于币制改革方案的讨论和推进还是比较顺利的。10月9日,李滋罗斯把双方谈判情况报告了英国政府。

值得注意的是李滋罗斯对日本合作的可能性、必要性产生了与原来不同的看法。他在这份电报中说:"在伦敦讨论时,我的观点是:与日本达成良好谅解是中国真正振兴不可缺少的前提。但我几乎看不出这方面的前景。""如果在此地达成明确的协议,我准备再赴东京寻求日本的合作,但达成我们期望的广泛解决的机会也是微乎其微的。"这显然与英国财政部原来的乐观估计已相去甚远。李滋罗斯并且建议英国单独对华贷款、实行币制改革:"不管怎样,我倾向于把币制改革计划付诸实施,即使涉及1 000万镑的风险,这远胜于无所事事。我们在长江流域的利益及在这一地区的任何发展,都将加强南京政府在国内的地位。"①

10月19日,宋子文告知李滋罗斯:中国政府已原则上批准了币制改革方案;新借款将以海关收入为担保并处于前列;已命令铁道部长就津浦路、湖广路债款的合理清偿进行谈判。至此,李滋罗斯已与中方基本谈妥了贷款和币制改革方案。但是,应政府要求只有当中国明确向日、美两国告知将采用英镑本位,并且得到日本的合作与美国的购银保证后,英国才能对华贷款。对于中国而言,这是不能接受的,在币制改革令公布前,不能让美、日得知内情。币制改革和贷款的推进陷入僵局。另一方面,金融局势更加恶化,标金狂涨,投机与恐慌之风弥漫金融市场。11月1日,宋子文再次告诉李滋罗斯:即将宣布白银国有、实行

---

① 吴景平:《李滋罗斯中国之行述评》,《近代史研究》1988年第6期。

法币,将要求中国各银行遵守,希望英国当局和李滋罗斯对在华英商银行施加影响,配合推行币制改革。① 英国方面同意给予中国币制改革以积极配合。

11月3日,贾德干与李滋罗斯共同拟定了《1935年禁付现银规例》,并于币制改革令生效的当天公布,规定所有在华英籍人士包括各银行、商号、公司,均不得以现银支付债务,否则以违法论处。② 这样就使国民政府绕过了治外法权,获得英国人士和银行等将率先遵守法币改革令的保证。

1935年11月3日,国民政府发布法币改革令。这次币制改革虽然得到了英国政府特别是李滋罗斯的支持,有利于国民政府推行币制改革方案,但最终的方案是国民政府自己制定,并没有贯彻英国原先的方案。因为英国政府坚持在中国和远东问题上必须得到日本合作至少是谅解的外交政策,害怕得罪日本。法币盯住英镑汇率,是为实行李滋罗斯所提出的英镑本位制。

法币改革后,英国舆论也是一片赞美之声。《金融时报》盛赞中国政府决定在一切方面遵从西方最良之办法,为具有良好之判断力,此项计划之成功,须赖执行者之人格与恒性,唯中国可以有人运用此种办法,俾能获得信任,为中国开一金融安定之新纪元,则可无须怀疑者也。该文结论称,英国与其他国家定可尽心赞助与中国合作云。《每日电讯报》称,此次中国金融改革之坚决的与完备的办法,定可博得对华贸易各方面之赞许,唯对华贸易并未因此获有重大希望。《晨邮报》称,中国政府在实际上无异于宣布放弃银本位,此项决定之急进,适符情势之需要,此举之目的系欲令中国银元之现率与镑价相连。③

英国的赞美不乏对自己推动法币改革的洋洋自得,虽然改革未完全按照英国政府的旨意实行,但李滋罗斯实促其成,法币汇价盯住英镑,也使得英国利用美国白银政策的机会轻松取得了中国的货币领导权,使中国加入了英镑集团。

第三节 日本与法币改革

与美国的观望和英国的优柔寡断不同的是,日本对于中国的币制改革始终持有密切关注、坚决反对的态度。英美等国在华势力的扩大和中国为摆脱困境、发展经济所采取的诸多解救措施,都是日本军国主义极不愿看到的。日本想利

---

① 吴景平:《李滋罗斯中国之行述评》,《近代史研究》1988年第6期。
② 同上。
③ 《英报著论 表示赞助》,《大公报》1935年11月5日。

用中国的困难进一步控制和独霸中国。因此，日本坚决反对其他列强染指中国的政治与经济，避免他们影响日本在华利益和军事扩张。

1934年4月17日，日本外务省情报部部长天羽英二发表了一份排挤英美等国在华势力、关闭中国门户、妄图使中国变为日本独占殖民地的狂妄声明。明确提出日本对东亚地区负有绝对的"特殊责任"，[①]日本反对任何外来的对华援助，无论是资金、军事还是技术，以免影响日本在华利益。

针对天羽声明后的日本对华政策，孔祥熙在1935年2月5日的一次会谈中强调了日本干涉中国的威胁以及日本对中国银本位币制的破坏。在中国由于国际银价上涨而引发的白银风潮和货币危机时，日本对中国的军事侵略也更为频繁和嚣张，并辅以经济诱导和政治高压，逼迫国民政府对日本做出更多让步。

1935年4月8日，东京外务省致电上海日本公使馆，告知英、美两国出于各自的利益，将派代表赴中国调查，要求上海日本公使馆严密注意。4月9日，上海日本公使馆即回复称，中国的币制改革以宁粤合作为其先决问题，因此南京政府派遣代表赴粤，有开始交涉之模样。4月10日，东京外务省致电上海日本公使馆，鉴于欧美各国之派遣对华视察团，日本于对华经济及亲善工作上亦应组织有力之经济视察团，使视察中国各地消解反日感情，并调查提高关税之实情。[②]

虽然英国曾对日本抱有合作的幻想，但日本对中国币制改革的态度始终是坚决反对的。在李滋罗斯远东之行前，汇丰银行的亨齐曼（Henchman）与吉田（M.Yoshida）的会谈中就得知日本对中国的态度非常不满，并表示在中国态度转变前决不给中国任何财政援助。吉田还阴险地表示日本军方认为让中国陷入金融混乱比采取军事行动更加有利可图，他们正在考虑颠覆中国的现任政府。他表示当该专家到达时日本不会安排专家与之会谈。亨齐曼向英国外交部反映情况时，表示担忧日本银行可能于近期运白银出境。[③] 李滋罗斯到达日本后也真正体会到他们错误估计了日本的态度，日本不可能给予中国财政援助，但英国也不想与日本正面冲突。

南京国民政府的态度也很明确，他们在与英、美政府交涉时都表达了日本施

[①] 李爱：《白银危机与币制改革：解析南京国民政府银本位时期的政治、经济与外交》，社会科学文献出版社2014年版，第163页。

[②] 中国第二历史档案馆编：《中华民国史档案资料汇编》第五辑第一编，财政经济（四），第309—310页。

[③] *Confidential British Foreign Office Political Correspondence*, China, Series 3: 1932 - 1945, Part 2: 1934 - 1935, microfilm, FO371/19242, reel 45, University Publications of America.

加于中国的巨大压力和严重后果,并要求有关币制改革的内容对日本要严格保密,否则必然获得日本的强烈反对和破坏。法币改革的突然宣布,让日本政府极为愤怒。11月6日,日本外务省秘书须磨与外交部次长唐有壬会晤时表示了三点意见:(一)如此重大改革币制事件,对于与中国贸易有重大关系之日本,竟毫不商谈,仅出以通知之方式行之,敝方实不能不引为遗憾。(二)事实上,英国方面一致拥护,英政府并定有罚则,此非事前得有英国默契或谅解不克臻此。闻对英已成立借款,此事我方亦将认其为以夷制夷之具体事件,中日关系将行逆转,华北问题亦将愈形纠纷。(三)欧美在华势力必日益膨胀,我方对此实不能看过也。① 这段话表达了日本外务省对中国币制改革的懊恼、气愤和威胁。唐有壬针锋相对地反驳了须磨的观点,请日方依照中国办法表示拥护。

11月9日,日本陆军和军部也发表了极其强硬的非正式声明,反对中国白银国有令。认为国民政府在不为国民所信赖的现状下,结果必遭失败,反而招来银之私运与藏银之退减,新纸币迟早化为废纸。日本还认为法币改革将金融权力由分散于地方转向集权于中央,一旦中央错误一步,则使全中国蜂起,有陷于不可收拾事态之虞。日本因此还指责此次法币改革搅乱了远东的和平,陷中国于国际共管之境。日本还预言南京政府白银国有和通货统制政策,将引发地方有力政权及军阀与中央政权间的摩擦而引起政治纷争。② 日本陆军和军部的声明显示了自己侵华野心受到阻碍的愤怒,然而它指出的潜在危险却在日后都不幸成为事实,也即它所分析的中央政府错误。

除了言辞上的反对,日本更在实际行动上采取了各种破坏法币的行为。

第一,拒绝上交白银。1935年11月3日夜,法币改革令公布后,上海的日商银行开会协议,不服从新法令,但交易只能按纸币进行,拒绝上交库存白银。③ 后来虽考虑到实际利益,同意上交上海日商银行的存银,但华北的存银非但不上交,还禁止中国政府收兑的白银南运。

第二,伪造法币,抢购物资。1938年,在上海私印法币数千万元,使敌谍、敌侨与汉奸在各地行使,以掠夺中国的物资。④

---

① 中国第二历史档案馆编:《中华民国史档案资料汇编》第五辑第一编,财政经济(四),第332—334页。
② 同上书,第341—344页。
③ 中国人民银行总行参事室编:《中华民国货币史资料》第二辑,第209页。
④ 《财政部航快密代电4118》,1938年11月19日,四川省档案馆藏档,四川省财政厅档案,档号:民59-3-6499。

第三，偷运白银出境，几个月内竟达 2 亿日元以上。①

第四，积极推行华兴伪币在沦陷区吸收法币。②

第五，在上海外汇市场抢购外汇。日本将收进的法币不顾价值尽量购进外汇，实施统制，而使法币永无上涨机会，借此造成通货膨胀。③ 1939 年 9 月，日本在华北收集中、中、交、农等银行 1 元、5 元、10 元各种法币约 500 万元，运到上海利用奸商夺取外汇。④ 并拨取横滨正金银行的中国海关税金 5 000 万元，作套取外汇基金。⑤

第六，在沦陷区逐步禁止法币之行使，迫民众就范。⑥

日本对于中国法币改革的态度可谓丧心病狂，但木已成舟，它虽然用尽各种卑劣的手段进行破坏，但法币改革在当时国内外的支持下，还是获得了成功，对于中国财力的保全和战时财政的维持，发挥了积极作用，这在以往研究中多有论述。

从实行法币改革的国内外背景来看，面对来自国外的压力，南京国民政府在决策过程中始终保持了较为强硬的态度，才使得法币政策在后来的推行中拥有相对自主的地位，如果法币按照英国期望的采用英镑本位，那么后来就难以在白银出售中与美国达成有利于双方的售银协定。正是因为法币改革产生于这样一种复杂的外交格局中，所以在其后的推行和发展中，国外因素及汇价的维持依然是法币政策中的重要内容。

---

① 千家驹：《中国法币史之发展》，南华出版社 1944 年版，第 16 页。
② 《关于抄送敌方兴亚院法币对策委员会在东京举行会议报告情报的函》，重庆市档案馆藏档，中央银行档案，档号：0282-1-67。
③ 同上。
④ 《关于敌在沦陷区内强迫民众使用伪钞现已流通甚广又刻在华北收集四行法币等的函电》，1939 年 9 月 20 日，重庆市档案馆藏档，中央银行档案，档号：0282-1-67。
⑤ 《关于抄送敌方兴亚院法币对策委员会在东京举行会议报告情报的函》，重庆市档案馆藏档，中央银行档案，档号：0282-1-67。
⑥ 同上。

第二章
法币政策的规定及变动

从1935年11月3日法币改革颁布到1948年8月19日金圆券改革以前的十余年间,法币政策的规定也发生了一系列的变化,变化的原因有外在的压力,更多则表现为国民政府对自己应负责任的逃避和取巧。

第一节 法币改革令的颁布及相关政策

1935年11月3日,财政部发布《施行法币布告》宣称"政府为努力自救,复兴经济,必须保存国家命脉所系之通货准备金,以谋货币金融之永久安定"。规定办法共6条,内容如下:

一、自本年十一月四日起,以中央、中国、交通三银行所发行之钞票为法币,所有完粮、纳税及一切公私款项之收付,概以法币为限,不得行使现金,违者全数没收,以防白银之偷漏。如有故存隐匿,意图偷漏者,应准照危害民国紧急治罪法处治。

二、中央、中国、交通三银行以外,曾经财政部核准发行之银行钞票,现在流通者,准其照常行使,其发行数额以截至十一月三日止流通之总额为限,不得增发,由财政部酌定限期,逐渐以中央钞票换回,并将流通总额之法定准备金,连同已印未发之新钞及已发收回之旧钞,悉数交由发行准备管理委员会保管。其核准印制中之新钞,并俟印就时一并照交保管。

三、法币准备金之保管及其发行收换事宜,设发行准备管理委员会办理,以昭确实而固信用。其委员会章程另案公布。

四、凡银、钱行号、商店及其他公私机关或个人,持有银本位币或其他银币、生银等银类者,应自十一月四日起,交由发行准备管理委员会或其指定之银行兑换法币。除银本位币按照面额兑换法币外,其余银类各依其实含纯银数量兑换。

五、旧有以银币单位订立之契约,应各照原定数额,于到期日概以法币结算收付之。

六、为使法币对外汇价按照目前价格稳定起见,应由中央、中国、交通三银行无限制买卖外汇。

布告还强调"自此发行统一,法币之准备确实,监督严密,信用益臻巩固"。[1]

就在发布施行法币布告的同一天,财政部长孔祥熙发表了关于改革币制实施法币政策的宣言,同样强调了颁布紧急法令的目的是"保存全国准备金,并为巩固币制与改善金融"。中央银行将来应行改组为中央准备银行,其主要资本,应由各银行及公众供给,俾成为超然机关,而克以全力保持全国货币之稳定。中央准备银行,应保管各银行之准备金,经理国库,并收存一切公共资金,且供给各银行以再贴现之便利。中央准备银行,并不经营普通商业银行之业务,唯于二年后享有发行专权。[2] 在此宣言中,孔祥熙信誓旦旦地表示政府对于通货膨胀决意避免,关于财政整理措施业已准备就绪。

11月5日,宋子文也发表关于新货币政策的谈话,指出:"目前流通钞票之银准备,已在有效之集中管理之下,其价值以外汇计算,远过于钞票流通之总额。即每百元钞票,可有一百十元以上之外汇准备,则政府维持币值之能力,更不应成为问题矣。……今流通之钞票,既有在集中管理下之充分准备为后盾,同时政府复明白表示坚决反对任何有通货膨胀性质之举措,钞票自由流通之维持,当无若何困难也。"[3]所有这些无非都强调法币准备充分、信用稳固,希望全国民众全力支持。

为了对法币政策的有关内容进行更详细的解释,以解除人们的疑虑。财政部秘书处专门编印了《财政部新货币制度说明书》,集中准备被列为新货币制度的精义之一,强调:"发行准备是谋发行之巩固,而发行准备金之集中保管,更可

---

[1] 中国第二历史档案馆编:《中华民国史档案资料汇编》第五辑第一编,财政经济(四),江苏古籍出版社1995年版,第314—315页。
[2] 卓遵宏编著:《抗战前十年货币史资料》(一),台北:"国史馆"1985年印行,第180—181页。
[3] 《中国银行董事长宋子文发表新货币政策谈话》,《银行周报》第19卷第44期,1935年11月12日。

增进准备之巩固。假如准备分散,在金融恐慌时,一遇提存挤兑,即感艰于应付。如集中准备,积有巨额,由政府及人民公开参与发行准备之保管,信用自臻巩固,不致遭遇困难。所以集中准备之优点,在平常时期可以充分发挥资金之效用,在恐慌时期可以充分发挥准备之功能。……此次新货币制度中,对于法币准备金,规定集中存储中央、中国、交通三银行,并且设立发行准备管理委员会保管,于上海设立总会,天津广州汉口设立分会。此后法币信用,自然巩固,而准备金之效用,亦可以充分发挥。"说明书强调新货币制度绝非放弃银本位,因为财政部公布之六项办法,系确定以中央、中国、交通三银行钞票为法币,而法币之准备,仍以现银为基础,保持以前之准备办法,有多少准备方可发行多少法币,法币与现银间并未脱离关系,皆为显明之证。从另一方面观察,若谓新货币制度为放弃银本位,亦即采用纸本位,此说亦不合实际。吾人应知纸本位之特征,是钞票发行不受任何限制。而货币制度,非特有限制之发行,且法币之发行准备,依然照旧。大凡采用纸本位之国家,是认钞票为货币,而金银为货物,性质既有不同,其间之比例,自然常有变动,而不能固定。但在我国新货币制度中,法币与现银间仍保持原有固定比例。说明书还强调新货币制度绝非通货膨胀:新货币制度是否通货膨胀,对于此问题之解答,应从通货膨胀之条件上观察,附有次列三种条件之任何一种,方可认为通货膨胀,吾人所习见之通货膨胀必经途径,大概不外下列三者之一。第一种条件:停止发行准备。因为停止发行准备,钞票可以尽量发行,故能造成通货膨胀。现在新货币制度对于法币发行,在消极方面,既未停止发行准备之规定。在积极方面,并设立发行准备管理委员会,负管理法币发行准备之责,可见新货币制度,与通货膨胀截然两事。第二种条件:减低发行准备金之比例。譬如以前之现金准备为60%,保证准备为40%,亦即现金60元,公债库券折价40元,可以发行100元之钞票。设使将60%现金准备,减为30%,亦即现金30元,保证准备70元,可以发行100元之钞票,此种减低准备比例,增加发行之办法,就可以使通货膨胀。新货币制度对于法币发行之准备,并未变更以前之规定。发行法币需要全额准备,既未变更,而准备中六成现金及四成保证准备之比例,亦未变动,自与通货膨胀有别。第三种条件:减低本位币之成色与重量。因为成色减低一半,或者重量减轻一半,旧币一单位,均可以变成二单位。合并实行,就可以变成四单位。此种方法,可以增加货币单位,亦即是增加发行准备之单位,其效用与减低发行准备比例相当,自然亦可以多发钞票,成为通货膨胀。新货币制度规定人民以所持银类兑换法币,既然依照银本位币铸造条例兑换,而中央造币厂亦是仍照条例规定,鼓铸银本位币。至于法币发行之现金准备,亦是遵照原定银本位币之成色重量,未加减低。在任何方面,均可见银本位币之重量与成色,皆未变动,自然不能指为通货膨胀。总之,在新货币制度中,法币发行仍须受准备之限制,对于准备数量与性质之规定完全与以前相同。所不同者,不过以前可以行使现银,现在代以法币,将现银作为法币之准备,与通货膨胀之意义,完全不相关涉。为了解除人们对各银行准备不确实的怀疑,财政部还将法币改革前夕各行准备检查报告予以公布,并强调"现在各行准备,依然丝毫未减,法币发行,更以准备为依据,似此法币准备之充实,实无怀疑之余地"[1]。

如上所述,《新货币制度说明书》反复强调的就是准备确实问题,无论是宣称维持银本位还是否定通货膨胀,其主要理由亦是维持发行准备,而且比例不变。这是法币推行的重要砝码。

此后,财政部长孔祥熙又在不同场合强调法币政策时,都集中于发行准备如何巩固。1936 年 5 月 3 日,他在《实施法币政策》演讲中,再度将对法币政策的说明归纳为两点:(一)法币仍有十足准备,基础极为巩固。(二)法币万无限制购买外汇,准备亦极充实。[2] 1937 年 2 月,他向中国国民党五届三中全会作财政报告时,总结了推行法币政策的初期成果,认为:"法币所以能够推行,有持久的稳固性,全靠内有准备,取得人民的信任,否则就很容易发生根本动摇。过去中央、中国、交通三银行发行的法币,依发行准备管理委员会 1937 年 1 月 30 日第 14 次检查报告,共为 114 268 万余元。这些法币,都依法发行,是有准备金的,因为准备金充足,所以法币流通市面,信用昭彰,不但是金融稳定,纵令有非常事变发生,市面也不感受何等影响,并且农工商各业,因金融活泼的缘故,均能得相当资金的供给,也渐渐繁荣起来。"[3]

由上可见,法币改革之初的政策规定和宣传中,南京国民政府当局非常强调法币发行准备,寄望于以此获得国内外对新币的信任。这些宣传亦引起国内外的关注和讨论。

1935 年 11 月 5 日,华盛顿电云:"此间专家以为,此项计划最大之问题,在于维持十足之准备金。目前此项准备金,高于世界任何国家。且中国政府,当能

---

[1] 卓遵宏编著:《抗战前十年货币史资料》(一),台北:"国史馆"1985 年版,第 208—213 页;《中国银行行史资料汇编》上编(一),第 569—574 页。
[2] 卓遵宏等编:《抗战前十年货币史资料》(三),台北:"国史馆"1988 年版,第 95 页。
[3] 同上书,第 109—110 页。

审慎行使其权力,以维持现有之比率也。"①闵天培则认为法币发行准备过高,应减少准备,酌量增发法币,如果能统制汇兑、平衡国际贸易,法币即可畅行无阻。②张素民认为法币已放弃了银本位,从此币价与银价脱离,今后的物价,即不以银币的价值来衡量,乃以受着管理的法币的价值来衡量。法币虽然脱离了银本位,不是不要准备金,因为有了发行准备管理委员会,钞票决不至于滥发。③刘大钧则认为:"前此政府因维持纸币信用起见,特制定现金准备六成,证券准备四成。前者比例之高远过世界各国之惯例,因此亦使我国货币失去弹性。事实上此六成现金准备迄无需要,即折半改为三成,亦足敷应用。故此次施行新货币政策决非为现金准备不足之故。现趁国内现银尚多之时,使人民以之兑换法币,不啻将现银收归国有,仍极适当之办法,吾人于数月前即曾有相似之建议。盖如尽量听奸商偷运出口,致银底枯竭,然后被迫停止兑现,则必引起极大之恐慌也。货币与财政有莫大之关系。如财政收支不能适合,而政府的随意发行钞币,以资抵补,则通货膨胀确有可虑。所幸政府对此已有相当之准备,且特设管理委员会,聘请金融界领袖参加,表示法币之发行不致受财政之影响,此尤足使吾人信任政府改良币制之诚意,而袪除一切之疑虑矣。"④

也有论者对财政部以保有发行准备及维持其原有比例来证明法币既非放弃银本位、亦非通货膨胀的解释提出质疑。王烈望指出:"其实在新币制之下,通货之膨胀与否,不在乎准备比例之是否改变,或法币含量之是否减低,除此二者以外,通货之膨胀,尚有两种可能性:第一,中央银行收集各地现银以后,充作发行准备,则收集六百万之现银,即可发一千万之钞票,在现银未集中以前,六百万现银,只能作六百万元之用,一经集中以后,便可骤增四百万元之筹码,自不免流于膨胀。唯财政部既以新币制为通货管理制,则发行自当依商业上之需要为伸缩,不能因预算不敷而增加也。第二,倘如前文所云,以国内存银按现在行市换成外汇,则通货亦不免流于膨胀。"⑤张素民强调:"钞票的发行额,应由财政当局或中央银行斟酌市面的商业情形,随时伸缩;绝不可只顾现银准备之合乎六成,公债准备之合乎四成,就随便加发。市面如无通货增加之需要,即有十足现金准备,

---

① 卓遵宏等编:《抗战前十年货币史资料》(三),台北:"国史馆"1988年版,第166—168页。
② 闵天培编著:《中国战时财政论》,正中书局印行1937年版,第108页。
③ 张素民:《币制改革之意义及其影响》,《东方杂志》第32卷第23号,1935年12月1日。
④ 《中央周报》第394、395、396期合刊,1936年1月6日。转见卓遵宏等编:《抗战前十年货币史资料》(三),第498页。
⑤ 王烈望:《新货币制度之研究》,《银行周报》第19卷第48期,1935年12月10日。

也不应加发钞票。这是管理通货之一重要原则。"①王承志则认为:"货币制度的改革,虽名为通货管理,其实是相当含有通货膨胀之性质,不过目前或不致走向通货膨胀之极端。……则通货膨胀决不可避免,事实上,现银国有,即等于放弃银本位,而通货管理,也就是通货膨胀的先声,同时与英镑汇价的稳定,使中国币制更进一步为伦敦市场所操纵。"②姚庆三更是质问:"新货币政策之精神,在由中中交三行以一定价格买卖外汇,使法币对外汇价盯住于一先令二便士半之数,此种新制度,谓之镑汇制度可,谓之管理通货制度亦无所不可,但绝对不能谓非放弃银本位,盖果为银元本位也,则必纸币可以兑换银元,果为银块本位也,则必纸币可以兑换银块,无一于此,徒以准备中尚有若干现银之存在,而遂谓中国犹未放弃银本位也,其乌乎可!"③

那么,究竟该怎样看待法币改革令中关于发行准备的规定及财政部的各种解释和说明?

第一,名为用于发行准备的现金能否保持值得怀疑。法币停止兑现对于防止白银外流和币值受国际银价波动直接影响有积极意义,但法币规定维持一个固定的汇率,势必需要雄厚的外汇准备,在这样的形势下维持汇价的现金准备需求比法币发行准备需求更为迫切,移此注彼的情况就难免发生。

第二,由于硬币的停止使用,现银收归国有,发行钞票在法令上虽仍受限制于现金准备,但因兑现停止,已潜伏有无限制发行钞票,而实行通货膨胀的可能。抗战爆发前,因发行准备按期检查公告,而且在外汇无限制买卖的情形下,如果法币的对内购买力与对外购买力差额太大,必然引起资金的逃避,加重外汇基金的负担。从当时中央的财政状况而言,尚无求助于通货膨胀的必要。但自抗战爆发后,由于战费支出的浩大,法币发行超出了社会需要的限量,因而成为物价飞涨的一个基本因素。因此财政部以法币维持发行准备及其比例来证明法币决非通货膨胀,只能视为法币政策推行的手段,而非保证。

第三,法币实行后,银本位币失去了自由铸造和自由兑现这两个作为银本位的基本条件,事实上已不再是银本位。但财政部却以继续保持现金准备而证明未放弃银本位,只是一种曲解,借以使人们维持对法币的信任,其实这一点在当

---

① 《文化建设月刊》第 2 卷第 3 期,1935 年 12 月。
② 王承志:《中国金融资本论》,光明书局 1936 年版,第 263 页。
③ 姚庆三:《银价跌落声中新货币政策之前途及恢复准备制度之建议》,吴小甫编:《中国货币问题丛编》,货币问题研究会 1936 年版,第 156—159 页。

时即已被许多学者所否定。即使在其他实行管理货币的英日国家也都以现金作为发行的准备,所以放弃银本位不等于放弃以现银为准备,以现银为准备也不能证明就是银本位。从后来发行准备制度的历史发展来看,南京国民政府当局始终存在着借此蒙蔽民众的心态。如,中央银行业务局局长席德懋在1937年4月13日致孔祥熙的密函中说:"我国通货已非银本位,而为管理本位。"孔祥熙却声称:我国纸币在国外之准备,约有美金12 000万美元,及约2 500万英镑。① 事实最终证明,这种自欺欺人的手段不仅没有提高人们对法币的信心,相反却是对政府信用的颠覆,可以说法币改革之初的宣传中即已埋下祸根。

第四,尽管财政部反复强调法币十足准备,但因为停止兑现还是会引起人们的恐慌心理,因此设立发行准备管理委员会负责发行准备的保管和检查,以期取信于民。另一方面,就在法币改革令发布的同时,财政部长孔祥熙在实施法币政策的宣言中指出要将中央银行改组为中央准备银行,以保管各银行的准备金,并于两年后享有发行专权。从这一政策来看,是要以中央准备银行取代发行准备管理委员会的职能。而中央准备银行迟迟没有成立的原因,又与发行准备的不足有很大关系。

第二节　第二次币制改革宣言中的政策变动

1936年5月17日,财政部长孔祥熙发表了关于法币政策的第二次宣言,声称自上年11月3日公布法币政策,经政府积极施行,半年以来,国外汇兑已形稳定,国家经济及人民生活亦臻顺适。兹根据过去经验,并审讨国内外金融现况,规定施行事项如次,以谋金融之安全,而增法币之保障:

一、政府为充分维持法币信用起见,其现金准备部分仍以金、银及外汇充之,内白银准备最低限度应占发行总额百分之二十五。
二、政府为便利商民起见,即铸造半元、一元银币,以完成硬币之种类。
三、政府为增进法币地位之巩固起见,其现金准备,业已筹得巨款,将金及外汇充分增加。

依据上项规定,我国币制自仍保持其独立地位,而不受任何国家币制变

---

① 《银行周报》第21卷第19期,第153页。

动之牵制,法币地位既臻稳固,国民经济当趋繁荣,此堪深信者也。①

5月18日,孔祥熙又给摩根索写了一封保证信,声明:

(1) 中国取消美术和工业用银纯度不得超过30%的限制。
(2) 立即铸造并发行新银币,其面值为一元与半元。
(3) 规定各发行银行除黄金、外汇和其他保证准备外,应再保存至少相当于纸币流通额25%的白银准备。②

同一日,美国财长摩根索声明美国在双方都能接受的条件下,愿向中国中央银行收购巨额白银,同时在两国利益都有保障之下,供给美元外汇以稳定中国通货。

此项宣言公布后,引起了国内外舆论的强烈反应。据美国驻华大使詹森给国务卿的报告,一位中国银行家称:"这个声明对国民政府的稳定通货的计划已被认为满意的时候,是不必要的扰乱。而这个声明已在某些人的心中(这些人不懂得要保持准备来支持通货),对他们从前认为是安全而接受的和他们现在所通用的通货的稳定性引起了怀疑。他认为,这种在某些人心中不安定的背景是不幸的。本地花旗银行经理,在同一天,曾与同一馆员谈论这些问题也表示了同样的看法。"③有人认为财政部宣言的第一、第二两项没有必要,理由是:"该钞票既已停止兑现,则钞票所代表者已不复为银,何赖乎银准备,银准备之惟一用途,厥为国际间之偿付,唯世界各国对于银之偿付,并非无限制的国国收受,且银价已不稳定,国际支付,莫善乎金,何用银为? 又谓至于铸造半元及一元之银币,在事实上亦无利可言,今假定纸币之印刷费,重于银币之铸造费,为铸造新银币之理由,唯纸币之质料为纸,银币之成分需银,银贵于纸,何止数十倍,舍贱就贵,有何利益可言乎?"④纽约5月19日电:"众认增加现金准备部分黄金与外汇之规定,为美国已允以黄金或美元换取中国白银之明证。不过美国将收买中国白银,其

---

① 《财政部关于币制之宣言》,《中央银行月报》第5卷第6期,1936年6月。
② 中国人民银行总行参事室编:《中华民国货币史资料》第二辑,上海人民出版社1991年版,第259页。
③ 同上书,第263页。
④ 邬丹云:《财部改革币制第二次宣言与世界银市》,《银行周报》第20卷第22期,1936年6月9日。

数几何,现尚未悉耳,众信中国已承诺不将白银倾销于世界市场,中国所以宣布白银准备最低限度应占百分之二十五,并铸造新银币及准许银楼业多用白银者,即此故也。"巴黎 5 月 18 日电:"[宣言]规定现金准备部分,仍以金银及外汇充之,内白银准备最低限度应占发行总额百分之二十五。而外汇与金存货则当充分增加,中国法币保障,自己为之稳固,不过中国币制并无稳定之本位以为强固之基础,自仍属一种统制的币制耳。"① 有人认为白银准备占发行总额之比例降为 25％,"从此法币发行受到金属准备之约束益少,政府更能顺应市场需要,调剂发行数额,此又更类似近代管理通货制。此后法币已非金属价值的代表,而是国家信用的象征,益合乎现代币制的精神"。② 更有甚者,认为第二次改革币制宣言中,将发行准备中之现金准备改订为 25％,而对于现金及外汇准备率,并未明白规定其比例成数,实不啻已减低正货准备率。③

　　上述种种观点都是从法币发行准备中白银准备的比率着眼去谈的,无论是反对者还是赞成者,都认为第二次币制改革宣言是减低了现金准备对于法币的约束,或者说是法币发行准备的稳固性受到影响。值得进一步探究的是,南京国民政府对于可能产生的负面影响不会没有预料,为什么还要发表这一币制改革宣言? 这仍然要从影响法币信用的因素上找原因,影响法币对内价值与对外价值的因素是不一样的,对外价值决定于法币汇价的维持,法币政策规定由中中交三行无限制买卖外汇,要维持汇价就必须有大量的外汇准备。

　　但是,第二次币制改革宣言中法币政策变化的原因,有着中美两国更深层次利益的考虑。

　　从中国方面看,自法币政策实施后,白银收归国有,在白银尚未处分以前,世界银价暴落,如果银价长此继续下跌,则中国现银将无法脱售,外汇准备削弱,法定汇率必生动摇,不但使法币的稳定和国民政府的财力受到损失,而且对于战时金融稳定亦将产生重大威胁。因此国民政府亟应将一部分白银换成外汇或现金,以避免白银跌价的危险。而当时世界银价的操纵大权在于美国,只有设法获得美国的谅解,才能使白银获得适当处分。南京国民政府对中国未来货币政策的可能走向进行了分析,比较了当时恢复银本位、维持独立的管理货币政策、采用美金本位三种主张的理由及其对于中美双方的利弊,认为最

---

① 《中美货币协定公布》,《银行周报》第 20 卷第 20 期,1936 年 5 月 26 日。
② 卓遵宏编著:《抗战前十年货币史资料》(一),台北:"国史馆"1985 年版,第 69 页。
③ 关吉玉编著:《中国战时经济》,国民政府军事委员会委员长行营 1936 年版,第 301—307 页。

为相宜的办法是实行管理货币政策,而与美国订立协定,使政府集中的现银得到变换外汇的出路。① 1936 年 3 月 9 日,南京国民政府决定派专使陈光甫、顾翊群和郭秉文一行赴美进行谈判,经过多次讨论后,达成了出售白银的协定。

从美国方面看,美国提高银价的主要目的,在鼓励出口贸易,与英日争逐远东商务霸权,及使美国产银七州,皆有利益可获,因此其宗旨在增加银之需要,与减少银之供给。1933 年 5 月美国公布银币为无限法偿,1934 年 7 月与中印墨等九国订立白银协定,都是这一宗旨的体现。但中国自受美国提高银价之胁迫而放弃银本位后,世界顿时少了一个最大的用银国,银的需要忽减,而供给却大量增加,与美国提高银价的宗旨正好相反。美国受此打击后,颇有重新稳定世界银价的企图。法币改革的结果是中国货币加入英镑集团,使英国取得了中国的货币领导权,这在当时英镑与美元争夺世界货币领导权的背景下,显然不是美国所希望的,于是美国便改变了白银政策。1935 年 12 月中旬,美国忽然停止在伦敦购银,使世界银价惨跌,甚至伦敦的白银经纪人不得不于 12 月 10 日暂停交易一日。美国不但操纵了伦敦的银市场,而且能操纵世界的银市场,一手掌握世界最多量的黄金,一手掌握世界最多量的白银,在中国采取以白银为外汇准备的情形下,如果得不到美国的合作,中国币制基础的稳定是不可能的。

因此中美两国便具备了签订货币协定的利益前提,而孔祥熙与美国财长摩根索的宣言,正是中美互利条件的结果。中国宣布保持 25% 的白银准备,与美国金三银一的规定如出一辙,不过中国在黄金之外又加入外汇一项。至于铸造一元、半元银币的主张,表面上似乎为了便利人民,其实是互利条件的另一反映,摩根索为应付其国内银派议员,必欲设法恢复世界上白银的货币地位,因此获得白银准备最低为 25% 的保证之后,犹以为不足,又必须中国重铸半元及一元银币,使得维持白银之货币地位于不堕,同时财政部又取消银楼业银器制造品银成分之限制,也与这一互利条件有密切关系。

货币协定达成后,美国于 1935 年 12 月底向中国承购 5 000 万盎司白银,中美货币协定签订后,美国又承购 7 500 万盎司白银,单价为每盎司在美金四角五分左右,此外还取得一笔 5 000 万盎司的贷款,中国在必要时可以随时支用美元,以 2 000 万元为度。在售出 7 500 万盎司和作借款抵押的 5 000 万盎司之外,又运出 1 200 万盎司,全部售与美国政府。截至 1937 年 3 月 27 日止,如果按

---

① 上海市档案馆藏,上海商业储蓄银行档案,档号:Q275-1-2501。

照发行总额的 25% 以白银为准备，还有相当于 8 900 万盎司的白银可以出售。此外还有从上海和华南某些港口日本银行转移过来的存银约值 1 000 万美元。① 据杨格估计，法币改革之际，国民政府各银行收受其他银行所持有的白银约共 2 亿盎司，这些都加进政府各银行原已拥有的 13 000 万盎司之内。此外，1937 年中期以前的 20 个月内，又从公众方面收集到 17 000 万盎司。因此在白银国有化方案之下，约共动员了 5 亿盎司白银。从售银的情况来看，法币改革后到抗战爆发前，中国政府出售白银所得全部收入差不多有 1 亿美元。战争开始后，摩根索继续买进大量白银，在战时买进的这类白银达 36 200 万盎司，使中国共得到 13 700 万美元。②

美国对于购买中国白银的限制政策也有一个变更的过程。1935 年美国最初购买白银时曾规定中国必须把出售白银所得价款只用于稳定货币，但美国财政部于 1937 年后的各次收购中均取消了这一条款。1938 年后美国财政部又取消了另外两项早先提出的要求：中国应持有相当于其所发行钞票数的 25% 的白银；中国应发行银币。③

从此以后，中国之汇兑，既不联系英镑，也不联系美元，而是联系于英美间的套汇。结果中英与中美的汇兑平价，同时可以变动，与协定成立以前只动美汇不动英汇的情形不同。这可以说是法币政策的一个重要变化，也是英美对华经济斗争中美国取得的胜利。

第三节　抗战期间法币政策的变动

抗战全面爆发以后，法币政策发生了较大变更与调整，首先是应对于战时特殊情况推出了一系列管理办法，其次是中央银行最终统一发行，使法币发行权实现了真正意义上的集中。

一、非常时期的法币管理政策

1937 年 8 月 15 日，南京国民政府财政部为了防止战争所引发的提存风潮，

---

① 中国人民银行总行参事室编：《中华民国货币史资料》第二辑，上海人民出版社 1991 年版，第 268—269 页。

② 〔美〕阿瑟·恩·杨格著，陈泽宪、陈霞飞译：《一九二七至一九三七年中国财政经济情况》，中国社会科学出版社 1981 年版，第 275 页。

③ 〔美〕阿瑟·N·杨格著，陈冠庸等译校：《中国的战时财政和通货膨胀(1937—1945)》，广东省社会科学院原世界经济研究室 2008 年印行，第 141 页。

鼓励储蓄,首先通过了《非常时期安定金融办法》,规定 1937 年 8 月 15 日以前的银行、钱庄各种活期存款,自 8 月 16 日起每户每星期只能提取其存款余额的 5%,而且每存户每星期至多提取法币 150 元,但在 8 月 16 日以后的存款,得随时照数支取法币,不加限制,定期存款未到期者不得通融提取,到期后如不想转定期,须转作活期存款,提款仍按照 8 月 15 日以前存款的办法办理。① 这一办法贯穿于整个军事时期。

1938 年 12 月 29 日,国民政府公布了《节约建国储金条例》,奖励国民节约储蓄,节约建国储金至少为法币一元,由储户随时存入,但自存入之日起,须满三年,始得提取本金。② 这一政策的目的,一方面是集中社会资金投资国防、生产、工矿、交通等建设事业,另一方面也有降低法币流转速度的作用。

1939 年 9 月 8 日,国民政府公布《巩固金融办法纲要》,对于发行准备政策进行了调整:法币准备金于原有之金银及外汇外,得加入短期商业票据、货物栈单、生产事业投资,以充实现金准备。国民政府发行之公债充作准备金,不得超过准备金额十分之四。对于发行准备金的检查,规定发行准备管理委员会应选聘各重要省市之商会、银钱业公会代表参加公开检查,将发行数额、准备金实况公告之。③

如何管理省市银行的发行及其准备亦成为战时货币政策的重要内容之一。1938 年 4 月 29 日,财政部制定《改善地方金融机构办法纲要》共十条,其中第三条为"财政部特准各地方金融机关依照第四条规定之准备,领用中、中、交、农四行之一元券及辅币券,其领用数额,由财部核准"。其准备内容,分法币至少二成,公债至多三成,其余五成左右为内地之流动资产与有所得之不动产,流通区域为内地农村而非通商大都市。根据当时人的分析,此一元券及辅币券的性质,不同于变相的"流通券",亦非法币的增发,不会摇动或减低法币的外汇准备率,也不直接影响法币准备金。按其性质,称之为"调剂内地金融券"或简称"内地金融券"似亦名副其实。④ 这一办法的实施对于活泼农村地区金融、扩充生产、援助战时财政都有意义。

---

① 中国第二历史档案馆编:《中华民国史档案资料汇编》第五辑第二编,财政经济(三),江苏古籍出版社 1997 年版,第 1 页。
② 同上书,第 4 页。
③ 同上书,第 8—9 页。
④ 权时:《调剂内地金融之"一元券及辅币券"的性质》,《银行周报》第 22 卷第 18 期,1938 年 5 月 10 日;汪杨时:《战时经济问题》,第 22—23 页。

1939年3月的第二次地方金融会议上,提出发行省钞以维护币制信用案,再度允许战区省或地方银行发行一元券或辅币券。要求省地方银行,以前发行一元券辅币券准备金尚未缴足者,应依照财政部规定限期缴足,以重准备。缴交发行准备比例为四成现金准备、六成保证准备,四成现金准备应以法币或金银充之,六成保证准备,除以债券抵充四成外,其余二成得以货物栈单充之。交由中央银行保管。①

1940年5月11日,财政部鉴于各省地方银行发行钞券未能遵照政令办理,特别制定了《管理各省省银行或地方银行发行一元券及辅币券办法》15条,以加强省钞的管理。这项办法的主要内容是地方钞券的发行应接受政府的管理和监督,并缴交相应的发行准备金,流通范围"以在本省流通为限",关于发行省钞之准备金,规定如下:"甲,现金准备六成,以:一、金银法币。二、货物栈单充之。乙,保证准备四成,以:一、中央核准发行之公债,二、中中交农四行及中央信托局之存单充之。"为了推行节约建国储蓄券的发行,由财政部通饬各省地方银行,准予将节约建国储蓄券缴充各该行发行一元券及辅币券之保证准备,按票面十足抵充。② 由于省钞印价日趋增涨,各省地方银行对于印发一元券及辅币券颇虞亏损,纷纷请求变更准备成分,以资弥补。同时,国民政府从战区钞券的严重不足以及与敌伪方面的货币争夺战考虑,决定增发省钞,借代法币行使。1940年9月15日,财政部通过了《改订省钞发行办法》,规定了四项原则:

(1)原定现金准备六成、保证准备四成,现改为现金准备四成、保证准备六成。

(2)发行数额,应由各省就地方实际需要一次估计,呈请本部核准,以免陆续添印增加印费负担。

(3)各省地方银行新印一元券及辅币券一律改为小型,其尺寸由部规定之。

(4)四行需用一元券及辅币券时,得申请本部核准,随时与发行之省地方银行商洽,照章缴准备于保管行,并摊负印费领用发行。③

---

① 中国人民银行总行参事室编:《中华民国货币史资料》第二辑,上海人民出版社1991年版,第295—296页。

② 中国第二历史档案馆藏,财政部档案,档号:三(1)-2495。

③ 中国人民银行总行参事室编:《中华民国货币史资料》第二辑,第301页。

11月29日,财政部钱币司又计划印制各省省地方银行五元、十元省钞20亿元,以备四行及省地银行照缴准备领用发行,由中央信托局统一办理。① 1941年9月,随着英美宣告封存中国在外资金,沪港外汇黑市次第取消,敌伪利用伪钞吸收法币、套取外汇已不可能,财政部便停止了省地方银行五元、十元钞的印制,但一元券及辅币券仍准发行。

省地方钞券的发行成为维持战区金融的重要手段,它不同于法币,但发挥着法币的作用,对于南京国民政府应对敌伪货币战的破坏发挥了一定作用。但这种手段也造成了地方钞券的泛滥,变相增加了法币的发行量。

二、中央银行统一发行后的法币政策

1942年7月1日起,南京国民政府财政部核定实施《统一发行办法》,所有法币之发行,统由中央银行集中办理,完成了最终意义上的统一发行,具体规定如下:

一、由政府命令,自本年七月一日起,所有法币之发行,统由中央银行办理。

二、中、交、农三行在本年六月三十日以前所发行之法币,仍由各该行自行负责,应造具发行数额详表,送四联总处、财政部及中央银行备查。

三、中、交、农三行订印未交及已交未发之新券,应全部移交中央银行集中库保管。

四、中、交、农三行因应付存款需要资金,得按实际情形提供担保,商请中央银行充分接济,并报财政部备查。

五、中、交、农三行三十一年六月三十日以前所发钞券之准备,由各行缴中央银行接收。

六、各省地方银行之发行,由财政部规定办法限期结束。②

1942年7月14日,财政部通过了《中央银行接收省钞办法》,接收省钞的发行,各省省银行或地方银行应将截至6月30日止的所有钞券数分门别类,列表

---

① 中国人民银行总行参事室编:《中华民国货币史资料》第二辑,第307页。
② 中国第二历史档案馆编:《中华民国史档案资料汇编》第五辑第二编,财政经济(三),第22页。

呈报财政部,并分报中央银行查核。各省省银行或地方银行发行钞券之准备金及前已交存之钞券,自1942年7月1日起集中中央银行保管,没有中央银行分行的地方,由中央银行委托当地中国、交通、中国农民三行之一行代为保管,其在印制中之新券,应于印成后照交保管。①

至此,纸币发行的管理便相应集中于中央银行,将法币的发行管理纳入了该行原有的体制之下。财政部渝钱币字第46513号函称:"为统一发行办法实施后,所有按期检查法币发行数额及准备金实况,自应一并由本行继续举行,唯此项检查之手续,每年检查次数,以及其他有关事项,均应厘订规则,希查照,迅予拟订,送部核夺施行。"1942年11月23日,中央银行回复财政部的公函中表明:"本行发行数额及准备金实况,按照中央银行法之规定,由本行监事会执行检查,统一发行以后,所有检查事宜,自应仍由本行监事会照常办理,似无须另行厘订规则,准函前由,相应复请贵部查照为荷。"②根据中央银行成立之初的章程和条例规定,该行的纸币发行由发行局负责,发行准备金的检查由监事会负责。中央银行监事会由国民政府特派监事七人组织之,七人之中应有代表实业界、商界、银行界者各二人,代表国民政府审计机关者一人。监事任期除政府审计机关代表由政府随时选派外,其他六人均为二年,每年由国民政府于每届代表中改派一人,但第一任监事有三人任期为一年,由国民政府指定,监事会主席由监事互推。监事会的职务还包括全行账目之稽核和预算决算之审核。③

对于发行准备金的保管办法,中央银行第一次理监事联席会议上即提出如下规定:中央银行发行基金保管办法,将仿照各银行普通习惯,六成现金,四成保管准备,随时由监事会审查基金账目,以固信用,并指定发行独立准备公开为原则,所有保管基金,详细办法,将由监事会另订条例,以专责成。④ 1942年统一发行后,中央银行在机构设置上作了相应调整,将原有的出纳科改组为储备科,办理钞券存储及准备金保管事项。⑤

统一发行后,中央银行仍然未再公布发行数字及准备情况,其理由是"各国战时钞券发行数额例不公布,我国法币发行总额,在对敌作战期间,系金融机密,

---

① 《中华民国金融法规选编》上册,第458页。
② 中国第二历史档案馆藏,财政部档案,三(2)-3239(2)。
③ 中国第二历史档案馆编:《中华民国史档案资料汇编》第五辑第一编,财政经济(四),第466—477页。
④ 《银行周报》第12卷第40号,1928年10月16日。
⑤ 洪葭管主编:《中央银行史料》(上卷),中国金融出版社2005年版,第630页。

为避免泄漏资敌,自应同样办理"。①

第四节　抗战胜利后的法币政策

抗战结束后,四联总处在拟定的《战后金融复员计划纲要草案》中,提出战后金融复员工作,应先注意币值之稳定,并调剂各地通货之需要。对于安定币值的办法有:(1)继续以法币为全国唯一流通之货币,并充实其准备,调整其对外汇率。具体措施为充实法币金银、外汇及产业票据、证券之准备;就当时法币对内购买力及对外汇价,参酌国民经济状况,配合贸易政策,规定适当之汇率。(2)继续管理外汇,以调节其供求。(3)与主要国家协商关于币制之联系。调剂各地通货的办法有:(1)运用内汇汇率,使各地法币流通量适合需要。(2)配备适当数额的钞券,以供战后收复地区政府及人民对于现钞之需要。(3)安定金融防止市场波动。②

战后复员时期,财政部对于稳定币值的措施有以下几点:(1)充实法币准备:督促有关机关银行,收兑白银,吸收华侨汇款,考虑黄金公开买卖政策,并向英美政府交涉,动用封存资金,以裕金银外汇来源,对于库券抵充发行准备部分,设法换以整理金融公债票,以裕准备而固币信。(2)恢复法币准备公开检查制度:由中央银行监事会依法检查公告,必要时复筹组发行准备检查委员会,除政府及中央银行分别派员充任委员外,并由各重要省市之商会,银钱业公会代表参加,会同公开检查,将发行数额、准备金实况,按期公告,以昭大信。③

1945年9月13日,俞鸿钧奉蒋介石手令:"今后改革币制发行新币之方案及其实施之时期,希即密为研究议拟从速呈报为要。"10月18日,俞鸿钧即呈报了《改革币制之准备工作及新币纲要》,认为整理币制能否成功,要看下列三项条件是否具备:(一)国内外运输畅通,贸易恢复,物资方面得到接济,后方与收复区物价获得一相当而接近之水准。(二)财政状况改善,不再以发行为挹注,俾货币之对内价值得以稳定。(三)国际收支能维持平衡,保持外汇基金不能耗竭,以稳定货币之对外价值。但在当时这三项条件都未达到。所拟新币纲要如下:

---

①　洪葭管主编:《中央银行史料》(上卷),中国金融出版社2005年版,第650页。
②　中国银行总行、中国第二历史档案馆合编:《中国银行行史资料汇编》上编(一),档案出版社1991年版,第762—764页。
③　《财政年鉴》第三编,上册,1947年印行,第48—49页。

一、发行新币定名曰元,其对外汇率,订为每五元合美金一元,此项汇率,较战前法币价值略低,当可有助于我国对外贸易之发展。

二、新币与法币间应根据当时物价及汇价情形,规定比价,然后依照比价,将法币陆续收回。

三、上项比价规定一个月后,应将新币汇率加以复核,必要时酌予修正,随即将汇率通知国际货币基金。

四、新货币之本位用金,但不另铸金币,以外汇表示其价值,辅币分二十分,十分,五分,一分四种,以银、镍、铜分铸之。

五、新币发行权应为中央银行所独占,其准备分(1)金银及其他国际货币基金会员国之货币或存款。(2)优良之短期商业票据及货物栈单。(3)公债与国库券。上项准备最低不得少于发行总额百分之三十五,最高不得超过百分之五十,如有不足或超过情形,中央银行应运用公开市场政策及利率政策从事调整。

六、纸币发行采弹性制,中央银行得视社会经济发展及准备金情形随时调整发行额,但为防止发行权之滥用起见,应设置一发行管理委员会,中央银行于每次调整发行额之前,应先提请该委员会审查通过,政府对于发行与准备事宜,应绝对公开。

七、设立外汇平准基金,确保新币对外价值之稳定,对于一切正当外汇需要,尽量供应,但对于资金逃避现象则仍应与国际货币基金切取联系,严予取缔。

八、关于外汇平准基金之运用,应于中央银行设立汇兑局处理之。

九、新币发行后,政府一切收付、民间一切交易及契约之订立应统以新币为限。①

10月30日,蒋介石批示"办法可予照准",并认为新货币发行时似可即铸少数金币。12月7日,财政部针对蒋介石的密电,回复:"关于印铸金币一节,其作用在迎合人民心理,树立新币信用,自有必要,唯查近年来世界各国货币制度发展情形对于行使金币多已放弃采用,即金本位领导国家如美国,金币亦早已停止流通,究其作用盖在摆脱金本位之羁绊,俾能随时增贬其货币价值,改进其对外

---

① 中国第二历史档案馆藏,财政部档案,档号:三(1)-4851。

经济地位,我国于发行新币后对于新币汇率自应力求稳定,但对于调整汇率之自由权,仍宜保留,以便配合国内外经济发展情势,灵活运用。故发行金币似应从缓。"①

1947年,财政部向第四届国民参政会第三次大会所做施政报告中强调:"稳定法币价值为复员时期安定经济之重要措施,三十五年度内仍继续督促中央银行以机动方式运用黄金,在各地办理票据交换以促进通货回笼节省券用,并以黄金美金充实法币准备以期巩固币信,稳定法币对内价值。"②在法币通货膨胀日益严重的情况下,南京国民政府关于纸币管理的政策基本集中于币值的稳定上。

综观法币政策文本规定的变化,可以发现不同时期的几个侧重点,法币改革之初出于确立法币信用地位的需要,非常强调发行准备及其监管的重要性,以便获得民众的信任和支持,花费较大努力于金银的收兑、销售及汇价的维持;抗战爆发后则将政策重心转向内部的管理、控制和发行权的收束,并借此放松了关于发行准备的要求与宣传;抗战胜利后由于通货膨胀日益严重,政策的重心又转向币值的维持,但实际上并未采取树立币信的有效措施。

---

① 中国第二历史档案馆藏,财政部档案,档号:三(1)-4851。
② 中国第二历史档案馆藏,财政部档案,档号:三(2)-332。

第三章
法币政策的实际推行

法币政策的文本规定，其间多有变动、情况复杂，但相比而言，政策的实际推行过程中所面临的问题，其复杂性、差异性、曲折性远远超过政策规定本身，反映出法币政策推行中复杂的中外关系、中央与地方关系，以及国民政府在政策执行中的言行不一。

第一节 法币在全国的推行

法币改革成功与否的关键之一无疑是能否使新币在全国推行，使各地紊乱无比的货币趋于统一。法币改革布告当日，蒋介石即以军事委员会委员长的名义致电各行营主任、各绥靖主任、各总司令、各路总指挥、各军长、各师长暨各省政府、各市政府，对于该项办法，亟应协助实行，以期普及。① 但实际推行的结果远非蒋所期望的那样顺利。

一、华北地区的法币推行

法币发行前后，由于日本在北方的侵略和破坏活动，华北的局势已非常紧张，各省大员对政治前景都抱观望态度。1935 年 5 月，日本在华北制造事端，迫使国民政府与其签订《何梅协定》与《秦土协定》，使河北、察哈尔两省主权大部丧失。同年 9 月，日本又积极策划河北、山东、山西、察哈尔、绥远五省自治，法币改革时正处于最危急的关头，驻守北平的宋哲元对日本的威胁越来越取妥协态

---

① 中国第二历史档案馆编：《中华民国史档案资料汇编》，第五辑第一编，财政经济（四），第 318—319 页。

度。日本策动华北五省自治的目的虽未达成,但国民政府最终于12月份提出设立冀察政务委员会这一妥协政策,该会管辖河北和察哈尔两省和北平、天津两市,除蒋介石、宋哲元选派的委员外,还有日方指定的亲日派与汉奸,实际上受日本的操纵和影响。

在这样的政治背景下,华北各地极力阻挠现洋外运,请求设立发行准备管理委员会分会。法币改革后,平津金融界及商业团体,曾斟酌实际情形,向财政部建议,请求在天津设立现金保管分库,金融界为防止现金流出,于接到中央命令后,即相约不以现金支付,所有各行存银,均列表记数于银行公会,互相防止现银出境。① 1935年11月8日,天津交通银行致函总行,反映"银行同业及一般社会之意见佥以此项现洋最好能在津保存,以巩固法币信用,拟请财部准予在津设立发行准备委员分会以定人心,而增钞信,津市府亦有此拟议"。② 天津银行公会函报市府,"声明各银行现金决不外运,仍盼官方对于私运银洋者从严取缔,以期贯彻保存现金本旨"。③ 11月8日,北平市商会举行紧急会议,希望此间各行库存现金,应设法保留于北平,不往他处搬运,以安人心。11月9日又致电财政部,请求在北平设立北平准备保管分库。11月15日,财政部长孔祥熙电复北平市商会:"本部为便利市面,昭示大信,业准发行准备保管委员会分会,所有平津各地流通钞票之现金准备及保管准备,均由该天津分会管理,已足安定人心,特复知照。"④ 唐山市商会集议,援照平津成案办法由唐山各界共同组织基金保管委员会,收集现币,就近负责保管,俾与平津一例,借以安定人心。⑤ 又据《天津日文报》载,日使馆武官矾谷少将发表谈话,谓日方必须反对币制改革之实行,并不惜诉诸武力,保存北平库存现银,不许他运。⑥ 与此同时,日本还加紧了对白银的秘密收买与偷运。⑦

山东省政府主席韩复榘直接致函孔祥熙表示:"民间习惯,完粮纳税及一切公私款项之收付,以现金为本位,早成积重难返之势。若操之过急,深恐难以顺利推行。"济南市商会主席李伯成向韩复榘陈报:"自中央改革币制,各银钱行号

---

① 卓遵宏等编:《抗战前十年货币史资料》(三),第324页。
② 上海市档案馆藏,交通银行总行档案,档号:Q55-2-731。
③ 《天津保管分会委员人选已定》,《大公报》1935年11月13日。
④ 上海市档案馆藏,交通银行总行档案,档号:Q55-2-731。
⑤ 同上。
⑥ 同上。
⑦ 王承志:《中国金融资本论》,光明书局1936年版,第270—271页。

报告库存现币数目共 800 余万元,是项现币关系地方命脉,全市商民均希望将此项现币留在济南,组织保管委员会管理,永作准备。"韩复榘立即采取行动,下令省政府派员会同军法处、财政厅、市商会清查本市各银行钱号库存现币数目,加贴省封条,不准外运。各县并同时清查、封存,省府当即令知商会,并派赵长江会同军法处杨金彪、财政厅王承勋等及商会,着手清查封存事项。①

山东省还专门通过了《鲁省维持金融办法》,规定:"一,本省各县市区流通货币,遵奉财政部实行法币办法。二,本省为充实法币信用,稳定地方金融起见,所有本省境内现金,应即切实保存,绝对不准转移或偷运出省。三,省内各县市区现金应由各县市区认真调查,俟调查后得由县市区自行组织保管库,就地妥慎保管,由县政府烟台特区专员及当地银钱行号商会及各公会公正士绅等,共同负责,各举代表为保管委员,并指定一人为委员长,并呈报省政府备案。四,各县市区除尽量推行法币外,倘因情形特殊,法币一时未能供给需要时,得依财政部命令内所定暂照各该地方习惯,行使现金及各该地方流通之商号钱票。……"②

有些地方则抵制法币的推行,继续使用地方钞券和现洋。至 1935 年 11 月 19 日,察哈尔省的讨论结果,认为边塞情形特殊,蒙旗交易向非现洋不行,请求逐渐推进,免因误会滋酿事端。③ 绥远省奉财政部电令后,当局迟迟未予正式公布,以致绥市各地方银行钞票仍与硬币等量齐观,官厅以政治力量推行绥钞,复密嘱征收机关拒收法币。迟至 12 月 5 日,绥垣官厅仍未公布币制改革令,绥市通货仍以绥地各银行钞票为大宗,法币在市面流通,尚不能与当地钞票对抗。④ 12 月 4 日,交通银行报告发行准备委员会,包头市场虽大半以法币为主,税收机关现已照收中交钞票,只是绥钞赖政治力量维持,仍较法币为高,一时尚难取缔。大同县省钞与现洋仍照旧行使,对于法币并未提及。⑤

12 月 25 日,伪满洲国之后第二个汉奸傀儡政权"冀东防共自治委员会"成立,殷汝耕自任"委员长",后改为"冀东防共自治政府",公开打出叛国"自治"的旗号。其占领区域包括非军事区所属 18 县以及昌平、宝坻、香河和察哈尔省的延庆、赤城、龙门,以及塘沽、大沽。因此,殷汝耕明令宣布抵制法币在上述地区

---

① 中国第二历史档案馆编:《中华民国史档案资料汇编》第五辑第一编,财政经济(四),第 352、359—360 页。
② 《鲁省维持金融办法》,《申报》1935 年 11 月 27 日,第 8 版。
③ 上海市档案馆藏,交通银行总行档案,档号:Q55-2-731。
④ 同上。
⑤ 中国第二历史档案馆编:《中华民国史档案资料汇编》第五辑第一编,财政经济(四),第 363 页。

的推行,规定"自治"区域内所有现银包含银元、银条、银锭禁止运送出境,不得收受中央银行货币及印有上海字样的各银行货币。①

二、西北地区的法币推行

法币在西北地区的推行同样困难重重。1935年11月7日,陕西省政府张贴省府布告,称:"陕省向为边远省份,人民重视现金,积习已深,近年频经灾害,经济萧条,民间现金日益缺乏,市面交易全恃省行发行各种钞券流通周转,藉资补助。去岁中央等行虽设分行于西安,而钞票流通尚未能推及各县,现当规定法币实行伊始,兼值本省剿共进行,注重安定人心之际,仰承中央体念民艰,令就地方实在情形妥筹便利人民办法之德,意自当恪切遵从,妥慎筹拟,兹特决定省钞行使应就流通现状保持原有习惯,所有军政各费及完粮纳税并一切公私款项收支一律同视法币,照旧通行,藉期应付需要,双方兼顾,库存现金即由本府实行封存以备将来剿共军事必要之需,决不使流通外国、断丧国脉,揆诸部定新法,意旨尚属相符,除咨请财政部查照准予备案外,特此布告,仰即周知。"②至1935年11月8日陕州的一般商号及个人尚无以现洋向中交两行掉换法币之事,官厅方面对禁现尚未见显著厉行。长安自政府布告中央改革币制以后,市面币制转呈紊乱现象,现金照常行使,法币已生折扣(每千元差百元左右),物价腾跃,人心惶惑,以现金换法币者绝无仅有,以法币换现金者比比皆是,省银行钞票既不兑现金,亦不兑法币,省政府已颁发布告明定省钞作为法币与中中交法币同样行使,省银行现金已由省府封存。③

三、华东地区的法币推行

相比而言,华东地区的法币推行是最为顺利的,尤其作为当时全国金融中心的上海。11月4日,作为金融业领袖的上海市银行业同业公会即召集临时执委会议,议决法币实行后的银行业务问题。议定办法三项:(1)自本日起,款项收付,财部规定概以法币为限,不得行使现金。所有同业间须解划头银元,应先向中、中、交三行调换法币行使。(2)同业间如有多汇划而缺划头者,暂时可以汇划银元,商向中、交两行平掉。(3)嗣后同业间所出各种票据(如定期存单、本票

---

① 卓遵宏等编:《抗战前十年货币史资料》(三),台北:"国史馆"印行1988年版,第65页。
② 上海市档案馆藏,交通银行总行档案,档号:Q55-2-728,第57—62页。
③ 同上书,第75—76、67—68页。

等等),其票面应统书国币字样,以示一律。①

四、华南地区的法币推行

法币在华南地区的推行过程颇为曲折,广东和广西两省政府对法币的推行极力抵制。法币改革后,广东省当局仅取"法币"之名,以本省、市银行所发之毫券为法币,发行准备也不按照中央规定的办法。同时大量收买白银和黄金,并严禁黄金出口。

1935年11月6日,广东省仿照法币布告的内容,独立推行"法币"办法六条,规定自11月7日起,以广东省银行之银毫券、大洋券及广州市立银行之凭票为法定货币。"法币"准备金之保管及其发行事宜,由政府人民共同组织发行准备管理委员会办理,以示公开,而昭大信。② 11月16日林云陔、陈济棠致电财政部长孔祥熙,表示广东的委员人选系由各团体选举产生,既经决定,自不宜再有变更,致失信用,并宣称发行准备管理委员会章程,其原则与财政部所定者本属一致,而所以安定金融,适执行之顺行者,不能不因应地方情形特定相当办法。③ 广东的做法虽然在名称与程序上与南京国民政府颁布的办法一样,实则是另立一套"法币"发行的政策。

广西省政府于11月9日即宣布禁运银币出口,15日又颁布管理货币办法,明确规定省内不论公私款项、债权、债务、交收行使,限用省银行钞票和省金库券,照旧十足行使。严禁一切硬币、生金银在市面交易买卖,并禁止舟车运输硬币及生金银。④

五、华中地区的法币推行

湖南省政府的法币推行情况与四川类似,特别是边远山区的法币远未普及。直到1939年6月,湖南省政府还致函四川省政府,请求川黔湘三省在交界地区联合推行法币,禁用现金。具体内容如下:

> 查中央法币政策实施后早已全国遵行,乃川黔湘边区人民狃于用现积

---

① 中国第二历史档案馆编:《中华民国史档案资料汇编》第五辑第一编,财政经济(四),第321页。
② 卓遵宏等编:《抗战前十年货币史资料》(三),第24—26页。
③ 同上书,第23—24页。
④ 中国人民银行总行参事室编:《中华民国货币史资料》第二辑(1924—1949),第226—229页;《桂省府颁布管理货币办法》,《申报》1935年11月17日。

习,对法币仍多歧视,近自外来人士日益增加,因纸现之高低不一,致物价之续涨不已,而尤以粮食为最甚,若不设法平准,何以维民食而安地方,职署业已通饬沿边各县切实推行法币,禁止使用现金并一面缄请省行速运大宗辅币前来,并设多兑换处所,俾便人民兑换,藉资周转,唯此方日用物品凤赖临封接济,倘川黔边区仍用硬货,则整个法币政策仍难推行尽利。拟恳钧座迅予转电川黔两省当局分饬临边各县,同时禁用现金,切实推行法币,以重国策而免参差,是否有当,并祈核示等情。查自新货币政策颁行以后,各县地方原有现金应即兑成法币使用,部颁兑换法币办法业已明白规定,乃川黔湘三省边区人民仍复狃于用现积习,对法币发生歧异情事,致使物价日腾民生益疲,自应遵照中央法令切实查禁以维币政。除本省湘西各县已设法严予制止外,相应电达贵政府,请烦查照,转饬邻近本省各县,同时查禁,以趋一致,并希电复为荷。①

河南省依照财政部的命令,制订了推行省垣以外各县法币的办法十一条,法币推行较为顺利。

湖北省在政府主席陈诚的推动下,法币推行较为顺利,其面临的主要问题是由于小额钞券匮乏,特别是军需人员和奸商勾结操纵小额钞券的兑换,因此造成币价紊乱,百元大钞换小钞竟须贴水达十元之多,中央行一元券在随县前方可作一元五角行使,从事金融投机者日众,市面零钞几至绝迹。②

六、西南地区法币的推广

西南地区由于地处偏远,交通不便,当地情况也比较复杂,所以法币推行的过程极其漫长。法币改革前,四川省主要使用银洋,中央、中国银行发行的纸币流通不普遍,尤其以川南、川西僻远县份,如康定、宁远等,历来拒用纸币,因而流通更少。所以,如要在四川这一幅员辽阔、交通不便的大省推行法币,决非短时间所能完成。

1935 年 11 月 7 日,成都市银行业同业公会和钱业同业公会主席呈四川省政府主席刘:(一)四川向为使用现金省份,中央钞票流行未久,除成渝万三处外

---

① 四川省档案馆藏,四川省财政厅档案,档号:民 59 - 3 - 6499。
② 四川省档案馆藏,四川省财政厅档案,档号:民 59 - 3 - 6504。

实无多数，兼以入超关系，商业上运钞到沪者为数亦不少，统计全川现金铸造数目不下七千万元，而申钞到川仅三千万元左右，除流出外市面行使不过二千万元之谱，若一旦停现用钞，多数县份均无钞票，则市面经济将有断绝之虞，情形极为严重。拟请钩府转呈行政院，川省行使法币由税收机关先行收现，收后即存储中央银行不再用出，一面由有钞地方之人民自行以现换钞，则逐渐可达法币统一之目的，而市场无停滞之患。（二）川民对钞票之行使，历来多怀疑虑，此固地方财政不足有以致之，中央钞票系国家主持发行，自非地方可比，然为增加人民信任推行迅速起见，宜将各县所缴现金存于成都重庆之中央银行，以去疑惑，此与政府在渝设第一发行局之意符合，况四川为复兴民族之根据地，蒋委员长已累向川民晓谕，为国际关系计，尤有在川保管之必要。（三）川省银币除少数杂板外，均为财政部成都造币厂所铸，其成色重量如何，固非人民所能过问，但通行以来，公私收交，无不视为本位币，偶有哑板光板，盖由铸造之术不精与行使过久所致，绝非伪造可比，迩来政府派员来川鉴定，群情惶惑，以为前此持钞已受八折之损，今之持银又有折扣之虞，奸人因以操纵，小民受害尤多，应请政府明令颁布，凡属厂造之川币，除杂板市面另有价者外，无论光哑，一律准予流通掉换法币，将来收讫改铸，其损失由国家或地方担任。[①]

1935年11月9日，四川省政府致电蒋介石，称：（一）川省百四十八县，中央银行仅设三处，中国银行仅设十二处，交行则一处俱无，使用中钞仅及数月，流通只在成渝万等地，数目亦尚不多，其他各县人民一时无从兑换，若本月四日起即以法币为限，不得行使现金，则各地征收机关势将停止，市面金融立形断绝，当此军事吃紧之际，前方饷款无从取给，后方人心亦必骚动，影响所及，关系匪轻，拟请仍准人民缴纳现金，官府只收不发，是院令仍可逐渐办到，而目前亦无危险之虞。（二）川省交通不便，与沿江各省情形迥殊，一旦实行院令，必先运到多数法币且必多备一元及五角二角等辅币，庶克有济，并须于各县酌设兑换所方称便利。（三）地钞问题甫经解决，疑虑谣诼至今未息，若行院令办法，为征信于民，表示法币有两重保障起见，拟请准将川省现金集存成渝两地，中央银行并仿沪组织保管委员会，以期安定人心，俾勿惊惧。（四）自鉴定川币成色以来，群情疑沮，形势岌岌，今既易以法币，若仍须鉴定成色，打折换钞，则民间受损，且恐藏匿

[①] "成都市银行业同业公会和钱业同业公会主席呈四川省政府主席"，1935年11月7日，四川省档案馆藏，四川省财政厅档案，档号：民59-3-6497。

现金,殊于奖励用钞有碍,川币差水数量无多,中央施行大计,似不宜惜此区区,应请准其一律换钞,以广流通而恤民力。①

四川省政府也致电孔祥熙,强调在川省流通的货币总额原有一万二三千万元,申钞仅占二千余万元。一旦废除硬货,市面筹码不足,社会经济自必更形困竭,请财政部俯念川情特殊,妥筹增加法币办法,俾流通法币与川省原有通货勉可均衡。②

11月12日,重庆行营主任顾祝同密电孔祥熙,提出解决川省问题的办法:(一)充分供给法币。(二)普遍设立兑换机关。(三)分地酌定禁用现金期限。(四)确定低色银洋兑换办法。11月15日,孔祥熙即对此做出了详细回应:(1)充分供应法币一节,早经一再函令中央、中国银行迅为尽量运送,以期足敷地方需要。(2)普遍设立兑换机关一节,函令中央、中国、交通三银行向邮政总局订立代兑法币合同,指定邮政机关一律收兑,以期普遍,而便商民。(3)分地酌定禁用现金期限一节,查兑换法币办法实行后,各地商民不至感觉不便,勿须展限禁行现金,转致观望,妨碍法币推行。(4)确定低色银洋办法一事,已函知三行,凡以向来在市照面额流通之川币,准以川币一元兑一元,其成色过低、历来市面均须折扣行使者,仍应按所含纯银量兑换法币,以昭公允。③

为此,财政部同意了四川省政府的请求。中国银行为应对重庆市面急需法币的状况,将该行印有四川地名的钞券作为法币使用。④ 四川省政府令饬全省:在法币未经普遍以前,暂行使用银币,以后市面对于川洋光哑板一律行使,不得歧视。

1935年12月8日,郫县县长谭毅武呈四川省政府主席,认为川省"现行法币无多,如遽行停用现金,公私均感不便",建议"各地十足通用银元,对于各种税收及民间交易,暂准照常收受行使,即光板哑板银币,亦应照督署规定,一律通用,不得歧视"。⑤

1935年12月,四川省政府第八区财政视察员办事处甘绩勋致电省政府主席,希望中央银行对于光哑川洋一律接受不必挑剔,俾便收交而免赔累。四川省政府主席转请中央银行在此过渡期间,对于各该视察员解缴川洋属于厂造者准

---

① "四川省政府电",1935年11月9日,四川省档案馆藏,四川省财政厅档案,档号:民59-3-6497。
② 四川省档案馆藏,四川省财政厅档案,档号:民59-3-6498。
③ 中国第二历史档案馆编:《中华民国史档案资料汇编》第五辑第一编,财政经济(四),第353—355页。
④ 同上书,第364—365页。
⑤ 四川省档案馆藏,四川省财政厅档案,1935年12月8日,档号:民59-3-6498。

予一律通融照收,用裕税源而便缴纳。①

但是,财政部所采取的各项措施,并没有使法币得以顺利在四川省通行。1936年4月,据军事委员会委员长行营的报告:由于禁用生洋之期一再展缓,有人从中投机获利,重庆市面以重价收换生洋竟至每千敷水九十八元,影响所及全川波动,据《商务日报》载万县、灌县、宜宾、泸县、遂宁、南充等县皆有银号重价收买生洋,风声所及,有人由南充运来大批十元钞票充塞市面添价收买生洋,于是法币价格骤然跌下,又因市面尽是十元大票,找补不便,随时随地皆有纠纷。为此,他们向蒋介石建议采取如下措施:(一)令中央银行迅即运来大批一元及一二角之法币到县收回生洋。(二)立即禁用现洋,除中央银行外不准其他银号添价收换生洋。(三)新辅币及券立即尽量发行流通市面。(四)严禁操纵贬价及银号收买,违者照调换法币办法第七条办理,先从重庆着手。关于奸商收运现银及操纵法币各节,希即转饬严厉查禁以重币政。②

直到1936年12月,现金充斥市面的状况依然存在。12月2日,特派员关吉玉致电四川省政府称:查川省偏远各县,现金充斥市面,法币流通甚少,殊于中央实行法币不准行使现金之政令,未能贯彻,而人民行使现金,亦感种种不便,本署曾经迭次函由中央银行重庆分行转函东西川邮政管理局转饬各县邮局,设法运输法币,前往各该地方,尽量收换现金,以期法币得以流通,现金得以收集。兹邮局方面,以现币随附邮包递送,匪徒注目,易滋危险,自系实在情形。应请贵省政府通令各县政府,对于递送现币邮包,应负责妥为保护,并将保护办法与各该地邮局商洽办理,务使安全,不致发生事端,用维币政。③

1939年6月22日,酉阳县政府的汇报中依然反映该县各乡"硬币尚多",人民行使较法币价格稍高,虽经一再严禁,积习尚未尽除,究其原因,实由未设金银收兑办事处,以致银币散存民间者尚多,恳速饬中中交农四银行来酉设立金银收兑处以资收集而便兑换。④

1942年9月6日,绵竹县政府急告四川省政府主席,该县市面交易一般商号及省县两银行多拒绝行使中中交农四行一元法币及农民中央四川省银行五角

---

① 四川省档案馆藏,四川省财政厅档案,1935年12月,档号:民59-3-6498。
② 《国民政府军事委员会委员长行营快邮代电》,1936年4月16日,四川省档案馆藏,四川省财政厅档案,档号:民59-3-6506。
③ 四川省档案馆藏档,四川省财政厅档案,档号:民59-3-6500。
④ 四川省档案馆藏档,四川省财政厅档案,档号:民59-3-6499。

辅币,以致纠纷时起,人言啧啧,似此任意歧视扰乱金融,若不设法制止,何足以安市场而维币制。①

云南省的情况与四川相似。1939年5月20日,财政部云南盐务稽核分所公函中记载,据汪家坪场务所主任马季龙呈称:"窃职场人民商灶对于现金行使成习,未能禁绝,影响纸币价格日愈低落生活高涨各情,叠经呈报在案。查近月以来纸水已降至每法币一元值现金七角,新滇币一元则当现金三角余,现尚有继续低落之势,推原其故,实由于会、巧两县推行法币不力,对于井场仅以一纸布告,虚应故事,并不派员认真实行,坐使奸商视为具文,任意操纵,肆无忌惮,长此以往,非唯民生攸关,抑且动摇国本,而在所员司,所入甚微,复受此纸水亏折,几有断炊之虞,且井场粮米柴薪皆仰给他处,近若岩坝,远如会理,俱非现金不能购买,倘不早予取缔,禁止流通,将来制盐成本日愈增高,售价随增销路必致迟滞,灶户必将停煎,生产前途,不胜隐忧。今为维护汪井生产防患未然计,拟请钧局分函首府及四川省府,严令会、巧两县及会理认真推行法币,务使现金在井禁绝使用,倘仍有甘冒不韪,仍然行使者,即由职所予以没收,连同行使之人移送巧家讯办,庶操纵者知所警惕,或可望达到禁绝目的也。"②可见,即使到1939年,云南部分地区仍然使用现金交易,而且法币受到歧视,不能按票面行使。

从上述史料来看,法币在西南地区的推行并不顺利,其中当然有地域的限制和当地人们抵制的因素,但也不可否认南京国民政府推行中存在的问题,包括兑换所的不足、法币供应量不够、政策未能严格执行等问题,这些都制约了法币的推广。

自西安事变发生,中央、农民等行在事变中损失甚巨,因此各该总行密令各地分行处将库存(存于行中之法币备支付用者)减少,重庆中央银行等奉命后曾包中航机三次载运法币至沪,估计总数至少二千万元,另外还通过直航轮船运法币一二千万元出省,这样更加造成了四川当地的通货紧缩。此外,四川省进出口贸易每年入超在三千万元左右,而此项入超之支付用具仍为法币,因进口商支付货价必须以法币向银行购买汇票,虽银行可以出口商所收货价之汇票互相抵销,然汇票之供给(出口商所供给者)与汇票之需要(进口商所需要者)其相抵差额银行仍须以法币支出或收入,四川省进口货物既较出口货物为多,汇票需要亦多,

---

① 四川省档案馆藏,四川省财政厅档案,档号:民59-3-6505。
② "财政部云南盐务稽核分所致四川省政府电",1939年5月20日,四川省档案馆藏,四川省财政厅档案,档号:民59-3-6499。

最后之支付仍为法币,因入超而使法币向外流出,这是导致当地法币供应量减少的另一原因。①

综观法币改革后全国各地的法币推行情况,即可发现法币流通程度与中央政令到达之范围适成正比例。各省法币流通额的多寡,可以作为测验中央对于各地之支配力的标准。

当时东北早已沦为日本的殖民地,不属于法币流通的范围。汉奸殷汝耕控制的"冀东"部分区域也拒绝法币的流通。南方的广东、广西两省也极力抵制法币的推行。兹根据邮政储金汇业局的年报,将币制改革后8个月法币在通货总额中所占之百分率列表如下:

表29 币制改革后8个月法币在通货总额中所占百分率

地域名	百分率	地域名	百分率
江 苏	80	北 平	64
上 海	80	河 南	73
浙 江	74	山 西	16
安 徽	82	陕 西	63
江 西	88	甘 肃	58
湖 北	84	湖 南	59
川 东	85	川 西	93
山 东	84	河 北	77
福 建	92	广 东	23
广 西	2	云 南	20
贵 州	65	新 疆	—

资料来源:《中国内地之复兴》,1937年4月10日,上海市档案馆藏金城银行档案,档号:Q264-1-1360。

上表可以整体性地反映法币推行情况和流通范围。在此需要说明的是,表中显示川东、川西法币流通比率很高,但这并不代表整个四川省,而主要指成都、重庆等中心城市。由上文中的分析可见,川北、川南以及偏远山区的法币推行很不顺利。

另据邮政汇业局的调查报告,币制改革以前银元流通额为65 900万元,币制改革后已收回30 800万元,尚余35 000万元未收回,即尚有53%的银元在民间,此

① "邓汉祥致实业部长吴达铨节略",1937年5月31日,四川省档案馆藏,四川省财政厅档案,档号:民59-3-6500。

宗现银恐已不易入政府之手。在内地,现银仍高于纸币,以法币交换银元,须加贴水,但以之为通货而流通于市面者,除极边远区域外,殆已绝迹,仅有守旧者窖藏而已。而现银的集中是南京国民政府最为重视的一项工作,当然会不遗余力地推行。

第二节 现银的集中

白银国有是法币政策的重要内容之一,现银的集中亦是政策实际执行中最为重要的工作。总体而言,现银集中的途径主要有两个,一是发行银行发行准备金的移交,二是民间以现银兑换法币。为保障现银收兑工作的进行,四行设立了现银收兑处,并委托相关机构代为收兑,但从实际执行中的问题来看,远不能满足全国收兑工作的需要。1940年4月,四联总处重订《四行分支行处分区负责收兑金银地名一览表》,收兑地点增至158处。[①]

表30 四行分支行处分区负责收兑金银地名一览表(1939年)

区别	中央银行负责收兑行处	中国银行负责收兑行处	交通银行负责收兑行处	农民银行负责收兑行处	合计
四川区	重庆、成都、万县、叙府、自流井、泸县、嘉定、广元、绵阳、南岸、江津、三台、内江共13处	合川、石桥、资阳、荣昌、隆昌、资中、涪陵共7处	无	南充、永川共2处	22处
陕甘区	西安、宝鸡、南郑、兰州、天水共5处	泾阳	渭南、咸阳	安康、平凉	10处
云贵区	昆明、蒙自、盘县、贵阳共4处	无	无	遵义、铜仁、毕节、安顺	8
湘鄂区	常德、沅陵、衡阳、零陵、宜昌	无	沙市	邵阳、湘潭、芷江、津市、新化、老河口	12
两广区	汕头、赤坎、梧州、桂林	韶关、琼州、梅县	柳州	曲靖、冕宁	10
赣皖区	南昌(已退)、吉安、抚州	景德镇、上饶、樟树镇、函山屯、溧歙县	赣州	宁都、临川、南城	13

---

① 重庆市档案馆藏,中央银行重庆分行档案,档号:0286-1-389。

续 表

区 别	中央银行负责收兑行处	中国银行负责收兑行处	交通银行负责收兑行处	农民银行负责收兑行处	合计
闽浙区	福州、三都、延平、建瓯、浦城、泉州、鼓浪屿、永康、鄞县、衢县 共10处	龙岩、永春、海门、嵊县、鳌江	涵江、漳州、余姚、定海、绍兴、温州、兰溪、永安、镇海	赛岐、金华、江口、溪口	28
豫晋绥区	镇平、洛阳	无	无	无	2
康藏区	雅安	无	无	无	1
青宁区	无	无	无	西宁、宁夏	2
总 计					108

资料来源：重庆市档案馆藏，中央银行重庆分行档案，档号：0286-1-439。

一、发行准备金的集中

发行准备的集中指根据法令规定停止发行的银行将各自的发行钞券准备金交由发行准备管理委员会保管，其具体实施过程非常复杂，下面将从中国农民银行、商业银行、省银行三个方面展开论述。

（一）中国农民银行发行准备金的移交

法币改革之初并未将中国农民银行发行的钞票定为法币，由中国银行负责接收该行钞券及发行准备。1935年11月8日，孔祥熙电告该行："本部四日布告，业经通告在案。兹派赵祖武即日接收封存该行全体发行现金准备、保证准备，及已印未发、已发收回新旧钞券。"该行复电称："唯本行自十月一日改行分区发行制，分支行处账表未齐，拟俟催齐，即当遵令移交封存。"11月12日，中国银行经理宋汉章又致电该行，拟前往接收。但中国农民银行始终采取推诿态度，中国银行认为接收困难，又将接收权推给中央银行，该行仍以"各分支行处发行账表尚未寄到"来推脱。中国农民银行之所以对抗接收，是因为有蒋介石为后台，法币令公布后，经理徐继庄一面电令各行拒不移交，一面跑到南京找蒋介石，要求该行享有发行钞票的权利，并且请各省主席以农民银行股东资格联名呈请，最后获得允准。[①] 1936年1月20日，财政部公布中国农民银行发行办法，规定该行发行之钞票，限一万万元为度，与法币同样行使。各省省银行发行部分，除业

---

① 中国人民银行金融研究所编：《中国农民银行》，中国财政经济出版社1980年版，第188—191页。

已交由中、中、交三行接收各行外,其余未交各行,即由该行负责接收。该行发行准备金,应全数交由中央银行保管。中国农民银行接收一行毕,应即将接收情形,报告财政部及发行准备管理委员会查核。①

中国农民银行的发行及准备金,就截至1936年1月底发行钞票数额,按照六四比例,将现金准备六成、保证准备四成,交由中央银行保管,但得由中央银行将现金准备酌存中国农民银行。如有增发,并应将增发数额之准备金,依照前项规定,交由中央银行保管。② 1937年2月财政部对于中国农民银行发行准备的移交办法又有变更,规定其发行准备金应即按照规定,悉数交由发行准备管理委员会管理,所有发行数额以及准备金数额,并由该会依照检查规则,按月检查公告。中国农民银行发行钞票之外汇准备,应与中央银行商订办法办理。③

(二)商业银行发行准备金的移交

商业银行发行准备金的移交工作最为重要也最为复杂。其中中国实业银行、中国通商银行、四明银行通常称为"小三行",发行数额所占比重较大,据统计1933年、1934年的发行额仅次于中、中、交三行,由于三家移交情况类似,在此一并论述。

1."小三行"发行准备的移交

"小三行"发行数额虽然较大,但在业务经营上亏蚀都比较严重,根本交不出应缴数额的准备金,因此在发行准备金的移交问题上反复与政府交涉。

截至1935年11月3日,根据中国通商银行的调查,各行封存现币仅2 365 376元。④ 至11月30日,应交未交现金准备数达1 800万元。⑤ 此后,虽经屡次催缴,移交的手续迟迟未予履行。其拒绝移交的原因,从1935年12月2日发行部⑥给总处的信函中,可略见端倪。发行部认为"部令既应遵守,事实尤须兼顾,彼此时局严重,安全保障,减轻分外责任,亦属事不容缓"。除将发行账略逐日呈报部会外,拟将限外应须封存之券由汉行移交200万元,厦行移交25万元,本部汇交21 913 020元,共计24 163 020元。唯截至11月30日照账应须移交现金准备21 623 239.59元,保证准备4 993 860.41元,除拟由发行本部先移

---

① 《中华民国金融法规选编》(上册),第418—419页。
② 《中华民国货币史资料》第二辑,第201页。
③ 《中华民国金融法规选编》,第418—420页。
④ 上海市档案馆藏,中国通商银行档案,档号:Q281-1-52。
⑤ 上海市档案馆藏,中国通商银行档案,档号:Q281-1-53。
⑥ 中国通商银行发行部于1935年7月方始成立。

交封存硬币 110 万元,外存及他钞 261 489 元,保证准备品 2 163 250.41 元,及就外埠各行处发行范围内分别指定移交硬币 437 363 元,保证准备品 568 220 元,共计拟交数额 4 530 322.41 元,计尚存沪行业务部分存放准备之现金 18 115 970.59 元,借用保证准备品 2 262 390 元,外埠各行处尚存现金准备 1 708 417 元,共计应交未交数额 22 086 777.59 元。① 但以上所列各款项因事关该行整个业务及维持领兑发行额、应付逐日回券之需,一旦强行集中,就可能使各分支行周转需要陷于枯窘,因此银行不愿移交。

直至 1936 年 5 月 5 日,发行准备管理委员会召开第 87 次常务会议,议决"接收各行发行事宜,办理已久,进行迟缓,应密函财政部令饬各行将发行准备限期缴足,以资结束"。根据列出的清单,中国通商银行未经交出的现金准备有 13 509 900.88 元,保证准备 6 449 339.59 元,而且已缴的准备中现金部分内有该行本票 1 824 387.59 元,保证准备内有不合标准的股票计 72 000 元。②

1936 年 12 月 12 日,财政部发给通商银行的密令指出:查该行未经交出之钞券及发行准备金,迭经由部严饬催缴,迄未遵办,兹准发行准备管理委员会函称,该行应接收兑换券项下,尚有短少券额 312 900 元,又应接收准备金为 26 608 000 元,除已接收现金准备金 3 723 781.62 元,及保证准备金 4 993 860.41 元外,尚短少现金准备金 13 441 018.38 元,且其他已经交出之保证准备金内有股票 7 万元,屡向催缴,未据照办,似此一再拖延,殊属不合,合亟令知,仰即恪遵迭次部令,将各项短少之现金与保证两项准备,连同旧管短少券 312 900 元,克日分别补缴,并将应行掉换之不合保证准备各证品,另行照换,以符通案,而资结束。③ 1937 年 2 月 10 日,中国通商银行以该行连年亏损,所有应缴未缴发行准备迄未缴足,由股东会通过将旧股折减,请求加入官股以固行基而便营运。④

1939 年 1 月,根据中国通商银行《欠缴发行准备说明》所载,应缴发行准备总额 2 858 万元,现金六成计 17 148 000 元,保证四成计 11 432 000 元。已缴现金准备 4 678 213.41 元,保证准备 5 020 263.97 元,欠缴准备 18 881 522.62 元。充当保证准备的物品为:统甲票面 36 350 元,统乙票面 400 110 元,统丙票面 1 612 170 元,统丁票面 55 万元,统戊票面 1 383 200 元,十七金长票面 16 300

---

① 上海市档案馆藏,中国通商银行档案,档号:Q281-1-51。
② 上海市档案馆藏,中国通商银行档案,档号:Q281-1-54。
③ 同上。
④ 同上。

元,联合准备会公单票面 357 000 元,联合准备会公库证票面 347 500 元,大东书局股票面 24 000 元,英册道契 9381 号,英册道契 3201 号,法册道契 1201 号,法册道契 3842 号,法册道契 3843 号,法册道契 3844 号,法册道契 276 号,法册道契 2804 号,英册道契 488 号,英册道契 814 号,英册道契 12981 号,比册道契第一号。政府欠款以一本一利标准抵缴准备者有:旧财政部之款法币 1 293 233.34 元,模范工厂欠款法币 301 517.34 元,招商局欠款法币 1 848 219.13 元,江南造船厂欠款法币 328 418.02 元,以上四户共计法币 3 771 487.83 元。①

四明银行在发行准备移交方面也面临同样的情况。1936 年 5 月 12 日,四明银行未经交出的发行准备计现金 8 511 080 元,保证准备 3 938 320 元,总计 12 449 400 元。财政部屡催无应,只得再度令饬该行克日照数补足,毋再违延。但四明银行声明:上项之未交发行准备现金及保证两项,在全行会计内均系发行部存出与商业部之款,而核计商业部之资产,因历年官商各欠,屡多愆延未还,以致保有之现金,仅足敷应付商业之需要,若将未缴准备金数目,悉数以现款缴足,势必牵动营业,于市面发生影响。对此四明银行提出应对的措施,即以资产项下新旧国家机关的欠款抵缴,计有旧北京政府欠款各宗计 808 万余元,又国民政府中央各机关(除财政部外)欠款各宗计 340 万余元,共计 1 150 万余元。其余欠缴发行准备的数额,以已经交出的兑换券制造费 459 000 余元,和已缴之保证准备项下上海租界内房地产道契原估价的溢额抵补。②

1936 年 10 月 12 日,四明银行又密呈财政部称:"商行三数年来承商业凋敝之余,地产呆滞,贷放难收,业务范围本属渐形减缩,自去年十一月间钧部施行法币集中发行,商行鉴于资产负债之实况,为顾虑周转资金起见,节经吁恳钧部准将旧部欠等项俯准充缴,正蒙核办。奈自入秋以后,客户用款渐繁,以致存款陆续提动,益以旬余以来市民受时局之疑虑,提存之数日有增加,周转现金益见困难,查商行资负之数原足相抵,无如资产种类虽多,而现金显见不足,辗转思维,与其稍事因循,致遭蹉跌,以致牵动金融贻害社会,毋宁剀切呼吁请求钧部设法拯救,用敢密呈上达,伏恳钧部迅赐派员设法维持整理,如何之处,统候鉴核示遵,不胜迫切待命之至。"③从这封密呈中不难发现,即使该行不向发行准备管理委员会移交任何准备金,其原来的资金亦无法应付营业的需要,而必须由财政部

---

① 上海市档案馆藏,中国通商银行档案,档号:Q281 - 1 - 53。
② 上海市档案馆藏,四明银行档案,档号:Q279 - 1 - 275。
③ 上海市档案馆藏,四明银行档案,档号:Q279 - 1 - 86。

予以资金的接济和维持。

三行中,中国实业银行的发行额最大,欠缴的发行准备也最多。1936年9月7日,财政部针对该行所呈拟缴发行准备清单,密令:查该行发行兑换券准备金虽据已就原有款品加以整理补充,勉与部章规定相符,但核其内容,现金准备沪行往来为数过巨,保证准备内容庞杂,均与巩固券信有妨,应即督同该行前任负责人员将现金准备项下沪行往来切实收回,保证准备项下不甚确实之证品,设法调换合法债券,以重准备,而固券信,仰即遵照办理。① 据中国实业银行给财政部的呈文,至1936年10月,该行发行额计54 211 809元,应缴六成现金准备计32 527 085.40元,除已移交发行准备保管委员会现金6 481 771.87元外,尚欠26 045 313.53元,应缴保证准备四成计21 684 723.60元,已移交保管委员会10 762 805.08元,尚欠10 921 918.52元。② 面对财政部屡次催缴发行准备,中国实业银行的态度始终是"此案关系行基至巨,未便率尔应命"。从该行给财政部的呈文中,不难看出它当时所面临的严峻形势:

> 为遵缴欠交发行准备并陈明商行缴交发行准备以后资负实情,恳予特别维持以资营业事,窃商行创立十有七年,向以发展实业调剂金融为其职志。不意历年以来遭时多故,继以农村破产市面恐慌,营运既难得盈余,放款且多致无著,虽积亏之巨非止一端,而措理无方,凡在负责之人实无不引为内疚。上年统一发行以后,商行应缴发行准备除已缴交之外尚应续缴准备三千七百万元,只以商行所存资产大都投放固定不易立时变现,以致迄未遵办,幸赖钧部统筹经济,体恤商艰,力予维持,感铭大德殊非楮墨之所能宣,一年以来节经汰冗节浮,力图振作,终以资源所限,无术周章。兹为仰体钧部德意,所有应行续缴发行准备拟即遵照部示,以现金、公债、地产、旧部欠四项抵交清楚。似此办理,商行实已勉力万分,所存现金几于一空,其余资产一时遽难变现,营业既须资金,存款又有时提取,不免益形竭蹶,银行事业与社会息息相通,设或周转不灵,关系匪浅,商行既蒙维护于先,必沐成全于后。伏查钧部原系商行官股股东,兹为厚集实力起见,拟请钧部续加官股二百五十万元,另由商行董监等负责招募一百万元,以资营运而便整理,一

---

① 中国第二历史档案馆藏,财政部档案,档号:三(1)-2506。
② 上海市档案馆藏,中国实业银行档案,档号:Q276-1-63。

侯官股拨定之后董监事等即行依法改选，一切事宜及时请示钧部办理。谨将商行缴付准备以后资产负债实数开折呈览，务乞俯准，至纫德便。①

可见中国实业银行在1936年即请求财政部加入官股，予以维持。1936年底，财政部鉴于三行所收存款为数颇巨，即使移交各该行欠缴发行准备之数，所有资产负债相抵不敷之数仍然很大，根据11月底账略计四明银行约亏欠1600余万元，以致各该行存款空无着落，关系社会金融匪细，各该行欠缴发行准备固未便长此迁延，但在缴交发行准备以后，对于各该行行务方面如不根本改革，彻底整理，仍不足以收安定金融之功。提出了解决发行准备移交的提案如下：

（甲）补交欠缴发行准备办法。（一）中国实业银行欠缴发行准备计3690余万元，缴交办法于左：1.政府公债票面2875万余元，2.房地产抵缴700万元，3.财政部旧欠款依一本一利标准计算抵缴115万元。三项共计3690万余元。（二）中国通商银行欠缴发行准备1980余万元，缴交办法如左：1.政府公债1430万元，2.其他证券100万元，3.房地产80万元，4.旧财政部欠款及模范工厂欠款依一本一利标准计算共计本息1593000余元，招商局欠款184万元（据交通部查复按单利计算尚在一本一利之内），江南造船厂所欠款328000元（据海军部查复数），约共376万元。四项共计1980余万元。（三）四明银行欠缴发行准备1300万元，缴交办法如左：1.旧财政部欠款依一本一利标准计算，计为1973000余元及招商局欠款本利239万余元（据交通部查复数计本163万余元，利76万余元），共计432万余元。2.房地产抵充700万元。3.其余不足之数160余万元以政府公债抵充。三项共计1300万元。

（乙）加入官股及旧股贬值办法。依照上项办法缴交发行准备后，各该行所存剩余资产与之应付巨额存款颇为困难，如不特予设法，似难继续经营，于安定整个金融不免功亏一篑，而各该行原有资本及公积金既已亏蚀罄净，所有旧股早无价值，为勉符公司法起见应由各该行股东会决议折减，以昭公允，兹拟定加入官股及旧股折减办法如左：1.各该行每行由部酌加官股三百万元为优先股。2.各该行原有旧股由股东会依照公司法规定决议

---

① 上海市档案馆藏，中国实业银行档案，档号：Q276-1-63。

贬值为百分之十或百分之五,另行换给普通股票,与优先股藉示区别。

(丙)补缴发行准备转存办法。各该行在缴交发行准备之后,虽经由部加入官股继续经营逐渐弥补,然以亏损过巨,原有资产大部分既已抵充准备,目前对于应付巨额存款仍不免感有困难,为安定整个金融起见,所有各该行此项补缴发行准备,拟由发行准备管理委员会接收以后,暂仍如数转存该行以资周转,将来视各该行营业情形陆续提回。①

1937年2月10日,四明银行呈文财政部,认为作为发行准备的上项资产缴出以后,骤失流通资金,无法周转应付,要求上项资产缴充发行准备以后,仍由发行准备管理委员会准予转存该行,以供营运储备之需,再由该行陆续归还。恳求财政部加入官股,予以维持。对于将原有商股减折为10%或5%,认为太低,请求酌量增加。② 财政部最后拟订旧股折减比例为15%,分别向通商、实业、四明三行加入官股3 475 000元、3 473 890元、3 662 500元,使各行股本凑成400万元,将三行改组为官商合办银行。但发行准备的移交问题并未就此结束。

1937年,财政部再度提出令三行补缴发行准备提案如下:中国通商、中国实业、四明三行欠缴发行准备金,通商约1 980余万元,中国实业欠缴约3 700万元,四明银行欠缴约1 300万元,迭经由部催缴,均以历年积亏营业无法维持为辞,未据遵办。财政部因为该行等成立年久,关系沪市金融甚巨,为妥筹办法起见,密派会计师谢霖前往各该行分别查明资负实况,并根据该会计师调查报告拟具救济办法,经行政院审查,决议通过:(1)为巩固法币信用起见,三行欠交发行准备应各提供确实资产由准备管理委员会接收;(2)另由政府斟酌三行情形于一定数目内酌予救济,俾资周转,但所有责任仍由各该行自负。③

1939年,中国通商银行请求将已印未印兑换券印制费抵充欠缴准备金,发行准备管理委员会同意将未发行新券的印制费抵缴。通商银行则坚持以已发行与未发行兑换券总数的印制费抵充欠缴发行准备,藉舒喘息。④

1941年,四明银行董事长吴启鼎呈请行政院长孔祥熙,提出欠缴发行准备1 600余万元尚无从筹措,拟将一切行有房地产(时值达2 500万元)提出四联总

---

① 上海市档案馆藏,四明银行档案,档号:Q279-1-276;上海市档案馆藏,中国实业银行档案,档号:Q276-1-404。
② 上海市档案馆藏,四明银行档案,档号:Q279-1-276。
③ 中国第二历史档案馆藏,交通银行档案,档号:三九八-12965。
④ 中国第二历史档案馆藏,财政部档案,档号:三(2)-3600。

处核准向中、中、交、农四行一次整押2000万元,除由四行扣还历次协助之借款550万元外,其余1450万元悉数购买甲种五年及乙种十年之节约建国储蓄券,约可购入票面3300万元,即提出1600万元作为缴还欠缴发行准备,所余1600万元留为储蓄存款保证准备。如此一转移间在四行账面上虽付出1450万元,但对于是项放款有全部房地产作抵,足资保障,且事实上在钧部既可收回本行欠缴之发行准备1600万元,同时又可增销3300万元节约建国储蓄券。财政部对此批示:"原拟以借款余额购买甲乙两种节约建国储蓄券抵充欠缴准备,核与原案不符,未便照办,所有该行欠缴之发行准备仍仰从速另行筹缴为要。"①

1941年5月,中国实业银行董事长傅汝霖则呈请财政部,对于该行所有欠缴之发行准备,拟请全数以公债按票面抵充,缴存接收行,再由接收行还存于该行收管,其所得利息拟请仍归该行。财政部批示:应仍依照原定转存办法之施行办法第六条"转存存证内所列各项证品之利益,亦应悉数交存代理接收行,照前条所述办法,列入现金准备项下,并在转存存证及接收收证上分别批注"之规定,将该项债息交由接收行收入现金准备账内,以渐次达到法定比例成分。该行欠缴发行准备拟全数以公债按票面抵充,虽与部定办法稍有不符,为结束悬案起见,似可准予照办,唯所称公债未指明何种公债,殊嫌笼统,应先饬将拟缴公债名称数额呈报本部,以凭核办。②

2. 其他商业银行发行准备的移交

除"小三行"外,其他有发行权的商业银行尚有浙江兴业银行、中国垦业银行、边业银行、大中银行、保商银行、中南银行(四行准备库)、中国农工银行、农商银行等。这些银行的发行准备移交工作与"小三行"相比较为顺利,但移交不彻底的情况也存在。

浙江兴业银行,截至1935年11月3日,发行额为9448773元,现金准备金5669750元,保证准备金3779023元。其保证准备金,以公债折充2258637元,其余1520386元则系以英册道契四册抵充,道契经上海银行业同业公会联合准备委员会估值,只能抵充799400元,不敷之数720986元,迭经催嘱补缴相当证品,迄未照办。③

---

① 中国第二历史档案馆藏,财政部档案,档号:三(2)-3704(1)。
② 同上。
③ 交通银行总行、中国第二历史档案馆合编:《交通银行史料》第一卷下册,中国金融出版社1995年版,第909—910页。

中国垦业银行,应缴现金准备金 4 653 000 元,保证准备金 2 843 000 元,钞票及保证准备金业已于 1935 年 11 月接收清楚。现金准备 1935 年接收 2 958 041.96 元,1936 年续收 1 351 558.04 元,尚有 188 000 元,该行声请留备划抵钞票印制成本之用。直至 1940 年 5 月 18 日,发行现金准备金 188 000 元迄未移交。①

四行准备库,截至 1935 年 11 月 2 日共发行中南银行券 10 300 万元,其中流通券 7 228.24 万元,库存券 18 919 833 元,销毁券 11 797 767 元。流通券现金准备为 43 405 490.8 元,占 60.05%,保证准备 28 876 909.2 元,占 39.05%。② 四行准备库的各项准备金及库存钞券,连同销毁券剩余角一并移交中央银行,由发行准备管理委员会接收。自 1936 年起,上海、天津、汉口准备库先后裁撤。

边业银行,应交现金准备金 210 480 元,保证准备 140 320 元,至 1936 年底均已收齐。③ 大中银行,情况较为复杂,应交现金准备及保证准备共计 1 714 685 元,截至 1936 年底已交现金准备 554 685 元,保证准备 16 万元,另有现金准备 100 万元系以旧财政部结欠划抵,所交保证准备金 16 万元,系以九六公债面额 100 万元抵充,此项公债不能充作发行保证准备金,交通银行一再函催掉换合法债票,迄未照掉。④

截至 1935 年 11 月 3 日,中国农工银行沪区发行总额计 8 344 382 元,11 月 11 日开列清单送交发行准备管理委员会,现金准备 3 140 500 元,保证准备金 2 027 979 元。现金准备项下经发行准备管理委员会封存的仅有 947 000 元,其余都是其他行庄的存款凭证。原有现金准备项下存放营业部之准备金 2 219 803 元事实上多经营业部移作放款,自难短期收回。该行拟在发行准备管理委员会催缴时,以制券费及兑换券关税各款提出抵充。⑤ 直至抗战胜利以后,该行的发行准备大部分仍未移交清楚。

(三) 省银行发行准备金的移交

根据 1935 年 12 月 1 日南京电:"各省市政府设立之省市银行,或用其他银

---

① 《交通银行史料》第一卷(下册),第 910 页;中国第二历史档案馆藏,财政部档案,档号:三(1)-2513。
② 上海市档案馆藏,中南银行档案,档号:Q265-1-439。
③ 交通银行总行、中国第二历史档案馆合编:《交通银行史料》第一卷下册,中国金融出版社 1995 年版,第 911 页。
④ 《交通银行史料》第一卷(下册),第 911、913 页。
⑤ 上海市档案馆藏,中国农工银行档案,档号:Q280-1-41。

行名义而有省市银行性质者,其所发各种钞券,亦已截止发行。并已将已印未发,已发收回新旧各券,先行封存;连同现在流通券额所有之准备数目,查明呈报财部。所有冀、陕、晋、甘、湘、鄂等省银行,河南农工及杭州浙江地方,天津大中、边业,汉口中国农民,北平北洋保商等各银行所发流通市面钞券之准备,连同已印未发,已发收回新旧各券,已先由当地三行,会同或单独接收完竣。"①1936年3月,湖北省银行发行准备及已印未发钞票,业已接收完毕。②

广东省在法币政策施行时虽随同中央政府改制,然以广东省银行与广州市银行所发行之毫洋券为法币。1936年上半年,广东与中央发生政变,因军用浩繁,竟滥发毫洋券,截至7月中旬,达24 958万元。准备金仅有现金10 745万元,现金准备比例为43%。保证准备9 146万元,全部以该省整理币制库券拨充,但该项库券并无还本付息之基金。事实上,毫券2元3角方值法币一元,且在政变之时,金融恐慌,汇兑大跌。1936年7月,陈济棠出走国外,政局统一,中央政府派员入粤,首先安定金融,改革币制,使毫洋价值稳定,规定暂行办法。同时发行整理广东金融公债11 000万元,代为补充毫券准备金。此即第一步改革粤省币制之方法,亦即推行法币之预备工作。毫券价值自经此规定后,物价大致安定,唯因受政局统一前物价暴涨之影响,物价水准,仍较别处略高。1937年6月15日,中央政府特派宋子文赴粤,于20日下午五时采取财部命令方式,发表实行法币改革粤省币制:(一)自1938年1月1日起,公私款项及一切买卖交易之收付,及各项契约之订立,均应以法币为本位,如以毫券收付或订立者,概属无效。(二)广东省银行与广州市银行所发毫券33 784万余元,自21日起,依法定比率在本年内行使,原为毫洋而以国币照法定比率交付者,不得拒收。(三)广东省、广州市二银行之毫券,自即日起由中中交三行与广东省银行按法定比率以国币收回销毁。(四)发行准备管理委员会广州分会,对未收回之毫券,应随时保持原有比例之现金准备。③ 1937年6月30日,发行准备管理委员会广州分会公布检查结果,广东省银行现金准备为毫银、大洋,增收准备金种类有法币、毫银、漳毫、生金、生银、英镑、美金、港纸,保证准备为整理币制库券和财政部欠款凭证。广州市立银行现金准备为毫银,保证准备为广州市政府发行市库券、国民

---

① 杨荫溥:《吾国新货币政策之分析》,《中国金融研究》,商务印书馆1936年版,第8页;《财部实行新货币制后正筹谋第二步计划》,《申报》1935年12月2日。
② 《鄂省银行发行准备三行接收竣事》,《中央日报》1936年3月18日。
③ 杨志鹏、王梅魁:《我国近十年来货币政策之演进》,青岛书屋1941年版,第19—20页。

政府第二期有奖公债。1937年7月,财政部致函发行准备管理委员会:根据广州分会第六次准备库检查报告,查表列广州市银行溢额发行之辅券16万元,其应缴之准备金,仍应饬由该行提供确实证品,缴交广州分会核收,暨广东省银行保证准备项下之整理币制库券、财部欠款凭证两款及广州市银行保证准备项下之市库券、第二期有奖公债两款应由部会两方商定处理办法。[①]

广东纸币整理之后,广西也要求援例对地方纸币进行整理。广西财政长官苏松芬提出《整理广西金融意见书》。据李宗仁、白崇禧的代表刘维章称广西纸币共发4000万元,但有毫洋准备2000余万元。苏松芬就此拟具两项实施办法:(一)仿照改革粤省币制实施办法,由中央厘定广西纸币与法币法定比率,或照从前一六比率,在一定期间,由中央将广西纸币,全数收回销毁,在未截止期间,一切交收应依照法定比率,折合国币行使。其毫洋准备金,应一律缴交中央,作为保证准备。(二)如果能筹集法币2500万元,即可将广西4000万元纸币全数收回,拟请由中央核准发行整理广西金融公债1500万元,以为收回广西纸币之基础。该公债规定年息6厘,还本期限定为15年。即每年还本付息,约须140万元。至筹措基金办法,拟请中央仿照整理四川金融办法,在广西国税项下,每年拨出100万元以作发行整理广西金融公债1500万元之基金,至15年为止。其余40万元之公债基金,则由广西省库逐年拨付,亦以15年为止。但广西国税,应先归还中央,军费亦应由中央统筹,以解决其互为因果之困点,一面将广西毫洋准备金2000余万元(假定为2500万元)抵作领用法币现金准备金,假定至少可抵作五成,即可得法币现金准备金1200万元,遵照中央六成现金四成保证金领钞办法,连同所发公债800万元,向中央银行领钞,即可领得法币2000万元,再将所余公债700万元,向银行押借法币500万元,即可凑足法币2500万元之数,以收回4000万元之广西纸币。[②]

1937年11月2日,行政院通过了《整理桂钞办法》,决定在广西省设立发行准备管理委员会分会,广西省银行应将桂钞原有之现金与保证准备,连同已发收回与已印未发封存之新旧各券,暨印版全部券宗,移交该分会接管。桂钞现金准备短缺之数,拟援照整理粤省毫券办法,于中央在桂所收盐税项下,每年提出120万元为基金,发行整理广西金融公债1700万元,以七折向四行押借现款

---

① 中国第二历史档案馆藏,财政部档案,档号:三(1)-2514。
② 中国第二历史档案馆藏,财政部档案,档号:三(1)-2617。

1 190 万元,交由分会补充之。桂钞保证准备,暂以原有之保证准备抵充。俟军事结束,桂钞收兑完竣时,再行调换发行准备管理委员会规定之合格证品。中中交农四行应于桂省设立兑换机关,于本办法施行之日起,依照法定比率办理兑换,以利流通。①

对于省银行发行辅币券和一元券的准备金,最初由中央银行接收保管。发行辅币券的银行有:浙江地方银行、山东民生银行、河南农工银行、陕西省银行、山东省平市官钱总局、江西裕民银行、青岛市农工银行、福建省银行、江苏省农民银行、湖北省银行、北平农工银行、甘肃平市官钱局、北平市民银行、安徽地方银行、四川省银行等。② 1937 年 1 月底,已接收清楚者,计有四川省银行、江苏省农民银行、青岛市农工银行三家。江苏省农民银行以江苏水利建设公债七折交充保证准备,经财政部核复应以五七折交。四川省银行辅币券流通额至 1937 年 4 月中旬为 999 931.5 元,计存放中央银行硬币 252 000 元,又四川建设公债 67 万元,折合法币 40 万元,尚有硬币 148 000 元及法币 20 万元留存该行。财政部令饬将该项留存硬币 148 000 元照数移存当地中央银行保管,以符规定。③

其他省银行如山东民生银行、江西裕民银行,经中央银行和财政部屡次催缴,都没有移交。据查江西裕民银行,截至 1936 年 12 月 12 日,发行辅币券数目已达 1 135 万余元,为数极巨,其库存现金准备金及外存准备金,业经由财政部函准中央银行检查与该行账目相符,唯以存放同业之款作为现金准备核与规定不符,而且交存中央银行之准备成分,为数过少。财政部下令于 1937 年 3 月底,将流通券额之法定准备金如数交存中央银行南昌分行保管。④

为了加强省钞发行手续及缴交准备金和运用情形的管制,乃由财政部分派各省地方银行监理员驻行监督,按旬将一元券、辅币券之流通库存及交存准备金各数,列表呈报,并按月将监督情形编制检查报告呈核。⑤

二、外商银行存银的收兑

收兑在华外商银行的白银亦是集中现银的主要任务之一。法币改革时上海的外商银行存银情况如表 31。

---

① 《中华民国金融法规选编》,第 424—425 页。
② 中国第二历史档案馆藏,财政部档案,档号:三(1)- 2496。
③ 中国第二历史档案馆藏,财政部档案,档号:三(1)- 2512。
④ 中国第二历史档案馆藏,财政部档案,档号:三(1)- 2496。
⑤ 中国第二历史档案馆藏,财政部档案,档号:三(2)- 3110。

表31　上海外商银行白银保有额　　　　　　（单位：千元）

英籍银行		日籍银行		美籍银行		其他外商银行	
汇　丰	11 357	正　金	1 949	花　旗	5 570	德　华	1 856
大　英	1 822	三　井	2 596	大　通	1 263	华　比	2 397
麦加利	5 397	住　友	1 863	美国运通	1 280	荷　兰	1 312
有　利	1 118	台　湾	1 253			中法工商	285
		三　菱	1 203			东方汇理	3 970
		朝　鲜	2 717			安　达	1 134
						华　义	663
合　计	19 694		11 581		8 113		11 437
总　计	50 825						

资料来源：《美国花旗银行在华史料》，第 433—434 页。
说明：法币改革时各银行向财政部报告数字。

外商银行与国民政府财政部经过协商，最终确定移交条件如下：（1）按移交白银的面值兑换等值的中国钞票；（2）以相等于移交白银数额的三分之二款项作为定期两年的存款，年息 5 厘。① 财政部对外商银行现银掉换法币办法商妥后，各外商银行均以库存现银，十足向中、中、交三银行掉换法币。②

日籍银行虽然最初态度强硬，但由于银价的下跌，保存白银对它们而言已没有任何利益，1937 年 3 月 26 日上海的 6 家日本银行达成协议，上海的存银全部移交，移交条件与其他外国银行相同。至于移交的数字，据日本财务官对财政大臣的报告，共计为 8 926 310 元。③ 这与上表中的存银数 11 581 000 元相比，相差 2 654 690 元。

华北外商银行现银的移交，由于特殊的政治格局，情况更为复杂，天津地方当局阻止各行白银南运。1936 年 2 月 25 日，天津花旗银行经理脱瑞致函天津海关监督林世则，希望批准花旗银行将 1 152 000 元白银运往上海，并为此已自南京财政部领得护照。脱瑞并且辩解说："外间所传天津外商银行持有的白银是中国政府银行发行准备的一部分，这与事实不符。这些库存的白银是银行国外业务所用白银的剩余部分。这些白银本来可以运往国外，高价出售，但由于

---

① 中国第二历史档案馆藏，交通银行档案，档号：三九八-11402。
② 《外商银行缴出现银》，《申报》1936 年 1 月 8 日。
③ 《中华民国货币史资料》第二辑，第 214—215 页。

1935年初外商银行和中国政府在上海达成'君子协定',我们才没有这样去做。还要指出的是:在过去几个月中,这些白银原可以按30%—40%的高价在天津秘密售出,只是考虑到这样做是非法的,不利于中国政府,外商银行也才没有这样做。"①但未获许可。3月28日,孔祥熙致电天津市长萧振瀛,解释外商银行运银出境一事,称"至法币准备金,本部为昭示大信起见,已令就地存放。关于平、津流通之法币准备金,业于天津组织保管分会负责保管,数月以来并未移动分文,事实俱在,可以查考。而此次外商银行所运之款,既与法币准备无关,自不至影响华北金融"。4月2日,外交部长张群咨财政部文,据本部驻平特派员电称:"据驻天津英总领事等面称,津埠汇丰、麦加利、花旗、中法工商、德华、华比、华义等银行,现存有白银共计四百七十二万余元,本拟运往上海掉换中国法币,并领有财政部护照在案。唯天津海关不准放行,致迄今未能起运。……可否将各该银行现存白银就近扫数交由天津中央、中国、交通等银行收领,换给法币,并请援照上海各国银行移交白银办法,按三分之二核给五厘利息二年,以符法令。"②5月6日,萧振瀛为外商银行现银币掉换法币事,邀中、中、交三行洽谈,恳切表示,应全数由河北省银行承掉,俾充实省钞准备,将来所有现银币,仍由保管分会保管。5月11日,财政部准许由河北省银行掉换,仍存公库,共同保管,但主张中交与省行共同承掉。具体办法如下:

一,为避免分歧起见,所有平津外商银行现银币,统由平津中交两行各半换给法币,并一次付给手续费百分之五。

二,中交两行应换给省行现银币数额,原定为换入全额之半数,嗣经萧市长向中交两行磋商,改为四百万元。

三,换入现银币,一律交保管分会保管。

四,省行部分之手续费,由省行担任,付还中交两行。

当时天津各外商银行库存现银币及现银锭总额为4 839 389.24元,经由两行于5月下旬委托银钱业公库按照各半数额代为掉换。

青岛的汇丰与麦加利两行库存现银币约共100万元,照天津定例一次给予

---

① 中国人民银行金融研究所编:《美国花旗银行在华史料》,中国金融出版社1990年版,第437—438页。
② 《中华民国货币史资料》第二辑,第214—215页。

手续费5％，并商定由中、中、交三行按4∶4∶2的比例承换，对外由中央银行出面办理。①

厦门方面，至1936年1月27日止汇丰银行存银120余万元、荷兰的安达银行115万元，已先后开始兑换，日本的三家银行则尚无消息。②

三、民间金银的收兑

法币改革时，在集中现金准备方面与其他国家很不同的一点就是民间金银的收兑。因为在法币改革前，硬币和纸币作为流通市面的货币并行使用，如果只集中各银行的存金，而不兼顾民众和普通商号的存银，便不能达到集中现银的目的。张嘉璈在1934年时估计散在人民手中的银货约有十三四亿元，并提出如果政府能始终维持健全通货政策，则散在人民手中的银货可吸聚一部分，逐渐推行健全银行纸币，以代替传统的用银习惯。③ 据一般估计，法币改革时全国所有白银，全数合值在20亿元左右，除去东北三省，合值亦可在15亿元左右，其中为各地金融界准备即可集中者，约有5亿元，散藏民间者约有10亿元。④ 由此可见，民间藏银的集中，对于充实白银国有政策的实施具有重要意义。

1935年11月3日的法币布告中声称："政府为努力自救，复兴经济，必须保存国家命脉所系之通货准备金，以谋货币金融之永久安定。"⑤11月15日，财政部公布了《兑换法币办法》，规定各地银钱行号、商店及其他公共团体或个人持有银币、厂条、生银、银锭、银块及其他银类者，应于1935年11月4日起3个月以内，就近交各地兑换机关换取法币。11月29日，《兑换法币收集现金办法》施行，规定中中交三行已经兑给法币的现金，应由三行各自统筹，地名券准备现金，除当地设有发行准备管理委员会分会者另案办理外，其余由中中交三行办理，三行未设分支行处之地点，其兑换法币之职责，仍由三行负担，或仍由部颁兑换办法，委托其他机关代兑，或自设办事处办理，以期达到推行法币及收集现金之目的。关于收集现金，应分区责成三行分别负责办理。12月9日，又公布了《收兑杂币杂银简则》，为便利以杂币、杂银兑换法币起见，委托中央、中国、交通三行及

---

① 《外商银行现银币掉换法币经过情形》，中国第二历史档案馆藏，交通银行档案，档号：三九八-11402。
② 《厦门外国银行遵令兑换法币》，《申报》1936年1月27日。
③ 《中国银行行史资料汇编》上编（三），第2136页。
④ 杨荫溥：《中国金融研究》，商务印书馆1936年版，第7页。
⑤ 中国第二历史档案馆编：《中华民国史档案资料汇编》第五辑第一编，财政经济（四），第314页。

其分支行处或其委托代理机关办理收兑事宜。① 1937 年 5 月 15 日,财政部又公布了《兑换法币补充办法》,规定:

  一,中中交农四行为便利人民兑换法币起见,除原有银钱业四六领券办法仍予照旧办理外,如普通商业行号、公司或个人,以现银向中、中、交、农四行十足兑换法币得由四行酌给手续费,以为运送、包装等费之用,每百元以六元为限。

  二,中中交农四行对于十足兑换法币收集之现银数目暨垫付手续费数目,应按月报部查核,其垫付手续费并准于本案办结时由部拨还。

  三,凡银钱业机关、普通商业行号、公司或个人,持运现银向四行或其委托兑换机关兑换法币者,除沿海沿边应由海关查验以杜偷漏外,所有各地军警机关应即查照财政部二十五年四月感钱沪电予以保护,不得拦截,如有故违,应准人民指控,严行究办。②

最初兑换的进行并不顺利,各地人民多存观望,其原因一方面由于对法币政策尚存怀疑,另一方面国外银价仍很高,走私投机仍很活跃。1935 年 11 月 12 日,据西安中国银行主任李泰来、中央银行经理潘益民、交通银行经理王燧生等报告:"查长安自政府布告中央改革币制以来,市面币制转呈紊乱现象,现金照常行使,法币已生折扣(每千元差百元左右),物价腾跃,人心惶惑,以现金换法币者绝无仅有,以法币换现金者比比皆是,省银行钞票既不兑现金,亦不兑法币,省政府已颁发布告明定省钞作为法币与中中交法币同样行使,省银行现金已由省府封存。"③因此原定 3 个月的兑换期限,一再展期。1936 年 1 月 16 日,财政部致电各省市政府:"查核各地银币、银类未能如期兑换法币者,为数尚多,而偏远地方,现尚无法币流通,亟待推行者亦属不少,自应酌将限期延长,以便商民,而利推行。兹由部规定继续原定限期,自本年二月四日起至五月三日止,延长兑换期间三个月。"1936 年 4 月 27 日,再度延展期限,宣称:"本部为特示体恤起见,对于该项地方兑换法币事项,应准暂维现状,继续办理,将来由部斟酌各地兑换情

---

  ① 中国第二历史档案馆、中国人民银行江苏省分行、江苏省金融志编委会合编:《中华民国金融法规选编》,档案出版社 1989 年版,第 406、413—414 页。
  ② 卓遵宏等编:《抗战前十年货币史资料》(三),台北:"国史馆"印行 1988 年版,第 111—113 页。
  ③ 上海市档案馆藏,交通银行总行档案,档号:Q55-2-728,第 67—68 页。

形,随时随地分别明令截止。应请转促当地人民,凡持有银币、银类者,迅即持赴中中交三行或其委托代兑机关兑换法币,以免兑换截止以后,蒙受损失。"1937年春,为积极收兑起见,规定凡以银币、银类兑换法币者,酌给百分之六手续费,以示鼓励。又为鼓励人民购买救国公债,兼为收集现金银起见,核定以金银及其制成品购买救国公债者,均准加给百分之六,以示优异。①

至于各地收兑银元总数占其藏银总额的比例究竟为多大,依据邮政储金汇业局《1935年度报告书》(自1935年7月1日至1936年6月30日)的内容作估算如下:

表32 法币改革前银元流通额及改革后民间贮藏额之估计 （单位：千元）

省（市）	币制改革前流通额	币制改革后兑换额	百分率	1936年6月末民间贮藏额
江苏	17 077	6 306	37%	7 067
上海	100 000	5 000	5%	25 000
浙江	20 610	12 914	63%	3 547
安徽	21 859	14 062	64%	6 608
江西	14 507	9 538	66%	4 103
湖北	35 205	28 517	81%	5 861
湖南	48 360	8 517	17%	7 493
川东	54 577	32 039	59%	8 524
川西	42 605	30 367	71%	10 540
山东	60 345	32 771	54%	22 416
河北	16 946	5 727	34%	10 041
北平	63 651	38 315	60%	22 379
河南	23 683	8 846	37%	15 574
山西	9 383	3 959	42%	15 345
陕西	16 030	2 127	13%	8 432
甘肃	10 014	2 057	21%	4 156

① 《中华民国货币史资料》第二辑,第186—188页。

续 表

省(市)	币制改革前流通额	币制改革后兑换额	百分率	1936年6月末民间贮藏额
福建	21 653	14 816	68%	4 401
广东	58 333	43 673	75%	19 522
广西	19 800	7 538	38%	16 439
云南				
贵州	4 097	954	23%	3 143
新疆				
合计	659 232	308 043	47%	220 651

资料来源：《中华民国货币史资料》第二辑(1924—1949)，第237—238页。
注：云南省内只流通本省银行券及本地小额辅助银币；新疆省内未流通银元。

从表中所统计的数字来看，其流通量远少于对民间金银存量的估计，纳入统计的这部分存银在法币改革初期的兑换率也不到一半。因此民间金银的收兑工作持续推进。

抗战期间金银收兑工作仍是一项主要任务。1938年6月1日，财政部长孔祥熙在地方金融会议演讲中极力提倡献金，他强调：“自抗战开始后，社会方面，曾提倡人民向政府献金，中国地广人众，散存在民间的现金现银，为数尚多，如果提倡得力，未始不是增加政府抗战力量的绝好办法；但据有人报告，各地人民持有金银饰物向银行换取法币时，银行往往不肯收兑，其中原因，就是有的人图省事，恐怕金银成色不好，要负赔偿责任，又怕收下重笨金银，携带不便，发生安全保管等问题，这实在是因噎废食，不应该有的现象。今后大家应努力提倡，促进这个运动的功效。现在政府向外国购买军械，平衡外汇，在在均需现银，大家应广为搜求，以应急需。"[1]为充实战时金融基础，特于各地设立机关，办理收集金银事宜，同时各省举行白银救国运动，鼓励民众献卖白银。[2] 1939年10月四联总处成立时还专门设立收兑金银处，主管收兑金银事项。

法币改革令中只规定白银国有，对黄金的买卖未予限制。1935年11月18日，严慎修给财政部长孔祥熙的信函中即指出这一问题，认为："银与金常有密切之关系，银虽不许使用，而金不禁止，金即可乘其空以流行，前清乾隆时有以金豆

---

[1] 陈禾章、沈雷春、张韵华编：《中国战时经济志》，世界书局1941年版，《附录二》第3页。
[2] 《政府收集全国民间金银》，《银行周报》第22卷第30期，1938年8月2日。

行贿之习,即在今日以金器皿首饰为用者,亦实不乏此风,增大需金者日多,银之辗转外流者亦日广,而国币之价格亦将难于维持,预防之道,是否必要,似亦应为研究之问题。"①1937 年 9 月 21 日,美国财政顾问杨格在《中国黄金问题节略》中指出:"在非常时期中设法向公众收集黄金,中国之情形与西国根本不同。……当此时期,中国政府如欲设法征求或逼迫公众以收集黄金,情势大非所宜,其理由如后:一,于币制信用有碍也。当此币制准备已臻稳固,将使公众疑及准备已大动摇,且将疑及政府预料法币行将低落,是以设法用纸币换入硬币。若将法币加价换金,更为失策之甚,因如此即系表示法币低落,而汇兑行市亦将大受打击。二,收集之金为数无多,冒险设法,得不偿失也。查中央银行数年来已在努力购金,来源已渐枯竭,兼之现仍存金之少数人,一向并无利息可得,年复一年,彼等亦将逐渐放出,尤有进者,政府现时货币紧缩政策,自足加重压力于存金各家,使其吐出所积,换成法币,以充购买之用。以现时情形计之,唯一善法系由中央银行继续进行其谨慎购入之办法,尤以酌定善价,并照实价加给少数券额,以劝令存金家自愿换领救国公债为最有效,如此可以鼓励公众,以缴出黄金为爱国之举,不特可免强逼办法所生之危险,且货币地位亦可不受影响矣。"②

1937 年 9 月 28 日,财政部公布了《金类兑换法币办法》,凡以生金、金器、金饰、金币或新产之金块、金沙等金类兑换法币,或换算作为法币存款者,悉照本办法规定办理,兑换机关由财政部委托中中交农四银行,邮政储金汇业局,邮政局及其分支行局处,或其委托代理机关办理之,并由财政部付给手续费。10 月 10 日,财政部又公布《金类兑换法币办法施行细则》,要求军警机关对携带金类前往兑换机关兑换者予以保护,并要求兑换机关给予兑换者提供各种便利。③ 1938 年 2 月间财政部更督促四行设立收兑金银办事处,办理收兑金银事宜,并会商经济部草拟设立采金局组织规程,及非常时期采金办法,对于国营各矿之增产及新矿区之增设,以及奖励兑换限制收买等,均经详密规定办法,以期集中金银,增厚准备。④ 1938 年 10 月 11 日,财政部公布《监督银楼业办法》,禁止银楼收售金条、金块、金叶、沙金、矿金。10 月 21 日,又公布了《限制私运黄金出口及运往沦陷区域办法》,黄金及任何形状之金饰,除经财政部给照特准者外,一律禁止携运

---

① 中国第二历史档案馆藏,财政部档案,档号:三(1)-2596。
② 中国第二历史档案馆藏,财政部档案,档号:三(1)-2222。
③ 《中华民国金融法规选编》,第 422—424 页。
④ 中国第二历史档案馆藏,财政部档案,档号:三(1)-3349。

出洋或运往沦陷区域。1939年9月15日,行政院核准施行《加紧中央收金办法》。9月16日,国民政府又以训令形式发布了《取缔收售金类办法》,无论金条、金叶、金块、一切生金及金器、金饰,一律严禁银楼业及任何团体或个人收买,银楼业并不得再制金质器饰出售。训令明确指出:"查收兑黄金集中保管,为非常时期重要政策,迭经本部颁定金类兑换法币办法、实施收兑金类办法、奖励兑换办法、监督银楼业办法,督促中中交农四行收兑金银办事处认真收兑,并通咨各省政府饬属一体切实协助进行在案。"[1]1942年,财政部钱币司即拟订《收缩法币发行办法纲目》,变更收金政策,声称"海运梗阻之后,金类运出颇感困难,嗣后收兑金价及采金局采金成本应在不超过世界金价范围继续进行"。[2]

对于那些没有发行权的银钱行庄,财政部规定其营业部分之现金及兑换法币收入之现金,准按照原有领券办法,以现金六成,加配债券四成,向三行换取法币,照章领用法币。[3] 1935年11月18日,财政部训令:"上海银钱两业同业公会云,自法币施行以后,所有各发行银行发行部分准备现金,以及各银钱业营业部分现金,均经由部通令,一体封存在案,兹为活泼市面起见,除发行部分现金,应全数交由中中交三行接收外,其营业部分已封存之现金及兑换法币收入之现金,均准由各该行庄按照原有领券办法,以现金六成加配政府债券四成,向中央、中国、交通三银行换取法币,或照章领用法币,其领用法币者,仍应订立领券合同,以资遵守,除函知中央银行外,合行令仰知照,并转行各同业一体知照。"[4]上海银行业公会会员银行及钱业公会会员各庄,均遵照办理,钱业公会执委会并议决自备四成准备如库券、公债,送钱业联合准备库,依照前缴中中交三行之银币总额,另加四成准备,向三行领取法币,分发会员各庄应用。[5]

领用法币行庄,规定应缴之四成保证准备金,以政府发行之公债案市价八折抵充。由于内地行庄因当地未设公债买卖市场,对于公债购置颇感困难,由中中交三行采取通融办法,以定期存单抵充领用法币之保证准备金,其存单统由总行出给,以二年为期利息按周息五厘计算,每年算给一次,由受订领行之总行代换合法保证准备金。行庄领用法币的应缴纳的现金准备金,初准以已收往来账及

---

[1] 《中华民国金融法规选编》,第436—440页。
[2] 中国第二历史档案馆藏,财政部档案,档号:三(1)-4877。
[3] 卓遵宏等编:《抗战前十年货币史资料》(三),台北:"国史馆"印行1988年版,第41页。
[4] 《各行庄营业部分现金处理办法》,《申报》1935年11月19日。
[5] 《钱库已领法币》,《申报》1935年12月5日。

已换去法币之现银币划充,后因手续繁琐,且担心被取巧,1937年2月中旬,中中交三行会商决定,自3月1日起,凡同业领用法币,应交之六成现金准备金,除临时交纳现银币及以寄存现银币抵充外,所有已收往来账,及已换去法币之现银币,均不得再行划充领用法币之现金准备金。①

抗战爆发后,为防止各地银钱行庄假借"向发行银行领用法币交存准备"名义赴内地收购金银之事,财政部特规定办法:此后各地银钱行庄已向中中交农四行缔结领券合约,因而收购金银充作准备者,应先报明接洽领券之发行银行,并报请收兑金银办事处或其分处照案委托办理,仍由该收兑处随时稽查以杜弊端,其有未经缔结领券合约亦不先报请委托或不接受稽查仍行收购者,即以私购牟利论,应报请财政部,按其情节将其金银强制收买或酌为处分。②

四、收兑金银的数额

金银收兑的数额现在尚难有准确的估计。抗战前全国收集白银总额,据陈光甫的估计,各银行和人民交出的白银约有7亿银元。③ 张嘉璈估计从1935年到1936年6月,全国各收兑机构共收兑白银3.080 4亿元;国家银行、商业银行和广东省银行在抗战前夕所储备的白银,共计8亿元,因此,政府所取得的白银总计为11亿元。财政部于1937年5月宣称:中国输出的白银达8.3亿元,待输出者尚有6 200万元,共售得美元2.7亿元,1935年到1937年岁中,稍有减少,在抗战前夕仍约有2.5亿美元。④

根据《财政年鉴》续编所载,实施法币政策至1938年成立收兑金银处,共收兑白银4亿余元。抗战爆发后,收兑金银的工作取得较大成绩。自1938年6月,由四联总处收兑金银处开始收兑,截至1941年底,共收兑金类银类折合法币计275 946 000余元。⑤ 据报1939年收兑生金达30万两以上。四联总处在金融三年计划1940年度实施计划中,将改善收兑金银办法并加速开采作为主要工作之一。⑥ 1940年1月起至11月底止,共计收兑金类折合法币

---

① 中国第二历史档案馆藏,交通银行档案,档号:三九八-11402。
② 上海市档案馆藏,中国银行档案,档号:Q54-3-58。
③ 张寿贤:《陈光甫先生传略》,台北:上海商业储蓄银行1977年印行,第82页。
④ 张公权著、杨志信译:《中国通货膨胀史(1937—1949)》,文史资料出版社1986年版,第180—181页。
⑤ 中国第二历史档案馆藏,财政部档案,档号:三(1)-4877。
⑥ 重庆市档案馆、重庆市人民银行金融研究所合编:《四联总处史料》(上),第180页。

111 808 393.16 元,收兑银币银类折合法币 1 284 691.90 元,两项共折合法币 113 092 085.06 元。① 1938 年到 1943 年间收兑金银折合法币 266 178 043.42 元,总数在 6.6 亿元以上。战时金银收兑情况详见表 33。

表 33 战时收兑金银量值(1938—1943)

年别	生金 数量(市两)	生金 折合法币(元)	生银 数量(市两)	生银 折合法币(元)	银辅币 数量(枚)	银辅币 折合法币(元)	银币(法币元)
1938	31 464.874 1	6 152 948.30	151 326.737 6	644 082.45	58 684 330	4 890 386.33	4 457 334.82
1939	314 917.370 3	88 277 294.09	141 864.475 2	603 890.52	6 652 437	766 655.62	3 146 230.80
1940	267 148.850 1	119 913 437.46	29 211.646 1	124 339.20	1 009 284	91 901.86	1 072 839.00
1941	84 152.200 5	48 066 114.67	18 717.326 7	79 670.47	150 883	13 555.25	472 953.00
1942	4 875.991 4	3 078 785.44	1 368.020 3	5 822.01	—	—	22 985.42
1943	1 040.153 5	689 463.40	3 002.458 6	12 779.47	—	—	24 218.73
总计	703 599.439 9	266 178 043.42	345 490.664 5	1 470 584.12	66 496 934	5 762 499.06	9 196 561.77

资料来源:中国第二历史档案馆藏,财政部档案,三(2)-752。
说明:1. 1938 年为 6 月至 12 月数字。2. 自 1944 年 1 月起各行收兑金银业务停止办理。

从各发行银行的发行准备移交情况来看,很不彻底,尤其是现金准备部分并没有做到有效的集中。因此法币的增发必然有赖于其他渠道的金银集中。法币改革之初其价值的稳定基础是外汇的无限制买卖,当时的外汇来源便依赖收兑白银的出售。1937 年 7 月 10 日,中国卖给美国财政部 6 200 万盎司白银,得价 2 800 万美元。剩下的白银,大部分在 1937—1941 年间出售。法币改革后白银进出口情况见表 34:

表 34 中国白银进出口价值(1935—1942)　　　　　　　(单位:国币 元)

年 份	进 口	出 口	(—)入超(+)出超
1935	10 996 768	70 394 397	+59 397 629
1936	4 713 482	254 336 763	+249 623 281
1937	596 469	399 086 203	+398 489 734

---

① 中国第二历史档案馆藏,财政部档案,档号:三(2)-349。

续表

年 份	进 口	出 口	(一)入超(＋)出超
1938	372	80 329 665	＋80 329 293
1939	824	1 966 873	＋1 966 049
1940	—	16 794 640	＋16 794 640
1941	6 884	3 245 360	＋3 238 476
1942	—	620	＋620
合计			809 839 722

资料来源:《中华民国货币史资料》第二辑,第881—882页。

1936年中期至抗战爆发前,中国外汇储备有惊人的增长。1937年6月30日,中国持有的外汇、黄金和白银总计共达37 890万元。详见表35。

表35 中国持有的外汇、黄金和白银(1937.6.30) （单位:百万美元）

类 别	存在国外或向国外运送途中	存在国内	共 计
黄金(按每盎司35美元计)	32.8	12.4	45.2
美 元	73.9	—	73.9
英镑(按每镑合4.95美元计)	92.0	—	92.0
日元(按每元合0.29美元计)	0.1	—	0.1
白银(按每盎司0.45美元计)*	49.4	118.3	167.7
共 计	248.2	130.7	378.9

资料来源:杨格著:《1927—1937年的财政经济状况》,第280页。
* 1937年6月26日数字。

战时结进外汇收入数额见表36。

表36 战时结进外汇数额 （单位:元）

年 别	承购额	购 入 数 额	占承购额%
1938	88 549 805	38 372 556	43.33
1939	32 895 716	13 756 825	41.82
1940	21 581 139	8 112 711	37.59

续表

年 别	承购额	购入 数额	占承购额%
1941	70 899 349	31 007 049	43.74
1942	41 385 215	14 788 260	35.73

资料来源：中国第二历史档案馆藏，财政部档案，三(2)-752。
说明：战时外汇管理1943年以前由外汇管理委员会办理，1943年后由中央银行办理。

第三节 法币币信的维持

南京国民政府在施行法币布告的规定中，关于维持币信的措施有两条：一是法币准备金之保管及其发行收换事宜，设发行准备管理委员会办理，以昭确实而固信用；二是为使法币对外汇价按照目前价格稳定起见，应由中央、中国、交通三银行无限制买卖外汇。[①] 由此可见，国内法币信用与国外汇价稳定二者必须相辅而行，方足以维持新政策于不败。国内法币的信用，有赖于发行准备金是否充足及是否公开；外汇之能否稳定，有赖于汇兑基金是否充实与买卖能否自由，而外汇基金是否充实关系尤为重要，因为此项基金来源受国际收支及银价涨落变化的影响较大。那么，南京国民政府又是以什么措施来维持法币币信的呢？

一、法币的对内信用

法币改革前，金属货币与纸币并行，在某些偏远地区则全以金属货币为交易媒介，而纸币的信用亦依赖于发行准备及其可以随时兑换现金的能力，所以骤然在全国推行不兑现的纸币制度，必然引起人们的恐慌心理。南京国民政府在施行法币的布告中指出"法币准备金之保管及其发行收换事宜，设发行准备管理委员会办理，以昭确实而固信用"。该委员会的章程第一条即规定"财政部为统一发行，巩固法币信用起见，特设发行准备管理委员会"。[②]《财政部新货币制度说明书》又强调发行准备管理委员会"由各方共同组织，并不是代表任何一方。更因为便利市面，昭示大信，又在汉口、天津、广州三处设立分会，分会委员，皆是当

[①] 中国第二历史档案馆编：《中华民国史档案资料汇编》第五辑第一编，财政经济（四），第315页。
[②] 同上书，第314—318页。

地商界、金融界之领袖。此项办法,既属具体,且亦公开。现在该会皆已组织成立,将来法币发行准备之确实,当然不成问题"。① 由此可见,政府设立该机构的目的即是巩固法币的信用。

发行准备管理委员会的设立确实达到了增强人民对法币信任的作用。上海国货工厂联合会常务委员张子廉等人在致孔祥熙的函件中,对设立发行准备管理委员会尤为肯定,并请求于各省市区中央银行分设准备管理委员会,并应加入工业界代表,俾准备信用普遍昭示,以利推行。② 杭州银行业同业公会致电财政部,支持法币改革,并声称"此次政府统一币制,设立发行准备管理委员会,使全国人民得以明了政府稳定金融政策,不致扞格,尤深佩仰。唯国内现币在乡镇偏僻之处流通尚多,一般民众对于行使法币,一时或尚不能完全了解,如能于各大商埠或省会之区酌设发行准备管理委员会分会,就近指导,坚其信仰之心,则于贯彻整个政策,自必收效益宏"。③

设立发行准备管理委员会的另一重要原因,是金融机构的不完善,中央银行尚不足以承担统一发行和集中准备的条件。到 1935 年 11 月 3 日止,中央银行的钞票发行额虽有较大提高,但与中国银行相比仍有较大差距,中央银行的发行额为 1.3 亿多元,而中国银行的发行额为 1.8 亿多元。④ 从银行的分支机构数量及分布来看,中央银行的数量居于中、交两行之下。无法承担全国各地钞券的收兑和保管职责。因此必须由中中交三行来共同负责法币的发行,1936 年 1 月又加上中国农民银行。而要维系多家银行共同发行的局面,就需要一个协调和平衡各方利益的机构,发行准备管理委员会即充当了这一角色。

1935 年 11 月 4 日下午,发行准备管理委员会总会成立于上海,委员构成包括财政部代表 5 人,中央、中国、交通三行各 2 人,银行业同业公会 2 人,钱业同业公会 2 人,商会代表 2 人,各发行银行由财政部指派代表 5 人。中央银行总裁为主席,并由委员互推常务委员 5 人至 7 人,执行日常事务。财政部最初指派的委员有 23 人,财政部长兼中央银行总裁孔祥熙担任主席,宋子文、胡笔江、陈光甫、钱新之、李觉等为常务委员。章程规定可以聘请中外金融界领袖为顾问。办

---

① 《中国银行行史资料汇编》上编(一),第 575 页
② 中国第二历史档案馆编:《中华民国史档案资料汇编》第五辑第一编,财政经济(四),第 339 页。
③ 同上书,第 344 页。
④ 中国人民银行总行参事室编:《中华民国货币史资料》第二辑(1924—1949),上海人民出版社 1991 年版,第 235 页。

事人员得酌用人员分课办事。发行准备管理委员会由财政部直接领导,所有工作要陈报财政部备案。既然发行准备管理委员会是用于昭示法币信用的机构,那么其委员人选是否具备公信力就成为关键问题。从委员的构成来看,目的是借此联合各方的力量,也显示该会不是代表某一方的利益,以昭示法币的信用。但是这种代表性还是很有限的,在法币改革之初即有学者提议"为使人民了解此项法币,十足准备,发行准备管理委员会之组织,应再将农会、工会代表,及纯粹财政学者,参加在内,以期取信于人民"。① 有的学者则认为"保管银准备,既是国民全体的事,应由各界代表共同保管,自不待言,这方面没有再加讨论之必要。如能加入农工代表,更可顾全各界之利益,广东方面,再能加入侨、港中国商人代表,尤为安全"。② 发行准备管理委员会后来在委员人选上的变动,也与这种利益的代表性有关。发行准备管理委员会总会最初设在金融中心上海,1937年11月迁往汉口,后又迁往重庆。

发行准备管理委员会分会的设立则是由于政治、军事、外交上的原因,国民政府的政令遇到地方当权派的抵制和日本帝国主义的破坏。因为法币的推行和现金的集中必然损害各省银行和其他地方金融机构的利益,使各省政府少了重要的财源,而现金集中后,一旦政局变动,法币即成为废纸。所以各省都极力要求将现金留存在本地,并出现了查封现金,保护地方钞券流通的种种举措。面对这样的局面,国民政府的首要问题是将法币推行到各地并确立起法币的信用,对于现银的集中和运送不可能在短时间内解决,而法币的推行和收兑事宜必须要借重各地金融界的力量,对于收兑现金的集中和保管则要暂时由准备分会承担。

发行准备管理委员会用以昭示法币信用的手段之一,即是定时检查法币发行数额、发行准备的比例,并予以公布。因此检查库存是其工作的主要内容,并在形式上贯穿始终,直至其结束为止。

1935年12月23日,财政部公布发行准备管理委员会检查规则令:法币发行数额及其准备金种类、数目,定为每月检查一次。法币发行准备金,应分别现金准备及保证准备两项检查。法币发行,须按发行数额十足准备。现金准备为六成,以金银或外汇充之。保证准备为四成,以国民政府发行或保证之有价证券及经财政部认为确实之其他资产,或短期确实商业票据充之。现金准备检查,如

---

① 卓遵宏等编:《抗战前十年货币史资料》(三),第328—331页。
② 黄元彬:《白银国有论》,商务印书馆1936年版,第180—181页。

系库存现币、现金银,应分别点验。如系寄存分库或存放国外银行者,应核验各该分库存放银行之单据证明之。保证准备之检查,如系库存证券或其他资产,应分别点验,如系寄存分库或寄存国外银行者,应核验各该分库或寄存银行之单据证明之。凡设有发行准备管理委员会分会的地方,其法币发行数额及准备金之种类、数目,由分会检查后,转报发行准备管理委员会汇办。无分会的地方,由该地中中交三行将发行及准备数目填报各该总行转报发行准备管理委员会汇办。每次检查后,应将发行数额及准备种类、数目分别公告,并陈报财政部备案。①

具体的检查方式为设立发行准备管理委员会或分会的地区,由委员轮值,并由库监陪同检查,不设发行准备分会的地方则由中中交农四行填报发行及准备数目,汇集到发行准备管理委员会,有些银行则统由总行汇集各分支行的数额,再上报给发行准备管理委员会。自 1935 年 12 月至 1942 年 7 月,发行准备管理委员会共检查发行准备 79 次,②但并未全部公布。

早在 1936 年 6 月 8 日,中央银行改组委员会解释中央准备银行法草案而上财政部长孔祥熙的密呈中,即透露了法币现金准备难以达到六成,指出"就职会所知,新银行接收各银行发行部分后之现金准备,其数额大抵在法定额六成以下,此所以职会主张采用新准备制度以免新准备银行之现金准备在六成以下或减少其法定现金准备额也"。至于保证准备部分,在发行准备管理委员会所已接收各行之保证准备,颇有一部分非健全之中央银行所应有(在 1936 年 5 月 23 日该会保证准备约有 4 000 万元,三行缺少的准备不在其列),其中包括大量的无担保公债、股票及房地产等不甚可靠的资产。③ 1938 年 7 月,宋子文致电孔祥熙,接到劳杰士的电报称:"伦敦路透讯,据汉口报告,我国发行总额在未沦陷区域内,至本年五月底止,为十七万零五百万元,现金准备达百分之六十五。查此项消息与事实不符,在国外市场略知我国内情者,反觉诧异奇突,引起不良印象,嗣后拟请制止为荷。"孔祥熙在给宋子文的复电中称:"当此时期,发行数以及准备情形,似可不必照例公布,以免引起不良印象。除由部函该会嗣后

---

① 《中华民国金融法规选编》(上册),第 415—416 页。
② 中国第二历史档案馆藏,中国农民银行档案,档号:三九九(4)-3918。
③ 中国第二历史档案馆编:《中华民国史档案资料汇编》第五辑第一编财政经济(四),第 492—494 页。

慎重发布外,特复。"[1]从这份密电中不难看出,宋子文和孔祥熙都心知肚明发行准备管理委员会检查公告的内容是不客观的,此时法币在国内的收兑和推行已基本完成,委员会及其检查公告所发挥的巩固币信之作用已不再像初期那样重要,而对于维持法币信用更重要的是汇率的稳定以及争取英美国家的财政支持,所以权衡两者轻重,仍以赢得国外人士的信任为首要,所谓的"以免引起不良印象"即指此点而言。

1939年9月8日公布的《巩固金融办法纲要》规定:法币准备金于原有之金银及外汇外,得加入短期商业票据、货物栈单、生产事业之投资充之,国民政府发行之公债充作准备金,不得超过准备金金额十分之四。发行准备管理委员会应遴聘各重要省市之商会银钱业公会代表参加公开检查将发行数额准备金实况公告之。发行准备管理委员会对此提出实施办法:一、短期商业票据、货物栈单、生产事业之投资三项应各列详细清单一纸,连同检查表报一并送会。二、短期商业票据应将发票人、承兑人、付款人发票日、承兑日、到期日、付款地点及有无附属单据等项分别详列。三、货物栈单应将货物名称、价值,仓库名称及其所在地,有无保险、保险金额、保险期限、保险公司名称及其所在地保险单号数等分别详列。四、生产投资应将投资之公司或商号名称、营业地点、重要职员姓名略历、投资金额、公司所生产之货物种类以及近年来之营业状况详细填列。并宣称检查公告大约下月即须恢复。[2]

发行准备种类的扩充,即表明原来所规定的金银及外汇已不足以保证原来所规定的发行准备比例。而且纲要中所规定的国民政府发行之公债充作准备金不得超过准备金十分之四,语意含糊,是指国民政府发行之公债亦可充作现金准备金,其充作之数不得超过准备金全额十分之四,还是指国民政府发行之公债仍只能充作保证准备金,原可充作保证准备金之有价证券、财政部认为确实之其他资产及短期确实商业票据是否仍可照旧充用,都不明了。这种模棱两可的规定是否有意为之,尚不得而知。但即使在如此扩充之后,仍未按期公布发行准备的数额。

其实在此纲要出台以前,国民政府即采取了规避发行准备比例限制的措施。1938年5月,根据改善地方金融机构办法纲要规定,四行所发行的辅币券及一

---

[1] 中国第二历史档案馆编:《中华民国史档案资料汇编》第五辑第二编财政经济(三),江苏古籍出版社1997年版,第44—45页。

[2] 中国第二历史档案馆藏,中国银行档案,档号:三九七-12783。

元券连同准备金不再列入委员会保管范围,此四行所发一元钞券当时的流通总额约 4 亿元,计占全体法币流通总额 24%,为避免公告数额猛降、启人疑虑,于划出时暂行增发同额的法币大票,充作划出一元券之准备金,即以原充该项一元券之准备金移充增发法币大票之准备金,第二步再配备相当证品逐渐纳入一元券准备金内,换出法币大票,使流通额的增缩相机调节,而法币准备的配置也可较易周转。① "自 1939 年下期开始,政府批准中中交三行辟另账发行数额。是项发行数额特许全部以保证充准备。自后发行弹性增大,数额遂亦日见趋大。"所谓"另账发行",增长得特别迅速,据统计 1939 年 6 月、1939 年 12 月、1940 年 12 月、1941 年 12 月、1942 年 3 月,另账发行占总发行的比例分别为 12.64%、28.11%、30.75%、23.79%、23.78%,以 1939 年 6 月的另账发行数额指数为 100,到 1942 年 3 月指数已高达 2 196.2。② 其他银行也分别采取措施规避限制。1939 年 10 月 5 日,中国银行致函发行准备管理委员会称:"……再查敝两行自开始抗战至上年年底,增发钞券因乏充分金银外汇,为一时权变计,曾加入对存性质之'存放同业'及'存出本联行'两项,充作现金准备金,自本年奉部令用金债立另账后,增发之额,全系用金债为准备金,现须恢复检查公告,承示另账除外之发额,不宜再用旧数字,必须时有变动,又奉亚民、叔毅两兄九月廿六日函示所有公开部分,每月数额自九月底起,宜斟酌情形,作合理之增加,如遇钞应用较清淡之时,亦不妨略予减缩,庶与情理不致相去过远云云。是另账以外之发额自必斟酌增减,今后对于发额增减除大部分仍就另账伸缩外,拟酌以一部就原账内进出,俾符尊处意旨,再查新添得以充作准备金之三项,敝两行所有数目,均不甚丰,且甚零星而变动频繁,此后如遇发额大增,搜罗不及,或数量不足,似只得仍以上述'存放同业'及'存出本联行'两项充作现金准备金,藉资过渡。"③ 从此信的内容可以看出,中国银行早即以"存放同业"及"存出本联行"的单据作为现金准备,后来则大部分根据另账数额伸缩,至于公开的发行数额则是编造出来的。发行准备管理委员会不仅对此心知肚明,而且协同造假。该会主任金国宝曾面告交通银行,1939 年 6、7、8、9 各月份发行额均为 548 456 070 元,兹因财政部洋顾问索阅 1939 年下半年各月发行额,为免使怀疑起见,指示交通银

---

① 中国第二历史档案馆藏,交通银行档案,档号:三九八-12594。
② 杨培新编著:《旧中国的通货膨胀》,生活·读书·新知三联书店 1963 年版,第 33 页;《中华民国货币史资料》第 2 辑,第 861 页。
③ 中国第二历史档案馆藏,中国银行档案,档号:三九七-12783。

行将 7、8、9 三个月另账发行额的尾数拨入正账内,其正账与另户之总和仍不变更,希望秘密接洽。① 1940 年 5 月 6 日,发行准备管理委员会发给各发行银行的公函中,明确指示嗣后各行现金准备自可核实报告,不必拘泥六成规定,以符实际。② 1940 年 6 月,发行准备管理委员会最后一次公布发行准备检查结果。在公告中,交通银行的发行数字为 727 566 790 元。而据交通银行称,该行发行数额除公告部分外,尚有:一、另账发行数额(即以金公债充作准备部分)28 000 万元。二、代部发行小额币券(一元券及辅币券)数额 134 836 075 元。实际发行数额为 1 142 40 865 元。③ 即发行准备委员会公告的该行发行数仅占发行总额的 63%。

此后,发行准备管理委员会连编造的数字也未再公布过,事实上已处于名存实亡的状态。1939 年 9 月 8 日,国民政府对四联总处进行了改组,成为四行联合办事总处,负责办理政府战时金融政策有关各特种业务,此后关于资金的集中与运用、四行发行准备的审核、小额币券的发行与领用都由四联总处负责。④ 1942 年 6 月 20 日,统一发行办法公布,全国纸币发行乃集中于中央银行。中国、交通、农民三行的发行准备金及其所保管的他行准备金,悉数移交中央银行保管。至此,发行准备管理委员会已无存在之必要,遂于是年 9 月,办理结束,而全国发行准备之集中政策,遂告实现。⑤

不可否认,在中央银行制度尚未建立、骤然在全国推行不兑换纸币的情境之下,发行准备金的相关政策和发行准备管理委员会的设立,对于统筹中中交农四行的力量、提高人们对法币的信任发挥了积极的作用,但由于其组织和职能的不完善,这作用也是短暂的、有限的。从后期的情况来看,它非但不再是昭示法币信用的机构,而是成为检验国民政府屡次失信的晴雨表,国民政府以欺骗的伎俩来对待最初的承诺,最终失信于民,导致了法币的恶性膨胀和崩溃。

二、法币的对外信用

法币对外信用维持的关键在于无限制买卖外汇。财政部长孔祥熙在法币改

---

① 中国第二历史档案馆藏,交通银行档案,档号:三九八-12846。《杨崇雅致交行总管理处》,1940 年 3 月 2 日。
② 中国第二历史档案馆藏,中国银行档案,档号:三九七-12783。
③ 中国第二历史档案馆藏,交通银行档案,档号:三九八-12846。
④ 重庆市档案馆、重庆市人民银行金融研究所合编:《四联总处史料》(上),档案出版社 1993 年版,第 67—71 页。
⑤ 李骏耀:《中国纸币发行史》,中央银行经济研究处 1944 年版,第 160 页。

革后曾经指出:"外汇由三行无限制买卖,供多则买,求多则卖,汇价自然安定。既可收控制供求之效能,亦不致倏涨倏落之变态。从前市场投机之心理,自然消减,一切业务,均可望循正当之轨道以进行。"① 但是,无限制买卖的目标必须建立在有雄厚外汇基金的基础之上。法币改革后外汇基金的最大来源就是出售收兑的白银。1937年4月13日,中央银行业务局局长席德懋在致孔祥熙的密函中就说:"我国通货非银本位,而为管理本位,需将大部分白银换成外汇。"② 上文已经提及,为了以较高价格出售白银,中美双方签订了白银协定,大量向美国出售白银。至1937年6月30日,南京国民政府持有的外汇资产情况如下:美金7 390万元,约折合9 200万美元的英镑,约合10万美元的日元,约合4 520万美元的黄金,约合16 770万美元的白银,总计约合37 890万美元。③ 这些外汇资产就成为维持法币对外信用的重要基础。

国民政府同时在外汇业务方面加强了管理,包括外汇挂牌在内,都已开始由国家银行控制。中央、中国、交通三家银行订立外汇买卖办法,共同负责稳定外汇价格,凡遇外商银行需用三行纸币,可以即期英金、美金掉换。直到抗战爆发前夕,中央银行法币的对外价值始终维持在最初所宣布的每元法币合一先令二便士半的水平上,最高价和最低价的差额,从未超过0.2便士。④ 然而,抗战爆发后,由于大量的资金逃避,再加以敌寇有计划的套购,汇率平稳态势被打破,法币的对外价值维持难以为继。

据统计,1937年"七七事变"爆发到"八一三"淞沪抗战前夕,中央、中国、交通三行在上海出售外汇达750余万镑,约合法币1.2亿元。⑤ 7月8日至8月12日,两月期英汇已从1先令2便士375跌至1先令1便士96 875,美汇从美元2角9分59 375跌至2角8分9 375,分别跌落约达2.8%和2.2%。⑥ 这是法币改革以来汇市波动最剧烈的时期。

由于淞沪会战的失败,国民党军队西撤,日军包围下的上海租界沦为孤岛,逃汇之风再次强盛。此外,由于上海外汇市场操存的限制,出现了通过上海有关银行向香港大量汇款的情况,进一步影响了上海市面的稳定。在此情况下,政府

---

① 《法币之回顾与前瞻》,《经济研究》第一卷第一期,1939年9月1日,第17页。
② 杨培新:《旧中国的通货膨胀》,生活·读书·新知三联书店1963年版,第37页。
③ 中国人民银行总行参事室编:《中华民国货币史资料》第二辑,第238页。
④ 〔美〕杨格著,陈霞飞等译:《一九二七年至一九三七年中国财政经济情况》,第522—523页。
⑤ Finance and Commerce,第30卷第7期,1937年9月1日。
⑥ 杨志鹏、王梅魁:《我国近十年来货币政策之演进》,第36页。

银行仍按挂牌行市供给外汇,11月上半月,中央、中国、交通三行每周供汇约50万镑,到下半月即增至每周150万镑。① 此后,上海外汇市场再度进入一个萧条期,外汇供给数量不多。

1938年2月,日本在华北的傀儡政府在北平设立联合准备银行,发行无担保不兑现纸币,减低汇价,意在套取法币,换取外汇,破坏法币信用。3月12日,为应对日本对外汇的抢购,国民政府颁布了《外汇请核办法》,规定办法三条:"(一)外汇之卖出,自本年三月十四日起,由中央银行总行于政府所在地办理,但为便利起见,得由该行在香港设立通讯处以司承转。(二)各银行因正常用途,于收付相抵后,需用外汇时,应填具申请书,送达中央银行总行,或其香港通讯处。(三)中央银行总行接到申请书,应即依照购买外汇请核规则核定后,按法定汇价售与外汇,其购买外汇请核规则另定之。"②这一办法的出台,事实上放弃了法币改革所规定的"无限制买卖外汇政策"。汇丰银行等以外汇供给不足以应付一般合法需要为借口,自行挂牌经营外汇业务。一般进口商和投机商乃转向中央银行以外的其他银行用高于规定汇价的价格来购买外汇,外商银行遂以汇丰银行的挂牌为准,自行开价买卖外汇,出现了外汇黑市,法币汇率一路下跌,到1938年8月中旬,英汇一度跌破至7便士953125。③ 在国民政府看来,上海外汇市场汇率的下跌,虽然还不完全等同于法币本身价值的暴跌,但对全国人心的稳定仍有较大负面作用,而汇价缩得过快同时危及英美对华贸易利益。为此,中国、交通银行与汇丰银行合作,暗中维持上海的黑市汇率,使之在此后半年中暂时稳定在8便士左右。④

但随着战争推进、进口需要的增加和日本套汇的加剧,国民政府已难以应付。1939年3月10日,中国、交通银行与汇丰、麦加利银行共同签署中英货币平准汇兑基金合同,设立中国法币汇兑基金1 000万镑,华商银行认500万镑,英商银行认500万镑。设立此项基金的目的以在香港、上海两地外汇市场,专供买卖中国国币及作他项必要运用,以期遏制中国法币与英镑比值过度变动。⑤ 由于通货膨胀、物价上涨,加上日伪方面不断以法币套取外汇,以及投机

---

① 卜明主编:《中国银行行史》,中国金融出版社1995年版,第526页。
② 中国人民银行总行参事室编:《中华民国货币史资料》第二辑,上海人民出版社1991年版,第439—440页。
③ 《汇兑》,《银行周报》第22卷第33期,1938年8月23日。
④ 洪葭管、张继凤:《近代上海金融市场》,第209—210页。
⑤ 中国人民银行总行参事室编:《中华民国货币史资料》第二辑,上海人民出版社1991年版,第445页。

商的推波助澜,至 1939 年 5 月底,基金已售出三分之二,7 月中旬,几乎全部用光。结果是不得不停售外汇,汇市跌风又起。1939 年欧战爆发后,英镑在国际金融市场的影响受到重挫,反映在国内,则是对法币的信心有所增强,这一度缓解了国民政府维持法币汇率的巨大压力。1941 年初,汪伪"中央储备银行"发行中储券之后,上海外汇市场面临新的套汇压力。国民政府敦促英美洽商新的平准基金借款,4 月成立中英美平准基金,美方提供 5 000 万美元,英方提供 500 万镑,中方提供 2 000 万美元,以维持上海法币的汇价。

从法币的实际推行情况来看,法币在全国的推广有很大的差异性,因此法币在各地流通的时间以及流通的区域都有很大不同,不能简单以为法币改革后,法币已在全国通用了。法币改革影响最大之处在于硬币停止使用、现银收归国有,发行纸币在法令上虽仍受限制于现金准备,但因兑现停止,已潜伏有无限制发行纸币而实行通货膨胀的可能。在战前因发行准备按期检查公告,且在外汇无限制买卖的情形下,如果法币对内购买力与对外购买力差额太大,势必引起资金逃避,加重外汇基金的负担。但自抗战爆发以后,由于战费支出的浩大,法币发行超出了社会需要的限量,因而成为物价飞涨的一个基本因素,从影响法币价值的内外因素比较来看,主因还是法币的发行量,汇率变动对币信的影响并不太大。

第四章
法币发行数额及币值的变动

法币推行的 13 年中,发行数额及币值变化经历了天翻地覆的变化,原因也异常复杂。如果从时间上做一个划分,可以大致划分为这样三个阶段:第一阶段从法币改革到 1940 年 6 月法币发行准备管理委员会停止公布发行情况,第二阶段从 1940 年 7 月直至 1945 年 8 月 15 日抗战胜利,第三阶段从抗战胜利到金圆券改革。这样阶段性地来分析法币发行数额及其币值变动情况和原因,更具合理性。币值的变动对内主要体现为物价指数,对外主要体现为汇率。

第一节 从法币改革到抗战初期的发行数额及币值变动

一、发行数额

法币改革时,南京国民政府为昭示法币信用,成立了专门的管理机构——发行准备管理委员会,负责法币准备金的保管及其发行收换事宜。发行准备管理委员会用以昭示法币信用的重要手段,即是定时检查法币发行数额、发行准备的比例,并予以公布。从 1935 年 12 月到 1942 年 7 月 1 日,发行准备管理委员会共举行了 79 次检查,[①]但对外公告的只有 32 次,详见表 37。

[①] 中国第二历史档案馆藏,中国农民银行档案,档号:三九九(4)-3918。

表37　发行准备管理委员会检查法币发行及准备金统计表

（单位：元，比例统计四舍五入）

检 查 日 期	发 行 总 额	现金准备额	现金准备比例
1935.12	641 554 890.92	432 878 276.85	67.47%
1936.1	719 569 099.42	503 515 799.97	69.97%
1936.2	700 046 382.42	505 145 398.37	72.16%
1936.3	748 351 660.92	533 226 908.75	71.25%
1936.4	781 596 099.92	550 865 945.27	70.48%
1936.5	822 332 289.92	558 853 801.60	67.96%
1936.6	855 937 967.92	577 133 257.27	67.43%
1936.7	876 955 818.92	581 587 670.18	66.32%
1936.8	879 857 721.92	579 053 703.49	65.81%
1936.9	908 913 999.92	601 592 376.85	66.19%
1936.10	961 528 273.92	610 604 153.19	63.50%
1936.11	1 025 682 337.92	644 359 771.24	62.82%
1936.12	1 079 948 233.92	675 171 395.52	62.52%
1937.1	1 142 682 362.92	718 115 255.48	62.84%
1937.2	1 163 206 057.8	736 534 443.82	63.32%
1937.3	1 371 868 809.3	908 927 929.12	66.25%
1937.4	1 384 972 814.3	909 851 891.87	65.69%
1937.5	1 406 578 020.8	922 298 565.32	65.57%
1937.6	1 407 202 334.3	916 518 352.78	65.13%
1937.7	1 444 915 719.75	939 375 543.77	65.01%
1937.8	1 511 714 642.25	954 319 034.35	63.13%
1937.9	1 544 456 862.75	980 867 285.11	63.51%
1937.10	1 556 359 801.25	987 151 913.53	63.43%
1937.11	1 603 469 068.25	1 016 500 009.08	63.39%
1937.12	1 639 097 783.5	1 043 969 678.04	63.69%
1938.1	1 677 636 278.5	1 068 309 396.51	63.68%
1938.2	1 697 187 843	1 083 934 941.57	63.87%

续　表

检查日期	发行总额	现金准备额	现金准备比例
1938.3	1 679 187 771	1 077 862 079.56	64.19%
1938.4	1 693 850 234.5	1 100 080 112.71	64.95%
1938.5	1 705 320 000	1 113 850 000	65.32%
1939.12	3 081 787 295	1 556 159 138.39	50.50%
1940.6	3 962 144 025	1 917 526 049.59	48.40%

资料来源：根据《银行周报》相关各期整理统计。

　　根据公布的数字，从法币改革到1937年全面抗战爆发，法币约增182%，自1937年7月至1940年6月，三年间法币发行额增加241.1%。抗战爆发后发行数额的变动情形详见表38（见下页）。

　　那么表38公布的数字能否真实反映当时的法币发行实况呢？据曾任财政部简任秘书的朱偰称"中央银行的《金融周报》和所谓发行准备管理委员会，在法币开始实行的时候，虽也逐月公布发行数字，但不过是对外的一种公开的官方数字，并不能说明内幕真相。"[①] 1938年7月，宋子文致电孔祥熙，接到劳杰士的电报称："伦敦路透讯，据汉口报告，我国发行总额在未沦陷区域内，至本年五月底止，为十七万零五百万元，现金准备达百分之六十五。查此项消息与事实不符，在国外市场略知我国内情者，反觉诧异奇突，引起不良印象，嗣后拟请制止为荷。"孔祥熙在给宋子文的复电中称："当此时期，发行数以及准备情形，似可不必照例公布，以免引起不良印象。除由部函该会嗣后慎重发布外，特复。"[②]从这份密电中不难看出，宋子文和孔祥熙都心知肚明，发行准备管理委员会检查公告的内容是不客观的，此时法币在国内的收兑和推行已基本完成，委员会及其检查公告所发挥的巩固币信之作用已不再像初期那样重要，而对于维持法币信用更重要的是汇率的稳定以及争取英美国家的财政支持，所以权衡两者轻重，仍以赢得国外人士的信任为首要，所谓的"以免引起不良印象"即指此点而言。

　　此外便是变相增发的"另账发行"。自1939年下期开始，政府批准中中交三行辟另账发行数额。是项发行数额特许全部以保证充准备。自后发行弹性增

[①] 中国人民政治协商会议全国委员会、文史资料研究委员会编：《法币、金圆券与黄金风潮》，文史资料出版社1985年版，第91页。

[②] 中国第二历史档案馆编：《中华民国史档案资料汇编》第五辑第二编，财政经济（三），江苏古籍出版社1997年版，第44—45页。

第四章　法币发行数额及币值的变动 | 163

表 38　抗战后法币发行数额每半年增发数额比较表

（单位：元）

年月	中央	中国	交通	中农	合计	每半年增发数额 数额	% *	备注
1937.6	375 839 967.C0	509 862 882.30	313 548 434.00	207 951 051.00	1 407 202 334.30			
1937.12	430 608 288.C0	606 547 669.50	371 143 585.00	230 798 241.00	1 639 097 783.50	231 895 449.20	16.5	
1938.6	489 666 785.C0	653 251 720.00	321 859 495.00	262 219 835.00	1 726 997 835.00	87 900 051.50	5.4	
1938.12	738 027 870.C0	711 050 325.00	543 131 425.00	275 247 070.00	2 267 456 690.00	540 458 855.00	31.3	
1939.6	1 048 883 145.C0	990 771 265.00	602 631 745.00	326 019 345.00	2 968 305 500.00	700 848 810.00	30.9	(1)
1939.12	1 880 142 095.C0	1 226 830 260.00	814 231 690.00	365 432 160.00	4 286 636 205.00	1 318 330 705.00	44.4	(2)
1940.6	2 894 012 895.C0	1 650 061 850.00	1 007 566 790.00	510 967 980.00	6 062 609 515.00	1 775 973 310.00	41.4	(3)
1940.12	3 912 687 977.50	1 946 913 570.00	1 329 007 995.00	746 064 080.00	7 934 673 622.50	1 872 064 107.50	30.9	(4)
1941.6	4 827 922 687.50	3 044 944 115.00	1 783 805 995.00	1 094 811 385.00	10 751 484 182.50	2 816 810 560.00	35.5	(5)
1941.12	6 437 133 697.50	4 348 551 720.00	2 636 593 675.00	1 811 592 735.00	15 233 871 827.50	4 482 387 645.00	41.7	(6)
1942.6	8 468 000 000	6 848 000 000	4 204 000 000	5 425 000 000	24 945 000 000	9 711 128 172.5	63.7	

资料来源：中国第二历史档案馆藏，财部档案．三(2)-3758；中国第二历史档案馆藏，财政部档案，档号：三(2)-2135(3)；1942年6月和1945年12月的发行数字来自阿瑟·N·杨格：《中国的战时财政和通货膨胀(1937—1945)》，第282页。

原始资料附注：＊表内之百分数系以每半年作标准

(1) 正户：2 626 929 300.00，另户：341 376 200.00
(2) 正户：3 081 787 295.00，另户：1 204 848 910.00
(3) 正户：3 962 144 205.00，另户：2 100 465 310.00
(4) 正户：5 460 728 622.50，未公告另户：2 473 945 000.00
(5) 正户：8 010 713 967.50，未公告另户：2 740 770 215.00
(6) 正户：11 628 240 242.50，未公告另户：3 605 631 585.00

大,数额遂亦日见趋大。所谓"另账发行",增长得特别迅速,据统计 1939 年 6 月、1939 年 12 月、1940 年 12 月、1941 年 12 月、1942 年 3 月,另账发行占总发行的比例分别为 12.64%、28.11%、30.75%、23.79%、23.78%,以 1939 年 6 月的另账发行数额指数为 100,到 1942 年 3 月指数已高达 2 196.2。[1]

再者便是发行银行也分别采取措施应付检查,在数字上造假。1939 年 10 月 5 日,中国银行致函发行准备管理委员会称:"查敝两行自开始抗战至上年年底,增发钞券因乏充分金银外汇,为一时权变计,曾加入对存性质之'存放同业'及'存出本联行'两项,充作现金准备金,自本年奉部令用金债立另账后,增发之额,全系用金债为准备金,现须恢复检查公告,承示另账除外之发额,不宜再用旧数字,必须时有变动,又奉亚民、叔毅两兄九月廿六日函示所有公开部分,每月数额自九月底起,宜斟酌情形,作合理之增加,如遇钞应用较清淡之时,亦不妨略予减缩,庶与情理不致相去过远云云。是另账以外之发额自必斟酌增减,今后对于发额增减除大部分仍就另账伸缩外,拟酌以一部就原账内进出,俾符尊处意旨,再查新添得以充作准备金之三项,敝两行所有数目,均不甚丰,且甚零星而变动频繁,此后如遇发额大增,搜罗不及,或数量不足,似只得仍以上述'存放同业'及'存出本联行'两项充作现金准备金,藉资过渡。"[2]从此信的内容可以看出,中国银行早即以"存放同业"及"存出本联行"的单据作为现金准备,后来则大部分根据另账数额伸缩,至于公开的发行数额则是根据需要编造出来的。

1940 年 6 月,发行准备管理委员会最后一次公布发行准备检查结果。在公告中,交通银行的发行数字为 727 566 790 元。而据交通银行称,该行发行数额除公告部分外,尚有:一、另账发行数额(即以金公债充作准备部分)28 000 万元。二、代部发行小额币券(一元券及辅币券)数额 134 836 075 元。实际发行数额为 1 142 402 865 元。[3] 即发行准备委员会公告的该行发行数仅占发行总额的 63%。此后,发行准备管理委员会连编造的数字也未再公布过。

上面三个因素已无可辩驳地说明了,公布的法币发行数额并非真实的反映。既然有这么多的主观因素参与其中,想准确估算法币的发行数额已不现实。那么,我们只能从市场对法币供应量的反应来进一步分析这一时期的法币发行状况。

---

[1] 杨培新编著:《旧中国的通货膨胀》,生活·读书·新知三联书店 1963 年版,第 33 页;《中华民国货币史资料》第 2 辑,第 861 页。
[2] 中国第二历史档案馆藏,中国银行档案,档号:三九七-12783。
[3] 中国第二历史档案馆藏,交通银行档案,档号:三九八-12846。

二、法币的对内购买力

法币的价值表现为对内购买力和对外购买力,对内购买力的直接表现即是物价。物价本是物资总量与货币总量的对比,所以促成物价变动的因素,可有两种,其一是属于货币方面之数量增加及流通增快,其二是属于物资之减少或需要增加。所以,若以货币发行指数除以物价指数,以消去物价高涨之属于非货币方面的因素,则其所残余变动,可视为纯由于货币方面因素而来。

我国抗战初期,物价变动并不严重,自1937年"七七事变"至1939年底,各地各种物价,虽皆上涨,然涨势不猛,对于整个经济,并无若何威胁。以重庆物价为例,物价指数与发行指数的比率处于相对持中的水平上(见表39)。

表39 重庆市批发物价指数(以1937年1月至6月平均数为100)

日 期	发 行 总 额	物价指数
1937.1	1 142 682 362.92	95.3
1937.4	1 384 972 814.3	97.9
1937.7	1 444 915 719.75	95.1
1937.10	1 556 359 801.25	104.4
1938.1	1 677 636 278.5	109.3
1938.4	1 693 850 234.5	124.1
1939.12	3 081 787 295	330.7
1940.6	3 962 144 025	532.5

资料来源:法币发行额来自《银行周报》公布的法币发行准备管理委员会检查公布数字,物价指数根据四川省驻渝办事处所编的重庆市趸售物价指数,转见郭家麟编著:《中国现行货币制度》,第131—132页。

再以桂林来说,以1937年上半年为基数,1937年12月为115.5,1938年12月为160.9,1939年12月为268.7。[1] 换句话说,在1939年底,重庆物价较战前平均不过涨高三倍半,桂林物价不过涨二倍半强。

从上表来看,1937年物价上涨不及法币发行量增加之速,因为当抗战初起时,通货本来相当紧缩,法币流通的范围大为扩展,因此即使发行稍稍增加,也不至刺激物价上升。在1938年以前,物价上涨与法币发行还保持着同一比例,而

---

[1] 千家驹:《中国法币史之发展》,南华出版社1944年版,第115页。

自1940年以后,物价上涨率常大于法币发行率。这就是通货之温和膨胀与恶性膨胀的分水岭。当通货尚仅为温和的膨胀时,它对于物价的刺激作用决不会超过货币流通数量的增加率,但当它变成了恶性膨胀时,由于流通速度的加快,物价上涨往往更快于通货数量之增加。

本来,一个社会所需要的货币流通数量是有一定的,我们如果把货币当为支付手段而作用的信用货币除外,则全社会所须实现的商品价格之总和除以同一单位之货币周转速度,便是流通界所必须的货币数量。举例来说,假定在一定时期之内,某社会所要实现的商品价格总和为50亿元,这并不是说流通界需要这么多的货币额,因为同一的货币可以完成很多次的交易,如果一张5元钞票每天流转10次,那么这张5元票在一天之内便可以完成50元的交易,不过市场上当然不会任何一张5元钞票,都在同一时期内以同一速度周转着,也许在这一天内,一张流转了10次,一张流转了20次,另一张流通了不过一次。

三、法币的对外购买力

法币的对外购买力,即汇价的变动可能是本国货币价值的变化,也可能是外国货币价值的变动。但法币改革后及抗战初期的情况来看,较长时间比较稳定,1938年6月以后外汇价值的变动较大。分析其原因,主要是由于法币本身价值的变动,而绝不是美元或英镑价值之变动以致反映于我国外汇市场上。英镑与美元在这五六年来(特别是欧战以后)虽其价值亦发生若干变化,但仍相当稳定,所以用英镑或美元来做衡量法币对外价值的标准是相当精确的。变动情形详见表40。

表40 上海境外汇兑市价表(1935.11—1940.6)

年　份	纽　约 （法币100元合美元）	伦　敦 （法币1元合先令）	香　港 （法币100元合港洋）
1935.11	29.573 0	1/2.415	74.840
1935.12	29.500 0	1/2.375	88.850
1936.1	29.500 0	1/2.375	91.510
1936.2	29.880 0	1/2.375	90.600
1936.3	29.867 8	1/2.375	91.320
1936.4	29.785 3	1/2.375	91.250

续 表

年 份	纽 约 （法币 100 元合美元）	伦 敦 （法币 1 元合先令）	香 港 （法币 100 元合港洋）
1936.5	29.750 0	1/2.375	91.130
1936.6	29.750 0	1/2.375	92.410
1936.7	29.760 0	1/2.375	93.120
1936.8	29.875 0	1/2.375	95.920
1936.9	29.915 0	1/2.287	95.990
1936.10	29.500 0	1/2.352	96.180
1936.11	29.500 0	1/2.464	96.590
1936.12	29.500 0	1/2.469	96.750
1937.1	29.375 0	1/2.375	96.750
1937.2	29.375 0	1/2.375	96.750
1937.3	29.375 0	1/2.375	96.958
1937.4	29.375 0	1/2.375	97.000
1937.5	29.375 0	1/2.375	97.000
1937.6	29.315 0	1/2.315	96.760
1937.7	29.250 0	1/2.250	96.500
1937.8	29.250 0	1/2.250	94.729
1937.9	29.250 0	1/2.250	94.000
1937.10	29.250 0	1/2.250	94.000
1937.11	29.250 0	1/2.250	94.000
1937.12	28.250 0	1/2.250	93.990
1938.1	29.250 0	1/2.250	93.875
1938.2	29.250 0	1/2.250	93.998
1938.3	28.613 0	1/1.954	91.037
1938.4	26.904 9	1/0.978	86.880
1938.5	23.387 0	1/1.298	75.423
1938.6	18.515 0	8.970	59.725

续 表

年 份	纽 约 （法币 100 元合美元）	伦 敦 （法币 1 元合先令）	香 港 （法币 100 元合港洋）
1938.7	18.171 9	8.838	58.750
1938.8	16.153 8	7.933	52.721
1938.9	16.233 2	8.082	53.697
1938.10	15.979 2	8.078	53.698
1938.11	15.737 5	8.000	53.265
1938.12	15.625 0	8.000	53.250
1939.1	15.625 0	8.000	53.250
1939.2	15.625 0	8.000	53.250
1939.3	15.625 0	8.000	53.250
1939.4	15.625 0	8.000	53.830
1939.5	15.625 0	8.000	53.741
1939.6	12.812 5	6.587	44.014
1939.7	10.414 1	5.365	36.104
1939.8	6.723 6	3.500	23.721
1939.9	6.060 0	3.640	24.160
1939.10	6.817 5	4.080	27.140
1939.11	7.655 0	4.700	31.190
1939.12	6.911 5	4.271	28.385
1940.1	7.333 3	4.479	29.969
1940.2	6.769 9	4.108	27.443
1940.3	6.288 0	4.000	26.750
1940.4	5.793 3	4.000	26.750
1940.5	4.743 1	3.597	23.271
1940.6	5.494 8	3.734	21.839

资料来源：朱斯煌主编：《民国经济史》，银行学会编印 1947 年版，第 521—522 页。
注：外汇行情均为平均价。

法币改革后，南京国民政府对法币对外价值的维持可谓不遗余力。中国自施行法币政策后，法币价值虽已与银价脱离关系，但法币的发行准备仍以60%为现银，因此银价涨落依然对法币有影响。法币最初推行的第一个月，由于银价较高，一个月后银价猛跌，减少了法币现金准备的价值，法币汇价开始呈现不稳定现象，资金纷纷转换成外汇外币而逃避。中央银行为维持法定汇价，于1935年12月11日起开始以1先令2便士375与29.5元之卖价，无限制供给外汇，至年底汇市始恢复常态。1936年1月底，国际金融市场唯恐美金有贬值之可能性，于是英美汇价即受欧陆方面抛出美元的影响，英镑趋贵，美元趋贱。法币汇价受到波动，英汇缩至中央银行之卖价，美汇长至中央银行之买价。中央银行为稳定法币价值起见，在2月4日暂将美汇挂牌提高，由29.75元放长为30.25元，限界价为30.5元与30元，英汇未动。至2月13日，英美汇价回进5元以内，中央银行又将美汇挂牌缩小为30元，买价为30.25元，卖价为29.75元。此后即趋稳定。1936年9月，法郎前途可危，国际汇市中法汇疲弱不堪，贬值谣传之声浪甚高，英美汇价即受影响而趋涨。因此法币汇价，又呈不稳定现象，市场上纷纷投机购买英汇及卖美汇以套利。中央银行为防止此种投机及调整对英美汇价起见，在9月9日变更英美各汇之买卖价格，而不变更外汇挂牌行市。

1938年3月，自南京国民政府实施外汇审核、开始统制外汇起，汇市即趋于下降，但自法币汇价落至8便士以后，汇市忽然稳定下来，持续时间一年左右。究其原因，主要在于南京国民政府决心以国家银行的力量来维持外汇的黑市价格，无限制地供给黑市外汇。自然，这一支持黑市的政策不仅获得英美的充分合作，也得到英美商人的积极支持。因为支持黑市的主要理由也就是维持英美商人在华商业利益，对国内抗战则害多利少。

1939年6月7日，中英外汇平准基金会放弃了8便士的水准后，外汇市场立刻发生了空前的混乱，汇价在两天之内自8.25便士跌落到6.5便士。其间国民政府虽也试图维持在六便士的水准，但根本控制不住各方的投机和扒结，汇价一路狂跌到3便士。直至1939年9月，欧战爆发，才解除了汇市的巨大压力。由于外逃资金回流、侨汇增多、贸易收支状况好转等多种有利因素，汇价得以稳定在4便士左右。

从影响法币币值的综合因素来看，物价与汇率除各有表现外，也确有密切关系，外汇低落，物价即高涨，只是物价高涨程度较为缓和。1939年上半年，物价较战前仅涨一倍余，研究其中原因，当时物价之所以正常，因为大部分游资，正在上海香港外汇市场做外汇投机,因此当时外汇涨落虽很猛烈,而物价涨势,较外汇为平稳。但自欧战爆发后,情势发生很大变化,投机外汇者,因外汇市场不利,将投机方向转向于囤积,因此汇价平稳于3便士余,而物价却一直高涨。因此,这一时期的物价,不能完全以汇价解释。

在抗战之初两三年,法币的外汇价值变化远大过于它国内购买力的变化,但到后来,特别是在1940年以后,却是物价的变动反大过于汇价的变动。无论是法币的对外购买力或对内购买力,其变化都可分为内在的原因或外在的原因两方面。内在的原因是基于本身价值的变化而来的,外在的原因,则由于对方价值的变化而反映于货币的价值形态上。例如一种货币外汇价值的低落,可能由于本国货币自身的贬值,也可能由于外国货币价值的上涨。物价之上涨,也可能由于货币数量增加或其流通速度增快,但也可能由于物资供给减少与需要增加。但它们同时表现在汇价与物价上。要辨别汇价之变动究竟何者基于货币的原因,何者基于非货币的原因,都不是容易的事。再就汇价与物价两者的相关来说,两者在一个管理货币的国家,原是建筑在两种不同的基础上而可以互相分开的,但在资金可以逃避的国家,外汇的变动可以影响到物价,同样物价的变动又可以刺激到汇价。有时汇价变动先于物价,有时物价变动反速于汇价,也有时汇价不变动而物价剧烈变化,但也有时汇价剧烈变化而物价变化反甚为缓慢。其中错综复杂微妙曲折的关系,在这一时期的物价与汇价变动中都有所反映。

第二节 抗战中后期的发行数额及币值变动

抗战爆发以后,法币发行数额与物价的剧烈变动发生于1940年5月以后。以各地趸售物价指数来说,若以1937年上半年为基数,则重庆物价1940年1月为355.9,但至12月即亦变为1 105.6。再以桂林来说,1939年12月为268.7,但至1940年12月已为612.4。[①]

一、法币发行与物价变动

这一时期的发行数额及物价指数变动见表41。

---

① 千家驹:《中国法币史之发展》,第114—115页。

表 41　历年法币发行数额(1942.12—1945.6)指数基期：1937.6＝100

(单位：百万元)

时　期	实际增发数额及指数			累计数额及指数		物价指数 国货趸售
	增发数额	定基指数	环比指数	累计数额	指　数	
1942.12	9 415	669	96	34 360	2 442	6 128
1943.6	15 513	1 103	164.77	49 873	3 544	12 951
1943.12	25 506	1 813	164.42	75 379	5 357	22 304
1944.6	47 400	3 369	185.84	122 779	8 725	43 772
1944.12	66 682	4 739	140.68	189 461	13 464	67 988
1945.6	208 621	14 827	312.86	398 082	28 290	201 531

资料来源：中国第二历史档案馆藏，财政部档案，档号：三(2)-2135(3)。

物价与法币数量是互为因果的，最初是因政府的赤字财政而使法币发行数量增加，法币发行数量增加后，使物价上涨，因物价上涨又使财政支出增加，赤字财政增大，因而使法币发行额更大，物价更高，这样循环发展，漫无止境。遂以造成恶性膨胀的局面。

从另一方面看，囤积商品以及投机活动也是增加流通速率的重要因素，囤积心理，是明知物价要涨而购买货物，但从货币方面说，则是明知纸币要贬值而急于抛出纸币以换取货物，大家急于抛出货币，货币流通速度自然增加，货币流通速度增加正是投机心理的另一种表现。投机活动与物价上涨的速度是互为因果的，一方面是物价涨得愈快，投机活动愈激烈，他方面是投机活动愈激烈，物价上涨得愈快。这一点战时与平时是大大地不相同的，在平时，物价上涨，不容易引起投机活动，因物价上涨则生产者有利可图，必尽量扩充生产，生产扩充而使供给增加，需要减少，物价于是趋于平衡。

1939 年 9 月，欧战全面爆发后，由香港、伦敦、纽约、马尼拉等处逃回的外汇资金，上海有 10 亿元，重庆有 4.5 亿元，昆明有 3 亿余元。[①] 这样巨额的资金没有投向生产领域，而是投向日用必需品的抢购与囤积，因此造成米粮及其他商品价格的一涨再涨。囤积之风的影响不仅限于商人的居奇获利，而且影响所及于一般民众，为免他日物价再涨，人人争相购囤，如此则货物散囤于各户，而纸币飞转于市面，于是物价飞涨不已。

---

① 郭家麟编著：《中国现行货币制度》，第 144 页。

那么如何评判法币发行与物资不足或供需失调对于物价的影响程度？民国时期的经济学家厉德寅曾做过一个估算：1941年夏季，因受粮食供需失调之影响，6月后物价指数及至12月份为高，而发行不仅未减，且有增加。若将1941年6月及12月情形平均计算，则法币发行量指数为1101，物价指数与法币发行量指数之比为224，若将此两数分别以其扣除，则可窥知物价上涨原因属于通货方面者占80%，其属于物资方面者占20%。厉德寅用另一方法也得到与此相似的结论。他认为"就理论说，凡物资之供给充裕，对于一切需要恒能满足，而物价如仍上涨，自不能认为由于物资不足之原因。当系由于通货增加之故，是以此等物价所编成之指数，应能代表通货膨胀之程度"。厉德寅依此原则把由四行联合办事处总处趸售物价指数所用之物品中，选出合于此条件的四项物价，引用原有指数，编成指数。又由西南经济研究所趸售物价指数所用之物品中，选出合于此条件之十五种物价，用简单几何平均法，编成指数。这两指数之编制指数各异，而其结果则极相似，在1941年12月时，各约为1937年之20倍，由此证明了重庆当时的物价，即使无物资不足的原因，亦将较1937年高出20倍。[①] 经济学家千家驹也认为物价上涨原因属于货币方面占80%、属于物资方面占20%的结论是大致可以采取的。

如要考察法币发行对于物价的刺激与民生的影响，王世杰的个人记载可谓是一个比较系统而又比较客观的反映，因为王世杰当时担任宣传部长、中央设计局秘书长、外汇管理委员会委员等要职，洞悉内情但又超脱于财政经济部门的利益之外，可以更真实地反映当时情况。其日记中的相关内容摘编如下：

  1940年3月15日 物价近日到处猛涨，自是纸币恶性膨胀之现象。据调查，重庆市之物价，如以七七事变时之物价为准（100），在廿八年一月，尚不过一七〇，至本年一月则已跃至三八〇以上。（即每一元之实值仅等于战事发生时之二角六分。）此事最为可虑。财政部与经济部亦无有效之办法，即有办法，亦无执行的勇气。

  1940年4月30日 近日物价普遍飞涨，然财政部与经济部迄无确定的整个计划，以维持币制，其危莫甚。

  1940年5月1日 今日下午在家，研讨各种关于物价问题之意见。

[①] 千家驹：《中国法币史之发展》，南华出版社1944年版，第112—113页。

1940年5月3日　法币外汇价格,跌至三辨士八分之一,酿成法币第三度之恐慌。

1940年8月9日　近日物价高涨,通货膨胀固为主要原因,财政、经济两部无扼要办法亦属无可讳言。重庆市米价,在政府尽力平抑之下,每市石(一百廿余斤)亦达七十元以上。

1940年10月2日　我抗战前途之最大难题,仍是财政。财政当局漫无计划,即对于钞票之印刷亦无充分准备,月来遂致新钞票之供给亦不敷需要。

1940年11月7日　物价仍继续高涨。重庆市米价竟于三星期中每市石续涨四十元。(每市石价达一百二十元)

1940年11月16日　近日重庆市米价较诸四星期前,突涨一倍(即由每市石八十余元涨至一百六十余元)。一般公务人员及教员学生均有断炊之虞。今午在蒋先生宅商讨发给公务人员及学校以"平价米"办法。唯办理不得其人,恐亦不易有良结果。

1940年11月19日　据中央社调查,重庆市物价,与二十六年七七事变前六个月前之平均物价比较,已超过十倍,在三星期前,尚未达八倍。

1940年12月23日　近来物价猛涨,悲观论者至谓法币之寿命或不能超过明年春季。予并不如此悲观,唯政府于此事迄无对策,实使人焦虑。

1941年1月14日　孔庸之部长于前日在国防最高委员会报告,法币发行额(包括各省银行发行数)约八十万万元,至于现金准备(连最近借款)当有二万万元美金(约合国币四十万万元)。此数是否绝对精确,似尚不无疑问。

1941年8月10日　上海法币汇率,跌至三辨士以下。此为法币汇价最低纪录。予力告财政部顾翊群次长迅采有效措置,否则敌人将以在华北对付法币之法破坏法币。

1941年9月15日　午后外汇管理委员会在行政院开会。孔庸之为委员长。予被指定为委员。到会诸人仍只注重法币之外汇价值。实则就目前情形言,中国自英、美所借之外汇基金,如不能用以稳定内地物价,或防止内地物价之猛涨,则其效用殊微薄。而内地物价之升跌,与上海方面法币之外汇率,近来已无重大关系。予欲促委员会诸人特别注意此点,但孔先生遇事不求甚解,使人懊丧。

1941年11月6日　午后阅财政部美籍顾问杨格 A. Young 上蒋先生节略,极陈法币之危机;并主张紧缩政费,勿为缓不济急之兴建,即对盐、酒、烟、糖等物之专卖亦主缓办。予觉杨格所陈,大体甚是,唯其建议,对于征购粮食一事,尚未能充分看出其重要性,故于如何增加收入,仍无使人满意之建议。

1941年11月8日　晚间予与蒋先生言,明年度预算,必须着重粮食之征购,否则国家收入无法大增,法币前途不堪设想。蒋先生允将粮食收入由谷麦六千万石(本年数)定为一万二千石。唯粮食部方面能否负责主办,仍不可知耳。

1942年2月4日　美国政府向国会提案请准政府借款五千万万美金于中国。英政府亦声明愿以五千万镑贷我。如此巨款,倘能有法利用,于我自有甚大之影响。予于今日午后函孔庸之部长,请其考虑借用英、美政府所发公债券在华销售,以吸回法币之方案。

1942年2月16日　午后予与孔庸之部长商谈美英借款用途。予今日向孔先生力言,第一,断不可另发一种金币券与现行之法币平行;第二,借款应用以吸收法币,不可存在美英银行。财政部似无运用此款以吸收大量法币之期待。其所拟议办法只在发行本国公债,结果恐不能收回大量法币。予谓与其发行公债,或不如发行短期外汇库券。

1942年2月26日　近日物价又猛涨。粮食部与财政部均未能切实挽救货币膨胀之影响,至为可虑。财政部对于英、美借款绝无适当运用之计划;粮食部只图减少自己责任,不肯增加本年粮食征购之数量。予对此两事甚感愤闷。

1942年2月28日　午后晤孔庸之部长,彼出视美国五万万美元借款合同。合同内无利息、无担保,亦未确定归还办法,盖与租借法之租借约略相似。予力主中国应自美国取得此款用于国内,不可仅存于美国银行,作为发行内国公债之担保。至于取得此款与利用此款之法,则以向美国取得美政府公债券,在我国国内以之换回法币为较宜。孔亦赞同。

1942年3月6日　晚间予向蒋先生面述数事:一、美、英借款务宜设法利用其政府公债券来我国内分派于各银行换取法币,不可仅存在英、美,作为新公债发行准备。二、参政会之改选,仍宜保留若干政府聘任名额,俾党外人员之不能被选者有参加之可能。三、关于本年粮食征收数量务较去年为多,以减少法币之增发而抑物价。以上三点蒋先生均同意。

1942年3月11日　近日物价又猛涨。重庆物价总指数(以战前六个月物价为标准)已超过战前三十倍!

1942年3月15日　政府为利用美、英借款之一部分,发行短期债券(一年、二年或三年偿还)。此一计划较发行长期债券当有较大之吸收法币能力,但此办法仍不够应付目前需要。

1942年3月24日　财政部决定一面发行短期外币公债,一面发行短期外币储蓄券(以一年、二年或三年为期),以期吸收法币。

1942年4月23日　财政部利用美国借款发行金公债,其收效极微。此为吾所逆料。物价继续上涨,至为可虑。

1942年4月24日　今晨孔庸之部长约商英美借款运用事。予仍力主向英、美商洽,以英、美政府公债券给我,我利用之以为吸收法币之资。孔于此等事头脑不甚细密,毫无办法,使予忧闷。

1942年9月3日　近日一般物价又猛涨,就重庆言约当战前五十倍。但政府对于物价猛涨之控制,迄无切实办法,至为可忧。

1942年9月10日　重庆物价总指数已达战前五十倍(去年此时约十八倍)。

1942年11月22日　近来物价之上涨,至为惊人。各项物品售价,不仅每月有显著之上涨,即每周亦然。渝市物价总指数,在八月为战前五十倍,九月为战前六十余倍,十一月中旬即达战前九十倍!政府虽日言管制,然迄今仍未实施切实办法。

1942年12月2日　近日物价猛涨,至为可怖。日用品之价格,不单每月每周高涨若干成;甚至每日高涨若干成。政府于今日任命沈鸿烈(农林部部长)部长兼总动员会议秘书长,将负推动管制物价之责。唯物价之涨最应感觉不安而且最应负责设法防阻者当为财政、经济两部。但实则两部长官似亦只是等待他人来负责!此予日来所最感不安者。

1942年12月11日　南宋之灭亡,半由于货币之恶性膨胀,物价日涨,政府无法安定公务人员及军队之人心。予阅历史语言研究所全汉昇关于此事之研究论文,为之悚然。

1942年12月13日　今日重复细阅全汉昇论南宋末年货币膨胀与物价高涨之文。

1942年12月14日 午后晤南开大学经济研究所李卓敏君与谈中国法币之前途。彼以为战后我当以所借外款为准备金,仿从前德国办法,发行一种新的货币单位,明定新单位与法币之比值。此君研究货币金融殊多心得,予拟邀其襄助设计局工作。

1942年12月15日 今日予约集重庆各报馆人作予离开中宣部前之末次谈话。予力言限制物价之必要,与二年以前征收粮食政策同。余之讲述大意如下:限制物价有两种可能流弊,一为影响生产;一为黑市的出现。但物价太高以致多数人不能维持生活时,则因此种人购买力之低落或消失,生产亦必受影响;至于黑市之遏制,殆全看社会之制裁,尤其舆论的制裁是否强烈。

1942年12月19日 昨晚政府发布限制物价之命令。各地一律自明年一月十五日起实施限价:物价、工资等应一律以本年十一月卅日之数目为准,不得超过。限价令适用于八种必需品,并得适用于其他物品。愚意此一命令之功效如何,将视各地方执行者之能力与决意而定。

1943年1月8日 财政部次长俞鸿钧君今晨在参政会驻会委员会报告称,本年度(卅二年度)概算数为三百五十八万万元,收入约可达一百八十万万元;政府并拟增课一种新税,名为役税,计可增加六十万万元,但此税之征收尚未确定。

据徐可亭部长告我,实际上每月支出已达三十万万元,而收入则不过五万万元;银行发行钞票额已达三百万万元。似此则今年年底发行额尚将较现额增加一倍;物价上涨之遏止,殆不可能。蒋先生近极重视此事,唯财政部似无确实计划应付如此严重局面。

1943年1月14日 昨日午后国防最高委员会召集预算委员会,孔庸之部长主席。今年度预算总数为三百六十二万万元,收入估计为一百八十万万元(内中尚假定可增征"役税"六十万万元)。在预算总数中,军费占二百万万元有零。上年度实际支出数超过原定预算约一百万万元,即共约二百七十万万元。财政前途之危机可以概见。

1943年1月15日 今日起渝市及外省开始实施限制物价。

1943年1月28日 今晨在设计局开审查会,讨论复员时之币制整理问题。李君卓敏主张届时向美国借生金作准备,采用金块单位,一面规定现行法币与新币之比率。

1943 年 2 月 2 日　今日上午予在设计局续召会议,讨论战后货币问题。李君卓敏主张金块单位,向美商订金借款作准备金。

1943 年 2 月 15 日　限价之令在渝实施已届一月,一般舆论对限价令之信誉颇不佳。一因公用事业,如公共汽车、电话之类,均在其期间内经政府核准增价,而政府所能控制之粮价,糖价,亦任其增价,尤为大误。二因商人多将货物素质降低出售,故价格纵照政府法令所定,而货物已变质。三因政府中人仍不免任意反对限价。今晨国防最高委员会会议,政府中要人即对限价之原则任意反对。

1943 年 3 月 8 日　今晨中央常会讨论限价,孙哲生严词面责沈成章办理不当,谓动员会议不应限价及于肉类等物。实则目前限价政策不易取宏效,其主要为:(一)政府不能限制货币之增发或吸收法币回库;(二)政府不能自行掌握较多之物资;(三)不限制消费。但限价之功效虽不甚大,流弊虽不少,究竟对于物价之猛涨不无遏止之力。

1943 年 4 月 6 日　美国政府向联合国提出一个"联合国平衡基金"方案,其目的在稳定战后各国货币汇兑率,而以使用黄金为主要手段。今晚予向蒋先生建言,此事极重要,我须早定政策,设计局已拟有节略,即将提供采择。

1943 年 4 月 13 日　阅英国政府方面提付联合国研讨之 Keynes 国际清算计划。此计划与美国政府计划相同之点甚多;唯英计划所拟设置之国际清算所,并不需要各会员国提供任何资金,其对黄金并不给以十分重要之地位。

1943 年 4 月 18 日　今日在家研究英、美战后稳定各国货币计划。蒋先生因宋子文有电来力称此事重要,亦嘱予提意见。

1943 年 4 月 29 日　上午孔庸之部长召集会议,商讨英、美稳定各国货币计划。予主张在原则上我应参加,但须提出修正意见。孔亦赞同此意。

1943 年 5 月 16 日　近日各地物价均猛涨,粮价亦普遍高涨。予与行政院张厉生、谷正纲诸君言,目前重要问题,仍在政府如何掌握较多之物资,尤其是粮食。粮食部徐堪部长用种种方法避免征集较多之谷麦,殊应纠正。

1943 年 5 月 21 日　今晨在孔庸之部长宅,参加关于美、英稳定各国货币方案之讨论,会后孔部长向行政院各部部长言,上月份国库支出达卅六亿,收入只四亿!无怪物价之猛涨也。

1943年6月20日　物价高至战前百倍以上,近日政府对于限价物品,实际上只是放任,日用品价格之高涨尤猛。政府准许公务员照战前薪水增一倍,只是杯水车薪。盖通常科员、科长阶段之公务员,如家有大小四五口人,则每月至少非三四千元不能维持,增薪三四百元,无补于事也。

上午向蒋先生提议,可否加派贝淞荪赴美参加国际货币会议,蒋先生以为不便,但谓可令子文就近指挥中国出席代表郭秉文、席德懋。

1943年7月3日　物价仍然猛涨,昆明、西安较重庆为尤甚。西南联大教授有月费三四千元,而仍不能食肉或米,只食素菜与杂粮者。闻友人燕召亭君近状即如此。

1943年8月10日　美国财政部允将中、美五万万元美金借款中未用部分(二万万元)以黄金付给。今日午后孔庸之部长邀余商谈利用黄金收回法币办法。(有人主张发行一种类似钞票之一两、五两"金证券",此种办法显然不当。)

1944年5月7日　英国对华五千万镑借款,磋商经年。迄未成立,日昨乃获签定。此一解决,与访英团之报聘不无关联。

1945年2月7日　近一月来,重庆物价指数又突涨(总指数去年十二月较战前高四百余倍,今年一月份则突增至六百余倍)。米价官价由三千七百元(一市石)调整为六千三百元。情形甚为可虑。[①]

王世杰的记载不仅直观反映了重庆物价上涨的严重情形,而且揭示了造成这一恶性通货膨胀局面的根源在于主管部门措施不力、推诿责任,没有尽力采取解决问题的办法。正如日记中所言,抗战中后期,许多地区物价的上涨程度远比重庆严重,而民不聊生的悲惨状况根本不在国民政府的考虑之中。

二、法币对外购买力的变化

再以货币对外购买力与对内购买力的关系来说,在1940年5月以前,主要是由法币对外购买力的低落因而影响它的对内购买力,但自1940年5月以后,却是由于货币发行增巨因而使对内购买力为之低落。1939年六七月间,我国停止维持上海外汇黑市政策,结果使外汇市价自8便士跌落到4便士上下。法币

[①] 《王世杰日记》(上册),林美莉编辑校订,台北"中研院"近史所2012年出版。

汇价跌落，本来只应该影响及于舶来品价格，但因物价变动本是最富于敏感性的，外汇价值高涨，自然使人联想到法币本身价值下跌，而竞相提高一般的物价。1940年5月以后，汇价经一度猛跌而旋则回涨，尤以六七月以后，回风更烈，此后汇价虽就长期以观，仍趋紧缩，而一般地说，则已相当稳定（仅1941年下半年变动较烈），从1940年初到1941年底，这两整年之中，汇价跌落共亦不过一倍（英汇自4便士跌而为2便士左右，美汇自7分到3分）而这一时期内的物价却已上涨了十倍以上，显然物价之上涨已脱离了汇价的影响而单独地发展，汇价不但不再领导了物价之上涨，反而远落在物价之后而望尘莫及。

表42　上海境外汇兑市价表（1940.7—1941.12）

年　份	纽　约 （法币100元合美元）	伦　敦 （法币1元合先令）	香　港 （法币100元合港洋）
1940.7	5.852 50	3.750 00	21.875
1940.8	5.432 90	3.638 00	24.069
1940.9	5.083 30	3.414 10	22.641
1940.10	5.524 00	3.610 60	24.048
1940.11	5.790 00	3.727 50	24.740
1940.12	5.632 80	3.593 80	23.859
1941.1	5.312 50	3.378 00	—
1941.2	5.370 00	3.339 00	—
1941.3	5.305 00	3.257 20	—
1941.4	5.132 20	3.165 70	—
1941.5	5.174 10	3.152 00	—
1941.6	5.260 00	3.250 00	—
1941.7	5.191 50	3.187 50	—
1941.8	5.097 50	3.041 25	—
1941.9	5.218 96	3.156 25	—
1941.10	5.281 25	3.156 25	—
1941.11	5.281 25	3.156 25	—
1941.12	5.281 25	3.156 25	—

资料来源：朱斯煌主编《民国经济史》，银行学会编印1947年版，第523页。

1941年12月太平洋战争爆发后，上海沦陷，因此不再有上海的法币外汇行市，但国民政府对外汇的挂牌价格仍在。1942年春，国民政府规定美元1元合法币20元，英镑1元合法币80元，作为中央银行购售外汇的标准，也就是说外汇的法定价格正式自每法币1元合英镑1先令2便士半，贬为每美元合法币20元，这20元的法定价格，一直维持到抗战胜利。① 当然，外汇黑市的价格变动已完全脱离了中央的控制。至此，法币的汇价已基本与物价的变动脱离关系。

法币对内购买力与对外购买力，即物价与汇价两者联系被切断，虽在太平洋战争以后，但事实上，自1940年起，即不再是汇价领导了物价，相反，正由于货币对内购买力的水准远低过于它的对外购买力，以至形成大量的逃避资金，转而压迫汇市之愈趋下游，换言之，1940年后即已物价领导汇价了。物价的变动的根源如上文分析，80%的原因来自法币的增发，这是抗战中后期法币政策变化的一个根本特征。

三、法币的变相增发

除了法币发行数额以惊人速度增加外，这一时期还有变相的纸币增发，即关金券和地方流通券。

关金券与法币的直接折算是增发法币大钞的变通，成为法币增发的另一表现形式。关金券的发行始于1931年5月1日，最初不过为便利关税支付起见，从未当作货币流通，面额分为10元、5元、1元、20分、10分五种，起初发行数额不大，信用卓著。由于通货膨胀的原因，小额币券的印制成本很高，但为避免印发大钞对人们心理和物价及汇价的刺激，国民政府不愿印发大钞。因此自1942年起，财政部公告，规定每一关金折合法币20元行使，所有完粮、纳税及一切公私款项，均照上项定率折合法币收付，不得折扣。这一规定实质已将关金券等同于法币，甚至可以说是法币的大钞。1942年关金券的最大面值为500元，相当于法币10 000元。从此关金券同原来的海关金单位完全脱离了关系，成为变相的法币。② 美国财政顾问杨格即反对发行关金券流通市面，他认为不宜对关金给与一新的法币价值，否则必将影响人民对法币的信心，一般人将认为法币已贬值，结果物价必更涨。③ 但国民政府并没有接受杨格的建议，结果关金券发行后

---

① 祝百英：《民元来我国之外汇问题》，见朱斯煌编《民国经济史》，第217页。
② 叶世昌、潘连贵：《中国古近代金融史》，复旦大学出版社2008年版，第331页。
③ 洪葭管主编：《中央银行史料》上卷，第617—618页。

即出现黑市,物价上涨。自此以后关金券的发行数额急剧攀升,详见表43。

表43 关金券发行数(累计数) （单位：元）

年　份	数　额	年　份	数　额
1942.12.31	1 641 554 958	1944.12.31	61 766 835 032
1943.12.31	9 066 542 198	1945.12.31	384 721 834 808

资料来源：中国第二历史档案馆藏,中央银行档案,档号：三九六(2)-2678。

1942年12月31日比1941年12月31日的增发数额达到1 641 214 002.4元,折合法币32 824 280 048元,一年时间即通过关金券的形式增发法币达328亿元以上。而关金券的发行数不列入法币发行数之内。[①]

此外,国民政府还发行地方券以代替法币流通。1937年8月,刘大钧纂辑的《非常时期维持法币价值意见书》,提出为维持法币价值,其发行额应以15亿元为限,以后并应在可能范围内设法缩减其流通数量。但在战时,纸币发行量的增加势所必然,他提出的对策是法币发行额不可增加,而另外发行一种流通券代替法币流通。其具体设计方案如下：

1. 政府在战时不能全恃加税与征用物品等方法,而必不免增加纸币之发行,如发行内债,亦必许购买者持向银行押款,间接仍增加纸币之数额,然为维持法币信用起见,其发行额不可增加,故应仿照英国在欧战时之办法,另发国防流通券,或抗战流通券。

2. 此项流通券不能购买外汇,但仿照德国战后兰丹马克之办法,以土地、矿产、工业设备等各种财产为之保证,虽在战争时期,我国领土之一部分不免为敌人所占据,然全国财富之余留者仍足为流通券之保证。

3. 一切中央及地方赋税可以流通券或法币一律缴纳。

4. 国营铁路邮局等一律收受流通券,其他应付政府之款项亦可一律以流通券为之。

5. 发行新公债,除特种公债专为吸收法币之用者外,应准人民以流通券购买。

6. 除特种公债外,一般公债还本付息以流通券付之。

[①] 中国第二历史档案馆藏,中央银行档案,档号：三九六(2)-2678。

7. 流通券与法币之换算率不加确定，否则与增发法币无异。

8. 私人之间应准其以流通券兑换法币，或以法币兑换流通券，但政府不以法令强迫其兑换，如此则法币价值自当较流通券为高，而人民当尽量窖藏法币矣，此为本方案主要目的之一。

9. 银行须为两种货币分列两种账项，如我国前此之有银元与银两两种账目。

10. 流通券可以随时存放银行，亦可随时提取，不加限制。

11. 前此所成立之任务，以法币计算者，嗣后仍可以法币或法币之支票付还，如付流通券，则按市价折合，将来债务以流通券计算者，除用流通券应付外，亦可以法币或法币之支票偿付之，仍按临时之市价折合。

12. 原有之统一及其他公债，可以法币及流通券卖买，统从人民之便，政府不必强使人民于卖出公债时，接收流通券。

13. 流通券对政府为一种法币，但在私人之间不必有此种效力。

14. 流通券宜由财政部直接发行，以与法币之发行机关脱离关系，如属可能，应以财政部职员与银行界共组委员会，管理此项流通券之发行。①

国民政府未采纳刘大钧所说的这种流通券发行方式，而是采取了类似的发行地方券以代替法币流通形式，但这种方式在法币急剧增发的背景下对于调节货币发行量的作用很有限。截至1941年11月底，经财政部核准，印制省钞总额为896 004 178.60元，实际发行额流通数额据各省地方银行报表，截至1941年9月底，共为427 347 470.56元。② 各省地方银行发行地方券概况见表44。

表44　各省银行发行地方券情况表　　　　　　（单位：元）

省　别	统计日期	发　行　额	流　通　额
陕西省银行	1940.8	4 500 000	3 600 000
湖南省银行	1940.12	22 589 115.10	20 992 218
福建省银行	1940.6	24 252 825	24 252 825
河南农工银行	1942.12	8 745 759	

---

① 中国第二历史档案馆藏，交通银行档案，档号：三九八-17653。
② 《中华民国货币史资料》第二辑，第306—307、309页；中国第二历史档案馆藏，中国农民银行档案，档号：三九九(4)-3918。

续 表

省　　别	统计日期	发 行 额	流 通 额
浙江地方银行	1945.2		31 789 735.80
河北省银行	1945.12	50 910 000	34 542 618.10
江苏农民银行	1944.9	10 019 441.80	
宁夏省银行	1943.12	216 650	
甘肃省银行	1944.3	10 100 000	8 080 000
绥远平市官钱局	1942.12	2 308 600	500 000
云南富滇新银行	1946.12	815 000 000	126 305 650
江西裕民银行	1939.2	17 328 378	2 800 000

资料来源：《中华民国货币史资料》第二辑，第 318—319 页。

法币发行数额的不断攀升和变相增加纸币的发行，两者所造成的必然结果便是抗战中后期的通货膨胀日益严重，物价在发行的刺激下以更快速度上涨，成为战争之外另一荼毒民生的祸根。

第三节　抗战胜利后的发行数额及币值变动

抗战胜利后，人们在额手相庆的同时，期待着战时的通货膨胀局面能得到根本缓解。因此在日本投降后，全国各地物价普遍下跌，如重庆在胜利后两个月内，一般物价水准降低约 40％，其中食物类降低 31％，纤维类降低 55％，燃料类降低 20％，木料降低 39％，金属类降低 70％。至黄金及美钞之市价，则下落达 60％余。同时期内，成都、西安、昆明等地物价，亦同样下跌，尤以昆明跌落比率较大，西安略次，成都之跌势虽较缓，而主要商品价格跌落亦达百分之三四十。[①] 这为法币政策的调整提供了很好的基础。

但是国民政府的纸币发行非但没有减少，而且以更快的速度在增加。除法币数额的激增外，还变相增加法币的发行如关金券、东北流通券和台湾流通券等。据中央银行总裁贝祖诒给蒋介石的密呈，截至 1947 年 2 月 2 日之发行总数，除东北流通券面额共 3 653 000 余万元不计外，法币总额为 453 672 000 余万

---

① 《当前之物价问题及其对策》，1945 年 11 月 27 日，上海市档案馆藏，中央银行档案，档号：Q53-2-11。

元,与1946年12月底发行总额372 611 000余万元比较,计一月份一个月内增发8 100余亿元之巨,1946年度每月发行之增加,少则数百亿元,多则4 000余亿元。① 官方统计的法币数额,详见表45。

表45 法币券逐年发行数(累计数)　　　　　　　　　(单位:元)

年　份	数　额	年　份	数　额
1942.12.31	34 359 577 338.90	1946.12.31	3 726 118 368 205.07
1943.12.31	75 378 781 944.97	1947.12.31	
1944.12.31	189 460 659 727.27	1948.12.31	297 450 289 669 584.32
1945.12.31	1 031 931 915 483.75	1949.12.12	185 646 633 190 650.62

资料来源:中国第二历史档案馆藏,中央银行档案,档号:三九六(2)-2678。

1947年后,法币发行数额更是以天文数字的速度激增,每月的增加数都非常庞大,详见表46。

表46 法币流通数简明表　　　　　　　　　(单位:百万元)

时　间	兑换券*流通数	较上月底增	东北券流通数	较上月底增
1947.3.31	5 744 089	906 283	47 546	7 345
1947.4.30	6 901 080	1 156 991	55 925	8 379
1947.5.31	8 381 303	1 480 222	64 385	8 460
1947.6.30	9 935 176	1 553 873	74 651	10 266
1947.7.31	11 664 193	1 729 016	88 081	13 430
1947.8.30	13 697 381	2 033 187	102 431	14 350
1947.9.30	16 948 161	3 250 780	114 607	12 175
1947.10.31	20 791 224	3 843 063	152 012	37 405
1947.11.29	26 878 920	6 087 695	210 927	58 915
1947.12.31	33 188 575	6 309 655	277 333	66 406
1948.1.31	40 940 997	7 752 421	366 381	89 047
1948.2.28	53 928 768	12 987 771	457 207	90 826
1948.3.31	69 682 157	15 753 388	599 607	142 400

---

① 中国人民银行总行参事室编:《中华民国货币史资料》第二辑,第531页。

续表

时　间	兑换券*流通数	较上月底增	东北券流通数	较上月底增
1948.4.30	97 798 921	28 116 763	759 307	159 700
1948.5.31	137 418 812	39 619 891	1 241 532	482 224
1948.6.30	196 520 308	59 101 495	2 171 060	929 527
1948.7.31	374 762 263	178 241 954	3 191 858	1 020 798
1948.8.31	741 733 294	366 971 030	3 274 167	82 308

资料来源：中国第二历史档案馆藏，中央银行档案，档号：三九六(2)-2694(1)，三九六(2)-2694(2)。
* 说明：档案中为"兑换券"，据内容及发行数额判断此处即指"法币"。

这一阶段的发行已进入恶性通货膨胀，发行数额与货币流转速度所引发的乘数效应，对物价有更大的刺激作用。但在恶性通货膨胀的状况下，物价上涨的速度又会远大于发行数额增长的速度，反过来刺激法币的增发，两者之间的关系可由下列统计表反映出来。

表47　历年法币发行数额(1945.12—1948.7)指数基期：1937.6＝100

（单位：百万元）

| 时　期 | 实际增发数额及指数 ||| 累计数额及指数 || 物价指数 |
	增发数额	定基指数	环比指数	累计数额	指　数	国货趸售
1945.12	633 850	45 050	303.83	1 031 932	73 332	212 690
1946.6	1 080 605	76 802	170.48	2 112 537	150 145	375 275
1946.12	1 613 581	114 682	149.32	3 726 118	264 789	627 210
1947.6	6 209 059	441 298	384.80	9 935 177	706 023	2 483 000
1947.12	23 253 399	1 652 694	374.51	33 188 576	2 358 479	10 340 000
1948.1	7 752 421	550 989	122.86	40 940 997	2 909 390	13 790 500
1948.2	12 987 772	915 261	141.10	53 928 769	3 832 339	18 440 400
1948.3	15 753 388	1 119 644	129.71	69 682 157	4 951 822	30 155 000
1948.4	24 116 764	1 714 056	153.09	93 798 921	6 666 590	39 553 000
1948.5	43 619 892	3 100 206	180.87	137 418 813	9 766 796	
1948.6				196 520 308	13 967 329	
1948.7				374 762 263	26 635 555	

资料来源：中国第二历史档案馆藏，财政部档案，档号：三(2)-2135(3)。
原始资料附注：1948年1月份之实际增发数额之环比指数，为该年1月份之增发额被1947年12月份之实增数额6 309 656元所除而得。

事实上,一旦形成发行与物价的恶性循环,虽然发行急剧增加,但扣除物价影响后的实际购买力却大大下降,进而使得政府的财政越发难于维持。通过下表的比较可见,消除物价后之发行指数在 1939 年达到 139 的顶点后,开始逐年下降,到 1944 年仅为 31,换言之,即法币发行从 1937 年 6 月至 1944 年增加了 13 464 倍,但货币的实际购买力却不到原来的三分之一。

表 48　1937 年至 1947 年发行与物价比较表

年　度	物价指数 1937.1—6=100	发行 数　额	发行 指数 1937.6=100	消除物价后之指数
1937 (6)		1 407	100	100
1937	103	1 639	116	113
1938 (7—12)	131	2 305	164	125
1939	220	4 287	305	139
1940	513	7 874	560	109
1941	1 296	15 138	1 076	83
1942	3 900	34 360	2 442	63
1943	12 936	75 379	5 357	41
1944	43 197	189 461	13 464	31
1945	163 160	1 031 932	73 332	45
1946	378 539	3 726 118	264 789	70
1947 (1—6)	1 426 874	9 935 177	706 023	50

资料来源:中国第二历史档案馆藏,财政部档案,档号:三(1)-4801。

如果用图来显示物价指数、发行指数与财政支出的变动关系,就会发现,在恶性通货膨胀的局面形成以后,即使发行量增加再快,也满足不了财政支出的需

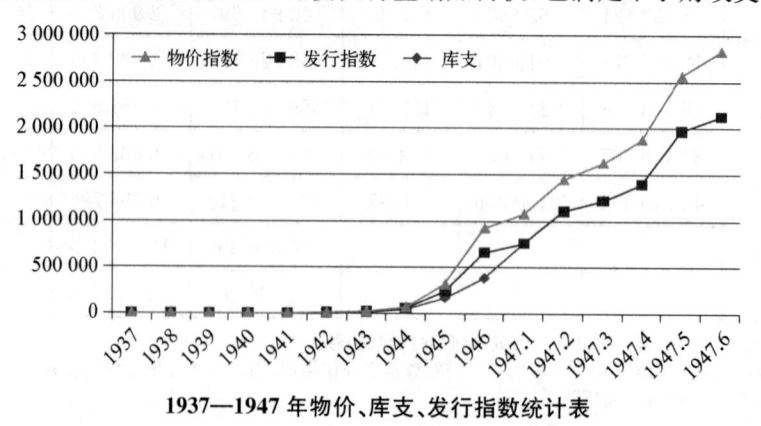

1937—1947 年物价、库支、发行指数统计表

求,而由于物价的更快上涨,结果只能是财政状况日益恶化。而这一局面的形成主要在抗战胜利以后。

再从法币的汇价来看其币值的变化。1946年,上海国外汇兑行市重启,但此时的计算方式与前不同,由法币为基准单位调整为外币为基准单位(详见表49)。

表49　上海境外汇兑市价表(1946.3—1947.10)

年　份	纽　约 (每美元合法币)	伦　敦 (每英镑合法币)	香　港 (每港洋合法币)
1946.3	2 020	—	—
1946.4	2 020	7 200	435
1946.5	2 020	7 150	427
1946.6	2 020	8 125	440
1946.7	2 020	8 925	503
1946.8	3 350(高)　2 020(低)	11 175	548
1946.9	3 350	11 800	658
1946.10	3 350	14 469	730
1946.11	3 350	14 654	891
1946.12	3 350	17 386	911
1947.1	3 350	48 000	1 169
1947.2	12 000(高)　3 350(低)	48 000	1 252
1947.3	12 000	48 000	2 295
1947.4	12 000	48 000	3 000
1947.5	12 000	48 000	3 000
1947.6	12 000	48 000	3 000
1947.7	12 000	48 000	3 000
1947.8	23 720	80 192	4 791.8
1947.9	41 635	123 385	7 325.8
1947.10	53 658	158 962	9 893.8

资料来源:朱斯煌主编:《民国经济史》,银行学会编印1947年版,第523页。
注:中央银行挂牌美汇价格自1946年3月4日至8月8日为2 020元,自1946年8月19日起至1947年2月15日为3 350元,自1947年2月17日起至8月16日为12 000元,1947年8月18日起,美汇、英汇、港汇均以平衡基金委员会基准汇价为准。

法币币值的变化尚可通过物价指数有一个相对客观的反映,但对于法币的发行数额却难说各类统计中能在多大程度上接近法币发行的真实数额。当时的人葛梁在《现时法币发行总数的一个计算法》(1948年6月19日)中称:"中国现时一个最大的谜,同时也是全国人民最关心的问题,莫过于政府法币发行的总数究为若干。在一个财政公开的国家,它的货币发行额都是经常向人民报告。我国自二十四年十一月推行法币政策以来,至抗战开始前,法币发行总数是十四亿元,及战争起后,物价上涨,税收减少,而军政一切开支又骤然增大,其唯一的办法端赖增加发行以维持军事,于是法币的种类增多,票面也逐渐提高。……而财政当局对于历年之发行总额,一向是讳而不言,有时迫于国民参政会之质询及舆论界之呼吁,虽也提出一个数目,但这个数目的真确性怎样,只有那少数管发行的人员才能知道,普通老百姓都是半信半疑,至多也不过说声'不止那些罢'。本月十六日报载立法院开会,财政部要求秘密报告,次日本市《中央日报》载有部长王云五报告,截至目前法币发行数为一百五十五万亿元。这个报告的数字靠得住吗?"葛梁认为法币也应包括关金券在内。作者根据所得的43种法币上的号码进行推算,法币发行额已有3 300万亿之多,而这个数字在发行的总数中,仍然是个极小的数目。加上东北的流通券、各种变相的纸币如银行本票、支票、汇票等,再乘以空前的流通速度,所得法币流通的总数,几乎令人不敢向前推想。[①]

与法币发行数额的增加相反,法币改革之初政府承诺的发行准备金却在抗战爆发以后急剧减少,虽然此时法币已不再兑现,但发行准备空虚从另一方面削弱了法币的币信。

第四节　发行准备日益空虚与币信下降

中央银行统一发行后,从发行准备的再度移交与集中经过可见,主要是账面上的债权债务清理和手续移交,并未有实质性的发行准备增加。从金银外汇的其他来源看,收兑金银工作已于1944年1月停止办理,白银则是有出无进,黄金进口亦采取管制政策,除持有部颁护照者外,概不得自由进口。根据海关统计,1943年进口黄金2 481 488金单位,1944年进口黄金393 460金单

[①] 中国第二历史档案馆藏,财政部档案,档号:三(1)- 4877。

位,1945 年进口 14 100 金单位,1946 年 1—11 月进口 121 859 公两(折合法币 28 110 608 000 元)。①

1943 年 7 月 8 日,财政部长孔祥熙致函美国政府,请求以美国借款购买 2 亿美元黄金。② 1944 年 8 月 10 日,孔祥熙向蒋介石提出了"关于美国黄金运用办法"的条陈:"美国贷款 2 亿美元,购得黄金约合 570 万两,以协助我抗战紧要关头之财政金融,俾平物价。"他还作了进一步的论述:

> 最简之法,莫如保持此项黄金作为法币准备,或指定此项黄金为准备,另发一金券流通。如此办理,巨额黄金自可保存政府之手,不致流散民间,而货币准备亦臻充实。唯目前急切事项,在如何截止法币之继续增发。如法币继续增发,无论以何为准备,同时仍继续增发法币,似难达运用黄金之目的。至另发一种新券,在战时预算不能平衡之前,能否始终保持新旧币之比值,既属疑问。且法币流通全国,已有长久之历史,故此抗战紧要关头,若采非常举动,影响所及,应加重视。窃以目前法币发行数目既已逾饱和限度,今后无论如何似不应再有大量法币之增发,故运用黄金自亦应以如何使其能发挥代替增发法币之作用为正确。同时政府保持此项黄金不使流散之手段,似不妨兼用。为达此目的起见,似宜一面利用黄金收回市面之法币,以应付财政上收支之不敷,一面利用黄金收购物资,既可节省法币之发行,同时黄金亦可消纳。一面由中央银行发行黄金存单,使巨额黄金仍能把握于政府之手中。似此兼筹并顾,运用得宜,今后一年内预算之亏短,或可不再借助于大量发行。发行既不大增,物价自可冀稳定,利息亦可平抑,而对财政金融上之难关,当可减轻。办理原则如下:
>
> 1. 美国运入黄金,由中央银行保管,并委托中央银行指定银行随市卖出黄金,并负平衡各地金价之责。
>
> 2. 各银行卖出黄金,其交付方法分为下列两种:甲,用现货(由中央造币厂铸成一两、三两、五两、十两厂条)。乙,中央银行黄金存单。
>
> 3. 中央银行黄金存单,除随时得持向中央银行提取现货外,如持有人满三个月以上始行提取者,视其存期长短,由中央银行分别酌给利息(利息

---

① 财政部财政年鉴编纂处编:《财政年鉴》第三编下册,财政部财政年鉴编纂处 1948 年印行,第十篇第 8—9 页。

② 《中华民国货币史资料》第二辑,第 416—417 页。

以黄金给付)。上项黄金存单,并得按照票面所载金额,随时折合法币作为公务上及银行之保证金,但不得作为货币流通。

4. 由财政部令中央造币厂铸造金条(略)。

5. 收购大宗物资,如花纱布、油料、燃料,得以黄金折市价给付一部分货款。

6. 开办物品交易所,准做黄金现期货交易,并准公私银行抵押买卖黄金。

7. 重申禁令严防携运黄金出口及前往沦陷区。

蒋介石拿到这批黄金以后,趾高气扬地宣称:"在去年5亿美金借款之中,提出了2亿美元数量的黄金,来供给我国整理币制,平定物价之用,因此大家对于通货膨胀的一个问题,是不必再有顾虑了。"① 于是南京国民政府开始运用抛售黄金与法币折合黄金存款的办法来吸收法币,试图以此缓解通货膨胀的压力。

1943年4月开始,外汇管理委员会开始委托中国农民银行和中国国货银行出售黄金现货。1944年6月底,竞购之风极炽,私人商号及银钱行庄,因受官价减低(自18 500降至17 500)损失甚巨,短期内黄金与美钞又成冷落。于是从7月下旬改售期货,现货市价被迫上涨,一遇期货兑现,价格即跌,兑现拖时愈久,市价愈涨。② 出售黄金情况详见表50。

表50 战时国民政府出售黄金量值

时 期	数量(市两)	价值(元)
1943年至1944年3月底	81 716.517	1 449 061 138
1944年4月底	17 482.650	323 429 025
5月底	65 980.890	1 220 646 465
6月底	115 654.164	2 139 602 052
7月底	125 461.610	2 259 638 590
8月底	51 416.420	899 784 090
9月底	150 326.532	2 630 714 310

① 杨培新编著:《旧中国的通货膨胀》,第44—46页。
② 中国第二历史档案馆编:《中华民国史档案资料汇编》第五辑第二编,财政经济(三),第137—139页。

续　表

时　期	数量(市两)	价值(元)
10 月底	187 080.707	3 274 217 948
11 月底	144 716.711	2 717 234 220
12 月底	27 031.615	540 632 300
1945 年 1 月底	61 730.000	1 234 600 000
2 月底	94 535.078	1 890 701 560
3 月底	20 730.159	416 713 180
4 月底	730.000	25 550 000
5 月底	500.000	17 500 000
6 月底	—	—
7 月底	—	—
8 月底	—	—
9 月底	—	—
10 月底	321.694	27 829 766
11 月底	73 609.923	6 551 283 147
12 月底	1 414.755	125 913 195
总　计	1 220 430.425	27 745 050 988

资料来源：中国第二历史档案馆藏，财政部档案，档号：三(2)-752。
说明：1. 1944 年 3 月底以前是出售国内黄金，1944 年 3 月底以后乃出售美国运来黄金。
2. 1945 年 5 月 29 日起停办黄金期货，10 月起出售现货，故 6 月至 9 月无数字。

法币折合黄金存款自 1944 年 8 月起，各国家行局办理进展甚速。此项办法规定，以十足纯金一市两为单位，一律以法币缴存，法币折合黄金之比价，照当日中央银行牌价计算。存款期限分为定期半年、一年、二年、三年，利率半年周息四厘，一年周息六厘，二年周息八厘，三年周息一分。到期本金以黄金付还，按成色折合十足纯金，利息照存入时法币数额乘算利率，以法币支付。[①] 战时法币折合黄金存款数额详见表 51。

[①] 《中华民国史档案资料汇编》第五辑第二编，财政经济(三)，第 107—108 页。

表 51 战时政府举办法币折合黄金存款

储蓄时期	付金时期	黄金数量（市两）	价值（元）
1944.8	1945.2	370	6 475 000
1944.9	1945.3	9 336	163 380 000
1944.10	1945.4	19 210	336 175 000
1944.11	1945.5	105 079	1 969 667 500
1944.12	1945.6	64 156	1 283 117 500
1945.1	1945.7	233 562	4 671 240 000
1945.2	1945.8	259 176	5 183 520 000
1945.3	1945.9	488 246	9 808 130 000
1945.4	1945.10	255 627	8 942 180 000
1945.5	1945.11	305 649	10 692 570 000
1945.6	1945.12	466 921	19 604 720 000
总计		2 207 332	62 661 175 000

资料来源：中国第二历史档案馆藏，财政部档案，三(2)-752。
说明：1. 东南各省 1945 年 3、4、5 三个月共售 2 597 市两，折合法币 7 900 万元未列入。
2. 法币折合黄金存款自 1945 年 6 月 25 日停止，6 月以后无数字。

根据财政部 1945 年 6 月 29 日向行政院报告，实行"黄金政策以来，截至现在为止，收回法币已达 800 余亿元，对紧缩通货，调节发行，已收相当成效。"但法币的发行仍然继续增加，自 1944 年到 1945 年，虽然回笼了法币 800 亿元，但 1944 年法币发行仍然增加了 1 141 亿元，物价由战前的 209 倍，涨至 587 倍，上涨 180.8%。1945 年上半年法币发行仍然增加了 2 083 亿元，物价由战前的 587 倍涨至 2 133 倍。[①]但国民政府并未放弃以抛售黄金来控制金融的政策。1945 年 7 月 20 日，宋子文在国民参政会上说："我们的政策，不一定将所有黄金全部脱售，但是无论如何，政府有力量在手，就是黄金一项，也就可以控制金融。"[②]

抗战胜利后，南京国民政府持有的黄金外汇达到了一个高峰。据统计，至 1945 年底，国民政府持有的外汇约值 1.4 亿美元，接收的敌伪黄金和白银约值 6 000 万美元，再加上剩有的美国借款、美军在中国开支的结还、中央银行自有的

[①] 杨培新编著：《旧中国的通货膨胀》，生活·读书·新知三联书店 1963 年版，第 54 页。
[②] 同上书，第 72 页。

资财总计值美金 858 049 946.48 美元,其中美元外汇为 571 366 327.84 美元,英镑合值 44 292 656.19 美元,黄金合值 198 920 962.45 美元,白银合值 43 470 000 美元,持有的外汇数量向来没有如此之多。①

因此,南京国民政府再度采取通过抛售外汇和黄金的措施来恢复经济、平抑物价。1946 年 2 月,国防最高委员会通过了开放外汇市场案,中央银行指定 29 家中外银行及 16 名外汇经纪人经营外汇业务,3 月 4 日公布外汇汇价为美元 1 元合法币 2 020 元。由于贸易入超,外汇求过于供,1946 年 8 月 19 日汇价提为 3 350 元,但仍难平衡。据统计,自 1946 年 3 月 4 日至 11 月 17 日,中央银行售出外汇共达 4.55 亿美元。②

1947 年初,在国民党军事上徐州告急和法币万元大钞出笼的背景下,大量来自东北、天津和津浦线的游资集中上海,抢购黄金外汇,引起黄金外汇市价的疯狂上涨。在短短一个多月时间内,黄金涨了将近两倍,美钞涨了两倍。详见表 52。

表 52　黄金美钞市价上涨情况表(1947.1.6—1947.2.10)

日　　期	黄金市价(每 10 两值法币)	美钞市价(每美元值法币)
1.6	358 万	6 500
1.13	365 万	6 600
1.18	385 万	6 600
1.20	391 万	7 000
1.25	411 万	7 200
2.1	408 万	7 750
2.8	560 万	11 500
2.10	960 万	19 000

资料来源:杨培新编著《旧中国的通货膨胀》,第 78—79 页。

面对这样的涨势,从 1947 年 1 月 4 日到 2 月 10 日止,中央银行抛售的黄金只有 79 382 条,其中 2 月初到 2 月 10 日抛售的更少。2 月 4 日只抛售了 1 550 条,而且只作明配,停止暗售。2 月 5 日到 8 日各地金价就闻风上扬,中央银行 2 月 7 日只抛售 1 344 条黄金,2 月 8 日只抛售 570 条黄金,2 月 9 日公开宣布停止

---

① 张公权著,杨志信摘译:《中国通货膨胀史》,文史资料出版社 1986 年版,第 193 页。
② 《中国银行行史资料汇编》上编(二),第 1415 页。

配售,激起了2月10日的"黄金潮"。① 国民政府最终不得不改变外汇市场与黄金市场的开放政策。1947年2月16日,国防最高委员会通过经济紧急措施方案,颁发《修正中央银行管理外汇暂行办法》,改订汇率为美金1元合法币12 000元,取消2月初规定的出口补助与进口附加费办法,禁止金银外币的流通买卖。但经过黄金和外汇的大量出售,使得黄金与外汇储备急剧减少。到1947年2月为止,所存黄金由600万两减为200万两左右。1947年6月30日为止,中央银行的外汇资产减少到32 700万美元。②

1947年3月起张嘉璈接任中央银行总裁,根据他的汇报,外汇的流出有增无已。自1947年3月1日起至9月27日止,买入外汇计合美金107 096 957元,卖出外汇计合美金180 312 461元,净出7 320余万元,其中政府机关占用外汇美金66 989 646元。政府机关占用外汇情况见表53。

表53　政府机关结用外汇之主要项目　　　　　　　　　（单位:万美元）

类　　别	金　　额	类　　别	金　　额
洋　米	1 820	外交部使领馆经费	285
油　料	930	联合国会费	125
偿　债	1 200	各机关派驻国外人员经费	100
军用器材	400	印钞等费用	967.9
铁路器材	292	其　他	579

资料来源:中国第二历史档案馆藏,财政部档案,档号:三(2)-5039。

中央银行统一发行后的这段时期内,有关法币发行准备的统计,目前仅见于1946年5月28日中央银行会计科的一份统计,称当时依然保存在华北的法币现金准备有4 673万余元。其详情见表54。

表54　存华北准备金一览表(1946年5月28日制)

行　名	币　种	重　量	折合率	金　　额	保存地点
天　津	银　币			179 507.00	存　津
中国银行	银　币			20 828 505.70	存平、津、鲁

① 杨培新编著:《旧中国的通货膨胀》,生活・读书・新知三联书店1963年版,第79—80页。
② 同上书,第78—79页。

续　表

行　名	币　种	重　量	折合率	金　额	保存地点
	生　银	569.06	106/715	843.64	存　津
	生　银	1 524.18	67.452 64	2 259.63	存　津
	银　角	96 906.50	12	8 075.54	存平津
交通银行	银　币			25 438 719.00	存平津绥
	行化银	186 248.32	67.452 83	276 116.80	存平津
	银　角	3 992.00	12	326.92	存　鲁
合　计				46 734 354.23	

资料来源：中国第二历史档案馆藏，财政部档案，三(2)-3239(1)。

附注：1."天津银币"是中央银行存津行。2.中交两行系集中发行移交准备金时抵充由各该行出给寄存证交中央银行收执。

法币发行准备的概况，仅能从构成发行准备物品的数量上进行粗略考察，而且必须明确的是这些物品并非都用作发行准备。1946年3月22日，财政部长俞鸿钧致电席德懋，称国家行局外汇资产与负债相抵，尚不敷91 122 552.31美元，唯国库外汇资产现有447 590 735.55美元(此项数额不包括国库对外负债)，内减去上项差额，尚余356 468 183.24美元。国库所存黄金约计5 499 871.515盎司。① 1946年4月13日，行政院长宋子文致电财政部长俞鸿钧，称2月25日通过开放外汇市场案内规定由政府指拨美金5亿元为法币准备金，要求中央银行在政府存款内如数拨出，另账存储，专作法币准备，不得动用，以符功令。4月17日，俞鸿钧回复，称库存美元94 054 107.61元，内有7 436万元属于三十一年同盟胜利美元公债基金，不能动用，故仅余19 694 107.61元。此外尚有美军垫款拨还数25 500万元，复兴公司缴存3 921 091.13元，华侨汇款76 349 614.03元，共计354 964 812.77元，不敷拨供上项准备金之用。②

1947年，财政部统计的黄金白银存量情况如下：

(一)黄金部分。1. 1942年美国5亿元借款项下本项账目，系根据中央银行1947年6月7日中央银行总机字第105号函开列：共购6 285 712.836盎司，计内运6 258 986.578盎司，出售现货913 807.623盎司，法币折合存款603 819.171盎司，业务局出售纯金3 512 831.068盎司，净存1 255 254.974盎司，存纽约联邦

---

① 《中华民国货币史资料》第二辑，第825—826页。
② 《中华民国货币史资料》第二辑，第824页。

银行 26 726.258 盎司。2. 美金公债收入 43 493.000 盎司。3. 由津运沪接收伪中联行生金 194 778.400 两。4. 新疆省府移交整理新币准备金 47 139.660 两。5. 新疆省府移交英美苏各国金币 1 159.650 两。6. 苏浙皖区敌产处理局接收黄金 495 007.545 两。7. 新疆将领马虎山捐献熔后纯金 2 716.324 两。8. 财政部存中央银行黄金（原拟拨作法币基金）4 560 000.000 盎司。以上 1—5 项共计 1 281 981.232 盎司，286 570.710 两，除 26 726.258 盎司存纽约外，余均存中国银行。6、7 两项共计 497 723.869 两已由中央银行收兑。

（二）白银部分。1. 由津运沪接收伪中联行生银 411 504.150 两。2. 由津运沪接收伪中联行银元 54 578 504.900 元。3. 由津运沪接收伪中联行银辅币 27 568.250 元。4. 新疆省府移交白银 405 111.980 两。5. 新疆省府移交银元 8 348.300 元。6. 财政部存中央银行白银（原拟拨作法币基金）44 000 000.000 盎司。白银六项共计 54 614 421.450 元，44 000 000.000 盎司，816 616.130 两，均存中央银行。①

1947 年 9 月 19 日，美国特使魏德迈向杜鲁门总统报告有关中国政府的外汇资产情况。据称中国政府所有的外汇资产，在对日战争胜利时达到最高峰，以后即开始减少。1945 年 12 月 30 日，中国政府及中国人民所有黄金及短期美汇总数估计约为 94 900 万美元，其中属于政府者为 83 500 万美元；此外，私人所有的长期外汇资产至少也有 22 000 万元。到 1947 年 6 月 30 日，中央银行的外汇资产减少到 32 700 万美元，其他国家银行的外汇资产共有 12 300 余万美元以上，私人所有的黄金及短期美汇则较 1945 年所估计的 11 400 万美元大有增加。有些私人的户头，虽因支付进口货物而动用了一部分，但因私人收贮黄金、美钞以及资本经由香港或其他方式逃到国外，故这种动用数目业经补上而有余。1942 年美国所贷黄金售于中国人民者达 15 000 万美元，其中仍在私人手中。据估计，有美钞 5 000 万—7 500 万美元在中国为私人所有，其中很大一部分系中国所持有。因低估出口货值、高估进口货值而引起的资本逃避及侨汇的转往他处无疑为数极为巨大。据在南京的美国财政部专员当时所作的比较可靠的估计，中国人在国内及外国所有的黄金及巩固的外汇约值 5 亿美元。有人估计中国私人的外汇资产高达 10 亿美元，但在美国的私人资产可以断定确属中国所有的，则大致和上述 5 亿美元的数目相近。中国政府估计 1947 年下半年度的美元

---

① 《中华民国货币史资料》第二辑，第 876—877 页。

收支差额约在 10 600 万—12 000 万美元之间。如依这个较大的消耗率来算，1947 年末中央银行的外汇资产将被提用得只剩 20 600 万美元，1948 年底或 1949 年初即可全部耗罄。①

另据张嘉璈的报告，至 1947 年 9 月 27 日止中央银行之外汇存底如下：美元 122 215 070 元，英镑 1 783 288 镑，港币 21 039 530 元，印币 1 120 568 罗比，金 2 450 954 英两，银 44 530 000 英两，共计合美元 251 898 678 元。前列买卖数额并不包括平衡基金委员会的交易在内。自 1947 年 8 月 16 日新外汇办法实施，至 9 月 27 日止外汇平衡基金委员会买卖外汇情形如下：买入美元 13 830 355 元，英镑 1 833 016 镑，港币 2 772 262 元，共合美金 21 855 000 元。卖出美元 10 166 529 元，英镑 1 618 788 镑，港币 1 057 850 元，共合美元 16 906 000 余元。买超净额：美元 3 663 825 元，英镑 214 227 镑，港币 1 714 411 元，合美元 494.9 万余元。②

可见，抗战胜利后，一面是法币发行的激增，一面是作为发行准备的金银和外汇急剧减少，两相作用的结果必然是法币发行准备的日益空虚。这一点从下述国民政府的决议中即可得到有力地证明：1948 年 3 月 26 日，在法币因膨胀而行将崩溃之际，国民政府国务会议修正通过《出售国营事业资产充实发行准备办法》，预备指拨出售部分国营事业股票和敌伪产业。接着，4 月 14 日财政部长俞鸿钧向国民大会报告时声述："截至上月底止，法币发行数额总共尚不及 70 万亿元，政府除保有外汇、黄金、白银共值约美金 29 000 万元外，最近已拟有出售国营事业资产充实法币准备办法，总计价值 4 亿美元，作为法币准备金之一部分。……深信从此法币得有最稳确之基金以充准备之后，其价值必自相当稳定，物价亦可藉以平抑。"③由此规定亦可约略窥见当时法币发行准备缺额巨大。

---

① 中国人民银行总行参事室编：《中华民国货币史资料》第二辑，第 823—824 页。
② 中国第二历史档案馆藏，财政部档案，档号：三(2)-5039。
③ 《财政部长俞任内政绩交代比较表》(自 1944 年 11 月至 1948 年 5 月)，中国第二历史档案馆藏，国民政府行政院档案，档号：二(6906)，缩微盘号：16J-1340；中国第二历史档案馆藏，财政部档案，档号：三(2)-328；李恭宇：《论发行准备与币值稳定》，《银行周报》第 32 卷第 38 期，1948 年 9 月 20 日。

小　结

　　法币改革作为中国货币史上的一个新纪元,使纸币脱离了金银的约束而进入管理货币阶段,从纸币史的发展及其改革时所处的历史背景来看,有其积极意义。但从实际执行的情况来看,南京国民政府只是打着充实发行准备的幌子,既没有建立起必要的信用制度,又没有保护现金准备,而是无限制地增发纸币,导致纸币币值的不断下跌。

　　张嘉璈在总结南京国民政府通货膨胀的教训时,对于政府的处置失当指出:通货膨胀一旦形成恶性循环,其进程就越发难以遏止,这是一条不可颠破的公理。中国的通货膨胀本应在其早期予以遏制。首先,1938年末至1939年初,政府被迫转移到经济不发达的内地,宣称为了挽救民族的危亡,决心进行长期抗战,曾得到人民的拥护,这就是遏制通货膨胀的一次绝好机会。其次,在1941年末,美国进入太平洋战争,解除了人们心理上的压力,美国对中国提供了财政上的援助,这又是一次中国政府进行一劳永逸的财政改革的良机。第三,在第二次世界大战告终时,中国政府应明白,没有基本的改革以稳定货币,中国是无法进行经济复兴的,而号召进行改革一定会把全国的爱国人士团结起来,这真是一次具有战略价值的难得机会。然而,政府却一次又一次地坐失良机,以致良机永不再来。政府之所以不能用非通货膨胀方法来增加岁收以及通过储蓄和征税方法来吸收剩余的需求,在很大程度上是由于恐怕因此而丧失人民的拥护。政府遂坚决拒绝采取有效步骤来调整支出,并且过分重视政府的威信和外来的军事力量的重要性。政府不顾及政治和军事支出对经济所产生的后果如何而予以核准。从长期来看,经济的健康是政治力量的前提条件,可是政府对此却熟视无睹。竟一味追求饮鸩止渴式的所谓终南捷径。政府到了不得不承认在各种经济措施都失败了的时刻,便又求助于政治手段。孤注一掷地把它的政治威信和前途押在那次短命的货币改革——即实行金圆券方案上。这只足以说明,政府的政治力量已不复存在,人民对它的信心已扫除净尽,从而加速其最终的垮台。中国的通货膨胀也给人们这样一个经验教训：对财政预算和银行体系的行政控制,已证明是个最不健康的结合体。政府预算是由政治当权者所操持,而不是由正当途径选举出来的权威加以严格审查、监督,中央银行被当作是政府的账房,从而其创造货币的能力不但不是国民经济的福星,反而成为祸根。在中国,政治当权者操有对财政预算和中央银行独裁统治的大权,而这些人对其所控制的经济能量的性质却一无所知。通货膨胀如脱缰之马而任其所之,政府的最后命运,早已注定。经济上的不稳定终于导致了政治上和社会道德上的崩溃,在这种情况下,任何军事集团都可不费吹灰之力而被清除。[①]

王璧岑在分析法币通货膨胀的成因时曾强调："其实政府一贯的措施,在表面上看,似乎是始终'抱定了一个紧缩政策',但在实际上,却完全是假的紧缩,比方抛售黄金,表面是在使通货回笼,实际上却为特殊人物制造发财机会,增加投机对象,最后正是通货大量出笼,又如管制外汇,压低汇率,事实正是为了便于特殊阶级套取外汇,加强财富集中,并减少了通货回笼的数量。再如统制物价,事实上正是造成通货加速膨胀的因素,无怪其非但没有从根本上挽救经济危机,甚而还适得其反加重了经济的混乱。同时战后中国农工生产之萎缩,我认为也就正是这些因素构成的。政府一切措施,既在有意无意地加速通货膨胀,帮助财富集中,绞杀生产事业,形成经济危机,所以作者才来特别强调改革币制以及稳定币制的重要。"[②]

李铭亦对金圆券发行准备政策措施目的与结果的背离有过分析。他认为强制收兑金钞目的是充实发行准备、稳定币值。但效果之一是"由收兑金钞而增发之金圆券,大部分成为游资"。因为人民出兑金钞,是出于法令强制,而非基于社会经济需要,因此政府因收兑而增发之金圆券,大部分成为游资。政府虽出售国营事业股票及敌伪产业以资吸收,而吸引条件不足,故消纳力量有限。效果之二是"遵照法令出兑金钞者,多系大都市中普通工商业及工商人士与一般小市民。豪门所有,是否照兑,不得而知。大都市以外人民出兑者,殆属不多。此点在一般小市民心目中,不免引起怨望"。[③]

[①] 张公权著,杨志信译：《中国通货膨胀史(1937—1949)》,文史资料出版社1986年版,第238—240页。
[②] 王璧岑：《通货膨胀论》,商务印书馆1948年版,第29—34页。
[③] 李铭：《币制改革私议》手稿(1948年),上海市档案馆编《上海银行家书信集(1918—1949)》,上海辞书出版社2009年版,第246页。

杜恂诚认为中央银行制度需要与合理的财政制度、货币金融制度相配套,才是有实质内涵的。但南京政府并没有致力于合理的配套制度的建立,只是服从于垄断金融的需要。在抗战之前的1936年,中中交农四家发行额"已增至122 200余万元的巨数。一年之间,所增之数,几及一倍"。南京政府的财政支出主要并不是靠财政收入来维持,而是靠发行通货来维持的。1946—1948年,赤字占财政支出三分之二左右,通货发行呈天文数字,1948年8月法币崩溃时与1945年8月日本投降时相比,三年间法币的发行量增加1 190余倍。本该控制通货供给的中央银行,却成了扰乱通货的直接责任者,因而其所实施的货币政策,仅具有形式的意义。南京政府中央银行的货币政策目标和工具都是扭曲的,其货币政策目标当然已经脱离了对货币发行数量的控制。①

上述论述都从不同角度揭示了南京国民政府发行准备政策失败的深层原因。政府明知发行准备政策只是一个暂时的手段,更多是心理上的作用。但他们却不及时进行相应的财政金融改革,面对危机时依然打出发行准备充实作幌子。货币不是凭空产生的,国家虽然在主观上可以发行不兑换纸币,但却不能抹杀货币的客观条件。所谓管理通货制度,其着重之点,就在于"管理"二字,而且货币不是容易"管理"的,因为物价问题不是单纯的货币问题,货币问题尤不是单纯的货币数量问题。实行管理货币的一大前提,就是必须有健全的机构切实管理,方能有效,南京国民政府时期始终没有这样一个健全的机构。要维持纸币币值的稳定,最关键的还在财政,如果财政能够平衡或接近平衡,不用借发行为挹注,发行数量自然能够控制。财政收支不能平衡,货币价值也不易维持稳定,而货币价值的不稳定,也更能加深财政收支的不平衡,二者互为因果,成则均成,败则均败。而在南京国民政府时期,一多半的时间里战争不断,军费支出庞大,在此情形下,财政绝对不会平衡,每年惊人庞大的赤字支出,势必发行钞票来弥补,通货恶性膨胀,货币已成为财政的俘虏。管理通货的发行准备政策,以南京国民政府承担责任、做出承诺始,却以放弃责任、打破承诺终,在此复杂的演变过程中,由于政府对发行准备的规定、宣传与实际执行的背离而不断失去民众的信任,最终导致对政府信心的崩溃,使政府所有的挽救措施都失去效力。

---

① 杜恂诚主编:《上海金融的制度、功能与变迁(1897—1997)》,上海人民出版社2002年版,第21页。

下篇　金圆券阶段的纸币政策

人人争道金圆券,金圆二字何曾见?枉自想金洋,依然纸一张。 簇新多彩泽,旧钞无颜色。可再似从前?圈圈圈上天。

——《菩萨蛮·迎金圆券》

这是一首发表于1948年9月天津《大公报》上的小词,那时金圆券刚刚发行,可后来的事实证明了这位市民的预言,迈向了"圈圈圈上天"的结局。1948年8月19日,蒋介石以"总统命令"的形式颁布《财政经济紧急处分令》,宣布实施币制改革,同时公布《金圆券发行办法》,规定以金圆为本位币,每圆之法定含金量为纯金0.222 17公分,由中央银行发行金圆券,十足流通使用。金圆券改革伊始即遭到各方的质疑,认为在当时不具备改革的条件,事实也证明在不到两个月的时间内,金圆券改革即以失败告终,并造成了史无前例的恶性通货膨胀。

金圆券是为解决法币难以为继的恶性通货膨胀而出台的,而它本身又几乎成了恶性膨胀的代名词,使那个时代的人们经历了谈金圆券而色变的痛苦时期。正因为这次币制改革的背景是法币的崩溃,如何挽回人们对新币制的信仰即成为首要问题,对此,南京国民政府采取了诸多措施以提高其信用,即:采行金圆本位制;十足发行准备制;规定最高发行额;设立金圆券发行准备监理委员会以检查、保管金圆券发行准备,并监督发行数额和准备的比例;以严刑峻法限制物价。但在执行中所有的规定和承诺屡被打破,这些措施也就成为检验政府失信的晴雨表,当民众的满怀希望化为彻底的绝望,金圆券也就短短数月间走向崩溃。

对于金圆券改革,论者多以"短命""荒唐""闹剧"名之。但对于这次影响一代人的生活、攸关一个政权生死存亡的币制改革,仍有从学理、根源、流变等方面去进行研究的必要。这样的研究对后人了解那段历史,从改革失败的原因中吸取教训,更加有意义。

第一章
金圆券改革的决策内幕

金圆券改革的决策内幕成为人们关注的问题，或许不仅是对造成如此恶果的兴师问罪，更主要的是要探究这样一次看似"荒唐"的币制改革为什么会推行。笔者在梳理相关研究史的过程中，发现以往研究都集中于王云五身上。

首先是金圆券改革当事人的回忆中，多认为王云五是币制改革案的主要拟定者。时任南京国民政府立法院货币小组成员的黄元彬曾回忆，王云五曾向翁文灏提议以中央银行所存的黄金和证券作保证，发行金圆券以代替法币。[①] 寿充一认为，关于金圆券方案的起草，王云五、徐柏园是合谋的，当初发动的是徐柏园，后来卖劲的是王云五，尤其在拟议和执行过程中，王勇气十足，积极条陈，多方推动。[②] 直接参与币制改革方案拟订小组的李立侠回忆：金圆券改革前，蒋介石命财政部和中央银行分别拟订币制改革方案，财政部以王云五为首，中央银行方案以俞鸿钧为首，蒋介石采用了财政部的方案。[③]

其次是后来对此问题的相关研究中，基本都认定王云五是金圆券改革的"始作俑者"，只是表述的方式略有不同。[④] 对此持有异议的仅见台湾历史学家沈云龙，他提出在金圆券案中王云五是"代人受过"，而且金圆券发行也有功不可没之

[①] 黄元彬：《金圆券的发行和它的崩溃》，《货币风潮——币祸》，中国文史出版社2004年版，第218—219页。
[②] 寿充一：《发行金圆券是否王云五之计？》，《货币风潮——币祸》，中国文史出版社2004年版，第233—234页。
[③] 李立侠：《金圆券发行前的一段旧事》，《货币风潮——币祸》，中国文史出版社2004年版，第236—238页。
[④] 王作化、王晋阳、王鹏：《短命的币制改革：王云五与金圆券的出笼》，《文史博览》2008年第9期；张皓：《王云五与国民党政府金圆券币制改革》，《史学月刊》2008年第3期；李金铮：《旧中国通货膨胀的恶例——金圆券发行内幕初探》，《中国社会经济史研究》1999年第1期；郭太风：《王云五：金圆券风潮中的一个关键人物》（上、下），《档案与史学》1999年第4、5期。

处。① 沈云龙的文章发表后,在台湾引起一场论争。其所谓"代人受过",所"代"者谁? 沈云龙未做说明,也无暗示。

如此重大的一次币制改革,显然不是王云五一个人能够决定的,但为什么焦点却集中他身上? 主要原因在于王云五作为当时的财政部长,又是币制改革方案的主要拟订者,因此人们在追究金圆券改革的责任时多将账算到了王云五的头上,认为是他发明了这个所谓的"补天"之术。而且王云五在其个人自述中详细记载了这次币制改革的原委,成为研究金圆券决策内幕的主要资料依据。

但笔者在爬梳中国第二历史档案馆所藏的财政部档案和美国胡佛档案馆所藏的蒋介石日记、张嘉璈档案之后,发现以往研究中忽略了两个至关重要的问题:

第一,金圆券改革案的拟订决非如有些人所谓是王云五"突发奇想",也不是他的"发明",而是对以往币制改革方案的归纳和提炼,是当时关于币制改革的基本共识。这一点王云五的追述已说得很明白,财政部的档案也证明了这一关系。

第二,以往研究中忽略了蒋介石对金圆券改革的决定作用。论者只将蒋作为一个对币制改革方案的评判者和选择者,却没有注意他本人对币制改革的直接推动。

下面将通过不同史料的证实与证伪,逐步廓清金圆券政策出台的历史过程,以期更加全面客观地了解这次币制改革的背景。

第一节 王云五与金圆券改革

一、金圆券改革的推动者与实践者

关于王云五与金圆券改革的关系,直接佐证即是其本人的追述:"我对财政部长之职,在固辞不获准之后,唯一的诱惑使我勉允担任此席,就是对于改革币制之憧憬。以故,我到任后,立即开始此项计划,而且无日不是念兹在兹。首先我就财政部中的主管人员,分别查询,并令检呈所有关于改革币制的旧案和意见;其次我便利用前此不甚重视,而实际上拥有不少对于币制有研究的人员和资料。我的方法,是尽量听取他们的意见,而一点没有表示我的意见。偶然有出题目争取意见的必要时,我也只将争取意见之一点,托辞属人研究,却没有透露全

---

① 沈云龙:《王云五与金圆券案质疑》,台湾《传记文学》第35卷第4期。

盘的关系。此外我还从财部秘书处资料室所剪贴保存历年国内关于改革币制的资料,合计起来,连部内外关于改革币制的意见文件,不下七八十种。我一一都把他们阅过和归纳起来。我认为在自力更生下的改革币制,一方面固须尽力搜求获得可能控制的发行准备金,他方面还须配合其他种种措施。所谓配合的措施,便是关于平衡国内收支,平衡国际收支以及管制经济金融等事项。因此,我便就年来念兹在兹的观念,参以部中所得的实际资料和部内外专家的意见,由我详加考虑后,亲自草拟一道改革币制平抑物价平衡国内及国际收支的联合方案,于七月七日,就是我就职约一个月后,提请翁院长考虑,并呈送蒋总统核夺"。①

这段自述说明了相关的以下几点:一是王云五本人对于币制改革早有热情,并将其作为财政部长任内的首要大事,积极推动与实践。二是币制改革的内容源自以往的各种币制改革方案和专家建议。三是他认为币制改革需有相应的经济措施作为保障。那么金圆券改革的内容与以往币制改革方案有哪些关联呢?

二、金圆券改革案内容的由来

金圆券改革内容的重点在于:以金圆为本位币,由中央银行发行金圆券;采十足准备制,发行准备中必须有40%的黄金、白银及外汇准备,其余60%以有价证券及政府指定之国有事业资产充当保证准备;金圆券发行总额,以20亿元为限;金圆券发行准备之检查、保管,设金圆券发行准备监理委员会办理。这些规定在此前的币制改革拟议方案中已有较多讨论。

抗战期间,由于法币通货膨胀日益严重,改革币制的问题已经提出讨论。1942年初美国5亿美元贷款签订后,国民政府就广泛征求如何利用这一贷款来平抑物价、稳固币制的建议,有人即提出利用美国提供的价值2亿美元黄金推行币制改革,并提出详细的《新币制方案》。提议者认为此前准备无着,不敢轻谈变更币制,但现在既有巨额黄金,复有充分外汇,诚为改革币制千载难逢之机会。这一币制方案的主要内容有:采用金块本位制,新币单位定为每元含纯金8.8867公毫(等于美金含金量十分之一);新币暂不铸发硬币,由中央银行发行10元、50元、100元之金币兑换券,另由中央造币厂铸造等于50元、100元、500元金币所含纯金之金条备兑;中央银行金币兑换券准备金,分为现金准备及保证准备两种,其中现金准备50%,以黄金及外汇充当,保证准备50%,以国民政府

---

① 王云五:《岫庐八十自述》(上册),《王云五文集·陆》,江西教育出版社2011年版,第564页。

发行之金公债、外国政府发行之证券和国内外著名工商业短期票据充当;新币发行及准备金的检查,由中央银行特设发行委员会,延聘社会著名人士充任委员,按月检查。① 该方案还考虑再增借美元 5 亿元,以一部分购成黄金运到中国,拨充新币准备,始终保持兑现。同一时期,著名财政专家、时任江苏省财政厅长的贾士毅亦在《改革币制以谋稳定物价之建议》中提出恢复硬币、铸造金币,以挽回群众心理,并与国际货币取得联系,奠定战后币制基础。② 另有一份《利用黄金外汇稳定经济弥补财政意见书》提出在战事未结束以前,发行金兑换券或金汇兑券。③ 当时的各类币制方案中,与此观点相似的还有很多。

抗战胜利后,币制改革更是被提上了议程,大部分方案也都提出金本位、发行准备和发行准备管理委员会的问题。有一份《新币纲要》将新币定名为元,每元含纯金量 3.427 5 公分,合美元二角五分;新币之准备金,现金准备至少 50%,以黄金白银外汇充当,保证准备不得超过 50%,以有价证券、货物栈单充当;政府特设新币发行管理委员会,任命民意机关及全国银钱业工商团体代表为委员,按月检查发行数额及准备实况公告;自新币发行之日起,所有黄金白银除依照规定得充领券准备外,不得买卖行使。④

1946 年 9 月 13 日,财政委员黄元彬在《解决当前货币财政问题之意见——提前采行金本位制》中提出新货币单位应规定含有一定的纯金量,并预铸金币,以备兑现;新货币可依照法定的纯金量无限制地兑换金币、金条或外汇;以黄金六成为准备,在两年内分批运入合美元 2 亿元之黄金,约新币 10 亿元,以经常超过六成为度。⑤ 黄元彬认为采行金本位制、无限制兑现都是为了适应国民心理而设,如果准备充足随时无限制兑现,就不会发生挤兑,六成现金准备足以应付。

朱士正在《中国有限兑现之金本位纸币》中直截了当地指出"政府可立颁法令,宣布废除我国现行之法币制度,改行金本位(金本位纸币)"。他主张发行准备金中应有 5 亿金元及 2 亿银元的现金准备和 20 亿金元的保证准备金,所发行

---

① 《新币制方案》,南京中国第二历史档案馆藏财政部档案,档号:三(1)- 4880。
② 贾士毅:《改革币制以谋稳定物价之建议》,南京中国第二历史档案馆藏财政部档案,档号:三(1)-4880。
③ 《利用黄金外汇稳定经济弥补财政意见书》,南京中国第二历史档案馆藏财政部档案,档号:三(1)-4879。
④ 《新币纲要》,南京中国第二历史档案馆藏财政部档案,档号:三(1)- 4877。
⑤ 黄元彬:《解决当前货币财政问题之意见——提前采行金本位制》,南京中国第二历史档案馆藏财政部档案,档号:三(1)- 4879。

之金银纸币,皆为兑现货币,但只能为有限制兑现,兑现的种类由银行决定,请求兑现者毫无选择的权利。政府可颁布紧急法令,立刻禁止国内的中外金银货币及金银流通。① 有人建议以存在美国的外汇为准备,发行一种金圆券,发行准备除利用政府所存各项外汇余额及盟军拨还军用垫款之外汇外,并可借用政府银行以及本国人民的国外存款。金圆券为与美币联系起见,每元代表黄金重量,应与美钞相等(或减二分之一)以便互换通用。此项金圆券不兑现,但因供给工商业建设之需要,准予尽量向政府委托银行申请核给外汇。② 另有一种整理通货方案,综合上述两种拟议,建议仍利用出卖黄金政策,以吸收法币回笼,减少发行,同时向美国政府交涉,利用存在美国的外汇黄金为准备基金,发行一种金圆券,以补救法币政策之穷。发行准备暂采六成现金制,其余四成仍以外汇为基金发行之债券拨充。新券单位以金计算,为与美币联系起见,每元代表黄金重量,应与美钞相等(或减二分之一)以期互换通用。③

1947年11月27日,财政研究委员会研究员康伦先拟订的《整理币制方案》中,亦主张采行管理金本位制,对内不兑予金币或金块,只售给外汇,准予自由兑换银辅币。采行此制,规定黄金多少为本位币,不与任何外币发生联系。关于发行准备,康伦先认为须有30%现金准备,其余为保证准备。同时要设置币制管理委员会,该会之主要任务在监督纸币发行与发行准备金是否合乎法定比率,借以坚定人民对货币的信心,此会应由财政部长、中央银行总裁及中国、交通、中国农民银行首长、立法院、监察院代表、金融业、工商业及社会知名之公正人士组成,每月检查一次,并予以公布。④

1948年5月19日,财政部职员刘锡龄的《试拟币制改革方案》,亦建议采用管理金本位制,规定本位币的含金量,不铸造金币,而以代表金本位币的纸币流通于市面,它的价值可与美元发生联系,以资维持。为保障新币信用起见,要设置发行准备,其中现金准备占六成,应以黄金白银及外汇为限,保证准备占四成,应以政府发行的公债、政府认可的有价证券、短期商业票据、生产事业投资等抵充。⑤

---

① 朱士正:《中国有限兑现之金本位纸币》,南京中国第二历史档案馆藏财政部档案,档号:三(1)-4878。
② 南京中国第二历史档案馆藏财政部档案,档号:三(1)-4879。
③ 南京中国第二历史档案馆藏财政部档案,档号:三(1)-4880。
④ 康伦先:《整理币制方案》,南京中国第二历史档案馆藏财政部档案,档号:三(1)-4878。
⑤ 刘锡龄:《试拟币制改革方案》,南京中国第二历史档案馆藏财政部档案,档号:三(1)-4878。

从上述有关币制改革的各种方案中,可以发现自抗战以来,主张采行金本位制的呼声颇高,而且在法币日益通货膨胀的情况下,试图通过设置发行准备和兑现以恢复纸币信用的观点也比较普遍。将这些币制改革方案中的基本内容与《金圆券发行办法》进行比较,即可发现两者之间的关联。王云五在阐述自己对于改革方案的设想时,特别强调"对于新币之成功失败,我自始即认为与充分准备及限制发行有极大关系。本来发行准备无需十足现货,但为着挽回过去信用几等于零之币信,故主张有十足现货准备之必要"。[①] 金圆券改革方案得以付诸实施,正是因为迎合了当局者及大多数人对于恢复人民对纸币信仰的认识。

第二节　蒋介石在金圆券改革中的决定作用

蒋介石在金圆券改革中是真正意义上的决策者和推动者,对币制改革的推行起着决定性作用,这可以从他的币制改革主张、人事调整和立法程序变更等方面得到证实。

一、积极推动币制改革

蒋介石对于改革币制的想法由来已久,抗战胜利后,蒋介石即积极推动币制改革。1945年9月13日,时任财政部长俞鸿钧奉蒋介石手令:"今后改革币制发行新币之方案及其实施之时期,希即密为研究议拟从速呈报为要。"10月18日,俞鸿钧即呈报了《改革币制之准备工作及新币纲要》,内容如下:

一、发行新币定名曰元,其对外汇率,订为每五元合美金一元,此项汇率,较战前法币价值略低,当可有助于我国对外贸易之发展。

二、新币与法币间应根据当时物价及汇价情形,规定比价,然后依照比价,将法币陆续收回。

三、上项比价规定一个月后,应将新币汇率加以复核,必要时酌予修正,随即将汇率通知国际货币基金。

四、新货币之本位用金,但不另铸金币,以外汇表示其价值,辅币分二

[①] 王云五:《岫庐八十自述》(上册),《王云五文集·陆》,江西教育出版社2011年版,第571—572页。

十分、十分、五分、一分四种,以银、镍、铜分铸之。

五、新币发行权应为中央银行所独占,其准备分:(1)金银及其他国际货币基金会员国之货币或存款。(2)优良之短期商业票据及货物栈单。(3)公债与国库券。上项准备最低不得少于发行总额百分之三十五,最高不得超过百分之五十,如有不足或超过情形,中央银行应即运用公开市场政策及利率政策从事调整。

六、纸币发行采弹性制,中央银行得视社会经济发展及准备金情形随时调整发行额,但为防止发行权之滥用起见,应设置一发行管理委员会,中央银行于每次调整发行额之前,应先提请该委员会审查通过,政府对于发行与准备事宜,应绝对公开。

七、设立外汇平准基金,确保新币对外价值之稳定,对于一切正当外汇需要,尽量供应,但对于资金逃避现象则仍应与国际货币基金切取联系,严予取缔。

八、关于外汇平准基金之运用,应于中央银行设立汇兑局处理之。

九、新币发行后政府一切收付民间一切交易及契约之订立应统以新币为限。①

俞鸿钧认为整理币制能否成功,要看下列三项条件是否具备:(1)国内外运输畅通,贸易恢复,物资方面得到接济,后方与收复区物价获得相当而接近之水准。(2)财政状况改善,不再以发行为挹注,俾货币对内价值得以稳定。(3)国际收支能维持平衡,保持外汇基金不能耗竭,以稳定货币对外价值。显然,在当时这三项条件都未达到,但蒋介石却认为币制改革可以推行。10月30日,蒋介石就对俞鸿钧呈交的《新币纲要》做出批示"办法可予照准",并认为新货币发行时似可即铸少数金币。② 财政部认为币制改革条件不成熟,发行金币似应从缓。时任行政院长宋子文和中央银行总裁贝祖诒,也对改革币制顾虑重重。因此,改革币制的日程就被推迟下去。

1947年3月,张群继任行政院长,俞鸿钧连任财政部长,张嘉璈为中央银行总裁。蒋介石在对张嘉璈的职务尚未正式发表之时,已提出"改革币制之从速实

---

① 《改革币制之准备工作及新币纲要》,南京中国第二历史档案馆藏财政部档案,档号:三(1)-4851。

② 同上。

施"的设想。3月22日,蒋介石批准发行美金公债4.8亿元,他认为接下来的步骤便是"着手改革币制"。① 此后,他不断推动币制改革,6月份的日记中屡屡提及"发行新币之研究""改革币制之计划""约公权研究发行新币与禁用外币令""改革内政与币制""经济与币制改革新方案之督导""经济与币制之措施""与公权谈币制改革问题""改革币制之方案""发行新币制""币制改革方案之督导"等,②几乎无日不谈币制改革。可见币制改革已成为他关注的首要问题。1947年7月2日,蒋介石与张嘉璈研究改革币制方案,讨论利害得失,决定购银制币兑现办法,以恢复币信。他要求张嘉璈"速发行银币,俾得暂维纸币信用,切勿再望美国借款后方整币制,贻误国事"。③

但是张嘉璈对币制改革的态度远没有蒋介石所期待的那样。张嘉璈认为要抑制通货膨胀,必须减少中央银行的垫款,这是美元公债库券计划成功与否的关键,也是他担任央行职务之成败所系、实亦政府基础能否稳固之所系。但蒋介石否定了张嘉璈的提议。张嘉璈为此慨叹"我之发行公债库券计划,将全盘失败,等于一场空梦。诚恐国家恶运,注在今日矣",并且认为"我之计划既难实行,理应挂冠以去"。④ 张嘉璈认为购银制币兑现的办法,实施的前提条件是至少举借价值5亿美元的生银贷款。与此同时中央银行的政府垫款,必须有限制,与财政部尤须划分界线。若中央银行长此为财政部附庸,予取予求,无论用金用银,均无办法,不久币制仍将崩溃。⑤ 1948年3月12日,蒋介石以经济险恶,物价飞涨,又召张嘉璈商量改革币制,准将招商局、中纺公司等国有财产归中央银行,抵借为发行新币基金之用。⑥ 1948年4月7日,与张嘉璈谈稳定币价与改革币制的次第程序,拟利用美援物资之收入平衡外汇与收支,先稳定物价而后改革币制。⑦ 张嘉璈所提出的减少中央银行国库垫款的条件当然不可能实现。非但如此,中央银行国库垫款日增不已,以致发行日巨,物价日涨,外汇存底日益减低,这些根本问题不解决,仅依赖于种种治标之策,等于杯水车薪。因此,银币兑现的方案也没有实施。

---

① 《蒋介石日记》(1947年3月),[box46.6],斯坦福大学胡佛档案馆藏。
② 《蒋介石日记》(1947年6月),[box46.9],斯坦福大学胡佛档案馆藏。
③ 《蒋介石日记》(1947年7月),[box46.10],斯坦福大学胡佛档案馆藏。
④ 1947年5月1日、5月3日日记,姚崧龄编著:《张公权先生年谱初稿》下册,台北:传记文学出版社1982年版,第828页。
⑤ 1947年6月18日日记,姚崧龄编著:《张公权先生年谱初稿》下册,第840页。
⑥ 《蒋介石日记》(1948年3月12日),[box46.19],斯坦福大学胡佛档案馆藏。
⑦ 《蒋介石日记》(1948年4月7日),[box46.20],斯坦福大学胡佛档案馆藏。

1948年5月,蒋介石再度更换币制改革人选,翁文灏任行政院院长,王云五任财政部长,俞鸿钧任中央银行总裁。6月5日,蒋介石认为:"通货膨胀已至第三期最危险之程度,仅恃外援与现金实无挽救之道,对于实物与土地货币乃应切实准备,以应急需也。"①6月24日,蒋介石提出:"如以已有现款与美元物资为基金,而将原有通货存储收兑,发行新币,何如。"②6月29日,蒋介石即对俞鸿钧指示对币制改革与平抑物价之要旨与方法,并召见翁文灏和王云五商议改革币制及平定物价之根本办法。③ 由此可见,蒋介石对币制改革的思路此时已基本确定。7月1日,蒋又召见翁、王、俞协商币制与平价方针及办法。④ 他自己也认为"对于改革币制与管制物价已有大体之办法,唯在实行与准备如何耳"。⑤

但是对于这样的币制改革计划,俞鸿钧不赞成。于是蒋介石专门约谈俞鸿钧,对他展开说服工作。据其日记记载:7月14日"下午研究经济政策与财政问题,与俞鸿钧讨论发行新币问题,彼已不坚持反对主张,唯能延迟时间则尽量延迟,以待九十月间之发行,则先得我心也"。⑥ 做通了俞鸿钧的工作,蒋介石即开始紧锣密鼓地推动金圆券出台的各项工作。7月28日下午,"审阅改革币制具体办法,并指示蒋经国商谈经济管制之组织与人事"。⑦ 7月29日,"俞鸿钧来见,面商改革币制方案,晚课后翁、王、俞等来商币制问题"。⑧ 8月8日晚,"约翁文灏谈经济币制事,决定改革币制与管制经济日期,注重于辅币之兑现以增加新币之信用,或可延长新币之命运也,以现有各种硬辅币,其价值五千万元以上,而日本收回之铜质尚不在内也"。⑨ 8月19日,"到政治会议提出改革币制与管制经济之临时命令,讨论至六时,乃作最后决定,修正几点通过,此为三年来一贯之政策与唯一之主张,因子文、岳军、公权、鸿钧等皆畏缩不决,未敢执行,而今日终以事急事迫不得不由此一举,咏霓【翁文灏——引者】与云五能毅然实施,亦可谓奋勇难得矣"。⑩ 8月19日的日记点明了金圆券改革的主使者即是蒋介石,频繁的人事变动,只在于这些人是否肯迎合、推行他的想法。

---

① 《蒋介石日记》(1948年6月5日),[box47.1],斯坦福大学胡佛档案馆藏。
② 《蒋介石日记》(1948年6月24日),[box47.1],斯坦福大学胡佛档案馆藏。
③ 《蒋介石日记》(1948年6月29日),[box47.1],斯坦福大学胡佛档案馆藏。
④ 《蒋介石日记》(1948年7月第一周反省录),[box47.2],斯坦福大学胡佛档案馆藏。
⑤ 《蒋介石日记》(1948年7月1日),[box47.2],斯坦福大学胡佛档案馆藏。
⑥ 《蒋介石日记》(1948年7月14日),[box47.2],斯坦福大学胡佛档案馆藏。
⑦ 《蒋介石日记》(1948年7月28日),[box47.2],斯坦福大学胡佛档案馆藏。
⑧ 《蒋介石日记》(1948年7月29日),[box47.2],斯坦福大学胡佛档案馆藏。
⑨ 《蒋介石日记》(1948年8月8、9日),[box47.3],斯坦福大学胡佛档案馆藏。
⑩ 《蒋介石日记》(1948年8月19日),[box47.3],斯坦福大学胡佛档案馆藏。

二、集中财权与变更立法

金圆券改革的另一个关键因素是蒋介石对于财政大权的集中。蒋介石对于宋子文和孔祥熙长期把持财政权[①]、无视他的意见早就不满,此种矛盾在蒋日记中多有记载。1927年1月5日:"上午与子文谈话,向余辞职,军事频受其影响,苦痛已极,二年以来受其财政压迫,非言可喻,与樵峯商议财政办法。"1933年1月13日:"与子文谈财政之策,苦劝其注重地方经济,使其发展而改变向来剥削政策,彼冥顽如故,仍无法救药,革命因彼之故,必遭失败也。"1936年8月7日:"下午会报,为财政金融与经济政策之研究,孔部长(孔祥熙——引者)只顾其财政个人之信用,而毫无国防观念。本周反省:为财孔不知轻重先后缓急之分,并骄矜擅权,不胜忿闷,然幸未发也。"1939年7月19日:"庸之(孔祥熙——引者)徒有财政,而不注重整个政治,一与商讨财政,彼即愤气怒色相加,凡重要事机皆秘而唯恐我知道,我亦乐得不知,一任彼之所为,而彼今以你是领袖之言相加,是全将余之助他之好意误会,可痛。"1941年1月12日:"正午党政会报,为经济事不能集中执行,庸之等多因循塞责,毫无精神,甚可忧也。"1941年10月18日:"庸之对于农行要事,置余不问,太跋扈矣。"1942年1月15日:"子文私心与野心不能改变,徒图私利,而置国家于不顾,奈何。"1943年10月18日:"召子文来商,……及其最后言至不可与余共事之句,余乃愤怒难禁,严厉斥责,令其即速滚蛋,大声斥逐。此人实不可复教,余自十三年起受其财权之管制与妨碍,甚至其愿受鲍尔廷之驱策共同打击于余,不知凡几。二十年复以其财政问题各种要胁,以致不能不拘胡而致党国遭受空前之祸患。今复始以其个人私见而欲党国外交政策以为其个人作牺牲,恶乎可,此诚一恶劣小人,不能变化其气质也。"1945年7月12日:"布雷来言中央银行舞弊案已有人在参政会提出云,余乃召庸之告以此案调查经过与事实及人证物证,属其好自为之,彼犹不肯全部承认也,可叹。"1945年7月21日:"子文自俄回来,其不愿负责签约,是否有意为难,故不能断定,但其重身轻国之行动昭然若揭,对于独占财政经济之心思更不可自制矣,此实为我一生最痛苦之一事,如何使之彻悟悔改,以期其成也。"1945年7月22日:"下午以布雷谈起庸之,称恐此美金公债或落于外人手中一语,更觉此人之贪

[①] 宋子文:1928.1—1933.10任财政部长,1928—1933任中央银行总裁,1930.1—1933.4兼任行政院副院长、一度代任行政院长,1945.6—1947.3任行政院长;孔祥熙:1933.10—1944.11任财政部长、兼任行政院副院长,1938.1—1939.12任行政院长,1933—1945任中央银行总裁。

劣不可救药,因之未能午睡,痛愤极矣。"①由此可见,蒋介石对孔、宋是积怨已久,此后不久他便以美金公债、黄金舞弊案和黄金政策的过失,解除了孔祥熙和宋子文的财政大权。

1945年7月24日,孔祥熙被解除中央银行总裁职务,蒋介石的意见是由其心腹俞鸿钧补缺。他在与宋子文沟通时,"明告其中央银行总裁人选,非绝对服从余命令而为余所能信任者不可,以此二十年来所得之痛苦经验,因此不能展施我建军建政,而且阻碍我外交政策莫大也,去年对美之外交恶化,几至绝境者,可说皆由庸之操纵中行,不愿对余实告存数,使余不能不对美国作强制要求也,庸人不可与之再共国事矣,撤孔之举犹嫌太晚矣"。②但宋子文坚持让贝祖诒担任中央银行总裁,否则他不能承担行政责任。蒋宋的斗争结果是以蒋介石的妥协告终,贝祖诒任中央银行总裁,俞鸿钧任财政部长并受宋指挥。

1946年宋子文黄金政策失败以后,蒋介石便决心借机摆脱宋子文对他的羁绊。1947年2月8日,蒋介石在日记中写道:"上海黄金每两涨价至五万余美钞涨至一万一千余元,经济崩溃已临头矣,子文害国之罪不可再恕。"③蒋介石逼宋子文主动辞职,④裁撤了贝祖诒。3月1日,蒋日记中有如下记载:"子文辞职行政院长,由余暂兼,实为政治转机之锁钥也。"⑤至此,蒋介石完全控制了财政大权,为币制改革人员的调整和改革的推进铺平了道路。

金圆券改革最终得以推行的另一项保证,即是立法程序的改变。1947年12月,在制订1948年的年度总预算收支时,由于收支相差70%以上,蒋介石即临时提出改变立法程序,授权于行政院对整顿岁收有权宜处理等六项原则。蒋介石认为"此实为对财政与政治之处理最重大之方案也",并认为"此为补救财政唯一之道"。⑥1948年5月,南京国民政府"行宪国大"后,蒋介石就任总统,通过所谓的《动员戡乱时期临时条款》,赋予总统紧急处分的特权,可不经立法院批准,直接由总统以命令颁布。这就是涉及全国全局的金圆券改革以"财政经济紧急处分令"颁布的原因。

---

① 征引内容均见于斯坦福大学胡佛档案馆藏《蒋介石日记》。
② 《蒋介石日记》(1945年7月25日),[box44.8],斯坦福大学胡佛档案馆藏。
③ 《蒋介石日记》(1947年2月),[box46.5],斯坦福大学胡佛档案馆藏。
④ 据张公权1947年3月1日日记载:"下午四时半,淞孙(即贝祖诒,字淞孙——引者)兄来,谈及昨天下午六时,蒋主席曾约宋院长谈话,询以明日立法院开会,对渠将大加攻击,是否不必出席。宋答以如不出席,必须辞职。随约九时再谈。及再谈,蒋公告以不必出席为宜。宋谓只好辞职。蒋公允之。"姚崧龄编著:《张公权先生年谱初稿》下册,台北:传记文学出版社1982年版,第802页。
⑤ 《蒋介石日记》(1947年3月),[box46.6],斯坦福大学胡佛档案馆藏。
⑥ 《蒋介石日记》(1947年12月),[box46.15],斯坦福大学胡佛档案馆藏。

综观金圆券改革决策的内幕,即可判定蒋介石是金圆券改革的首要推动者,尽管当时的主事者提出许多合理性的建议,甚至是严重的警告,①都未能阻止或改变他的想法。从金圆券改革颁布的程序来看,也不合常规,币制改革后舆论即有反应:"金圆券法令出台前只有极少数人了解此事,因此在一系列法令突然宣布后不仅一般民众吃惊,而且许多立法委员和其他官员也有些震惊。"②特别是立法院对金圆券发行准备监理委员会的构成及代表性提出强烈的质疑。立法委员皮以书即提出:"监理委员是由行政院聘任,所聘任的大都是上海的豪富大亨,这些人我们是不信任的,大权还是操在行政院手里,所以监理委员会必须有立法委员和监察委员参加,然后由该委员会按月将发行准备情形公布,这样才能使人民信任新币,通货才不会膨胀。"立法委员唐国桢认为:"关于监理委员会没有人民代表参加,有之也多系官商富豪,所以我主张监理委员会一定要有民意机关代表参加才是合理。"立法委员丘汉平认为:"发行准备监理委员应该规定与财政金融界无关系的人士担任,更不可以上海市一隅人士代表全国。"立法委员周雍能认为只有增加人民代表的成分,才能增强人民对金圆券的信心。③ 这些质疑也是表达了对金圆券改革程序的不满。

蒋介石曾经批评宋子文、贝祖诒、俞鸿钧、张嘉璈等人不敢勇于任事,以推行他久已主张的币制改革,实则是他们深谙要成功推行币制改革应具备怎样的条件、当时是否具备了这样的条件。虽然金圆券改革之时,当局者也提出"只许成功,不许失败"的口号,可为何在不到两个月的时间内就宣告失败了?这与币制改革的先天条件不足有很大关系,再加上后天扶养不得法,没有相应的配套措施,更加剧了失败的速度。金圆券改革之时,王云五曾信誓旦旦地预期平衡岁入岁出和平衡国际收支的希望,④但在当时整个军事、政治及经济混乱不堪的情况下这只能是自欺欺人的幻想。

---

① 1948 年 7 月 31 日,蒋介石在上海约晤张嘉璈,询问改革币制问题,张公权答以"如无充分准备或钞票不能少发,则改革币制等于发行大钞"。*Kia-ngau Chang Papers*,[Box 18],Hoover Institution Archives.

② William Lys,"Stabilizing the Chinese Currency",*The China Weekly Review*,August 28,1948,pp.355 – 357.

③ 《第一届立法院第二会期第二次秘密会议速记录》,1948 年 9 月 13 日,南京中国第二历史档案馆藏国民政府行政院档案,档号:二(2)-1424,缩微盘号:16J-1564。

④ 王云五曾公开报告:政府正积极进行之平抑物价办法,计分五项、一、增加生产,二千万元美金之工业原料,即将输入,并将设法消除厂商疑虑,积极增产。二、节约消费坚决采取措施,彻底实行节约。三、疏导物资,将开放自备外汇输入物资,并严令各地方政府驻军,不得妨害物资流通。四、控制游资。五、合理限价,绝对取缔囤积。(《王云五报告》,《申报》1948 年 10 月 19 日。)

第二章
金圆券本位制度之考辩

金圆券以金圆为本位币,每圆之法定含金量为纯金 0.222 17 公分。这是中国货币史上第一次采行金本位制。金圆券改革由于制度设计本身的漏洞和外部条件的不具备,自推行之初就备受质疑。南京国民政府试图通过金圆本位、发行准备制、监理委员会等方式赢得人们对金圆券的信任,那么其所言所行的实际结果又如何呢?

第一节 各方对金圆券的质疑

与法币改革不同的是,金圆券改革伊始,各界质疑的声音不断。政府内部的批评、金融实业界的观望、民众的不信任都毫不掩饰地表达了对新货币的怀疑。他们强调新法规的真正意义和成效只有在执行细则出台后才能看得出。大家普遍认为人们对新货币的信心将是其成败的关键因素。

此外,还有一些读者来信,则更加直白地表达了对金圆券的不信任。1948年8月23日来自上海的 H. H. Li 致信编辑部,直截了当地表明对金圆券改革不持乐观态度,尽管总统令宣称金圆券有十足发行准备,但人们禁不住要问难道在法币时代政府不是已经持有这些准备了吗?信中提及金圆券改革的唯一亮点是金属辅币的发行,但由于要同时发行 10 分、20 分面额的纸质辅币,人们将只会看到纸币的流通。作者还认为金圆券改革使得人们的实际收入水平降低,生活将更加困难。[①]

国立河南大学一位名叫 HSU SHIH CHEN 的读者给编辑部的信中,称新

---

① "Currency Questions", *The China Weekly Review*, September 4, 1948, p.1.

的币制改革除了给所有人的生活带来干扰外，没有其他意义。根据新法令的规定金圆券有 5 亿美金为发行准备，但不知这些是存在中央银行还是美国，即使存在中央银行，谁能保证这些钱不被用于军事目的。而且，法令禁止使用金银和外汇，这就是说人们持有的这些金银外汇都要与政府交换金圆券，因此怀疑人们是否相信这些新纸币的价值。在过去几个月里通货膨胀无以复加，经济处于崩溃边缘。这次通过的新货币法令使经济免于崩溃，但仅仅依赖于发行纸币不能挽救我们，因为通货膨胀表明政府已失去人民的信任。这是政府最后的"王牌"，能否成功拭目以待。①

1948 年 8 月 30 日广东开平的读者 Robert K. HSU 给《密勒氏评论报》编辑部写了一封信，从法币的命运谈到对于金圆券的态度。信中称：随着货币改革令的颁布和金圆券的流通，对我们而言极有兴趣了解一些有关法币的悲惨故事。在广州及附近的城镇，货币曾陷入悲惨的命运。人们厌恶法币，而且大宗交易中通常拒用法币。港币逐步替代法币的地位，成为商业交易媒介。10 000 到 50 000 元的小额币值被幽默地称为"湿柴火"，而遭到人们拒用。令人难以理解的是，普遍抱怨的结果是政府银行试图恢复这些小额纸币，政府部门也没有停止把这些声名狼藉的"湿柴火"发给公职人员作为他们的月薪。随着这些令人失望的故事深深印在人们的脑海里，金圆券的发行只是让他们陷入混乱状态。就在新货币改革颁布后，商品价格再度整体上涨，商业停滞，人们在观望形势的发展。金圆券由此变成人们议论的新话题。法币的过去经历给了人们痛苦的教训，这就可以理解为什么他们对新发行的纸币没有太多信心，为何持悲观态度。随着内战局势日益紧张，军费支出一天天增长，谁敢向我们保证金圆券不会遭遇与法币同样的命运？②

即使在南京国民政府当权者内部，也有许多人不看好金圆券改革。一些立法委员对新币制改革极不看好，认为"改革对富人比穷人更有利"。他们对新货币制度下公务员的低收入非常不满，一位立法委员称比战前的收入降低了 20%。他们进一步抱怨政府恢复税率更加重了普通人的负担。例如，8 月 19 日前，盐税是每担法币 450 000 元或折合金圆券 0.15 元，但现在上升到金圆券 8 元。法规要求将物价冻结在 8 月 19 日的水平，而金圆券与外汇、黄金和白银的

---

① "New Currency", *The China Weekly Review*, August 28, 1948, p.341.
② "Old Money", *The China Weekly Review*, September 11, 1948, p.29.

兑换率却远高于 8 月 19 日外汇市场的水平。根据某些立法委员所说,这将使进口原材料更昂贵,由此损害了国内生产,而有利于持有外汇和金银的富人。①

除了国内各界的一些质疑声音,国外舆论也是对金圆券改革持怀疑者居多。与法币改革初英国舆论的一片赞扬相反,他们对于金圆券的出笼是一致摇头。当时英国的四大权威经济报刊,表达的观点惊人地相似。《泰晤士报》认为:"据称新币具有百分之百的准备,然而,准备的一大部分是国有事业的财产,而现金准备至多不过占了百分之四十。这将使中国政府当局陷于进退维谷之境。假如中国政府决定出售黄金与美元以换取金圆券,并出售金圆券以换取黄金与美元,他们将会遭遇一种危险,即大批现金准备很快就会丧失。除非有一笔极可观的美国借款,充作外汇平准之用,否则,是难于防止这种危险的。这笔借款,据说中国政府正在商借中。如果没有办法能使金圆券在国内自由兑现,中国人民对于新币不久就将失去信心。这样,过去的物价飞涨,又将重现。"《金融时报》则断言"金圆将与法币同一命运……以一种通货来换取另一种通货,是不会树立起信用来的,这信用,对中国却是极其必要的"。《经济学人》认为这次币制改革没有触及问题的核心,完全是药不对症,并指出:"虽说二十亿金圆券规定为最高的流通额,……然而,在这样艰苦的局面下,中国政府是否真有决心与能力来实行它,实为疑问。"《统计学人》对于发行准备一点,说得更为透彻:"虽说新币有百分之百的准备,但中国当局是绝不会把这些财源真正用来保卫通货的。准备额的数值,只可当成心理的作用。"②

美国的舆论对金圆券改革也是持怀疑态度。 New York Journal of Commerce 杂志认为:"尚无证据看出中央政府能够改善目前的金融和经济状况。如果不解决这些根本问题,不考虑保障其安全的资产的本质和数量,新货币将不会稳定,因为没有什么可以使这些新纸币转换成资产。"同样,Washington Star 发现中国金融界和美国的货币专家对于新货币发表了"大量的怀疑论"。该报称:"首先,中国财政部长对于金圆的稳固性的解释就令人怀疑……而且那些曾经造成目前货币贬值的经济和财政病因依然继续。"Washington Star 总结道:"这不意味着目前的改革可能不服务于有效的目的。一方面,它会把纸币降至可控制的比例,但货币稳定不是通过政府法令就可实现的,它一定通过货币在

---

① "Currency Reform Said Last Card", *The China Weekly Review*, September 4, 1948, p.18.
② 中国人民银行总行参事室编:《中华民国货币史资料》第二辑,上海人民出版社 1991 年版,第 591—594 页。

公开市场上的购买力获得和维持其稳定性,相应地也依赖于公众对其真实价值的信心。"The Baltimore Sun 同样表达了关于新货币稳固性的"不同观点"。尽管它没有对此事表达自己的立场,但该报宣称"即使金圆事实上不值中国所宣称的 25 美分,重新估值也将对世界产生影响。"The New Orleans Times-Picayune 说稳定货币政策"可能证明是维持即将瓦解的蒋介石政权最需要的,城市里中国人无疑准备给货币改革以机会"。该报断定,中国政府必须维持新货币的官方购买力,并补充称:"中国今年获得美国政府 125 000 000 美元的支持。如果她不能恢复国内秩序并利用这项支持开始自我复兴,她的前景将比此前更加黑暗。"[1]《密勒氏评论报》社论中对此也有一个较为全面的分析,认为从悲观的方面看,有几个因素必须考虑:首要的是公众对于新币的信心能否树立起来。鉴于政府在金融事务中的不良声誉,要树立人们对金圆券的信心需要极大的努力,这是一个亟待解决的问题。另一个问题是政府的税收。从政府以往的税收体制来看,很难形成完善的方案。或许影响公众信心的主要因素是内战。如果政府像它在过去一年中继续失去领土,想维持人们的信心是不可能的。这自然是南京国民政府目前面临的最大"如果"。"如果"内战前线稳定,就会获得公众极大的支持。然而,目前的军事形势和政府对许多问题的态度,将不会赢得公众的很多支持。如果这次改革失败,政府将失去许多南京政府官员所说的"最后的机会"。[2]

面对各方对金圆券的各种质疑,以及其无法解决的内外制约,南京国民政府通过何种方式确立金圆券的信用就成为改革成败的一个核心问题。

第二节　金圆券何以立信

南京国民政府在金圆券改革中赖以确立新币币信的法宝就是:金圆本位、十足发行准备、设立金圆券发行准备监理委员会,这三者是一体推进的。因此,金圆券立信的基础就在于此,执行是否到位就决定了金圆券的成败。

一、金圆本位的虚实

《金圆券发行办法》规定虽以金圆为本位币,但并不铸造金圆,而由中央银行

---

[1] "What US Papers Say", *The China Weekly Review*, September 4, 1948, p.22.
[2] "Will The Gold Yuan Hold?", *The China Weekly Review*, September 11, 1948, pp.31–32.

发行金圆券,即仍然发行纸币,不能兑换金圆。非但如此,人民还要将原来手中持有的金、银、外币兑换成金圆券。财政部长王云五对此的解释是"金圆券具有十足准备,又与美元有固定之换兑率,虽经兑换,仍可保持其原有币值,并得依持有人之志愿,或按法定兑换率折购民国三十六年美金公债,或以其原币移存于中央银行。所有移存于中央银行之原币,有正当用途或需要输入国外货物时,均须于呈经主管官署核准后,提取应用。"① 币制改革前,蒋介石曾注重于辅币兑现以增加新币之信用、延长新币命运。当时政府持有各种硬辅币价值 5 000 万元以上,而日本收回的铜质尚不包括在内,②但在金圆券改革推行后,连辅币的兑现也未再提及。

因此,所谓的金圆本位只能依赖于发行准备来维系,即把人们对金圆券的信任与发行准备的充实与否紧密联系在一起。所以,通过发行准备实况的分析,就可以了解金圆本位的虚实。

二、发行准备的实况

据规定,金圆券的发行准备"采十足准备制",其中"必须有百分之四十为黄金、白银及外汇,其余以有价证券及政府指定之国有事业资产充之"。③ 财政部长王云五认为法币发行虽急剧增加,但以美元比率,只需要五六千万美元已足以收回全部发行,而国库所有黄金白银与外汇应付此举,绰有余裕,况且国家所有资产可供发行准备者尤多,在理法币不应如是贬值。唯以由于平时发行未采公开制度,发行准备亦未确定,人民之信心丧失。因此他强调要进行根本改革,自始即确定充分准备,建立公开发行基础,并严格限制发行数额,以昭信于国人。因此决定发行金圆券之办法,以黄金白银外汇合 2 亿美元及可靠资产值 3 亿美元,使每一金圆券均有十足准备,并组织发行准备监理委员会,由政府各关系部门代表,与工商银钱各业及会计代表,共同组织,按月对发行数额及实存准备切实检查,公开报告。④ 那么这些承诺的制度保障在实践中又是如何的呢?下面

---

① 《王云五谈话》(8月19日),中国第二历史档案馆编:《中华民国史档案资料汇编》,第5辑第3编,财政经济(三),江苏古籍出版社2000年版,第815—816页。
② 《蒋介石日记》1948年8月9日[box47.3],斯坦福大学胡佛档案馆藏档。
③ 中国人民银行总行参事室编:《中华民国货币史资料》第二辑,上海人民出版社1991年版,第574—576页。
④ 中国第二历史档案馆编:《中华民国史档案资料汇编》第五辑第三编,财政经济(三),江苏古籍出版社2000年版,第814—815页。

将进行逐条剖析。

（一）发行准备的移交

金圆券发行之初,发行准备即按照20亿元限额的标准一次拨足,并对此专门制定了《金圆券准备金调拨处理办法》如下：

（1）金圆券准备金应先由业务局以金银外汇及有价证券按法定折合率折成金圆,拨交发行局以备业务局领用暨各分行调用。金圆券及发局门市收兑法币券、关金券、东北流通券兑出金圆券时拨充准备金之用,发行局收到上项预拨折成金圆之各项金银外汇证券时,应出具收据,并以发监会缴存准备金及发监会缴存保证准备金科目业务局户列账,即为库存准备金。

（2）业务局将预拨交发行局之金银外汇证券按折成金圆额以联行往来科目开立发行局金圆券保证准备抵用户付账,其金额应与发行局发监会缴存现金准备金及发监会交存保证准备金两科目业务局户余额相等。

（3）业务局向发行局领用金圆券时应先向发行局询知发金券总号次,填具联行往来发行局金圆券保证准备抵用户之送金根送交发行局,凭以付券并即由发行局将发监会缴存准备金科目业务局户付出等额之金银外汇证券转收现金保证准备金科目账,将送金根作为传票附件。业务局以领到之金圆券收入联行往来发行局金圆券保证准备抵用户账,如业务局将金圆券转回时,发行局收到后应出具调拨凭单,交业务局作为列付联行往来发行局金圆券保证准备抵用户之凭证。发行局同时将准金转收发监会缴存准备金业务局户账,业发两局各该户之余额绝对保持相等。

（4）各分行调用发库金圆券应拨之准备金由发行局凭各分行来电填制调拨清单,另代业务局填就联行往来发行局金圆券保证准备抵用户各分行调用总额及发金券总号次之送金簿,连同送金根一并于上午九时半送交业务局办理转账手续。但业务局必须于当日下午三时前将送金根送还发行局,凭以按照第三条规定办理准备金之拨转,如由业库转入发库,亦由发行局凭来电填制调拨清单及调拨凭单,送业务局办理转账手续,发行局同时将准备金拨收发监会缴存准备金业务局户账。

（5）发行局门市收换法币券及关金券东北流通券所需兑付之金圆券可先由出纳科出具收据,向调拨科领取之,作为调拨科寄库论,但应随时将兑入之法币及关金券东北流通券对收换付出之金圆券办理调拨准备金转账手续。所有兑入法币券及关金券东北流通券应拨送业务局之准备金及收换付出之金圆券、应由业务局拨交之准备金,均由会计科分别照开联行往来发行局国币券准备金户或东北流通券准金户支票,并照填发行局金圆券保证准备抵用户送金簿连送金根,送交业务局当日转账收付之。业务局应即将送金根送还发行局,凭以按照第三条规定办理准备金拨转手续。

(6) 业务局如将预拨存发行局之金银外汇证券不敷拨充以上各项用券准备金时,应仍按照第一、二两条规定办理续拨之。①

由上述调拨手续来看,异常复杂。事实上,办理移交的过程比规定还要复杂,尤其是保证准备项下的国营事业股票和敌伪产业,原来分属于不同的政府部门如资源委员会、经济部、工商部、交通部等分别管理,各部门都竭力维护自己的利益,所以直至金圆券崩溃,部分发行准备的移交手续也未予办理。

首先从现金准备的移交来看,按照现金准备四成的比例,数额折合金圆 8 亿元。现金准备虽然一次指拨足额,并规定此项准备应于金圆券发行准备监理委员会(简称监理会)成立后三日内,由中央银行移交该会保管,但在移交手续上并未及时办理。9月4日,中央银行奉行政院命令:金圆券兑入的外币、黄金可酌拨充发行准备金;兑入的银圆、白银拨充铸造辅币。② 至 10 月 2 日,监理会的第三次会议上,主任委员李铭在报告中,提及关于现金准备部分的移交情况如下:"经本会函发行局指明办理,迭据该局报称存放汇丰、麦加利二库白银七千五百四十箱、杂银三百五十八条已照点收,至黄金部分因本行业务局近以业务过于繁忙拟稍缓移交,存放国外黄金白银及存放三行两局之外汇过户一节经函商业局准复,称金银各户自可先行改用户名,至存放三行两局之外汇改用户名容再另行洽办等由,……当经本会于九月廿一日代电,以存放国外金银各户,即希改用贵局户名,代本会保管,又查收兑金银美钞截至九月十九日止本埠与外埠并计,约计当有七千余万美元,俟足抵外汇数量时以之拨充准备,交由贵局代本会收存,则外汇即不必过户,并可转还业局,希与业局洽商见复。"③李铭的报告说明,业务局虽将其他机构保存的黄金白银及外汇指拨为金圆券发行准备,但并没有过户,也未移交中央银行发行局代监理会保管。

至于六成保证准备中的国有事业资产和敌伪产业的移交问题,更加复杂,虽由监理会历经交涉,也未取得满意的结果。因为指拨为保证准备的资产类别复

---

① 中国第二历史档案馆藏,中央银行档案,档号:三九六-1035。
② 中国第二历史档案馆藏,中央银行档案,档号:三九六-14928。
③ 中国第二历史档案馆藏,中央银行档案,档号:三九六-14954。

杂，又分属不同的部门，所以在移交办法上非常繁琐。根据《出售国营事业资产充实发行准备办法》的规定，指拨出售的资产有招商局、中国纺织建设公司、台湾糖业公司、台湾纸业公司、天津纸浆公司等5家国营事业的部分股票，以及敌伪产业。移交程序为：招商局由交通部就现有资产以美元估价转归国库，再由国库转入中央银行账；中国纺织建设公司由经济部就现有资产按1937年法币估价折合美元转归国库，再由国库转入中央银行账；由资源委员会指定之工厂，就现有财产以美元估价，划出价值美元五千万元之资产转归国库，再由国库转入中央银行账；敌伪产业包括房地产、码头、仓库、工厂及其他资产，由国库就现有资产以美元估价转入中央银行账；日本赔偿物资由经济部就拨充民营部分，照原美元单价转归国库，转入中央银行账。上项各单位之资产及日本赔偿物资由国库转入中央银行账后，作为抵充发行准备一部分，所有各单位资产之产权、股权、契据、证件等均交存中央银行发行局。①

在实际执行中，上述充作保证准备的资产后来统由财政部移交给监理会，再由监理会委托中央银行发行局保管。对此，中央银行曾提出异议，认为就合理手续而言，应该如现金缴充情形，归由中央银行拨充，而不得由财政部直接交金圆券发行准备监理会办理，为免处理手续分歧起见，嗣后凡以国营事业股票拨充金圆准备金者应统以财部为户名，由财部背书按下列任何一种方式交与本行，再由本行转交发行准备监理会：（1）充作财部向本行借款或透支之抵押品归本行列户保管，由本行以保证准备抵用金科目转账，将股票移充金圆券之准备金；（2）将一部分股票过户本行作为财政部清偿本行全部欠款本息之用（截至1948年8月19日财部垫款户累积余额约为419万亿元）；（3）股票可由本行向财部收买，其偿付价款方法另行商定。②

但财政部没有接受中央银行的提议，移交手续的办理亦迟迟未予兑现。8月22日，在监理会第一次会议上，即就保证准备的产权移交问题展开讨论，委员徐寄庼提出"六成保准要检讨，一定要先过账，发股票或出售乃第二步事"。李铭也指出"敌伪产业及中纺二事，本来抵押在公债基金委员会，业已提出，此次拨作发行准备，非严格办理不可，契据产权非交局保管不可，否则何能公布"。因此最终议决：保证准备项下敌伪产业及国营事业产权契据应请财政部于最短期内过

---

① 《出售国营事业资产充实发行准备办法》，中国第二历史档案馆藏，中央银行档案，档号：三九六-673。
② 《中央银行会计处呈总裁副总裁》，中国第二历史档案馆藏，中央银行档案，档号：三九六-14932。

账移转,并由行政院严令有关各部会及各该机构速为遵办,现金准备项下外汇流动性过大,希望尽量指拨黄金。① 8 月 31 日,中央银行国库局副局长周舜莘在呈文中指出:"本年度政府预算中亦列有敌伪产业售价收入。今该项产业划充发行准备,其售价所得似已不能再作财政预算收入。""中纺公司以及敌伪产业之一部分(包括德孚、拜耳等资产),业经指定为公债担保品。今如移充准备,则公债担保品尚须以其他资产抵补。"②由此可见,政府指拨发行准备的物品存在"一女多嫁"的问题。监理会极力争取产权的过户自在情理之中,否则名为保管准备,实无支配之权。

但财政部对于监理会产权契据过账的要求却被否决,理由是"股票即系代表股权,各事业资产并不完全均有契据,且契据系代表全部股权,其所有权属于全体股东,不能分割,至各该资产原系保证准备,如予移转处分及形成准备减少,与保证准备之原意似有出入"。最终形成的决议是:(1)产权移转似无必要;(2)拟请行政院将前颁出售国营事业资产充实发行准备办法予以废止;(3)即遵照发行准备移交保管办法第七条之规定以相当于移充发行准备资产数额之股票,如期移交监理会保管;(4)监理会对于各该事业资产可派员检查;(5)各该事业公司每期结算之资产负债表、损益计算书应检报监理会查核。③

事实上,在指拨上述国营事业股票为保证准备时,多数公司并不是股份有限公司,需要改组后才能发行股票,资本额原来也没有这么高,而是将原有的资产估价的数额改为资本额,在估算上亦未有明确的标准,并且不允许各公司变更发行准备移交保管办法公布的资本额。9 月 1 日,开始发售国营事业股票,这些股票票额为每股 100 金圆,分为 5 股、10 股、100 股及 1 000 股等额度认购,委托中国银行、交通银行、中国农民银行等代为推销,并要求于 9 月 10 日以前实为发行。④ 但由于证券交易所尚未复业,将来国营事业股票是否上市开拍,外界还不明了,所以投资者没有热情。另外股票票面金额过高,每股金圆百元,还要 5 股以上才能发售。因此至 9 月 10 日只销售了 300 万金圆,其后销售数量日见减

---

① 中国第二历史档案馆藏,中央银行档案,档号:三九六- 14954。
② 中国人民银行总行参事室编:《中华民国货币史资料》第二辑,上海人民出版社 1991 年版,第 600 页。
③ 《商讨有关移充金圆券发行准备事业资产案纪录》,中国第二历史档案馆藏,中央银行档案,档号:三九六- 14931。
④ 《参加金圆券发行准备各国营事业发行股票实施办法》,中国第二历史档案馆藏,中央银行档案,档号:三九六- 14931。

少,平均每日约二三十万元。除中纺、台糖、招商出售数量较多外,余均乏人问津。①而政府握有控股权,更使商股望而却步。为了加强推行股票,10月16日,财政部出台了新的措施:(1)出售股票拟请放宽尺度,不以现将规定之数额为限,使商股取得多数股票,以便监督及管理公司行政业务。(2)出售股票拟规定限期,期内购买者作为优先股享受优先权利。(3)出售股票由政府保息并考虑早日公开上市。(4)提高股息以资鼓励。(5)发行一股股票以适应人民购买力。(6)请监理委员会会同检查各公司资产,定期公布资产负债。(7)招待新闻记者公布公司内容。②截至11月6日,各地共售出国营事业股票总额10 387 200元,相对于抵充发行准备的9亿多金圆相比,依然是杯水车薪,重庆、成都、福州、厦门、昆明、沈阳、青岛等地都未售出一张股票。③

对发行准备的移交问题,则作了如下变通:(1)于拨充金圆券发行准备之各公司股票加以背书"本股票经政府拨充金圆券发行准备,移交金圆券发行准备监理委员会保管"等字样。(2)请行政院以命令规定,此项股票政府如须提出时,应以等值之资产契据调换或减少发行。(3)为求拨充金圆券发行准备之各公司资产确实起见,请监理会派员会同各主管部会检查各公司之资产。④监理会在8月份的会议上提出过户要求后,由财政部召集会议,工商部代表等仍坚持不予过户。但是,监理会并未放弃自己的原则,在11月1日召开的第四次会议上,依然提出中纺公司等五单位之股票务须于月底检查以前完成过户手续。⑤

保证准备中的敌伪产业移交,则更近乎一句空话。根据金圆券发行准备移交保管办法第四条第一项的规定,敌伪财产计值美元74 283 809.06元,并规定拨充准备之是项契据应于一个月内由中央信托局及各敌伪产业处理机关检送财政部,移交监理会保管。根据《拨充金圆券发行准备敌伪产业处理办法草案》的规定,移交中央银行拨充金圆券发行准备之敌伪产业,仍由处理机关处理。处理机关处理后收到价款,除应扣手续费外应随时列表送缴中央银行业务局核收。由业务局出给收据,再由业务局将该项价款连同附表送还发行局,收回流通注销发行数。金圆券发行准备监理委员会于每月终,查定发行局收回流通注销发行

---

① 《抄情报》,中国第二历史档案馆藏,中央银行档案,档号:三九六-14931。
② 《商讨国营事业资产移充金圆券发行准备股票过户及出售各问题会议纪录》,中国第二历史档案馆藏,中央银行档案,档号:三九六-14931。
③ 中国第二历史档案馆藏,中央银行档案,档号:三九六-11399。
④ 中国第二历史档案馆藏,中央银行档案,档号:三九六-14931。
⑤ 中国第二历史档案馆藏,中央银行档案,档号:三九六-14954。

数后,应即将已处理之产业契据检出,送还处理机关。产业处理后,其注销发行数,如少于原充准备所列估价数值时,财政部应加拨其他可充发行准备之财产补充之。处理机关对于非拨充发行准备部分之敌伪产业,处理所得价款,仍应径解国库。①

如果仅从文本的规定来看,移交的手续是非常明确的。但在执行的过程中始终没有做到规定的要求。原本指拨准备的包括粤桂闽、平津、武汉、河南、苏浙皖、青岛等六区的敌伪产业,只有苏浙皖区、青岛区的契据清册送交监理会,且苏浙皖区的清册中并未标明各项产业的价值,青岛区册内虽标有价值,而在送交财政部之前变动亦多,这些数目都无法编列。监理会在给中央银行发行局的信函中,指明连国库局经办此案的人亦称不知,如果不详细查明,监理会检查保管难以尽责,将来拨入准备之账自必发生困难。因此委托发行局派员代表监理会前往南京与财政部及敌伪财产处理委员会接洽,问明当时拨充准备记账情形抄单带回,送部以前如有变更短少应请补足,又各该产业正在处理,如果售出,自应另有拨抵。② 中央银行转函财政部核复,亦未收到回复。与此同时,发行局又将球踢给了监理会,声称金圆券准备金的处理,按规定发行局系代监理会保管性质,因此准备金何者可以抵充、何者不予抵充,惟监理会之命是从,发行局是在收到监理会指示将敌伪产业转入准备金账户时,才予以办理的。因为该项敌产契据仍未齐全,作价亦无标准,且指拨六区的敌伪产业仅来二区而抵充之数照六区总计,因此在准备金账目中仍无法分列细目,只得暂以"敌伪产业各区域估价清册目录及总附表等"名目记载,尚未交到之平津、河南、武汉、粤桂闽四区的应缴契据等件应请监理会催索,以符原案。③ 而监理会的回复则宣称:"各该准备即使交由本会保管,亦实代为贵行保管,所有中纺五单位之股票,本会已选陈行政院据理力争务须过户与贵行发行局以昭核实,至敌伪产业既充发行准备亦即须为贵行所有,其以后未经解决各问题,即希贵行直接与财部切实磋商以求解决,务期准备的确有着,相应函达请查照办理,并将洽商结果见复为荷。"④监理会和中

---

① 中国第二历史档案馆藏,中央银行档案,档号:三九六- 14929。
② 《金圆券发行准备监理委员会致中央银行发行局》,中国第二历史档案馆藏,中央银行档案,档号:三九六- 14929。
③ 《中央银行发行局致电金圆券发行监理委员会》,中国第二历史档案馆藏,中央银行档案,档号:三九六- 14966。
④ 《金圆券发行准备监理委员会致函中央银行》,中国第二历史档案馆藏,中央银行档案,档号:三九六- 14928。

央银行的相互推诿,不只是一种消极的表现,而是他们根本没有能力让各职能部门履行移交的手续。

面对监理会和中央银行的催索,财政部对敌伪产业的处理及产权移交做出了如下规定:(1)敌伪产业由敌伪产业处理委员会遵照院令指示,一律加速处理。(2)敌伪产业处理后,应需之金圆券发行准备,除经奉行政院1948年9月26日财字第42415号训令,划拨黄金20万两外,拟依照六财字第39055号院令之规定,由中央银行在收兑黄金项下,再加拨80万两,凑成100万两,移交监委会保管,作充发行准备之用,以后再陆续拨补足额。(3)敌伪产业处理所得价款,暂交中央银行专户存储。(4)敌伪产业契据,未送部分即予免送,已送部分,拟由财政部领回,发还原处理机关,以便处理。① 修正金圆券发行办法公布后,11月25日,中央信托局获准财政部同意,将移交给监理会的苏浙皖区和山东青岛区的敌伪产业契证收回。② 至此,所谓抵充保证准备的敌伪产业事实上已不存在。

由上可见,金圆券发行准备的移交即未遵照规定办理,因此监理会所保管的发行准备只是其中的一部分。那么在其所保管的这部分准备中,情况又是怎样的呢?

(二) 发行准备的保管

《金圆券发行准备监理委员会组织规程》规定:"金圆券发行准备之保管,由中央银行发行局局长对金圆券发行准备监理委员会负其责任。"③即由监理会委托中央银行发行局代为保管,何者可充准备何者不可充准备,以及准备的调拨都由监理会决定。

至于保管的内容,我们可从上述发行准备的移交结果分别来看。首先是现金准备按40%的比例计算,应为8亿金圆,按1美元折合4金圆的比例则为2亿美元。从《充作金圆券准备金之金银外汇清单》中,我们可以发现现金准备的类别及数额分别如下:(1)黄金部分包括存放纽约联邦准备银行黄金345 282.661盎司;存放伦敦大通银行黄金9 271 984盎司;业务局库存黄金2 389 493.638盎

---

① 《财政部关于金圆券发行准备及敌伪产业处理办法代电稿》(1948年10月12日),中国第二历史档案馆编:《中华民国史档案资料汇编》第五辑第三编财政经济(三),江苏古籍出版社2000年版,第891—892页。
② 《中央银行快邮代电》,中国第二历史档案馆藏,中央银行档案,档号:三九六-14941。
③ 中国第二历史档案馆、中国人民银行江苏省分行、江苏省金融志编委会合编:《中华民国金融法规选编》,档案出版社1989年版,第500—501页。

司;贵阳分行库存黄金 23 125.304 盎司;合计 2 767 173.587 盎司。(2) 白银部分包括存放纽约大通银行白银 463 059.01 盎司;存放伦敦 Samuel Montagu & Co.白银 1 216 401.25 盎司;库存白银 39 690 539.74 盎司;合计 41 370 000.00 盎司。(3) 分存中国、交通、农民三行,中信、邮汇两局外汇 74 189 924.46 美元。以上各项均由业务局经手存放及保管,出有证明,交由发行局收执,并收监理会交存准备金户。① 即现金部分的证明由发行局收入监理会交存准备金账户内,但现金依然保存在国外和国内的金融机构。

至于保证准备的保管,包括国营事业股票和敌伪产业两部分,由于国营事业的改组和股票发行都需要时日,因此监理会最初收到的绝大多数是股款临时收据,这些股票面额名义上为 9.32 亿金圆,实际销售出去的只有 1 000 万元左右,而股票又是以固定资产部分发行的,这部分保证准备根本不具有流通价值,所谓的保管,只是名义而已。而敌伪产业的情况更糟,六大区域中只有两个区域送交了清册,而且因为没有估价亦不能列入发行局、监理会的账目中,11 月后因为发行准备已不足以维持发行额的比例,只得暂时收入账中,但也不能开列合法的账目,修正金圆券发行办法公布后,这一部分又被抽出单列。

(三) 发行准备的检查

检查发行准备是监理会的重要职责之一,规定应于每月终了后,检查中央银行发行金圆券之数额及发行准备情形,做成检查报告书公告之,同时报告行政院,并以副本分送财政部及中央银行。由于发行准备的移交和保管都未能真正履行规定的程序,这就给监理会的检查带来很大局限性,从现有资料看,监理会对外公告发行数额及准备情况共有三次。

根据第一次检查公告的内容,自 8 月 23 日起至 8 月终止全国发行金圆券 296 817 201.40 元,现金准备四成,计黄金 593 634.402 35 盎司,合金圆 83 108 816.28 元,白银 12 720 737.257 0 盎司,合金圆 35 618 064.30 元,两项合计金圆 118 726 880.58 元。保证准备六成,计中纺公司股票金圆 2 亿元。②

第二次检查公告的内容中,截至 9 月 30 日,发行金圆券 956 752 494.40 元,现金准备:黄金 2 389 493 638 盎司,合美金 83 632 277.33 元,白银 17 222 637 528 盎司,合美金 12 055 846.27 元,两项合计美金 95 688 123.60 元,转合金圆

---

① 中国第二历史档案馆藏,中央银行档案,档号:三九六- 14935。
② 中国第二历史档案馆藏,中央银行档案,档号:三九六- 10410。

382 752 494.40 元，中纺公司股票金圆 4.2 亿元，招商局股票金圆 1.54 亿元。以上准备核与法定十足准备制相符（40％为黄金白银及外汇）。①

第三次检查公告宣布，截至 10 月 31 日，发行总额为 1 595 386 691.00 元，准备黄金 3 533 862.022 盎司，合美元 122 985 170.77 元；白银 2 467 394.01 市两，合美元 1 850 545.50 元；美元 14 058 192.90 元；银币 53 905 527.00 元，合美元 26 952 763.50 元。以上四项并计美元 165 846 672.67 元，转合金圆 663 386 691.00 元。保证品中纺公司股票金圆 4.2 亿元，招商局股票金圆 3 亿元，天津纸浆公司股票金圆 800 万元，台湾纸业公司股票金圆 3 200 万元，台湾糖业公司股票金圆 1.72 亿元。上开准备核与法定十足准备制相符，百分之四十为黄金白银及外汇，百分之六十为保证品。②

上述三次检查公告中，最后都列有如下说明：本会所应保管之准备金按照行政院公布（1）项黄金白银及外汇 2 亿美元已由中央银行交会按照组织规程交发行局保管，（2）项国营事业股票敌伪产业 3 亿美元之收据清册已移交到会，此次已发行金圆券之准备，即系本案已接收保管总数内之一部分。从上文中已讨论过的发行准备移交办理情况来看，公告中说明所应保管的准备金已移交到会，并不属实。

而从监理会交给行政院、财政部等部门的三次相应的检查报告中，可以看出一些更真实的信息。从第一次检查报告中可以了解到，监理会的检查方式是：对于保存在上海的现金，予以抽查、核对与账表开列的数目，寄存外地及国外的现金，将寄存证及证明文件与账表进行核对。至于保证准备，因为只有估价清册，已由监理会送交中央银行发行局代为点收，此次举行检查未曾核对。至第二、第三次检查报告时，都列明"敌伪产业契据正在陆续接收中，其已接收之苏浙皖区及山东青岛区契据等件并交由发行局保管"。③ 这种对比已足以说明公告内容与事实的差距。

第三节　金圆券信用的监管

根据《金圆券发行办法》规定，设立专门的监管机构——金圆券发行准备监

---

① 中国第二历史档案馆藏，中央银行档案，档号：三九六（2）- 2427（7）。
② 同上。
③ 中国第二历史档案馆藏，中央银行档案，档号：三九六- 14957。

理委员会,来负责金圆券发行准备的检查、保管。金圆券每月发行数额,应由中央银行于每月终列表报告财政部及监理会。监理会应于每月终了后检查中央银行发行金圆券之数额及发行准备情形,做成检查报告书予以公告;同时报告行政院,并以副本分送财政部及中央银行。监理会如发现金圆券准备不足,或金银外汇的准备额不足法定比例时,应立即通知中央银行停止发行,收回其超过发行准备的金圆券,并分别报告行政院及财政部。中央银行接到前通知后,应立即兑回其超额部分的金圆券,或补足其发行准备;非经监理会检查认可,不得继续发行。① 监理会的设立,成为南京国民政府标榜发行独立、公开的招牌。这些办法在改革初期对于提高人们对金圆券的信心曾发挥过一定作用,但在监理会的具体运作过程中,却受到其他职能部门的诸多掣肘,最终使该机构成为一个虚设。

8月22日,监理会正式成立,委员有财政部次长李俶、主计部副主计长庞松舟、审计部次长蔡屏藩、中央银行副总裁刘攻芸、浙江兴业银行董事长徐寄顾、全国商会主席王晓籁、全国银行业同业公会理事长李铭、全国钱业同业公会理事长秦润卿、全国会计师公会理事长奚玉书等9人,由行政院聘任,指定李铭为主任委员。② 该会的组织规程由行政院确定,直接对行政院负责。

应该说社会各界对于确立发行准备和成立监理会是积极肯定的。《申报》社论中曾对此给予如下评价:"我们看到金圆券发行办法,认为最值得称赞的,是确定了发行准备,条例上明白规定发行准备中,必须有百分之四十为黄金白银及外汇,其余以有价证券及政府指定之国有事业资产为之。这是说明政府在改革币制之前,已有充分把握和准备。此外,金圆发行总额,又确定以二十亿元为限,发行额有了限制,其价值当然稳定,又新币的发行,重在完全独立,随时公开宣布发行数额,方足昭大信于人民,因是条例中又规定关于准备之检查、保管等事,将设立金圆券发行准备监理委员会以管理其事,从几点来看,此次金圆券的发行,政府准备已久,可以说已经具备了币制改革的必需条件。"③工商团体在表达拥护币制改革的态度时,再度强调"本会等最后尤寄其莫大之期望于发行准备监理会诸公,恢复十年来已隳之币制信用"。④ 在8月20日下午蒋介石举行的招待工商各界的茶会上,民意机构代表潘公展在致词中又"强调改币组发行准备监理委员

---

① 中国人民银行总行参事室编:《中华民国货币史资料》第二辑,上海人民出版社1991年版,第574—576页。
② 中国第二历史档案馆藏,中央银行档案,档号:三九六-14931。
③ 《币制已实行改革了》,《申报》1948年8月20日。
④ 《工商界两团体宣言 拥护财经紧急措施》,《申报》1948年8月23日。

会之职责必须重视,对监理委会之做决定,应予尊重,而监理委会之检查、监督尤应予以超然独立之态度,务使做到公开、公正之地步"。① 中央银行发行局的副局长在对记者表示金圆券确保币值稳定的措施时,也特别声明"监理委员会日内即将在沪成立,将来发行局长即对该会负责,每月月底,由监理调查发行数额及准备,并于下月月底公布"。② 即各方都将金圆券币值的维持,与监理会对发行准备的保管与监督密切联系在一起。人们对监理会的期望之高,其所担负的责任之重可见一斑。

但与此同时,人们也对监理会委员的代表性、职权范围以及发行准备的维持提出质疑。对于其人选问题,南京国民政府内部的意见即不一致。财政部次长徐柏园认为监理会委员人选,多数为社会人士,或为政府首长,或为社会领袖,只要监理会本公正之精神,认真检查、妥善保管,以忠实报道公诸社会,庶几币信可以确立。中央银行总裁俞鸿钧宣称:"(金圆券)如何能巩固信仰,全赖各方明了十足准备、公开发行,现在由各位担任监理委员,严密监督,信仰一定能够增加。"③

而立法院对于监理会的构成及代表性提出强烈的质疑。立法院委员皮以书即提出:"发行准备监理委员会必须有民意代表参加,这次金圆券的发行惟一的保障就是发行独立,规定发行的最高限额,停止通货膨胀,这一保障也就是币制改革成功的重要条件,必须彻头彻尾地做到,王云五部长曾经表示政府向中央银行预支的办法已经商定(见八月卅日大公报第二张币制改革座谈会)按各国规定政府向银行借支必须按期归还,今天我们国家的财政收支明明不能平衡,如果政府向中央银行预支了,到临时又还不出来或者拿些卖不出去的公债券作抵,结果还不是等于通货膨胀,所以发行准备监理委员会的工作必须严密而有力,可是现在的监理委员是由行政院聘任,所聘任的大都是上海的豪富大亨,这些人我们是不信任的,大权还是操在行政院手里,所以监理委员会必须有立法委员和监察委员参加,然后由该委员会按月将发行准备情形公布,这样才能使人民信任新币,通货才不会膨胀。"④ 立法委员唐国桢认为:"关于监理委员会没有人民代表参加,有之也多系官商富豪,所以我主张监理委员会一定要有民意机关代表参加才

---

① 《币制改革只许成功,总统剀切说明要义》,《申报》1948年8月21日。
② 《金圆券准备金外汇已部分移交发行局》,《申报》1948年8月22日。
③ 中国第二历史档案馆藏,中央银行档案,档号:三九六-14954。
④ 《第一届立法院第二会期秘密会议速记录》,1948年9月10日,中国第二历史档案馆藏,国民政府行政院档案,档号:二(2)-1424,缩微盘号:16J-1564。

是合理。"①立法委员丘汉平认为:"发行准备监理委员应该规定与财政金融界无关系的人士担任,更不可以上海市一隅人士代表全国。"②立法委员周雍能指出:"关于发行准备问题。因为吸收了许多黄金美钞,据说已有二亿多的外汇,照目前情形说,很可乐观,但是想到三十三四年的情形,国家存有的外汇近十亿之多,尚有大量黄金出售,发行准备既相当充足,当时也有外汇管理委员会,可是结果如何呢?回想前事,深足使外人警惕,现在也和从前一样,有发行准备监理委员会,但是委员的选择值得注意,现在的委员,除了政府负责人之外,都是上海方面有关系的人,这几位固然很值得敬佩,可是代表人民的成分仍嫌不够普遍,将来在民众各方面足以代表人民大众的应该有人参加,使之了解发行实际情形,才能增强人民对金圆券的信心。"③

直到10月份,监察院财粮委员会再度对监理会委员人选提出纠正案。他们认为:"欲使全国人咸能了解新币发行与准备实在情形,而更加强其对新币之信心,则关于发行准备监理委会人选,自应注意遴选具有代表全国各地区,各团体多数人民之身份者参加,始可昭示大信。……关于检查保管事多涉及专门技术,组织规程第三条已规定设置稽核四至八人,办理稽查核算及报表编制事项,又第六项规定职员均由财部,主计部及央行调派兼充,是技术事项已有专人负责,自不能藉为理由。复查原所聘之委员,就区域言仅为上海一隅,将所代表之职业团体言,仅为商业、银钱业与会计师团体,占全国人口绝多数之农会、工会反无一人获选,此尚谓能代表全国性,未免过于曲解。"④因此监察院请行政院迅速调整监理会的代表人选,以昭大信。

当时的《新闻报》等媒体舆论中也提出监理会委员中应有立法院和监察院的民意代表。早在1947年11月27日,财政研究委员会研究员康伦先拟定的《整理币制方案》中,即提出新币制改革必须设置币制管理委员会,借以坚定人民对货币的信心,认为此会应由财政部长、中央银行总裁及其他三位国家银行首长、立法院、监察院代表、金融业、工商业及社会知名之公正人士组成。⑤由此可见,

---

① 《第一届立法院第二会期秘密会议速记录》,1948年9月10日,中国第二历史档案馆藏,国民政府行政档案,档号:二(2)-1424,缩微盘号:16J-1564。
② 《第一届立法院第二会期第二次秘密会议速记录》,1948年9月13日,中国第二历史档案馆藏,国民政府行政院档案,档号:二(2)-1424,缩微盘号:16J-1564。
③ 同上。
④ 《健全发行准备监理组织提高人民对金圆信念》,《申报》1948年10月16日。
⑤ 中国第二历史档案馆藏,财政部档案,档号:三(1)-4878。

南京国民政府统治阶层内部、社会舆论等对监理会委员构成的代表性和公信力即存有不信任。

其次是对监理会职权的质疑。经济学者邹宗伊曾指出,既然金圆券改革是以发行独立为口号,使财政与金融隔离,即金圆券的发行不受财政的牵累,纯视社会经济的需要而伸缩。而如果要金圆券的发行不受财政的牵累,似乎应该提高发行监理委员会的职权,除了检查和公告之外,并且监督金圆券增发的用途,这样才可以发挥积极监理发行的作用,而不仅是消极的检查。有许多国家为使财政与金融隔离,防止纸币发行受财政的牵累起见,往往由法律规定国家银行对财政垫款的限度以及偿还方法等,似乎也应该仿效。① 这一点是就政府赋予监理会的职权而言。

根据规定,监理会"如发现金圆券之准备不足或金银外汇之准备不及第八条第二项规定之百分比时,应即通知中央银行停止发行,收回其超过发行准备之金圆券,并分别报告行政院及财政部。中央银行接到前条通知后,应即兑回其超额部分之金圆券,或补足其发行准备,非经金圆券发行准备监理委员会检查认可后,不得续增发行"。② 从资料中,我们可以发现监理会对于监督发行权力的履行非常尽责。对于因敌伪产业未予移交所造成的保证准备不足,监理会曾多次与财政部和中央银行交涉,但都没有结果。最终监理会向中央银行发行局下了最后通牒,如果财政部仍不能解决,"惟有限令贵局比例收回发行"。③ 对此,中央银行于11月10日急电总统蒋介石、行政院长翁文灏以及财政部,声称发行限额与准备比例的矛盾已届山穷水尽、险象环生之际,必须当机立断,否则后果不堪设想。声称"本行发行局复迭奉发行准备监理委员会令严守限额,无蹈违法之嫌,因之应付极度困难,倘须切合实际需要,必致超额而违法,如仅守法而于一切支付命令在所不顾,则影响军政时机,后果不堪设想"。④ 至此,南京国民政府试图以监理会的监督职能来提高人民信任的伎俩已难以维系。

11月11日,蒋介石即以总统令形式公布了《修正金圆券发行办法》,取消了发行总额的限制,对监理会检查结果的公告也予以废止。原来规定"作成检查报

---

① 《上海金融界星五座谈会记录》第一集(1948年8月27日至12月24日),第67—68页。
② 《中华民国金融法规选编》上册,第482页。第八条第二项规定内容为"前项发行准备中,必须有百分之四十为黄金、白银及外汇,其余以有价证券及政府指定之国有事业资产充之"。
③ 《金圆券发行准备监理委员会代电中央银行发行局》,中国第二历史档案馆藏,中央银行档案,档号:三九六-14957。
④ 中国第二历史档案馆藏,中央银行档案,档号:三九六-10410。

告书公告之,同时报告行政院,并以副本分送财政部及中央银行",修正后的办法改为"作成检查报告书报告行政院,并以副本分送财政部及中央银行"。① 这一修正证明,监理会根本无法做到监督中央银行发行。法令可以根据统治当局的需要随时变更,所谓的"发行独立""检查公开"都不过是他们打出的幌子。

11月13日,监理会召集临时会议,本来的目的是商讨如何陈请行政院令行中央银行不再增加发行,但从12日的报纸上获知金圆券发行办法已奉行政院修正,因此会议的主题即转向对自身去留的讨论,结果认为监理会是依据旧办法所产生,其任务业已终了,决议"办理结束会务,预备移交"。② 在此之前的11月6日,李铭个人即曾以健康原因呈请行政院,请求辞去监理会委员及主任委员之职。③ 此后未见行政院另行组织成立金圆券发行准备监理委员会,监理会事实上已名存实亡,成为一种摆设,对于发行准备的检查、保管及监督等未再有何行动。

11月15日,中央银行致函监理会,将一度转入保证准金项下的敌产悉数转出,仍另立保管品户(不列入保证准备金范围内),至限令比例发行一节,因现金准备项下所存金银外汇照行政院修正兑换率升值以后,账面上所存准备金数额甚巨,自可将其余额内之金银外汇一部分予以划换,尚不致影响已发行数额之应存准备金。④ 11月16日,中央银行发行局又致函监理会,告知金圆券准备金项下金、银、美钞等按照政府规定比例升值后,中央银行业务局已将多余准备金抽回一部分,计美元14 058 192.90元。又奉该行总裁谕,拨交中央造币厂黄金40块计重16 702.031纯金盎司,合16 623.733纯金市两,充作试铸金圆之用。又提出银币250万元移充金圆辅券准备金。⑤ 由此可见,对于发行准备的处理权已完全操控在中央银行,也未见监理会对此的反应。

随着国民党军队的节节溃败,金圆券的发行额急剧攀升与发行准备的急剧减少同时发生,巨额的现金被转移到台北,仅1948年11月29日即从中央银行移运库存准备金项下之黄金774箱计200余万两到台北。其应付发行准备比例的处理办法是,等上项黄金装出后,拟即在金圆券库存现金准备项下付出,列记

---

① 《中华民国金融法规选编》上册,第482、509页。
② 中国第二历史档案馆藏,中央银行档案,档号:三九六-14954。
③ 上海市档案馆藏,浙江第一商业银行档案,档号:Q270-1-395。
④ 中国第二历史档案馆藏,中央银行档案,档号:三九六-14941。
⑤ 中国第二历史档案馆藏,中央银行档案,档号:三九六-14928。

寄存台处户名列账,并密报金圆券发行准备监理委员会核备。①

此后,中央银行即在发行准备月报上玩弄起数字游戏,现金准备数字随着发行数额而随意升值、增加,监理会却好似他们用于表演的道具。1948年12月11日,中央银行发行局致函监理会,称截至12月10日,金圆券现金准备金余额只剩金圆98 736 283.79元,加上11日由业务局拨入的黄金账户部分,亦只有1.8亿余元,似应急为筹划续拨,以免脱节。② 而在12月31日的发行准备月报中,列出的发行额为8 186 333 371.00金圆,现金准备总额6 986 333 371.00元,现金准备占发行额的比例高达85.34%。③ 对此始终未再见监理会的相关应答,随着金圆券事实上的崩溃,其作为幌子的意义早已不复存在了。

尽管监理会的工作受到诸多掣肘而没有达到预期的目标,但其在履行自己的职责时做了极大的努力,概而言之,集中体现在以下三个方面:(1)以现金准备项下外汇流动性过大,要求尽量指拨黄金。行政院经济管制委员会议决以中央银行收兑的黄金,随时拨交监理会,俾将外汇陆续调出。④(2)力争将保证准备项下敌伪产业及国营事业产权契据于最短期内过账移转。主任委员李铭曾在监理会的会议报告中反复强调:"除敌伪产业应速请财部检交契据,其余中纺等是否股票之外尚须附交产权,即以股权论中纺应拨者占七成,招商局占五成,台糖台纸等股权亦不在少数,本会自应以股东资格参加董监事,闻京中各主管部会辄以其公司为其所属产业,不愿其他机关参加,殊不知行政院既以其股票拨充准备,所拨部分之股票当过户与本会,本会庶可施行股权,藉以知其财政状况资产负债数目以审定股票之实值,否则何能为发行准备作充分保障,即请诸位从详讨论,成立决议案,以凭办理。"⑤(3)对于发行数额严密监督。

金圆券发行办法修正以后,《银行周报》的社评中指出:"倘使为了进一步的坚定人民对于新币的信念,可以扩充发行监理委员会的组织,网罗全国各业的代表人士参加为委员。同时加强监理委员会的职权,使其有权监督

---

① 中国人民银行总行参事室编:《中华民国货币史资料》第二辑,第631页。
② 中国第二历史档案馆藏,中央银行档案,档号:三九六-14925。
③ 中国第二历史档案馆藏,中央银行档案,档号:三九六-14934。
④ 《中央银行发行局关于行政院令将黄金外币拨充金圆券发行准备的签呈》(1948年9月10日),《中华民国史档案资料汇编》第五辑第三编,财政经济(三),第850—851页。
⑤ 《金圆券发行准备监理委员会第二次会议记录》,上海市档案馆藏,浙江第一商业银行档案,档号:Q270-1-395。

发行的用途,发生积极监理的作用,一面制定法律,限制中央银行接济财政的限度和偿还方法,以加重监理委员会的法律责任,庶几发行可望冻结,币值可望安定。"①

然而,曾经身为监理会主任委员的李铭却提出了与人们的期望完全不同的看法。1948 年 11 月 19 日,李铭在给财政部长徐堪的私人信函中,认为"监理会之原来制度,过于特殊,在世界各国殊乏前例,依弟个人观察,非唯于实际无裨,且徒然使公众目光,专注于发行额,反多不良影响。……自法币因抗战而增发,公众之货币观念,总视发行额为唯一衡量标准,今五成兑现一点,既与过去不同,此后宜将公众目光,导归发行准备,期信心渐能恢复,至监理会之组织与任务,实已可不必重视矣"。在信中还专门附有《关于金圆券发行准备监查事项之意见》:一、依修正发行办法,金圆券可以兑现,实已近似金本位性质,此后如兑现一事,办理良好,则币信可臻巩固,最高发行额之规定,似已不甚重要。二、发行准备之监督与检查,其对象宜以准备为限,至于发行事项,依法由中央银行掌管,央行发行局应对总裁副总裁负责,不宜对监督检查机构负责,致央行体系,因此发生畸形。三、监理会之各个组成分子,依照立院监院讨论时之意见,应为足以代表多数人民之人士,按诸报纸批评,亦有谓监理会委员人选中,江浙籍人数太多者,有谓委员所代表之团体不够广泛,而银钱业代表成分太重者,凡此议论,均足反映社会上一般心理,故今后改组之人选,论地区则不宜专重京沪,论业别则分配宜求扼要。如商业界中,即宜以商会为主体,而不宜偏重商界中之某一业。实则监督检查之事,无专设永久性机关之必要,如须定期举行检查,不妨参照战前中国银行等钞券准备检查旧例,由央行邀请主要人民团体及政府机关推派代表,会同行之,检查次数相距不必太近,亦不必拘于一定地方之团体,而可采取各地团体轮值之办法也。②

将上述双方对监理会的观点进行对照是非常值得玩味的,民众期望通过监理会自下而上的监督与制约可以限制货币的超额发行,而李铭通过切身的体验发现这根本是不可能的,所以从他给徐堪的信函中,强调的是通过兑现来巩固币信,无论发行数额多少,只要有充足的准备用以兑现,人们自然对新币树立信心,即再度回到兑现纸币的老路上去。但李铭心里未必不清楚这在当时的条件下亦

---

① 《论冻结发行的必要》,《银行周报》第 32 卷第 47 期,1948 年 11 月 22 日。
② 上海市档案馆藏,浙江第一商业银行档案,档号:Q270-1-395。

是海市蜃楼,或许只是为自己的责任开脱而已。

金圆券信用的维持,归根结底要依靠政权的稳定和经济的良性发展,金圆本位的推行则有赖于纸币的无限制兑换,而非单靠一个所谓的监督机构即能实现。在一个财政收支严重失衡、政权大厦将倾的环境之下,监理会的失败势所必然,正是皮之不存,毛将焉附。

第四节 金圆本位制的欺骗性

1948年9月3日,行政院长曾明确训令中央银行:"以金圆券兑入之外币钞券及黄金,可酌予拨充金圆券发行准备金;以金圆券兑入之银元、白银,拨充铸造银辅币之用。"①但从中央银行会计处10月12日给总裁、副总裁的呈文中,可知金圆券发行准备中的现金准备均由中央银行业务局就库存项下拨充,黄金中有一部分虽系财政部所有,但尚未折价,理论上仅系中央银行库存中的负债款项转缴抵充,不能作为政府缴纳准备。②

直至11月13日,取消发行限额后,中央银行发行局代为保管的监理会账面的准备金仍为最初拨交的20亿元(内中一部分系敌产,抵充契据尚未齐全),如果超额发行,则准备金自应补充方能符合法令规定的比例,但中央银行业务局已无其他金银物资可以抵充准备金。中央银行提出的办法即是根据《修正人民所有金银外币处理办法》规定提高金银及外国币券的兑换率,将原有金银外汇照此升值转账。1949年2月15日,行政院核准财政部所拟调整金圆券计值标准办法。根据当时的发行情况,另筹合法准备既多困难,非调整计值标准不足以资适应。发行准备内的现金部分已照法定汇率折合计值,但保证准备部分中的国营事业股票不仅换发股票变更公司登记手续异常复杂,且各该公司售于民间之股票,约计金圆1 000万元,时常增值,处理亦不便,决定各该公司股票面额暂不变更。③此后金圆券发行准备中现金准备部分即随着汇率的变动进行调整,现金准备部分依据修正办法规定汇率的调整情况,详见表55。

---

① 《行政院长翁文灏致中央银行训令(1948年9月3日)》,《中华民国史档案资料汇编》第五辑第三编,财政经济(三),第851页。
② 中国第二历史档案馆藏,中央银行档案,档号:三九六-14932。
③ 《中华民国货币史资料》第二辑,第603—605页。

表 55　金圆券发行准备监理委员会缴存准备金（依新折合率计算升值后计）

类　别	数　额	折合率	折合金圆数额
黄金存国外	9 228.518 市两	1 000	9 228 518.00
黄金存业局	204 811.752 市两	1 000	204 811 752.00
黄金存各分行	292 204.891 市两	1 000	292 204 891.00
黄金本局库存	3 580 837.778 市两	1 000	3 580 837 778.00
小　计	4 087 082.939 市两		4 087 082 939.00
白银存国外	1 671 587.08 市两	15	25 073 806.26
白银存业局	3 563 872.019 市两	15	53 458 080.29
白银存各分行	3 627 313.011 市两	15	54 409 695.17
白银存本局库存	2 515 507.00 市两	15	37 732 605.00
小　计	11 378 279.11 市两		170 674 186.72
银币存业局	20 497 468.83 元	10	204 974 688.30
银币存各分行	5 195 727.00 元	10	51 957 270.00
银币本局库存	41 835 819.00 元	10	418 358 190.00
小　计	67 529 014.83 元		675 290 148.30
美金本局库存	14 058 192.90 元	20	281 163 858.00
总　计			5 214 211 132.02

资料来源：中国第二历史档案馆藏，中央银行档案，档号：三九六-14928。

根据中央银行发行局的统计，1949年的库存金圆券准备金现金准备包括黄金、白银、银币、半元币、滇半元币、银角，保证准备包括中纺股票4.2亿元，招商局股票3亿元，天津纸业公司股票临时收据800万元，台纸公司股票临时收据1 920万元，台纸公司股票临时收据1 280万元，台糖公司股票6 880万元，台糖公司股票10 320万元，均按票面价值计算，合计9.32亿元。详细情况见表56。

表 56　中央银行库存金圆券准备金　　　　　　　　　　（单位：元）

时　间	现金准备额	保证准备额	合　计
1949.1.7	374 160 960.17	932 000 000.00	1 306 160 960.17
1.10	375 075 870.17	932 000 000.00	1 307 075 870.17
1.13	345 547 229.17	932 000 000.00	1 227 547 229.17

续 表

时 间	现金准备额	保证准备额	合 计
1.20	165 547 229.17	932 000 000.00	1 097 547 229.17
1.26	419 412 562.17	932 000 000.00	1 351 412 562.17
1.28	435 412 562.17	932 000 000.00	1 367 412 562.17
1.31	375 412 562.17	932 000 000.00	1 307 412 562.17
2.3	377 129 302.17	932 000 000.00	1 309 129 302.17
2.5	259 030 527.17	932 000 000.00	1 191 030 527.17
2.21	259 261 047.92	932 000 000.00	1 191 261 047.92
2.22	259 261 047.92	932 000 000.00	1 191 261 047.92
2.25	259 261 047.92	932 000 000.00	1 191 261 047.92
2.28	259 261 047.92	932 000 000.00	1 191 261 047.92
3.18	59 260 883.92	932 000 000.00	991 260 883.92
3.28	59 296 563.73	932 000 000.00	991 296 563.73
3.31	59 296 563.73	932 000 000.00	991 296 563.73
4.4	109 062 575.73	932 000 000.00	1 041 062 575.73
4.8	107 062 575.73	932 000 000.00	1 039 062 575.73
4.11	156 816 631.73	932 000 000.00	1 088 816 631.73
4.12	140 031 892.56	932 000 000.00	1 072 031 892.56
4.19	147 498 597.81	932 000 000.00	1 079 498 597.81
4.21	131 007 947.00	932 000 000.00	1 063 007 947.00
4.30	131 007 947.00	932 000 000.00	1 063 007 947.00
5.17	121 056 936.00	932 000 000.00	1 053 056 936.00

资料来源：中国第二历史档案馆藏，中央银行档案，档号：三九六-1048。

随着金圆券发行数额的急剧攀升，金银外汇的汇率随着金圆券的迅速贬值不断调整，而保证准备总额不变，因此出现了现金准备未予增加的情况之下，现金准备的比例却越来越高(见表57)。

表 57　金圆券发行准备月报表　　　　　　　　　　（单位：元）

时　间	发　行　额	现金准备总额 数　额	现金准备总额 比　例	保证准备总额
1948.11.30	3 204 321 603	2 004 321 603	62.55%	1 200 000 000
1948.12.31	8 186 333 371	6 986 333 371	85.34%	1 200 000 000
1949.1.31	20 821 562 771	19 621 562 771	94.24%	1 200 000 000
1949.2.28	59 663 510 771	58 463 510 771	97.99%	1 200 000 000
1949.3.31	196 059 526 871	194 859 526 871	99.39%	1 200 000 000
1949.4.30	5 161 173 486 690	5 159 973 486 690	99.98%	1 200 000 000

资料来源：中国第二历史档案馆藏,中央银行档案,档号：三九六- 14934。

即使按照这样不合理的方式调整现金准备的金额,其统计表中关于现金准备的数额仍然带有欺骗性。1949 年 1 月 6 日,中央银行监事会致电总裁、副总裁,呈报发行准备查库结果,其中以调拨中准备金列账者共计 3 326 442 377.08 元,内计现金 3 058 442 377.08 元,保证品 2.68 亿元。据他们的解释,所谓调拨中准备金即系"该项准备未经充实",似与发行原则不符。而上表中所列调拨中准备金系将现金与保证分列,而现金数字较大,按照金圆券发行办法,现金准备四成,保证准备六成,实际所欠充实之准备实为保证准备,函请总裁副总裁与财政部洽商办理。[①] 这种手段当然比任何方式都要来得方便,但欺骗终究不能达到维持金圆券信用的目的,尽管现金准备的比例接近 100%,但没有人会再相信所谓的"十足准备"和"金圆本位"。

透过对金圆券发行准备实况的考察,我们即可发现,所谓的金圆本位制只是一种字面上的规定,并没有得以落实。至于其不能推行的根本原因则要从此次币制改革的本身去分析。

民国时期的经济学家朱斯煌曾将金圆券比喻为"好像一个婴儿,先天不足,又生产在一个很不好的环境里面,欲其生育长成,要靠保姆扶养得法"。而此次改革币制,从币制本质说,似难和战前的水准等量齐观,虽然名为金圆,实在依然是一张纸币,既不兑现,又不能自由购买外汇。而且这次改革的政治性大于经济性,三百万元法币折合金圆一元,金圆四元合美金一元,完全一纸命令,遵照办理。这种规定如何维持,仍然要用政治手段来解决,管制经济抑平物价就是政治

[①] 中国第二历史档案馆藏,中央银行档案,档号：三九六- 15153。

性的措施,但是经济问题,仍不能忽略应有的经济性的措施。币制已改,通货膨胀之门却未关闭。收回旧法币所需金圆仅二亿,而发行额为金圆二十亿。真是"三百万对一自天而降,二十亿发行游刃有余"。①

庄智焕从三方面指出不利于金圆券币制的因素:一、外在的因素:内战的延续与扩大,其情势的恶劣且超过希腊,战费支出固足以加重国库负担,整个经济秩序,亦因战争的影响而遭破坏。二、币制本身的缺点:(1)政府以新币为十足准备而沾沾自喜,此种陈旧落伍的货币思想足以败事。(2)过去宋内阁时代,以抛售黄金为收缩通货的工具,现在却一反而为高价收兑金钞,以达成膨胀通货的效用,最费解的是财政当局对于兑进的金钞,迄未善加利用,而徒醉心于新币的十足准备,对于因收兑金钞而大量流出的金圆券,亦竟熟视无睹,等于自掘坟墓。(3)金圆券的发行额定为二十亿元,但仅仅金券二亿元即足以收兑全数旧法币,所以金圆券的膨胀,已法定的超过旧法币十倍。(4)旧镍币的恢复流通,殊足以影响人民对新币的观感和信念。此外,新币外价难以坚守法定比率,外汇资产登记办法,亦难全部严格执行,都可以说是新币制的先天缺憾。②

无论从当时国内外的现实,还是从学理上来看,金圆券改革采行金本位制都是不合时宜的。当时世界上大多数国家都因为实行金本位制的条件制约,纷纷放弃了金本位制。中国本身所持有的金银不足以实行真正意义上的金本位制度,而在内战继续、收支严重失衡的局势下,美国已不可能再提供大量的贷款尤其是用以改革币制的借款。

从货币史演进的历史来看,试图以金本位或银本位来维持纸币的信用在当时已是落后的观念。但是无论是政府还是民间持有这一观念的人还不在少数。尤其是法币的恶性通货膨胀已无可遏制的情况下,发行硬币似乎已成为挽救币信的救命稻草。因此政府试图迎合人们的心理,树立金圆券信用。

金圆券虽然宣称是金本位制,但仍然是一种"命令纸币",其产生与更改基于当局的命令,自始没有形成一种制度。它虽然有十足的准备,但不能兑现,所谓现金与保证准备都只见于空洞的规定,不足以确立民间的信心。从上文可见,发行准备并未按规定落实,所谓的中介监管机构,亦因各方限制不能有效履行监督职责。不仅如此,政府不仅禁止人民以金圆券兑换金圆,而且强行要求人民持有

---

① 《上海金融界星五座谈会记录》第一集(1948年8月27日至12月24日),第4页。
② 庄智焕:《从战后各国货币改革的经验看金圆券》,《银行周报》第32卷第47期,1948年11月22日。

黄金、白银、银币或外国币券向政府兑换金圆券,这一反一正完全破坏了金本位制的规则,更无法达到通过设置金本位来稳定物价的目的。因为这一政策使原本具有储藏功能的金银外汇以金圆券的形式涌向了商品市场,首先造成了纸币的膨胀。根据政府规定的收兑比例,只需要2亿元金圆券即可收回全部的法币,但因为收兑金银外汇而放出的金圆券远远高于收兑法币的数额,而且在不到两个月的时间里即迅速突破了20亿金圆的发行限额。可见这一政策本身即是恶性通货膨胀的祸首。如果南京国民政府真有诚意遏制通货膨胀,就应该在保证百分之百兑现的承诺下推行金本位制。事实上,其推行币制改革的根本目的则是借推行金本位之名,掠夺人民手中的金银外汇。两种目标所造成的制度设计差异,带来完全不同的结果也就在情理之中了。

第三章
金圆券定价研究

从金圆券发行办法及人民所有金银外币处理办法规定看，南京国民政府采纳以实物黄金为基础的管理货币，将其价值固定在美元汇率 0.25 美元。新旧货币之间的收兑率，白银与金圆、外汇与金圆都是建立在银元与外汇特别是美元的基础上进行计算。货币改革前夕，美元和银元在上海黑市的价格分别是法币 1 200 万元和 600 万元。采用 4 比 1 的汇率，新金圆的价值自然固定在法币 300 万元，其他转换比率也相应确定，即黄金按其纯含量每市两兑给金圆券 200 圆，白银按其纯含量，每市两兑给金圆券 3 圆，银币每元兑给金圆券 2 圆。这些官方的币制改革法令希望通过稳定其外部价值（或汇率）来稳定其内部价值（或商品价格）。那么这样的定价依据对各地政策的推行产生了怎样的影响？也是金圆券研究中值得探讨的问题。

第一节　法币币值的差异

金圆券改革前，法币价值的地区差异明显。从理论上来说，每一国家的货币自应在全国同值流通。但如果某一地区内因物资供应、头寸松紧、资金流动等关系，与其他地区每有异同，就会造成同一货币的实际交换价值随地区而有差别的状况。金圆券改革前，由于法币通货膨胀所造成的币值长期贬落，使得广州港钞盛行，与其他城市差别很大。而华北的天津等城市则因内战的关系而造成物价上涨甚于其他地区。所以，由战争因素和通货膨胀共同促成了法币币值的地区差异明显。

表现于货币本身的影响体现为对外和对内两个方面：（1）对外币之兑换价值即法币对外国物资的实际交换价值不同。在 1948 年 8 月 19 日，法币在上海的市价为1 200万元兑换美元1元,220万元兑港币1元;而同日在广州则为620万元兑美元1元,115万元对港币1元。因此,同样是法币1元,在上海其能交换外国物资的价值尚不及在广州之同样价值60%。(2)国内不同地区间的法币兑换价值,即法币对国内不同地区物资的实际交换价值不同。详见表58、表59。

表58　8月19日上海汇往各地内汇行市(每千元元数)

南京		汉口		重庆		广州	
国家行局	商业银行	国家行局	商业银行	国家行局	商业银行	国家行局	商业银行
1 010	1 020	1 180	1 200	1 250	1 250	1 350	1 250

天津		昆明		福州		长沙	
国家行局	商业银行	国家行局	商业银行	国家行局	商业银行	国家行局	商业银行
1 010	1 000	1 400	1 450	1 200			1 200	1 150

资料来源:《四联总处史料》(上),第392页。

表59　8月19日各地汇往上海内汇行市(每千元元数)

南京		汉口		重庆		广州		天津	
国家行局	商业银行	国家行局	商业银行	国家行局	商业银行	国家行局	商业银行	国家行局	商业银行
1 004	1 009	1 032	860	1 010	850	1 000	600	1 060	1 057.5

资料来源:《四联总处史料》(上),第394页。

如以广州与上海的汇兑率来分析,8月19日法币在广州对上海的市场汇兑率为600,即在广州交付法币600元汇至上海可以得回法币1 000元。也就是说,在上海价值1 000元的物资,在广州可以600元交换得到,两地币值的差异之大可见一斑。

货币价值本身的差异,自然会表现于不同地区的物价差别。上述不同地区的币值差别所表现于货币本身者,如果不是实际从事金融或贸易者或不易明了,然而其表现于物价的差别则显而易明。举例而言,在8月19日前廿支棉纱在上海每条约值法币22亿元,而在广州则同日之市价仅为14亿元。至其他由外地运入的货物在广州的价格与原地价格的差别亦莫不随对该地汇价的上落而低昂。①

---

① 《有关国库署组织法、币制改革、物价管理、加强财政金融管制及各县设立支行机构等文书》,广东省档案馆藏,广东省政府档案,档号:2-2-100。

第二节 金圆券定价依据

金圆券的含金量及其兑换的比率,是参酌币制改革前南京、上海的市场情形确定,而且确定的收兑价格比 8 月 19 日当天的黑市价格略高。详见表 60。

表 60　1948 年 8 月 19 日各大都市金钞银元港币黑市及
财政经济紧急处分令规定收兑价格比较表

类别	地点	8月19日黑市 法币(万元)	8月19日黑市 折合金圆券(圆)	收兑价格(金圆)	收兑价格比19日黑市高低百分比 高	收兑价格比19日黑市高低百分比 低
黄金（市两）	全国			200.0		
	上海	55 000	183.3		9	
	南京	54 000	180.0		11	
	汉口	44 000	146.7		36	
	重庆	45 000	150.0		33	
	广州	38 700	129.0		55	
	天津	69 850	232.8			14
美钞（元）	全国			4.0		
	上海	1 130	3.8		5	
	南京	1 120	3.7		8	
	汉口					
	重庆					
	广州	630	2.1		90	
	天津	1 355	4.5			11
银元（元）	全国			2.0		
	上海	780	2.6			23
	南京	710	2.4			17
	汉口	610	2.0			平
	重庆	480	1.6		25	
	广州	330	1.1		82	
	天津	785	2.6			23
港币(元)	广州	116	0.39	0.75		

资料来源:《四联总处史料》(上),第 356 页。

根据金圆券与黄金、美元的比率,中央银行于 8 月 21 日,通过了各种原币与金圆券的折合比率(见表 61)。

表 61　币制改革后原币折合金圆定价

币　种	单　位	折合金圆数	币　种	单　位	折合金圆数
美元	1 元	4 元	日金	1 元	1 元
英镑	1 元	12 元	马克	1 元	1 元
港币	1 元	1 元	黄金	1 市两	200 元
菲币	1 元	2 元	白银	1 市两	3 元
印币	1 元	0.92 元	银元	1 元	2 元
缅币	1 元	0.92 元	小银元	6 角	1 元
星洋	1 元	1.5 元	旧账内关金	1 元	1 元
荷币	1 元	0.5 元	广毫	300 万元	1 元
越币	1 元	0.1 元	汕洋	300 万元	1 元
法郎	1 元	0.01 元			

资料来源:《通告币制改革后原币折合金圆定价希洽照由》(1948 年 9 月 6 日),北京市档案馆藏,交通银行北京分行档案,档号: J032-001-02616。

由表中几个重要城市的比较可见,金圆券的收兑价格与 8 月 19 日南京和上海的市况最为接近,但与广州、汉口、天津、重庆等地的价格相差很远,尤其是广州,相差几达一倍。造成这一差异的原因及其影响将分别在下文中展开论述。

第三节　金圆券定价的影响

法币价值的差异已如上述,而金圆券参酌南京、上海价格而规定的收兑价格,全国一律适用,这就必然造成币制改革后各地物价涨落不一、黑市难除的局面,即使政府强制推行"八一九"限价政策,也无法有效遏制市场本身的内在反映。

一、各地物价变动情形

此次币制改革除因以上海市价为标准,对上海、南京地区影响不大外,其他各地区法币持有人都受到了不同程度的影响。先看各主要城市的总体物价变动情况（见表62）。

表62　金圆券改革后主要城市物价变动表（1937年上半年为基期，单位：千倍）

地点	8月19日	8月28日	9月4日	9月4日较8月19日涨落百分比
上海	6 670	6 920	7 110	涨 5%
南京	6 950	6 950	6 855	落 1.4%
汉口	6 200	7 260	7 495	涨 21%
重庆	2 850	2 970	3 972	涨 40%
广州	4 540	8 138	8 292	涨 83%
天津	7 470	6 880	7 171	落 4%

资料来源：《四联总处史料》（上），第383页。

再看影响人民日常生活的日用消费品价格涨落情况（见表63）。

表63　币制改革前后各大都市主要物价比较表

时间	米（市石）					
	上海 高白粳	南京 上熟米	汉口 上等机米	重庆 上等山熟米	广州 齐眉	天津 小站稻米
8.19法币万元	6 300	6 200	7 200	2 100	6 900	9 675
折合金圆券（圆）	21.0	20.7	24.0	7.0	23.0	32.3
8月23日	20.0	21.5	24.0	7.0		28.5
8月24日	19.2	21.5		7.0	40.86	28.05
8月25日	19.2	21.5	24.0	7.0	40.86	27.75

时间	机麦粉（袋）					
	上海 兵船一号 49磅	南京 鸡球 49磅	汉口 头号粉 49磅	重庆 头号粉 49磅	广州 胜利 50磅	天津 一号粉 49磅
8.19法币万元	2 180	2 660	1 600	700	3 132	3 150
折合金圆券（圆）	7.3	8.9	5.3	2.3	10.4	10.5
8月23日	6.95	7.2	8.7			8.4
8月24日	7.25	7.08		2.4	19.85	9.15
8月25日	7.15	7.25	8.7	2.4	21.8	9.0

续表

时间	廿支棉纱(件)					
	上海 特双马	南京 双福	汉口 狮球	重庆 绿双鸡	广州 双马	天津 双马
8.19 法币万元	208 000	208 000	199 000	162 000	154 280	215 000
折合金圆券(圆)	693.3	693.3	663.3	540.0	514.3	716.7
8月23日	630.0	620.0	635.0	511.0		560.0
8月24日		690.0		548.0	900.0	650.0
8月25日		690.0	650.0	548.0	922.5	660.0

时间	煤(公吨)					
	上海 白煤	南京 淮南煤	汉口 上等焦煤	重庆 大河岚炭	广州 烟煤	天津 开滦原煤
8.19 法币万元	25 000	14 000	10 000	3 400	13 920	13 000
折合金圆券(圆)	83.3	46.7	33.3	11.3	46.4	43.3
8月23日	93.3	45.0	40.0	11.0		40.0
8月24日	93.3	45.0		11.0	90.0	
8月25日	106.0	45.0	40.0	11.0	90.0	

时间	食油(市担)					
	上海 生油	南京 麻油	汉口 麻油	重庆 菜油	广州 菜油	天津 花生油
8.19 法币万元	19 000	17 500	16 000	5 800	6 525	19 000
折合金圆券(圆)	63.3	58.3	53.3	19.3	21.8	63.3
8月23日	58.0	58.0	51.0	20.0		52.5
8月24日	61.0	58.0		19.3	46.53	56.0
8月25日	61.0	58.0	56.0	20.0	47.25	62.0

资料来源：《四联总处史料》(上)，第360—361页。

这些差异表现于各地市场物价变动情形概略如下。(1)南京、上海除进出口货品、肉食、菜蔬及纱布、丝绸、香烟等间有黑市外，其余均平稳。截至9月4日，南京指数为七百十余万倍，比19日升5%。(2)天津指数原较京、沪为高，自财政经济紧急处分令后，约较19日黑市各低20%至10%不等，汇兑又可畅通，各项物价普遍下落，9月4日物价指数降至717万倍，比19日低4%。(3)广州、汉口、重庆物价指数原较京、沪为低,改革币制后所定金银、外币兑换率均较 8 月 19 日黑市为高。广州超出 50%—90%,汉口黄金、重庆黄金、银币均超出 30% 左右,一般物价仍升。截至 9 月 4 日,广州指数高达 829 万倍,比 19 日升 83%,汉口指数达 749 万倍,比 19 日升 21%,物价指数超过京沪之上。重庆物价涨势初起尚缓,至 9 月初黑市涨势转趋激烈,9 月 4 日物价指数达 397 万倍,比 8 月 19 日升 40%。[①]

据当时广东省政府所做的调查:平、津于改制前每美元之市价曾达法币约 2 000 万元,每金圆应约合法币 500 万元,今则以法币 300 万元便可换得一金圆,尚有剩余 200 万元。而广东则适与相反,如以当时广州市价每一美元合法币 620 万元计算,则每金圆只应合法币 155 万元,今则实际规定为合 300 万元。广东之法币持有人或银行法币存户于兑换金圆后实际只得回原值 51.66%,此项因币值本身之变动而所受之损失,无法弥补,且此系有形损失,只限于在省内之法币流通总额及省内各银行存款总额,然而蕴藏民间之交换力量必须根据币值变动之事实而将物价寻求合理的平衡,决不能因其尚未形成而加忽视或强不正视,否则此无形之损失,将比有形之损失更大,而且足以导致其他纠纷。人民之交换力量除所存之货币代表其一部分外,所存之物资及其可以从事生产之能力,尤代表其大部分。此次随币制改革而来之物价问题,自应参酌币值变动之事实加以合理之考虑,金圆比率既以上海市价为标准,则金圆各地前此币值之差别于上海者亦应随时调整,因此各地对申汇差额之高低必须并入计算,然后评定各地物价方为合理,至于其他非输入而系本地生产之物品的价格调整亦必同此办法。因为生产者所生产之物品并非纯供自用,而必须以之交换其他所需物品,倘其他物价因加入申汇差额而调整,而本地生产者生产所得不准变动,势将使其出入失衡,影响生活。[②]

时任广东省政府主席的宋子文在给蒋介石的电文中也强调:8 月 19 日前,港币在广州的黑市价格每元合法币 115 万元,当时上海港币的黑市价格已达 200 余万元。依照 8 月 19 日改革币制令,港币每元合金圆券七角五分,即等于法币 225 万元。这与上海原值 200 余万相差无几,但与广州原值,增加几达一

[①] 重庆市档案馆、重庆市人民银行金融研究所合编:《四联总处史料》(上),档案出版社 1993 年版,第 382—383 页。
[②] 《有关国库署组织法、币制改革、物价管理、加强财政金融管制及各县设立支行机构等文书》,广东省档案馆藏,广东省政府档案,档号:2-2-100。

倍。因此改革后,广州物价上涨,米粮等均约涨价 50% 至 100%。[①]

这种法币价值差异及金圆券定价依据地域性标准而统一于全国所造成的影响,决非只影响到几个大城市,而是金圆券所推行的所有区域。金圆券推行之初,报纸对各地反应的报道,可以让我们对此普遍影响有一个更深入的认识。

1. 8 月 20 日各地市场反应情形

南京:南京市场 8 月 20 日全日平静无波,交易清淡,各货多维原盘,亦无改用新币定价者。银楼照常营业,除纹银无市外,饰金每两仍为售出 59 500,收进 54 500,闻价之顾客极多,银元市面则凄凉万分,自清晨起银元贩子即出动作最后挣扎,初喊出 65,进 64,只卖不买,后跌为出 56,进 54,只卖不买,迄晚又回高,但殊少成交,银元贩子一反平日之声势,个个垂头丧气。食米来源畅旺,五洋市场人声嘈杂,但均观望者多,行市亦未见起伏,全市行庄及信用合作社均已奉令封关,若干原定 20 日发薪之机关职员均大失所望,法币价值看高,商店售货心切,百物有下泻趋势。

汉口:得知币制改革消息后,人心至为振奋,8 月 20 日硬币回跌,棉纱米粮均呈平稳,公教人员尤争相庆幸。

长沙:8 月 19 日该市银元仅值法币 480 万元,因金圆券发行办法规定每一银元合金圆券 2 元,则银元应值法币 600 万元,因此银元身价陡涨,该地物价起伏,以银元涨跌为转移,因此各物上扬三分之一强,情形至为混乱,至中午各商店都拒绝售货,市场无形陷于停顿状态。

广州:改革币制消息传出,市场一度大起骚动,港币急激升至 2 200 万,以 1 800 万收市,米价高至每百市斤 7 500 余万,平均百物皆涨 50% 强,但至晚已略回。一般舆论对币制改革均致良好,但咸认新币与美元比率在华南言,实嫌过高,盖目下华南每元美元仅值国币 700 万元,且华南地区密邻香港,金融最易受港币作祟影响,盼当局能注意处理云。

桂林:此间物价波动,米价一日间起一倍,白米 3 000 万,有价无市,其余货物均提高二分之一,商店但存观望,甚少成交。

贵阳:币制改革消息 20 日深夜传来,21 日各业商场停止大盘买卖,仅有零星交易,握有物资者无不看涨,致 21 日行市与昨无大变动。美钞 1 200 万,港币

[①] 《宋子文致蒋介石电》(1948 年 8 月 23 日),台湾"国史馆"藏国民政府缩微档,第 390 号。转引自吴景平编注:《1948 年金圆券政策的颁行》,载《上海金融中心地位的变迁》,复旦大学出版社 2005 年版,第 296 页。

1 600万,头银400万,黄金5亿,宝塔纱136 000万,忠孝纱146 000万,桐油百斤4 800万,菜油4 800万,汽油24 000万。①

沈阳:沈阳市物价均趋下游,黄金、银元贬值,金价由96 000万跌至92 000万,袁头银元由1 200万跌至800万(法币)。②

昆明:各业一律自动停盘,市场紊乱,金钞无市,物价普遍上扬50%至100%,公教人员喜惧参半。

重庆:黄金市场8月20日无交易,各市场20日陷停顿状态,棉纱布匹价乱,经决议,20日交易无效。

成都:币制改革消息传来,市场起剧烈波动,金银以原比价过低而猛涨,各货观望不售,价格混乱。

西安:金圆券发行消息颁布后,此间商人多甚惊慌,行庄及信用合作社均奉命休假,各银楼亦自动停业一日,市场停顿。

北平:改革币制首日,平市之反应为观望,市场无大波动,新币如何取信,为谈论中心,敏感之金银暗市未开,小市民形成的银元市场则混乱异常,迄午盘旋于法定价高七分之一左右。棉布19日晚狂泻,阳光由23亿跌至19亿,20日晨续跌1亿,迄午小回。粮续小跌,一号粉3 000万成交。

天津:币制改革宣布后,市场以银行休业,交易多陷停顿。

保定:改币讯传来,此间人心观望,20日晨间各货一度回挫,下午复坚挺,黄金、白银下跌,无行市。煤粮因保定存底缺乏,上涨颇烈。

太原:主要物品与久已在市场作祟之银洋一致下泻,晨七时,银洋由725万元瞬间跌为550万,旋又回涨至620万而中止,混乱状态,米麦及杂粮跌2 000万至5 000万元,米市大商观风竟未上市,布匹跌2 000余万。

青岛:市场各货有行无市,急于求现者则削价脱手,布匹有暴跌五成成交者,美金黑市清晨跌至900万,午间即回至1 200万,饰金挂牌61 000万,银元价600万,金融冻结两日间,市场将无变化。

杭州:市场多存观望态度,一般物价成静止状态,惟香烟涨势颇凶,逼近一倍,副食品普遍上涨,人力车资亦借故提高,而银圆则跌近官价,交易甚少,金价平,棉纱跌,惟黑市纱布市场交易趋于停顿。

---

① 《人民寄望于新币制全国反应均良好》,《申报》1948年8月21日。
② 《流通券定期收回沈阳物价趋下游》,《申报》1948年8月21日。

厦门：20日晨市场混乱，各物上升，美钞由900万涨至1150万，饰金由5000万升至7700万，尤其食米，每百斤自7000万涨至9500万，其余各物，平均高涨三成。①

衡阳：黑市金价原为3亿余元，银币原为400余万元，因规定折合率无形升值50%及30%，一般物价均比例提高，以上等机米为例每市担6000万元，两日间涨率200%最烈。惟以金融停滞，沪市尚未明朗，因之各业惶惑观望，迄无大宗交易。②

海口：此间于8月20日各报刊载政府改革币制实施法令后，金融及商业市场顿起波动。因本市外币、黄金、白银等黑市一向低于京沪一倍以上，今均追随法定折合率，急速递升，金融市场美钞由520万元，突升为1150万元，港币由98万元突升为220万元，黄金市两由28000万元突升为6亿元，银元由400万元突升为1000万元。商业市场中等白米每百市斤由4000万元突升为8000万元，四磅细布每匹由9500万元突升为20500万元，煤油每市斤由110万元突升为250万元，花生油每市斤由98万元突升为240万元。其他各项主要商品，均突升一倍以上。③

2. 8月23日金圆券发行首日情形

苏州：物价在当局严密监视下，趋向下游，米市做开糙粳17.3元，白粳19.5元，菜市蔬菜因无知菜贩牟利抬价，售价混乱，警局决派警常驻监视，随时纠举，各零售店铺亦多私自挂高商品标价者，经警局派警分区挨户查究，查获数十家，除饬将标价当场纠正外，并将各该商号负责人带局究办，商人震动，纷纷自动恢复8月19日原价。

无锡：金圆券问世后，多空均采稳健主义，交易寥若晨星，价格一致下游。白粳18.87元，白元18.87元，新羊籼18.92元，新埠籼18.62元，小麦15.50元，白麦16.20元，面粉654元，豆油45.49元，棉纱650元。

常熟：银根奇紧，县府出动员警监视各业，市场交易情况良好，物价一致下挫，饰金进185元，出200元，纹银进2.7元，出3元，上白米19.67元，小麦17.1元，特号粉7.25元，煤因高抬价格，正由警局传讯中。

---

① 《流通券定期收回沈阳物价趋下游》，《申报》1948年8月21日。
② 《衡阳分行电》(8月21日)，《中华民国史档案资料汇编》第5辑第3编，财政经济(三)，第831页。
③ 《海口市分行电》(8月25日)，《中华民国史档案资料汇编》第5辑第3编，财政经济(三)，第834页。

镇江：市场物价上米 21 元，次米 19 元，豆油每 10 斤 7.5 元，绿金山面粉每袋 7.4 元。其他物价大致尚稳，但亦有少数藐视法令之商人，高抬售价，经省警局查获者，均予逮捕，解送苏特刑庭法办。

南通：金圆券尚未运达，23 日市场仍凭法币交易，一般物价平疲，纱价微跌。县府粮食报价粳米 22.7 元，籼米 22.2 元。

金坛：币制改革后，商人乘机抬价，食米猪肉均较 19 日涨达二成，均盼当局速予制裁。

杭州：省会警局为使商品折合标价维持 19 日市价，分派警察监督执行，棉纱绸类食米均较 19 日略低，门售商店亦有乘机抬升者，菜市场则一致涨价，跳高二五成不等，黄包车价亦喊高，市民叫苦，金银黑市则已消灭。

徐州：市场物价均极稳定。

合肥：物价平稳，仅猪肉小菜上涨 20%。

南昌：南昌、九江、吉安三地，23 日同时发行新币，市场各物趋软，南昌中央银行收兑之银元达 3 万枚，并有金条、元宝持往兑换金圆券，市上物价亦均换以金圆标价，三机晚米 14.65 元，廿支卢山纱 673.33 元，龙头细布 29 元，生油 38 元，香烟普跌三成，各物市价今尚未跌回 19 日原价，食糖土纸等看涨，市上因辅币尚未发行，找零困难，盐市传将加税，一度闭市，今已有劣盐应市，大批交易仍有黑市。

成都：一般物价除生活必需品及门市价狂跳外，均颇稳定，纱布百货步落，米油杂粮续涨，各报改价。省市府整日监督市场，省金管会一日成立。

重庆：山货 23 日涨 30%，棉纱布匹米价下跌。①

北平：银元市场问津乏人，间有以 590 万元成交者，则系不堪拥挤兑换而急需现钞之小市民，物价呈平疲，仍多观望，船粉 8 元，跌落 3 角，余成交清稀，棉布仍未开，各商店尚少换标金圆，官方监视甚严，价格不动。

天津：金圆券 23 日已出现于津市街头，物价普遍下跌。各市均恢复交易，物价一致回落，兵船粉 8.4 元，红五福布 26.5 元，二十支三鼎纱 590 元。

归绥：物价平持，市场仍甚稳定，央行分行 23 日起兑换金圆券，因折率高于黑价，故请兑者颇为拥挤，全日共收进银元 2 万元。

张垣：今兑发新钞，中央银行门前拥挤，商民对新钞甚感兴趣，市面平稳，物

---

① 《改革币制得民心各地争兑金圆券》，《申报》1948 年 8 月 24 日。

价小落,成交仍少。

济南:金圆券正式问世,各业市场一律恢复交易,七支纱开盘即跌落法币3亿,为金圆券600元,旋复跌至580元,午后回至600元;头等面亦跌法币200万,合金圆券9元一袋,饰金每两进200元,出230元。今日市场除块煤因来源短少,情形特殊,涨至136.5元一吨外,余皆一致看疲。据查,个中原因,乃由于受币制改革影响,银根仍紧,外埠行情一律跌落所致。

兰州:金钞正式流通,持法币往兑者极拥挤,因一般商业性贷款停止,故市场一片跌风,除食粮持稳外,匹头纸烟五洋杂货一致下泻。①

四川省的蒲江县也存在类似情形,币制改革后"物价波动有如风起云涌,兼之一般奸商乘机操纵,计旬日来百物飞涨,如白米每双市斗由300万元涨至800万元之巨。其他日常用品无一不提高倍价,甚有超至二三倍者"。②

由上报道可见,金圆券的收兑价格所引起的不只是各地的物价变动,而且直接影响到市场交易的积极性,如果商品价格与实际成本价格悬殊过大,交易便无法进行。尽管金圆券发行之初,政府采取高压手段强行将物价限制在8月19日的水平上,但在与市场实际脱节的情况下,不可能得以长期有效地推行。以花纱布为例:上海8月19日廿支纱售价折合金圆693元,8月23日630元,囤货者不愿脱手,交易多未做开,至9月1日廿支金城纱黑市每件高至850元,高出限价20%以上。棉布一项,以中纺公司配价较限价低廉不多,各染织厂商借口成本不敷,拒不开售。各批发门市号发售数量有限,市场多陷停顿状态。而场外黑市交易秘密,龙头细布每匹约售金圆38元,高出限价20%以上。由于定价与限价所带来的对于市场理性价格的偏离,造成了商业市场的疲滞萧条和黑市活跃。

二、黑市盛行

从金圆券定价与8月19日各地黑市价格的比较来看,金银部分金圆券收兑价格多高于黑市,银元收兑价格低于黑市,但高低的幅度在不同城市差别很大。黄金的市价每市两上海55 000万元,天津69 800余万元,广州38 000余万元。币制改革时全国统一价格黄金每市两兑换金圆券200元,合法币6亿元。前后的差异必然导致有的城市官价高于黑市,有的城市则低于黑市,如天津的黄金价

---

① 《平行庄整日紧张》,《申报》1948年8月24日。
② 《为套购物资电请察查严办由》,1948年9月13日,四川省档案馆藏,四川省财政厅档案,档号:民59-2-3712。

格比黑市低 16.3%,从而金银收兑出现停滞不前的情况。上海、南京、广州等官价均高于黑市,以广州最突出。由于广大人民群众及工商界对金圆券失去信任而存在恐慌心理,金银外币黑市很快超过官价。

8 月 24 日,天津开始收兑金钞时,黄金黑市曾达金圆 208 元以上,美钞每元达金圆 4.35 元。华南、西南各地金钞收兑价格则较黑市为高,当 8 月底前重庆黄金黑市以一时收兑不及,或成色较差关系,每两约较收兑价格低 10 元至 20 元不等,迨至 9 月初市民多以现钞或旧存镍币购存实物,黄金黑市亦升,9 月 2 日达 230 元,9 日回至 223 元,9 月 3 日以后银币亦高至 2.3 元至 2.5 元之间。广州开始收兑之初,金钞港币有黑市,金圆券兑换法币亦发生黑市差价,8 月 27 日当局加强取缔黑市,香港汇丰银行抛售黄金甚多,港市黄金首先跌价,以致港汇猛涨,9 月 4 日香港法币市价折成金圆券计港币合金圆 8 角,比港币收兑价 7 角 5 分高 7%,申汇每港元合金圆 9 角 3 分,比收兑价高 23%,9 月 8 日广州港币黑市亦达 8 角 1 分。京、沪方面,金钞收兑价格与 8 月 19 日黑市相近,开始收兑以来情形良好,惟九月初上海美钞间有黑市秘密交易,每元合金圆 4.4 元。① 现将币制改革后各大都市金银外币黑市价格列表如下:

表 64　币制改革后各大城市金银外币黑市(合金圆券元)

1948年	黄金(每市两)			美钞(每元)			银币(每元)			港币(每元)
	汉口	重庆	天津	上海	广州	天津	汉口	重庆	广州	天津	广州
8.23			200.8			4.18				2.07	0.73
8.24			208.2		4.05	4.35			2.2	2.08	0.75
8.25			205.2		4.08	4.18				2.07	0.76
8.26		190	206.2	4.05							0.76
8.27											
8.28		190									
8.29											
8.30		190									
9.2		230						2.07			

---

① 中国人民银行总行参事室编:《中华民国货币史资料》第 2 辑,上海人民出版社 1991 年版,第 585—587 页。

续 表

1948年	黄金(每市两)			美钞(每元)			银币(每元)				港币(每元)
	汉口	重庆	天津	上海	广州	天津	汉口	重庆	广州	天津	广州
9.3								2.3			
9.4		225		4.4							
9.6	225	225					2.09	2.33			
9.7	220	230					2.05	2.5			
9.8		225						2.4			0.81
9.9	205	223					2.03	2.4			

资料来源：《四联总处史料》(上)，第396—397页。
原表说明：本表所列地点系就发现黑市之地列入，未发现黑市地点未列入。

除金银外币的黑市交易外，其他商品为躲避政府的限价政策，也开始转向黑市交易。据汉口的纱布、香烟等商品，因当局严密监视取缔抬高物价，致使场内交易减少，而大半已转向场外活动。①

第四节　制度设计的漏洞

金圆券收兑价格的标准以上海、南京的市价为依据，而无视币制改革前全国法币价值的巨大差异，这一方面是由于币制改革推行过于匆忙所致，制度设计上存在诸多漏洞；另一方面也是蒋介石将解决经济问题的着力点放在上海所致。币制改革前蒋介石一直密切关注着上海物价的上涨情况，对可能导致的严重后果忧心忡忡。1947年2月，上海黄金每两涨至5万余法币，美钞每元涨至11 000余法币，他认为"经济崩溃已临头"，提出"上海市面不能再事维持，惟应速即变更经济政策，对殷实厂商放款，不使再负高利贷而只责其每月缴纳一定之出货以维持劳资现状，其他公教人员皆发实物，勿使加薪，以安定其生活，一面应筹改正币制之具体办法，以谋标本兼治之道"。2月12日，他又在日记中记载："上海市场之混乱，美钞一元值法币一万六千元，黄金一两达九十万圆，米已涨至十万元以上，百物皆有价无货。……人心皇皇不知所止，余本既定之决心，任其混

---

① 《汉口分行电》(8月28日)，《中华民国史档案资料汇编》第5辑第3编，财政经济(三)，第837页。

乱,看其作怪至何时,故对外汇与黄金仍限制定量,亦不停止卖,然亦不因此加量出售,徒使奸党与投机者扰乱发财,一面调查实情,准备根本铲除,此百年来上海万恶之习俗也。"2月13日,蒋介石即以"上海万恶市场,若不乘此时机作根本整理之计,则无法挽救此最大危机也",①决定停抛黄金,管制物价,取缔投机,上海物价暂时得以控制。但从4月份起,上海物价又起波动。1947年10月,蒋介石已决定对上海经济做最后处置之准备。他在这个月的反省录中写道:"经济状况日下,石米价涨八十万元以上,沪市实为建国之致命伤,应使有以根本解决也。"②1948年6月,蒋介石提出"改造经济应以上海为先",并决心拟订"上海经济改革之根本方针以及地产房屋与外钞黄金之归公计划"。③ 此后蒋介石几乎每日都在关注上海的物价上涨情况,尤其是米价和金钞的价格变化。因此,金圆券定价的标准与蒋介石本人对于上海经济地位的判断直接相关,币制改革后他派蒋经国到上海执行限价政策亦可见一斑。

　　上海作为全国的经济中心,尤其是金融中心和中央银行的所在地,其重要性无可置疑,但是忽略了全国性政策对于各地差异性可能造成的影响。以上海的市价作为金圆券定价的依据,等于通过制度的强制规定,将原来的法币通货膨胀尚未达到上海那样严重程度的广大地区,一起拉到了同一膨胀水平上,因此造成了普遍性的物价上涨。

　　我们以贵阳在币制改革后的物价表现为个案,即可深入理解这一政策的影响。贵阳的物价,除舶来品外,一向比上海为低,原因一是这里几乎是纯农业经济社会,人民生活异常俭朴,一是当时贵阳与上海间的汇水反常,在贵阳交兑法币750万元,即可在上海取得1000万元,即是说商人只凭做汇兑,每千万元就净赚了250万,因此贵阳的物价较低。何况贵阳与上海间的金银价格又相差很大,而市面的物价又向以金银食米为标准。币制改革之后,法令规定,全国各地的物价均须冻结在当地的"八一九"那天的数字上,可是贵阳市的金银价格"八一九"那天与上海的几乎相差一倍有余,要用法令来使之向上海看齐,从事商业的、工业生产的,或是纯消费的人,都对物价一致看涨。因此在改币令下以后,市府限价未核定以前的10天之内,整个贵阳市几乎成为有市无交、乱喊价钱、尽力抢购的状态,反映出人民的心理不安已极。省市当局也不能无视由此可能造成的

---

① 《蒋介石日记》1947年2月,[box46.5],斯坦福大学胡佛档案馆藏档。
② 《蒋介石日记》1947年10月,[box46.13],斯坦福大学胡佛档案馆藏档。
③ 《蒋介石日记》1948年6月,[box47.1],斯坦福大学胡佛档案馆藏档。

外地资金来抢购,商家囤积,物资南逃的严峻局势,经过多方研讨,确定了定价的原则,即"凡省外运入物品,一律以批来地点之价,加上运筑运费,加上合法利润为标准",反之,"凡本省所出物品,一律以产地批发之价,加上运费,加上合法利润为标准",作为限价依规。本此原则,日用百货平均照"八一九"物价提高40%至50%,本省所出物品,平均提高70%至80%,甚至超过一倍以上,如食米一项,"八一九"那天,每斗法币1 300万元,遂提高为2 700万元,折合金圆9角。虽然如此,商家仍然不把物资放出,不是物资逃匿,便是敷衍,甚至肉荒、米荒,一天比一天严重,竟发生贫民因无法买到食米而跳河自杀的现象。政府不得已便自行取消了对食米的限价。①

作为定价标准所在地的南京,商品价格也出现了很大上涨。《中央日报》报道一位职员于8月26日在南京的一家鞋店花60金圆(相当于法币1.8亿元)买了一双黄色皮鞋。这一消息令人震惊,因为在币制改革前,质量最好的皮鞋也只有法币8 000万元,币制改革10天以后,价格上涨了法币1亿元。在苏州,商品的价格也有上涨,大米、布料和大部分日用必需品的价格也上涨了三分之一。② 上海即使执行最严厉的限制政策,依然不能控制物价的上涨,因为这一上涨的动因内生于币制改革本身。

由于金圆券与法币兑换的巨大落差,使得公共服务收费大幅上升,0.01金圆或30 000法币的交易额将自动调整,超出战前水平的收费也将相应调整,因此,邮政和铁路服务的收费至少提高了100%,造成公共服务收费和零售商品价格间存在巨大落差。而零售商品价格势必将大大提高。限价政策不可能从根本上抑制肉类、蔬菜和其他日用必需品的价格上涨。这就是金圆券定价政策的悖论。

因此,金圆券定价政策的制度缺陷,造成的后果是极其严重的,政府试图以严刑峻法来管制物价的结果必然是徒劳的,这也是金圆券发行失控后,其通货膨胀的程度远甚于法币的根本原因。违背了市场内在发展规律的政策不可能持久。

---

① 《经改弥月在贵阳》,《申报》1948年9月29日。
② "Prices Again", *The China Weekly Review*, September 11, 1948, p.29.

# 第四章
金圆券的推行及结果

1948年8月19日的财政经济紧急处分令及同时公布的《金圆券发行办法》《人民所有金银外币处理办法》《中华民国人民存放国外外汇资产登记管理办法》《整理财政及加强管制经济办法》，构成了金圆券推行的政策依据和主要内容。概括而言，推行的措施有以金圆券限期收兑法币及东北流通券；限期收兑人民所有黄金、白银、银币及外国币券；限期登记管理本国人民存放国外之外汇资产；执行"八一九"限价，将物价和工资冻结在8月19日的水平上。这些政策能否得到有效推行直接决定了这次币制改革的成败。

第一节 收兑法币和东北流通券

《金圆券发行办法》规定自金圆券发行之日起，法币及东北流通券停止发行，所有以前发行的法币，以300万圆折合金圆一圆，东北流通券以30万圆折合金圆一圆，限于11月20日以前无限制兑换金圆券。在兑换期内，暂准照上列折合率流通行使。

8月23日，金圆券开始进入流通，即展开法币与东北流通券的收兑工作。在法币和东北流通券的收兑过程中存在诸多的问题，诸如收兑点不足、金圆券供应不足等，造成人们的兑换困难，大量的法币没有兑现，最后皆成废纸。由此又折射出金圆券改革推行中的一大弊端，即无视人民的利益与要求。

法币和东北流通券的收兑机构除中央银行所属全国各分行处办理兑换外，另委托中国银行、交通银行、中国农民银行、邮政储金汇业局、中央信托局、中央合作金库、各省银行总分支机构，代为收兑。东南沿海和中心城市由于银行分支机构众多，尚能勉强应付，内地省份和农村银行机构稀少，收兑点极感不足，西南、西北边陲地区诸多县份,一个银行也没有,致使很多人至收兑日期截止仍无法兑换。截至金圆券改革,法币发行额已达 600 余万亿元,折合金圆券 2 亿圆以上,东北流通券 3 万余亿元,折合金圆券 1 000 余万圆,两者合计应兑出金圆券 2.1 亿余圆。

面对如此巨额的收兑工作,仅靠指定银行的分支行处根本无法应付,各地政府纷纷致电行政院、财政部及中央银行,呼吁增设网点,便利收兑。

10 月 20 日,西北绥靖公署称:"南疆各城市无国家银行,金券发行后,法币由何机构如何收兑,政府未作规定。……南疆流通之法币,电请四联总处指定机关收兑。"10 月 26 日,广西省政府电:"收兑法币期限即将届满,本省偏僻乡县多无收兑机构设立……"11 月 3 日再次致电中央银行:"币制改革后,本省偏远县以无兑换金圆机构,无法收回法币,请速饬桂央行委托邮局及邮局代办所代办,并酌展兑期。"11 月 18 日,贵州省主席致电中央银行:"省内计有五十九县未设收兑处所,迭据各县电报,人民所有法币,关金券无处兑换,人心惶惶。"[1]河南省政府主席刘茂恩反映,法币收兑中存在银行多方刁难、暗中折扣低价收买的情况,建议政府尽量予人民以兑换便利,于各地多设兑换机构或委托银行、银号及县府收兑。[2]

表 65　收兑法币及东北流通券总额清单(8.23—10.30)　　　　（单位：元）

日　　期	收兑行局	收兑法币数	收兑东北券	兑出金圆券
收兑截至 10/30	发行局	30 301 600 000 000	1 860 000 000	10 106 733.33
收兑截至 10/30	业务局	47 273 291 153 500		15 757 763.72
报到截至 10/30	各分行处	107 302 660 273 562.14	1 162 063 912 050	39 641 099.79
报到截至 10/30	代兑行局	16 693 507 977 720	162 651 169 500	5 773 339.9
合　　计		200 571 059 404 782.14	1 326 575 081 550	71 278 936.74

资料来源：洪葭管主编：《中央银行史料》,第 1333 页。
原表说明：本表一部分数字系根据各地电报数字填制,尚未列齐。

从这份统计表来看,截至 10 月 30 日,即距离限期只有 20 天的时间内,兑出的金圆券只有 7 000 多万元,仅及应兑出数量的三分之一,也就是说还有三分之二的法币和东北流通券没有兑换。

---

[1]　《有关各地反映法币收兑点缺乏或严重不足的一组电报》,中国第二历史档案馆藏中央银行档案。
[2]　《刘茂恩电》(8 月 28 日),《中华民国史档案资料汇编》第 5 辑第 3 编,财政经济(三),第 838 页。

东北抚顺流通中的法币和东北流通券,数量巨大,全县无一个收兑机构。四川、新疆、青海等边远省份均一致向行政院、财政部、中央银行急电报告,反映兑换点严重不足,有很多县一个都没有,以致大量法币和东北流通券滞留群众手中,无法兑换成金圆券。各地因此造成的恐慌和责难也纷至沓来。

11月4日,湛江分行称:"粤南十余县之一万至四万国币券流通额甚多,机关、团体、部队恐成废纸,纷纷责难,其势汹汹……"柳州分行11月9日电称:"此间市面因法币收兑期限行将截止,致有拒用及低值行使情事,近日大量回笼,拥挤不堪……请转陈财政部将收兑截止期限,延长相当时日,藉利民众。"至11月16日,四川边远县份的积存法币尚巨,金圆未能普及,人民仍使用法币,一旦停兑,受损失者尽属乡民。① 但是面对各地的告急电,行政院依然做出收兑期限"不再延展"的决定。社会上因此出现一片混乱,地方军政当局有的不顾行政院的决定,采取断然措施,命令当地中央银行继续收兑或延长收兑期限。行政院、财政部被迫于12月1日决议将收兑期限延长至12月25日,但由于缺乏收兑点,大量的法币仍然没能兑现。

法币、流通券收兑中的另一问题是金圆券券料供应不足,辅币缺乏,在西南、西北及内陆省份具有普遍性。在收兑之初,中央银行即通电各行处,指示"辅币券乃硬币,所存不多,须统筹全国应用;应特别撙节应用,最好只能用于找零方面。硬币库存较丰之行处,应特别注意候命统筹分配"。② 金圆券的最小单位是"分",即使兑换一分也需要折合3万元的法币。由于大额的金圆券找零不便,一元、二角、一角券颇受欢迎。湛江出现了人们拥挤到银行请求兑现小额币券酿成冲突的情况。汉口因辅币缺少,什物价格不免略有提高。一般民众都盼望政府多发辅币,以资周济。济南因缺乏一角以下之分票,以致交易时困难丛多,亟盼中央总行迅行空运救济,以应急需。③ 但由于券料供应不足,特别是辅币缺乏,更制约了收兑的工作。

南京国民政府在法币、东北流通券收兑中所暴露的问题,是对广大人民利益的漠视,近乎三成的纸币最终成为一堆废纸,对这些纸币的持有人来说是一笔巨大的损失。尽管各地政府与中央银行的急电不断,有些地方甚至

---

① 《金圆券发行后各地收兑情况的一组电报》,中国第二历史档案馆藏中央银行档案。
② 《中央银行关于金圆券发行后各项业务处理应行注意事项通电》(1948年8月20日),《中华民国史档案资料汇编》第5辑第3编,财政经济(三),第820—821页。
③ 《兑金钞盛况不减抬价商法网难逃》,《申报》1948年8月26日。

发生骚动,但蒋介石在其日记中对此未置一词。与此漫不经心的态度形成鲜明对照的,却是对人民持有金银外币兑换金圆券以及外汇转移的重视与催逼。

第二节 收兑金、银、外币

金圆券改革最重要亦是推行最力的一项措施,即是收兑金银外币。《人民所有金银外币处理办法》规定:"自本办法公布之日起,黄金、白银、银币或外国币券在中华民国境内禁止流通、买卖或持有。""人民持有黄金、白银、银币或外国币券者,应于中华民国三十七年九月三十日以前,向中央银行或委托之银行依下列各款之规定,兑换金圆券。"① 从这一规定来看,这种收兑带有很强的强制性,与收兑法币和东北流通券完全不同。

8月23日,金圆券发行后,报纸上连篇累牍地报道各地持金银外币兑换金圆券的踊跃情景,中央银行各地分行也每日汇报收兑情况。收兑的成绩令蒋介石和王云五喜出望外,认为币制改革已取得成功。8月24日,蒋介石召见翁文灏和王云五,听取币制改革第一日各地市况的汇报,得知"人民以金银外币来国家银行兑换新金圆券者极为踊跃,仅上海一地收入约共美元有三百万元之多",感慨"人民对政府之信任与拥护之精诚,寸衷无限欣慰"。② 在反省录中有如下记载:"币制改革与经济管制自本周一日起实施以来,除粤川等省以新金圆比值与当地物价差额过高,略有涨落以外,其他皆甚稳定,而且金银美钞来兑新币者皆拥挤异常,一星期中共收总数以美元计约有一千八百万元以上,人民拥护政策如此热情以及如此战绩,实出意料之外,因之人心为之一振,政府威信亦突然增强,以如此行将崩溃之经济,在财政经济专家以为绝望,决难挽救者,而竟得转危为安,可知人心未去,只要政府能自振作实干,人民莫不遵令守法爱国自爱也。"③ 9月份的反省录又写道:"两星期以来人民以现金外币来兑金圆新币者约计共有五千万美元,其数可观,人民拥护政府之热忱令人益感愧怍。但两年来时时为通货膨胀所威胁之恐怖心理至此方得喘息一时,但前途殷忧甚多也。"④ 从

---

① 《人民所有金银外币处理办法》,《中华民国史档案资料汇编》第5辑第3编,财政经济(三),第805—806页。
② 《蒋介石日记》(1948年8月24日),[box47.3],斯坦福大学胡佛档案馆藏。
③ 《蒋介石日记》(1948年8月第四周反省录),[box47.3],斯坦福大学胡佛档案馆藏。
④ 《蒋介石日记》(1948年9月第一周反省录),[box47.4],斯坦福大学胡佛档案馆藏。

蒋介石日记中,可见他对收兑金银外币的重视以及这一结果的出乎意料。

金银外币的收兑的确是金圆券改革中推行最为成功的政策。开始收兑时,外币部分除由中央银行直接收兑外,并委托中国银行、交通银行、中国农民银行、麦加利银行、大通银行五家代为收兑。黄金部分,除中央银行外,并委托中国、交通、中国农民三行之信托部代收。银币则暂由中央银行直接收兑。据《申报》记载:23 日上午 9 时开始收兑时,中央、中国两行内即人山人海,拥挤不堪。傍晚时,据一般估计,央行收兑之银币约在 3 万元以上,黄金约为 1 万两;美钞之收兑,央行方面上午约为 6 万美元,午后超过此数;中国银行信托部亦收兑 15 万左右美元,外商银行不详。以类别而论,黄金收兑最多,其次为外币,再次为银元。出售黄金者,大部分为急需头寸之行庄,单笔交易有多至金条二三十根者。中国信托部之收兑工作 23 日限于外币,因挤兑者太多,检钞手续甚烦,不得不限制为 400 名,往兑者颇多鹄候终日,仅恃干粮果腹者。以数额论,一二百元者为大宗,间有高至三四万元者。据记者实地调查,往兑者之动机,不外乎两种,一为平日业务不甚健全之行庄,急于调度头寸,不得不将平日珍藏之金钞,忍痛割爱;二为收兑金钞之价格,已与黑市一致,而其他商品之批发物价,如棉纱龙头细布等,已低于币制改革前之价格,平日以金钞为筹码之商贾,不愿将头寸搁置不用,故自愿抛出易取金圆券,以便补进其他货物。① 不论在何种情形之下,中央银行均有机会兑进大量金银外币。

又据报道:国家银行 23 日收兑总数,计收进黄金 7 748.36 两,共兑出金圆券 1 549 672 圆。白银收进 8 776.963 两,共兑出金圆券 26 330.89 圆。银元收进 28 361 元,共兑出金圆券 56 722 圆。美钞收进 819 631.5 元,共兑出金圆券 3 278 526 圆。港币收进 136 702 元,共兑出金圆券 102 526.5 圆。以上五种合计兑出金圆券 5 013 777.39 圆。8 月 24 日,中央银行及其他指定收兑金银外币各银行均仍门庭若市,收兑成绩极佳。迄晚间十时,初步估计收兑如下:美钞约 120 万元,值 480 万金圆。黄金在 1 万两以上,约值 200 万金圆。港币 57 万元,约值 40 万金圆。白银约 2.5 万两,价值 7.5 万金圆。银元收兑者在 4 万元以上,值 8 万金圆左右。合计兑出之金圆券已在 750 万金圆左右,较第一日尚多出 200 万金圆以上。② 有关人士指出:收兑成绩之佳,令人兴奋,所应注意者,即巨

---

① 《收兑外币金银银行应接不暇》,《申报》1948 年 8 月 24 日。
② 《收兑金银外币已逾千万金圆》,《申报》1948 年 8 月 25 日。

额头寸源源流至市场,当局应善为疏导,使流入正当生产途径,否则可能影响物价稳定。

24日,南京人民持金银外币前往中央银行兑换者为数仍极踊跃,计兑进美元36 211元,黄金1 776两3钱9分,白银纯重39两9钱6分,港币6 643元,银元46 000余枚。① 25日,南京正值秋雨蒙蒙,但人民持金银及外币前往央行兑换者仍络绎不绝。据央行统计,25日兑进之金银外币数字如下:黄金1 278两,白银381两,银币34 375枚,美元34 332元,港币10 513元。②

汉口:中央银行25日续兑进黄金1 100余两(三日来共逾3 000两),硬币27万元(三日总数逾80万元)。

济南:收兑情形良好。金圆券发行第三日,各兑换所依然拥挤,中央银行济南分行三日来收兑情形殊良好,白银兑进计达万余两,银币三千余元,黄金十五两。

兰州:兑金银创纪录。日来各行局收兑金银法币迭创新纪录,24日一日间又兑入银币13万元,黄金300两,纹银6 000两,美钞200元。

台北:台行收兑黄金外币,25日益拥挤,计黄金自9时至12时,收进1 326台两,美钞47 000元,港币41 000元。③

临近收兑的最后兑现限期,前往兑换者更加拥挤。中央银行特将收兑时间延长,黄金白银及银币之收兑时间,延至午后六时,外币收兑至午后八时,并通知各委托行局一律遵办。9月29日,央行及代理行局收兑成绩又破纪录,计兑进黄金80 145.457两,白银47 799.22两,银元275 104元,银角326 160枚,美钞3 040 806.04元,港币639 220.20元,菲币1 375比索。总值:金圆券29 422 377.62元。④

上海作为全国的金银外币集中之地,收兑数额更大。为了应付蜂拥而至的兑换人群,从8月25日起即增加了代理收兑处。增加金城、中南、浙江实业、浙江兴业、上海、国货等六家指定银行代理收兑外币、白银部分;增加委托大陆、盐业、联合三行代理收兑黄金、白银部分。中央银行还在汉口路国库局收税处添设收兑黄金处一处。⑤ 可谓是对收兑金银外汇不遗余力,收兑数字

---

① 《京昨兑进美钞三万六千余元》,《申报》1948年8月25日。
② 《兑金钞盛况不减抬价商法网难逃》,《申报》1948年8月26日。
③ 同上。
④ 《收兑金银外币 今届最后一日》,《申报》1948年9月30日。
⑤ 《加委银行代理收兑工作》,《申报》1948年8月25日。

也居全国之首。仅 9 月 30 日一天的收兑数字计：黄金 95 688 116 两,白银 48 786.12 两,银元 473 157 枚,银角 525 006 枚,美钞 3 839 858 元,港钞 1 164 642.05 元,菲币 2 602.15 比索。总值为金圆券 36 551 904.29 元。而此总数之内,尚不包括收兑时间截止时,由央行收进盖章而尚未加以统计之金银外币在内。① 据悉上海市自 8 月 23 日开始收兑至 9 月 30 日,共计兑出金圆券 372 482 715.8 元。

上海市社会局局长吴开先,特于 9 月 30 日下午接见各报社记者,发表谈话,谓已劝导本市工商界,不论公私团体或个人,持有金银外币者应依期送兑,并强调政府对于金银外币之收兑,"决不展期",并引法令规定,告以金银外币逾期不准人民持有,查获时分别予以没收或处罚。又预料限期将满时,交兑者必十分拥挤,希望各业从早送兑,以免过期遭受损失,因此希望舆论多予协助宣传,以鼓励人民提早送兑。② 可就在吴开先公开发表了这样谈话的当天。行政院就通过了延期收兑金银外币的决议并电达各省当局。

其内容如下:"查财政经济紧急处分令,人民所有金银外币处理办法第三条及第四条之规定,人民持有黄金、白银、银元或外国币券者,应于民国卅七年九月卅日前向央行或其委托之银行兑换金圆券,购买美金公债或在央行设立外币存款,施行以来,全国一体办理,已著成效,惟各地人民尚有为时间地域所限,未及办理者,纷请展期,兹值九月卅日限期届满,为便利人民兑换有绪起见,特规定补充办法如次:一、人民所有金银外币处理办法第三条规定之期限,分别展期如左,甲,黄金及外国币券,展期至十月卅一日截止;乙,旧银币及白银展期至卅七年十一月卅日截止。二、内地未设有收兑金银外币银行各地,均由持有人在上列期限内,以信件报告附近央行,申明金银数量,旧银币或外币种类及数额,洽商兑换办法,其日期以邮局寄发日戳记为准。上开各节,仰即公告周知,并迅即转行所属一体遵办,将来展限期满仍未遵照规定办理者,所有黄金、白银、银元及外国币券等查明应一律没收,并依法处罚。"③

延期之后,又收进大量的金银外币。现将延期日为止的收兑金银外币情况列表如下:

---

① 《收兑金银外币总数截至昨日达三亿七》,《申报》1948 年 10 月 1 日。
② 《收兑金银外币　今届最后一日》,《申报》1948 年 9 月 30 日。
③ 《人民持有黄金外币兑换期展限一月》,《申报》1948 年 10 月 1 日。

表66　中央银行收兑金银外币统计表(8.23—10.31)

	黄金(两)	银块(两)	银元(元)	银角(枚)	美钞(元)	港钞(元)
各地收兑总数							
东区	64 218.116	410 868.79	2 568 068.5	2 805 259	1 707 820.33	298 611.1
南区	257 414.079	2 026 347.32	1 832 324.0	12 985 472	8 133 029.23	76 402 561.48
西区	65 578.338	741 734.01	3 336 607.9	15 667 491	358 341.14	29 880
北区	42 602.515	2 851 538.43	4 575 092.33	91 380	6 552 889.88	53 848.4
中区	130 643.105	1 935 158.15	8 029 160	127 576	400 319.28	176 082.96
合计	560 456.153	7 965 646.70	20 341 252.73	31 677 178	17 152 399.86	76 960 983.94
上海收兑总数							
合计	1 102 528.696	971 248.40	3 697 144	3 905 694	30 582 745.47	10 364 401.82
总计	1 662 984.849	8 936 895.10	24 038 396.73	35 582 872	47 735 145.33	87 325 385.76
折合金圆券	332 596 969.8	26 810 685.3	48 076 793.5	5 930 478[①]	190 940 581.2	87 325 385.8
金圆总计	691 680 893.6						

资料来源：根据洪葭管编：《中央银行史料》第1339页表格编制。

对于金银外币的收兑,政府是如此重视,主动地予以延期,可是对各地纷纷请求延期兑现法币和东北流通券的急电却置若罔闻,主事者推行金圆券的真正目的已暴露无遗。就在延期兑现的命令发布后,政府虽然又攫取了大量的金银外币,但人民对政府的信心却日益丧失,经济形势迅速恶化。由上表可见,截至10月31日仅收兑金银外币等放出的金圆券已接近7亿元,而如此巨额的货币原来是作为金银外币的形式储藏的,具有相对的稳定性,但兑现后这些纸币全部投向了市场,造成银根的极度松滥,势必刺激物价的上涨,这就使得政府宣称通过金圆券改革"限制物价上涨"的目标南辕北辙。更为糟糕的,政府在推行金圆券的同时还采取限制物价的高压政策,将物价限定在8月19日改革前的水平。

第三节　"八一九"限价政策

8月20日,蒋介石宣布币制改革命令后。21日,又令派俞鸿钧为上海区经

[①] 银角折算的标准根据中央银行发布的小银元(6角)折合金圆1元的比率推算。

济管制督导员,蒋经国协助督导;张厉生为天津区经济管制督导员,王抚洲协助督导;宋子文为广州区经济管制督导员,霍宝树协助督导。上海是蒋介石发行金圆券掠夺金银、外币和管制经济的中心,因此限价的重点是上海。方案公布后,蒋介石电邀上海的党、政、军、金融、经济各界的头目前往南京,当面吩咐务必切实奉行。

为配合加强管制物价及取缔囤积居奇的办法,工商部也拟订实施办法。主要内容有:一、工商部为加强管制物价,将设立一物价管制计划委员会。二、在沪、津、穗、汉、宁、渝等六大都市实施检查仓库。三、货物之存储量,不得超过全年销货量三分之一或四分之一,超过此数,即以囤积居奇论罪。四、物价限定以八月十九日之价格为标准,违者以违反限价条例议处。五、禁止进口之物品,自九月十一日起禁止在市上销售。六、国内物资可在国外销售以换取外汇者,将另拟节约消费办法。七、若干准许进口之物品,亦应指定限制进口之数量。①

有了这些法令、制度和组织上的准备,蒋经国便踌躇满志地到上海赴任了,他名为协助督导,其实是真正的执行者,检查委员会、物价审议委员会等管制机构都控制在他手里。蒋介石在 8 月 19 日的日记中写道:"经赴沪执行此一大政策之实施。"②此前他在日记中已多次提到要严厉打击上海的投机奸商,并已准备好所谓投机奸商的黑名单。8 月 20 日,他又强调:"严惩上海港钞黑市之奸商,为惩处黑市着手之点。"③在经济管制的态度上,蒋氏父子都显示出了极大的决心。

蒋经国的《沪滨日记》中 8 月 21 日记道:"自新经济方案公布之后,一般市民对币制的改革以及经济的管制,多抱乐观心理,而政府人员则多抱怀疑态度。两天来日用品的价格涨得厉害,扰乱金融市场的并不是小商人,而是大资本家和大商人。所以要开刀就要从大头开始……这件工作是非常困难,但是十分重要,无论如何必须尽心力干下去。"8 月 26 日,他又写道:"上午召开统一检查会议。这批出席人员中有许多都是官僚,而且是想弄钱的人。对于他们必须严格加以管理与监督。……以今天的情形看,目前工作是相当吃力的。但已经骑在虎背上,则不可不干到底了。"④9 月 7 日,蒋经国当面向蒋介石报告上海的经济管制情

---

① 《管制物价取缔囤积》,《申报》1948 年 8 月 25 日。
② 《蒋介石日记》(1948 年 8 月 19 日),[box47.3],斯坦福大学胡佛档案馆藏。
③ 《蒋介石日记》(1948 年 8 月 20 日),[box47.3],斯坦福大学胡佛档案馆藏。
④ 寿充一:《蒋经国上海"打虎"记》,《货币风潮——币祸》,第 342 页。寿充一当时担任上海《大公报》的经济新闻记者。

形,告知"往日所有黑市与囤积等弊多有我党政当局为首,言之痛心,但由此彻查所有上海黑幕皆得发现,实堪欣幸"。① 有蒋介石的"尚方宝剑",蒋经国在上海的确大刀阔斧地干了一场。

蒋经国在上海,除原配备淞沪警备司令部和警察局所属军警驻扎外,再先后由外地调来青年军增防,同时把戡乱建国大队改组为上海青年服务队,到处布岗,检查行人,另由经检大队搜集情报,检查仓库,登记囤积物资,并举行所谓十万人的大示威游行,壮大声势。

不久,报上陆续刊登出"打虎"的消息:把泄露经济机密的财政部秘书陶启明判刑;同孙科有关的林王公司经理王春哲私套外汇,被判处死刑;淞沪警备司令部科长张尼亚、大队长戚再玉等贪污舞弊,执行枪决;米商万墨林、纸商詹沛霖、杜月笙的儿子杜维屏、申新纱厂的荣鸿元、中国水泥公司的胡国梁、美丰证券公司总经理韦伯祥等 60 余人,均因私逃外汇,私藏黄金或囤积居奇、投机倒把罪,被捕入狱。一时,上海风声鹤唳、人心惶惶,陷入一片恐慌之中。

8 月 23 日,上海社会局局长吴开先偕经济行政处长,巡视全市各市场,限令各项日用物品不得超越 8 月 19 日的市价,违者予以严厉处罚。每至一市场,即召该市场管理人员加以晓谕,务须确遵 8 月 19 日市价标准,不得任意抬高,并称:如有违反规定,超过规定价格进行买卖者,除买卖双方均予处罚外,市场管理人员亦负连带责任。社会局还通知全市各同业公会,将 8 月 19 日各项物品价格抄表送交该局,以备查考,并将在各市场张贴价格表。上海市警察局还出动了全体经济警察,分赴南北米市场、纱布市场、燃料市场,及各日用品市场,监视交易,并会同各分局员警赴各商店各菜场调查其售价有否超出 19 日之价格。有抬高价格的屠夫和菜贩十余人,被黄浦分局拘捕,予以警告。②

这种严格的价格管制虽然一时控制了物价,却使得商品来源减少,市场萧条。为此,蒋经国于 10 月 7 日通过上海电台向全市市民说,在过去一月中上海市民持金银外币兑换金圆券的数额已占全国兑换总数的 64%,并希望上海市民与政府更能密切合作,节衣缩食,遵行配给制度,消灭投机市场。③

其他各地也出现了以武力手段强行限制物价的情况。据报道:南京市治安机关,25 日移送擅自抬价之奸商七人至高等特种刑庭严办,计有米商二人,肉商

---

① 《蒋介石日记》(1948 年 9 月 7 日),[box47.4],斯坦福大学胡佛档案馆藏。
② 《社局吴局长巡视各市场》,《申报》1948 年 8 月 24 日。
③ 《蒋经国向全市广播》,《申报》1948 年 10 月 7 日。

二人,五洋商三人,均系不遵政府指示将十九日之物价冻结,擅自上涨扰乱金融。社会局奖励市民检举抬价奸商,日来已屡获市民之建议甚多,均主张对此辈危害国家以饱一己之奸商国贼,处以极刑,闻当局已同意接受。①

杭州:由于经济管制严格执行,市场反应益见良好,违法奸商经拘特刑庭法办或受不名誉处分,物价稍低,肉价每斤已低一角七分,回复19日价。市府并组织处理各业工资及商品价格折合金券审核委员会。周市长表示,如奸商乘机混水摸鱼,决牺牲一业以保全整个社会经济。

鄞县:鄞警局24日出动大批人员,普查物价,先后捉获抬价商人19名,轻者斥释或具结交保,重者将移送法院法办。

合肥:省府各厅处职员24日联名函请特种刑庭及省会警局,建议严惩奸商。特刑庭今票传有关各业理事长,饬依照本月19日物价出售,否则依法办理。省会警局发表书面谈话,劝令商人拥护新币,勿再扰乱金融。又,八绥区执法队今出动协助缉拿奸商。

徐州:徐市各界25日组织经济纠察团,由警备司令谭辅烈兼团长,并组织经济戡乱宣传队,由徐州剿总政工处左偕康兼队长,分组游行,乐队前导,并将已在押之抬价奸商化装游行。

西安:西安刻正严密检查商民违法提高物价,25日已有华泰信等八家,以抬高物价被处以停业一周,罚金圆券卅圆之处分,其经理亦有数人已被扣讯。②

从上述各地林林总总的高压管制手段中,折射出的是政策推行的非理性。限价政策是用行政手段控制物价上涨,从而形成市场物价稳定的假象,使人们相信金圆券的币值稳定。但货币经济的商品价格受经济法则制约,不以人们的意志为转移,用政治压力和军事手段去抗衡经济法则,虽可收效一时,最终必以失败告终。一方面是兑换所造成的银根松滥,一方面是由于管制物价所带来的商品紧缺,物价上涨的风潮早已暗流涌动,不可抑制。有时即使外表价格不动,但是品质成分却在降低,有时商品在公开市面上(即按政府限价)几乎无法购得,形成有行无市的状态,而要买到货物必须走黑市的门路。

即使处在严厉管制之下的上海,抢购风潮也时有发生。其中若干物品如药品、绒线、肉类、布匹,或以存货短缺,或以时令需要,乃更成为黄牛党及单帮集团

---

① 《兑金钞盛况不减抬价商法网难逃》,《申报》1948年8月26日。
② 同上。

争购之目标,利之所在,趋之若鹜,于是大街小巷到处可见渠等之一字长蛇阵。一般绸缎棉布庄,全部紧拉铁门,贴出"今日售完,明日请早"之字样,绒线店则改以皮货应市。烟店箔庄因加税关系,停业已有两日,瘾君子纷纷光顾美货摊贩,购吸军用食盒内之香烟。生意最盛者则推百货及鞋帽两业,店员大汗淋漓,均有应接不暇之势。最可笑者莫如一般专售点心之馆子,一过上午9时,竟连面点亦无法供应。再如较著名之中药铺,所有药酒丸丹,亦被挤购一空,若干店家竟称不及制作,而向顾客开出定单,十日后再行交货。此种一窝风之抢购作风,由来虽久,近则变本加厉,此固为一般市民之心理作祟,但如何能使供应平衡,俾适应空前未有之市民购买力,实有待经管当局之详密检讨,从速设法。①

面对上海此起彼伏的抢购风潮,当时即有分析认为其根本原因在于:一、执行限价,较他处较为切实之故,一般观感,咸认为物价便宜,落得乘机多买些,以免坐失机会。二、因为少数特殊商品如肉蛋等蔬菜,贝尼西林等西药,供给偶见短绌,便联想到其余物品,以为或将发生同样情形了。三、自币制改革以来,本市物价,大体极为平稳,当局并曾一再宣布,所有"八一九"的限价,除若干与外汇及增税有关商品,准予合理调整外,其余一概维持原盘,绝不予以变更,而一部分人看涨的心理,仍旧没有彻底扫除。四、黄牛党推波助澜,造成了一种抢购的风气。五、游资充斥,无处宣泄,而生产事业虽在当局宣称维护之声浪中,还是束缚过甚,不能吸引游资,使民间零星的剩余购买力,不期而群向物资进攻。②

风起云涌的抢购风潮事实已宣告了限价政策的失败。10月23日,蒋介石在日记中称与翁文灏谈论经济问题甚久,情形日非,商铺空室藏货,人民排队挤购,尤以粮食缺乏为最可虑耳。③ 10月29日,李维果携翁文灏补充经济改革方案稿及其辞职书来见,经济改革计划与金圆政策似已完全失败,以限价已为不可能之事,则物价飞涨比前更甚,尤其粮食断绝难购最为致命伤也,以无组织之社会与军事之失败,任何良策皆不能收效也。因此,蒋介石于10月30日即召集党政高级干部商讨经济问题,决定改变政策。④ 11月1日,蒋介石追认了行政院提出的经济补充办法,限价政策完全失败。

面对政策的失败蒋介石已意识到必然因此失信民心。他在日记中写道:"人

---

① 《轻币重货心理亟待矫正 抢购风气空前炽烈绸布庄全部拉铁门》,《申报》1948年10月4日。
② 《抢购、游资与生产》,《申报》1948年10月5日。
③ 《蒋介石日记》(1948年10月23日),[box47.5],斯坦福大学胡佛档案馆藏。
④ 《蒋介石日记》(1948年10月30日),[box47.5],斯坦福大学胡佛档案馆藏。

心动摇,社会不安更将有激烈之变化,应自金圆券发行以来中下级人民皆以其所藏金银外钞依法兑券,表示其爱国与拥护政府之真诚,不料军事着着失败,经济每况愈下,物资枯竭,物价高涨,金圆贬值,于是人民怨声载道,对政府之信用全失,失败主义者弥漫,实为从来所未有也。"[1]翁文灏、王云五、蒋经国等人也纷纷辞职。

第四节　金融机构的外汇移存

金圆券政策推行中针对金融机构的主要措施即是外汇存款的转移。首先办理的是国家行局的外汇转移。8月30日,中央银行总裁俞鸿钧召集各行局首长开会商定三项办法:(1)各行局所有外汇全部移转中央银行,并在中央银行开立外汇定期存款户;(2)各行局营业需用外汇周转金,由中央银行视实际需要核拟数额,报经财部核定后,以存放同业科目分别拨存各行局备用;(3)各行局外汇资负情形,限于8月31日核对完竣,以便如期全部转账。[2]

9月6日翁文灏即向蒋介石汇报了国家行局外汇转移办理情形。所有中国、交通、农民三行,及中信、邮汇两局,现存各项外汇,已准各该行局分别造送外汇资产负债清表到行,并拟定处理办法如下:

(一)各行局外汇资产负债相抵后,各项外汇折合美金净值,共计美金110 615 000元,计中国银行67 208 000美元,交通银行25 000 000美元,农民银行7 185 000美元,中信局6 222 000美元,邮汇局5 000 000美元,以上各款,已由各行局如数移存中央银行。

(二)各行局均系指定经营外汇银行,所有营业需用外汇周转金,经由中央银行斟酌各行局实际需要,规定各行局暂行保留营业周转金如下:中国银行37 208 000美元,交通银行16 130 000美元,农民银行3 685 000美元,中信局3 222 000美元,邮汇局2 500 000美元,共计62 745 000美元,以上各行局所保留营业周转金,约为各行局移转外汇净值百分之五十。惟交通银行因经营外汇交易总量较大,几与中国银行相埒,而外汇资金较中行相

---

[1] 《蒋介石日记》(1948年11月3日),[box47.6],斯坦福大学胡佛档案馆藏。
[2] 台湾"国史馆"藏国民政府缩微档,编号第390。转见吴景平编注:《1948年金圆券政策的颁行》,载《上海金融中心地位的变迁》,复旦大学出版社2005年版,第298页。

差甚巨,故该行外汇资金,似已充分运用,流动现金可资拨转者,不过美金数百万元,为适应该行业务需要,俾利周转起见,经商定姑准其暂行保留营业周转金美金 16 130 000 元(约为该行移转外汇净值百分之六十五弱)。又菲列宾交通银行系在当地政府注册,其资金移动,据交行负责人称,须受当地政府严格管制,不能移转与国家银行。一般海外分行,情形似有不同,另表附呈菲列宾交通银行截至本年六月底止资产负债表一份。

(三)根据(一)(二)两节核算结果,各行局可移交中央银行外汇净额,共计美金 47 870 000 元,计中国银行 30 000 000 美元,交通银行 8 870 000 美元,农民银行 3 500 000 美元,中信局 3 000 000 美元,邮汇局 2 500 000 美元。①

移交清单详见表 67。

表 67　中交农三行及中信邮汇两局移交外汇清单(9 月 3 日)

(单位：美元千元)

行 局 别	净　值	保留周转金	移 交 金 额
中国银行	67 208	37 208	30 000
交通银行	25 000	16 130	8 870
农民银行	7 185	3 685	3 500
中央信托局	6 222	3 222	3 000
邮政储金汇业局	5 000	2 500	2 500
合　　计	110 615	62 745	47 870

资料来源:《中央银行史料》,第 1344 页。

但是各家银行在实际办理过程中并未完全按规定执行。中国银行全行外汇净值 1948 年 6 月底账面估计共计美金 50 585 000 元、英镑 5 541 000 镑,经于 1948 年 9 月 6 日办妥移存手续:一、中国银行向中央银行 X 户移存美元 50 585 000 元,英镑 5 541 000 镑;二、中央银行向中国银行返存营运资金 X 户 28 004 000 美元,3 068 000 英镑;三、两相轧抵之后,中国银行净存中央银行美元 22 581 000 元,英镑 2 473 000 镑。然而,两行间虽然完成了账面上的移存,但

---

① 《三行两局外汇净值移存央行》,洪葭管主编:《中央银行史料》,第 1343—1344 页。

返存和净存结算手续,实际办理中问题还不少。如中国银行美汇头寸因中央银行和国营事业借用,导致1948年11月初中国银行纽约分行资产负债不抵,经商得央行同意,由央行在中行纽约行另存美金1 900万元。又如,原定向央行移存的英汇部分,因港英当局对国外汇兑实行统制,中行香港分行无法完成分摊的英金划付手续,结果中央银行只得同意英金90万镑暂缓移存。这样中行向央行实际移存英金为1 573 000镑。此外还有1947年9月的外汇移存案内,对存美金及英金户,计美金40 889 000元,英金5 652 000镑,于1948年12月6日冲销。①

交通银行把该行截至1948年6月30日的各项外汇折合美金净值2 500万元移交中央银行,另由中央银行拨付交行营业周转金1 613万美元,两相抵付后,实际当移交央行887万美元。而这887万美元中,根据交行的意见,扣除当年3月间交行拨借予央行垫付资源委员会偿美国金属借款50万美元,另有美国政府短期库券75万美元须俟对外保证终了时再以现款移交,实际拨交中央银行现款420万美元及民国三十六年美金公债票面附息票至第三期起342万美元。②

而与之对照的是,政府对商业银行钱庄的金银外汇移存却是三令五申,态度严厉。币制改革后,蒋介石和翁文灏先后邀集上海工商界代表举行谈话会,希望他们协力执行各项新办法。但是,这些商业行庄反应并不热烈。上海银钱业曾连续数日商讨对付办法,大家当然不愿意把外汇交出来,但又不能不敷衍一番,于是决定由各行庄参照各行的实力,凑足1 000万美元。

9月5日,蒋介石召见俞鸿钧听取两星期来金圆券兑换情形及国家行局外汇移入中央银行数字并指示其对商业银行外汇强制其移存之方针。对于商业行庄的不配合,他异常恼火,称"此种奸商李铭等非严厉处置决不能望其自动报国也"。③ 9月6日,蒋介石在总理纪念周的讲话中对上海银行界的表现大加斥责,并勒令限期申报外汇。他指责上海银行界领袖"对国家、对政府和人民之祸福利害,仍如过去二三十年前只爱金钱,不爱国家,只知自私,不知民生的脑筋毫没改变。……政府为要加强戡乱建国的力量,决心实行这一重大的改革,其成败利钝,实有关于国家民族的生死存亡,而若辈拥有巨量金银、外汇的,尤其是几家大

---

① 《移存外汇案办理情形》,中国银行总行、中国第二历史档案馆合编:《中国银行行史资料汇编》上编(1912—1949)(一),档案出版社1991年版,第416—417页。
② 《向董事会报告移交国行外汇资产案》(1948年9月17日),交通银行总行、中国第二历史档案馆合编:《交通银行史料》第一卷(1907—1949)下册,中国金融出版社1995年版,第1073—1074页。
③ 《蒋介石日记》(1948年9月5日),[box47.4],斯坦福大学胡佛档案馆藏。

银行,这样自私自利,藐视法令,罔知大义,真令人痛心"。他表示:"彼等既不爱国,而国家对彼等自亦无所姑息,故政府已责成上海负责当局,限其于本星期三以前令各大商业银行将所有外汇自动向中央银行登记存放,届时如其再虚与委蛇、观望延宕或捏造假账,不据实陈报存放,那政府只有依法处理,不得不采取进一步的措施,予以严厉的制裁。"[①]财政部次长徐柏园于9月8日在上海中央银行分别接见钱庄、信托、保险三业公会及省市银行各负责人谈话,指示他们将持有外汇等资产申报登记。

9月9日,蒋介石还在日记中记载要严惩浙江实业银行的总经理李馥荪,但"俞鸿钧则畏缩因循,不敢任怨",故愤怒频作。[②] 9月10日,蒋介石又约翁文灏等商谈对商业行庄外汇存款办法,"决以其呈报不实,数字太少者,继续查究,而其数额比较确实者则即予结束并嘉勉之"。[③] 9月13日,蒋介石又约俞鸿钧谈话,督责其对商业行局外汇移存中央不可松懈一刻也。[④] 由此可见蒋介石对商业行庄外汇移存的重视。

在政府的高压之下,上海的银行钱庄不得不将大量的外汇资产交给中央银行,截至9月24日,移存现金部分折合美金 5 102 465.75 元,有价证券部分折合美金 31 011 404.07 元,合计美金 36 113 869.82 元。[⑤] 政府虽然从商业行庄那里攫取了更多外汇资产,但与金融界之间的对立更加尖锐,曾作为这一政权财政基础的力量也发生了动摇。

第五节　金圆券的急剧膨胀和崩溃

限价政策失败以后,金圆券的发行额很快超过了原来规定的20亿元发行限额。11月11日,南京国民政府不得不以"总统令"的形式再次颁布了《修正金圆券发行办法》以金圆为本位币,每元的法定含金量由原来的 0.222 17 公分(公分即克)减为 4.443 4 公毫(公毫为百分之一克)。据此,每两黄金应从原定折合 200 金圆提高至 700 金圆。但是,不定为 700 金圆,而定为 1 000 金圆,同时又规定兑换时须另有一年存款的 1 000 金圆,事实上每两黄金折合 2 000 金圆。这

---

① 中国人民银行总行参事室编:《中华民国货币史资料》第二辑,第 811—812 页。
② 《蒋介石日记》(1948年9月9日),[box47.4],斯坦福大学胡佛档案馆藏。
③ 《蒋介石日记》(1948年9月10日),[box47.4],斯坦福大学胡佛档案馆藏。
④ 《蒋介石日记》(1948年9月13日),[box47.4],斯坦福大学胡佛档案馆藏。
⑤ 《中央银行史料》,第 1347 页。

样,人民之前用 1 两黄金兑换 200 金圆,现在要想兑回这 1 两黄金,则需 2 000 金圆。

一、金圆券的急剧膨胀

《修正金圆券发行办法》取消了发行限额的规定,同时又将金圆券贬值 80%,加之政治、经济、军事形势的继续恶化,发行的速度更快。尤其是在 1949 年 3 月以后,金圆券的发行数额直线上升(见表 68)。

表 68　金圆券逐日流通数表(1949 年)

时　间	逐 日 流 通 数	较上月底增减数
3.5	70 999 469 071	11 335 958 300
3.12	87 783 167 071	28 119 656 300
3.14	90 067 267 071	30 403 756 300
3.15	92 370 267 071	32 706 756 300
3.16	100 587 767 071	40 924 256 300
3.17	103 749 567 071	44 086 056 300
3.18	107 767 967 071	48 104 456 300
3.21	121 439 314 071	61 775 803 300
3.22	126 635 314 071	66 971 803 300
3.23	132 233 464 071	72 569 953 300
3.24	146 773 924 071	87 110 413 300
3.25	152 415 466 871	92 741 956 100
3.26	161 436 616 871	101 773 106 100
3.30	185 683 326 871	126 019 816 100
3.31	196 059 526 871	136 396 016 100
4.1	212 044 526 871	15 985 000 000
4.2	233 559 776 871	37 500 250 000
4.4	253 708 776 871	57 649 250 000
4.5	278 122 346 871	82 062 820 000
4.6	292 070 846 871	96 011 320 000

续　表

时　间	逐日流通数	较上月底增减数
4.7	328 692 346 871	132 632 820 000
4.8	367 378 046 871	171 318 520 000
4.9	419 540 346 871	223 480 820 000
4.11	485 495 196 871	289 435 670 000
4.12	544 103 862 690	348 044 335 819
4.13	631 700 862 690	435 641 335 819
4.14	667 314 132 690	471 254 605 819
4.15	760 670 282 690	564 610 755 819
4.16	856 157 962 690	660 098 435 819
4.18	979 468 162 690	783 408 635 819
4.19	1 020 162 235 690	824 102 708 819
4.20	1 108 912 235 690	912 852 708 819
4.21	1 242 281 235 690	1 046 221 708 819
4.22	1 342 871 713 390	1 146 812 186 519
4.23	1 531 181 497 390	1 335 121 970 519
4.25	2 037 105 741 390	1 841 046 214 519
4.26	2 490 098 691 390	2 294 039 164 519
4.27	3 076 510 741 390	2 880 451 214 519
4.28	3 584 360 741 390	3 388 301 214 519
4.29	4 045 553 591 390	3 849 494 064 519
4.30	5 161 173 486 690	4 965 113 959 819
5.2	6 392 456 552 590	1 231 283 065 900
5.3	8 062 801 965 590	2 901 628 478 900
5.4	9 880 191 965 590	4 719 018 478 900
5.5	11 904 349 257 190	6 743 175 770 500
5.6	13 784 349 257 190	8 623 175 770 500
5.7	16 336 426 507 190	11 175 253 020 500

续　表

时　间	逐日流通数	较上月底增减数
5.9	18 939 938 245 990	13 778 764 759 300
5.10	21 359 100 195 990	16 197 926 709 300
5.11	23 551 987 445 990	18 390 813 959 300
5.12	24 751 987 445 990	19 590 813 959 300
5.13	26 806 022 177 990	21 644 848 691 300
5.14	29 472 284 103 990	24 311 110 617 300
5.16	34 307 284 103 990	29 146 110 617 300
5.17	38 972 269 623 990	33 811 096 137 300
5.18	44 731 789 702 990	39 570 616 216 300
5.19	50 279 238 122 990	45 118 064 636 300
5.20	56 529 218 122 990	51 368 044 636 300
5.21	60 282 383 526 180	55 121 210 039 390
5.24	67 945 895 776 180	62 784 722 289 490

资料来源：中国第二历史档案馆藏，中央银行档案，档号：三九六-685。

金圆券发行过多造成通货膨胀，带动物价上涨，物价上涨后市场需要更多的货币供应量，如此进入一种恶性循环的怪圈，使得物价指数与货币发行指数之间相互作用，并使得物价指数迅速超过货币发行指数。其相互关系详见表69。

表69　金圆券发行指数与物价指数变动表（基数：8月31日＝1）

时　期	物价指数	货币发行指数	物价指数和发行指数的比例（%）
1948年8月底	1.64	1	
9月	1.97	2.21	89.14
10月	2.20	3.4	64.7
11月	25.43	6.24	407.53
12月	35.84	15.29	234.40
1949年1月底	128.76	13.36	335.66
1949年2月底	897.78	109.8	817.65

续 表

时　期	物价指数	货币发行指数	物价指数和 发行指数的比例（%）
3月	4 053.2	360.53	1 124.23
4月	83 820	9 487.5	883.98
5月第一周	2 102 000	124 900.73	1 682.95

资料来源：季长佑：《金圆券币史》，第165—166页。

这种关系的变化造成的结果是货币越是增发，市场上货币短缺的程度就越严重，而且造成了另外一个结果，就是人们在实际生活中拒用金圆券。

二、金圆券遭拒用

由于金圆券贬值过快，不少地方出现了拒用金圆券的情况。广东、广西准备发行地方券，湖南准备发行辅币券，云南准备发行半开银币，四川准备发行辅币券，甘肃准备自铸银币。广州市商会准备发行商库券，江西吉安商会已发行10万角券。湖南与湖北田赋、租税改征银元，各地人民群众纷纷拒用金圆券。中央银行兰州分行打电报给中央银行总裁，诉说"军事紧急，宁、青、新三省，甘肃所属夏河、临夏……等地拒用金圆券，虽经商由省府通令制止，而实效全无"。桂林分行的电报也说："如持金圆券，不论面额大小，一概拒不接受。"江西等省也拒用金圆券。[①] 广西南宁一律拒用金圆券，无论买卖任何物品以及邮电、公路收费，悉以实物为计算标准，以致职工所领金圆券工资等于废物，无法向市面购买物品。[②] 针对各地拒用金圆券的情况，当时的报纸上曾发表了一篇评论，非常生动地反映了当时的危局：

> 钞荒正袭击每一个城市，而银元的疯狂上涨，使一切的商业，都要停止了；经济正大步地走上了绝路。每一个人的生存，都受着严重的威胁，是社会总崩溃的开始吗？还是世界末日的来临呢？
>
> 这样一个岌岌不可终日的经济危局，甚于政治和军事的变化，如果没有办法应付，会使一切都完了。然而问题则很简单，对于金圆券丧失信

---

① 杨培新编著：《旧中国的通货膨胀》，第92—93页。
② 《中华民国货币史资料》第二辑，第641页。

心，对于政府的任何政策不再信任而已。然而这还不是最大和真正的危机。真正的危机，在于执政者没有正视和承认事实的勇气，没有改弦更张的智慧，而尤其可恶者，则为紧握现实利益不肯放手，大有宁可误尽天下苍生，不可损我毫发的气概，才有今天的困难，而造成今日不可收拾的僵局。

在通货膨胀之后，除了行使硬币而外，别无有效办法，而在事实上，今日中国已是银币世界，而以银币表示的物价，相当平稳；但我们不承认这种事实，也不肯就这种现成的基础谋改革。抛出的金银，不落于豪门及其部曲，便落于"黄牛"之手。

金圆券该放弃了，今天应该宣布用银币。两年以来，作者一向主张用银币，今天更证明此外别无可行之路。但人们总有几种疑惧而作者却以为是多余的。

第一，人们当然要问财政怎样办：我认为很简单，士兵每人每月发六元的饷，如果照实有人数发，不过一千多万元足够了。文武官吏，留十元的基数，十元以上，一律发十分之一，比之战前，相差太多了，比现况好的多，不会有怨言，也不过二三千万元吧。再加上办公费，那末每月有五六千万元足够应付了。这点钱，今天该是有办法的。税收一律收银元，二千多万应该收得到，而收数是逐渐加多的。筹到税收增加之后，一切从新调整。

第二，人们当然要问，银币不够用，怎样办，这种不足有两面，一方是财政上的不足，国家存银，用以弥补财政赤字，究竟能维持多久；一方是经济上的不足，社会筹码到底是不是够用。就前者而说，六个月应无问题，如果用库存黄金易银，或铸重一两的金币，每枚合银元百元，二年以内的财政赤字，应无问题。关于后者，民间现存银元，尚有相当数量，最成问题的是辅币，只要中央银行及各省省银行发相当量的辅币券，再按六成准备，发相当银元券，勉可敷用。同时再向美国商洽白银借款，将来用农产和矿产去还，增铸银币，筹码是够用的，何况币值稳定之后，呆存的现金，都存入银行，信用货币增多，实有硬币的用途减少，筹码不会太缺的。

第三，更有人担心白银被套走的问题，这更不足虑，经济上有来有往，今天用货物套银元，明天用银元套货物，来往大致相等的，怕什么？

作者以为今日的问题,惟有用银币,才能在经济上打出一线生机,人心大定之后,经济的发展和繁荣,才可以实现。要金银在人民手上转,要金银尽了真正"通货"的责任,要人民不但活得下去,而且活得很好,真正的财富增加,人民和国家的消费增加,政府自然成为举国拥护的强力政府,而一切问题都容易解决了。

今天的经济危机,是恐惧纸币的心理造成的,惟有放出硬币来可救!是放手的时候了。[1]

金圆券为人民拒用以后,民间日常所需,及工商业交易媒介,必须有代用之物,其时各省最普遍流行者,则为旧铸之银元,通商大埠则以美金、港纸等外币代之,各种旧有铜镍辅币亦随时随地作价为流通筹码,甚至各商店、各学校亦多以片纸记数,加戳以代筹码,紊乱现象达于极点。政府各种军政支出只得以库存外币、黄金、银元支付,1949 年 4—6 月间,国库方面先后付出银元 34 435 970 元,白银 70 万两,黄金 195 610 两,台币 4 435 亿余元,各种外币折合美金 24 605 396 元。[2] 在此情形下,国民政府不得不于同年 7 月发行银元券,彻底宣告了金圆券作为一种法定货币的终结。

三、金银外币的转移

尽管金圆券的发行数额迅速增加,物价更是扶摇直上,但作为蒋介石政权而言,他们此时关心的已不是这些问题。而是如何将金圆券收兑的黄金白银和外汇抢运到台湾。

金银外币的集中早在金圆券崩溃之前就开始了。10 月 23 日,中央银行总裁俞鸿钧已通电各分行,对于已经收兑的金银外币,凡在长江以北地区者,一律运集上海,珠江流域暨西南各省运集广州。截至最近,各地运集沪穗港数字计:

(1) 运集上海

黄金 130 283 市两

白银(即银块)890 774 市两

银圆 4 668 115 元

---

[1] 马大英:《经济的绝路和生机》,《申报》1949 年 5 月 8 日。
[2] 中国人民银行总行参事室编:《中华民国货币史资料》第二辑,第 647 页。

银角 1 037 839 元

美钞 13 441 349 元

港钞 499 627 元

(2) 运集广州

黄金 15 359 市两(广州分行自行收兑 121 953.164 市两未计入)

美钞 489 832 元(广州分行自行收兑 1 636 809.55 元未计入)

(3) 运集香港

港钞 68 620 266 元①

但在此过程中,也发生了当地民意机关及民众阻止金银外币运出的情况(见表70)。

表70　当地民意机关阻止外运金银数量表②

地点	黄金	银块	银元	银角	美钞	港钞
兰州	4 231.270	152 609.98	674 430.20	7 716	已运沪	已运沪
长沙	33 699.397	237 907.19	863 184.50	—	已运沪	已运沪
衡阳	3 872.543	51 979.26	139 041.00	50 554	已运穗	已运穗
沅陵	169.622	1 173.27	27 962.50	114	32.900	—
汉口	73 614.386	551 882.56	5 205 915.00	37 156	已运沪	已运沪
北平天津	81.000	1 794 930.24	2 261 969.50	44 892	已运沪	11 200

注：各地收兑之外币除沅陵外已悉数运达沪穗

平津一行数内黄金81.000,银元732 425.00,系附近分行运入

资料来源：《上海金融中心地位的变迁》,第314页。

1948年底,中央银行已先后运至台北黄金2 004 459市两,广州银元1 000万元。还根据蒋介石"应再筹运一批前往厦门妥存"的指令,安排装运黄金151箱,合纯金572 899市两,银币1 000箱,合400万元。1949年1月21日,中央银行发行局自准备金项下运出白银1 800万元前往厦门。③ 1949年2月4日的日记中,蒋介石最为挂怀的是:"上海现金运完否。"④2月10日又记载:"中央银行

---

① 台湾"国史馆"藏国民政府缩微档,编号第390。转见吴景平编注:《1948年金圆券政策的颁行》,载《上海金融中心地位的变迁》,复旦大学出版社2005年版,第312—314页。
② 原件无数量单位。
③ 中国人民银行总行参事室编:《中华民国货币史资料》第二辑,第631—633页。
④ 《蒋介石日记》(1949年2月4日),[box47.10],斯坦福大学胡佛档案馆藏。

存金已大部如期运厦台,存沪者仅二十万两黄金而已,此心略慰,以人民脂膏不能不负责设法保存,免为若辈浪费耳。"①即使这20万两黄金也没让它留下。京沪杭警备总司令汤恩伯于上海解放前夕撤退时运走黄金171 141两,银元26.9万元,几乎席卷一空。

4月27日,在上海指挥战事的蒋介石写道:"一、金融混乱现象实已成为作战成败关头。二、军饷发给现银又成为金融枯竭的焦点,若不彻底解决,则军事政治与社会生机皆成为不可挽救之死症,应亟谋解决之道。三、驻沪主持作战,使之固守不失,乃是惟一阵地,但应先谋金融之解决,社会恢复安定,而后乃能作战,求得固守不失之目的耳。"②4月29日,他又写道:"上海经济之纷乱与社会之复杂现象可说世无其匹,诚有不可思议之感,惟此一点应作合理解决方可使上海军事能为全局之转机,不然决难达成任务也。今日银元价已涨至金圆券二百万元以上矣。"③但这种种"世无其匹"的混乱都是他一手造成的。

可以说金圆券改革所推行的收兑法币和东北流通券、收兑金银外币、移存外汇资产、限制物价等政策,即使不谈其政策规定本身的缺陷,仅就其执行过程中所暴露出的缺乏稳定性、连续性、合理性、厚此薄彼、强取豪夺等特征,已足以使社会各阶层对这个政权失去信心。以强权来维持极端的金融统制,以欺骗来谋求政策的推行,无异于饮鸩止渴,也必定以失败而告终。

---

① 《蒋介石日记》(1949年2月10日),[box47.10],斯坦福大学胡佛档案馆藏。
② 《蒋介石日记》(1949年4月27日),[box47.12],斯坦福大学胡佛档案馆藏。
③ 《蒋介石日记》(1949年4月29日),[box47.12],斯坦福大学胡佛档案馆藏。

第五章
金圆券改革的政策缺陷和制度配套缺失

币制改革的成功,一半有赖于改革方案本身的健全,一半有赖于币制改革后经济管制的方法。前文对于金圆券政策推出的过程、金圆本位制的虚实、金圆券定价及影响、金圆券政策的推行措施及结果等做了初步的分析,从中可略见金圆券政策本身的缺陷,执行中又存在制度配套缺失的问题,本章将对此展开深入探讨,因为这些问题不仅对于金圆券改革的评断至为关键,而且也予人更多的思考与启发。

第一节 金圆券改革的条件先天不足

蒋介石曾经批评宋子文、贝祖诒、俞鸿钧、张公权等人不敢勇于任事,以推行他久已主张的币制改革。实则是他们深谙要成功推行币制改革应具备怎样的条件、当时是否具备了这样的条件。虽然金圆券改革之时,当局者也提出"只许成功,不许失败"的口号,可为何在不到两个月的时间内就宣告失败?这与币制改革的先天条件不足有很大关系,再加上后天扶养不得法,更加剧了失败的速度。

对于金圆券改革前的币制改革条件,张公权曾做过深入的分析,在此不妨通过他的研究来展开。1947年3月3日,张公权接受蒋介石的任命,正式接任中央银行总裁的工作。他分析了他的任务成败关键,在于以下几个大的前提:

一,预算能否平衡——须视本年二月十六日,国防最高会议通过之经济紧急措施方案,是否能有效实行。查该方案要点为:(1)平衡预算,须从撙节开支,增加税源,及标卖敌伪产业,与取得美国剩余物资入手。(2)取缔投机,须从取缔黄金外汇买卖,及加强金融管制入手。(3)发展贸易,须从调整外汇汇率,俾至美金一元合法币一万二千元,推广输出,与准许规定之原料与机器进口入手。(4)物价工资,指定重要地区,为严格管制物价之中心地点,由地方政府负责执行。工资按生活指数计算者,应以本年一月份之生活指数为最高指数,并不得以任何方式,增加底薪。对于职工之食粮、布匹、燃料,按一月份之平均零售价,定量配售之。同时取缔投机垄断,或其他操纵行为。(5)民生日用品,规定以食米、面粉、纱布、燃料、食盐、白糖、食油为民生日用必需品。先以定价供给公教人员之每月正当需要,勿使缺乏,统就京沪两地试办,并于市场随时出售日用必需物品,以安定市价。至于公教人员配售办法,已由经济部会同有关方面拟定,于三月十五日起实行。配售物资,仍由原主管机关分别拨发,即由京沪两地消费合作社负责分站配售,而由市政府及社会部监督物资供应局,负责核发配售证。至于配售物资,公教人员完全一律。

又查去年底,中央银行法币发行额,已达四万五千零九十五亿元。去年全年财政收支短绌达四万六千九百七十八亿元,十之八九,均求之于中央银行垫款,因之法币发行额增加二万五千九百四十二亿元,由一月底之一万一千五百亿,增为年底之三万七千三百亿。本年一月份财政收支短绌八千五百亿元,即系中央银行一月份政府垫款之数。因之法币发行增加七千八百三十四亿元。是以在各项措施中,当以平衡预算为首要。若预算平衡,中央银行政府垫款可以减少,亦即法币发行可以减少。法币价值随之提高,物价自必下降,汇价当可稳定,出口可望增加。

二、外汇枯竭,能否获致外援——查抗战终了,一九四五年底,中央银行持有美金、英镑、白银、黄金合计共值八亿五千八百万元。截至本年(一九四七)二月底止,只存三亿六千四百万元。而本年第一季进口外汇配额,已由政府核定共需美金一亿一千四百六十七万元。其中第一类生产器材等项共需美金六百万元,第二类主要用品(粮食、汽油、棉花等)共需美金九千九百六十七万元,第三类各项必要用品,及零星原料等共需美金九百万元。若以四季合计,进口所需外汇,约合美金四亿五千万元。至政府所需外汇,上年度共支出合美金一亿二千五百万元。若是,则全年所需外汇将达美金五亿八千万元。反之出口所收外汇,上年度只合美金一亿四千九百余万元。即所存外汇金银及应收外汇总计,不过合美金五亿一千三百万元,亦只勉强足敷一年之用。纵令撙节使用,同时增加出口收入与侨汇收入,亦不过展长一二年。至改革币制所需准备,更无论矣。情势如此,除仰赖外援外,别无他途。奈可求援之国,唯一美国。而马歇尔将军调停国共之使命,甫告失败,心中至不愉快。且彼任国务卿后,正在集中于欧洲之经济恢复工作,对于中国财经援助,虽不完全放弃,然决不积极。且有暂时听其自然,坐待中国内战之解决,与政治之澄清,再作计较之态度。

三,军事能否顺利——最近数日,报纸登载吉长间共军被国军击退,德惠收复消息。惟自四平街战事后,共方已有相当时间之整理。在此一年余间,苏联之暗中策划援助共方,要无疑问。故共方势必再接再厉,向松花江以南之国军进攻,乃在意料之中。若国军失利,势须增兵反攻。东北军费固须增加,而关内国共战事,亦必扩大。如是,则法币增发,物资日趋缺乏,距离紧急措施之平衡预算与稳定物价两目标,相去甚远。

如上三项大前提不能解决,则我之任务必告失败。思之几于寝食不安。[①]

形势的发展如其所述,政府的财政收支越来越不平衡,中央银行的垫款不断增加,相应的即是法币的急剧增发(详见表71、表72)。

表 71　1947年国库收支及垫借款　　　　　　（单位：亿元）

月　份	收　入	支　付	垫　款
1月	2 021 余	10 093 余	3 648 余
2月	2 716 余	7 654 余	1 518 余
3月	4 335 余	13 092 余	7 523 余
4月	11 722 余	18 834 余	7 523 余
5月	8 931 余	21 082 余	15 122 余
6月	8 952 余	31 099 余	25 138 余
7月	7 629 余	23 385 余	11 656 余
8月	10 612 余	36 343 余	28 837 余
9月估计	12 000 余	45 000 余	33 000 余
合　计	68 918 余	206 582 余	135 332 余

资料来源:《张公权先生年谱初稿》下册,第896页。

[①] 姚崧龄编著:《张公权先生年谱初稿》下册,传记文学出版社1982年版,第803—805页。

表 72　1947 年货币发行统计表　　　　　　　　　　（单位：亿元）

月　份	法币发行额	东北流通券发行额
1 月	7 834 余	87 余
2 月	3 282 余	39 余
3 月	9 062 余	73 余
4 月	11 569 余	83 余
5 月	14 802 余	83 余
6 月	15 538 余	102 余
7 月	17 290 余	134 余
8 月	20 331 余	143 余
9 月 1 日至 26 日	25 922 余	91 余
本年合计	125 530 余	835 余

资料来源：《张公权先生年谱初稿》下册，第 897 页。

　　1947 年 9 个月中法币发行数额，为十二万五千五百二十五亿余元，又东北流通券发行额约为八百三十九亿，几与本年度之国库垫款数相等。1946 年底，法币发行累计数，为三万七千二百六十一亿余元。至 1947 年 9 月 26 日止，法币发行累计数，几达 1946 年底发行累计数的 4 倍。① 相应的，物价上涨的速度更快。1946 年 12 月至 1947 年 9 月，约增 8 倍。由于发行与物价的相互作用，财政亏空的数额也更加巨大。1947 年 11 月 2 日，张公权在给蒋介石的签呈中强调：(1) 平衡基金委员会在二个半月中，外汇买卖相抵，净超四十余万美元。(2) 政府需用外汇，二个半月中，达四千余万美元。(3) 原存外汇及金银，已减至二亿三千余万美元。(4) 本年一月至十月，国库收支短绌十八万余亿元。中央银行国库垫款十七万亿元。法币增发十六万亿元，东北流通券增发一千二百余亿元。十月份之发行额较年初增加五倍，以致钞票时感不敷。② 而根据 1948 年上半期的临时估计，全部财政支出将达到 962 760 亿元左右，全部收入预计可达 583 400 亿元左右。政府将面临着 379 350 余亿元的亏额，亦将超过全部支出的 39%。③ 如果这个巨大的亏空仅通过发行纸币来弥补，那么会计亏额必然扩大

---

① 姚崧龄编著：《张公权先生年谱初稿》下册，传记文学出版社 1982 年版，第 897 页。
② 同上书，第 914—915 页。
③ 中国人民银行总行参事室编：《中华民国货币史资料》第二辑，第 569 页。

到比估算更加惊人的程度。但在当时，除却这一手段，已无其他财政收入的来源。从税收上来说，虽然在绝对数额上有巨大增加，但扣除物价上涨因素和财政支出的增加，所得收入尚不及全年财政支出的7%。发行公债也由于通货贬值更受影响，吸收人民游资也倍加困难，1947年发行公债收入仅比年度财政支出的3%稍多一些。经常收入不够弥补财政亏额，政府不得不依赖中央银行的垫款，而垫款又大部分通过通货膨胀来完成。

1947年12月11日，中央银行发行一千、二千及五千元关金大票，即为法币二万、四万与十万元。是日美元黑市为法币十五万元，黄金每两为法币九百万元，港币每元为法币三万元。①

另一方面，则是外汇的不断减少。据张公权的统计：自1947年3月1日起至9月27日止，买入外汇计合美金一亿零七百余万元（107 096 957元），卖出外汇计合美金一亿八千零三十余万元（180 313 461元），净出七千三百二十余万元。其中政府机关占用外汇约六千七百万元美金（66 989 646元），商用外汇一亿一千三百余万元美金（113 322 815元）。② 与外汇急剧减少相应的，则是对外借款的愈加困难。

1947年11月12日，美国国务卿马歇尔又在参议院外交委员会发表援华贷款将为三亿美元。其中包括六千万美元为目前至1948年6月底止之援助用款。并由副国务卿补述此后每月将援助二千万美元，至1949年6月19日止。张公权曾评论称：查此数仅足弥补每月国际收支差额，而尚感不足。可见美政府尚未彻底了解吾方之危急。同时由于美国舆论中，尚有一部分人不满意于我政府之一部分官员，动辄以贪污诬之。马歇尔尚慊于调和国共之失败，与我国内战之继续。因此仅肯作此有限度之援助。至如币制改革、经济建设均不提及。……马氏于答复若干质问，曾有下述数语："中国之通货膨胀已至非常程度；军事上之耗费占去国家预算百分之七十五至八十。对华援助，必须为一继续不断之计划，而非仅一长期计划。"则其心目中，或有一连串之援助计划。而每一时期之计划，将视吾方政治军事之是否改进；及此三亿美元贷款是否运用得当为转移。吾政府当局不可不深长思之。所可虑者，通货已濒崩溃边缘，将有时不我待之势。③

张公权为解决当时的问题，曾提出财政部与中央银行平均分担财政亏空，以

---

① 姚崧龄编著：《张公权先生年谱初稿》下册，传记文学出版社1982年版，第927页。
② 同上书，第898页。
③ 同上书，第923页。

减少中央银行因垫款而造成的货币增发,但财政部长俞鸿钧表示不可能,蒋介石也认为不可行。另外他试图通过发行银币来解决通货膨胀的问题,也因为美国不肯给予白银借款而流产。他唯一推行的政策是由中央银行发行公债库券合4亿美元,内美金公债1亿元,以外汇、现金银购买,利息六厘,十年还清。库券3亿元,以美金为单位,而以法币购买,利息亦以法币支付,均照中央银行美金挂牌折合,利息二分,分三年偿还。[1] 但公债政策在通货日益贬值的情况下仍然无济于事。最终张公权不得不辞职,宣告了他币制改革的失败。金圆券改革推行之时,所面临的条件比张公权在任时更要恶化,因为后来法币恶性通货膨胀的程度越来越严重。所以说,金圆券改革是在不具备币改条件的前提下进行的。

第二节　金圆券政策的内在缺陷

金圆券改革失败的内在原因还在于政策本身存在许多缺陷,政策规定与改革目标背道而驰。

首先,名为金圆本位制,但既不铸造金圆流通,也无任何兑现规定,将人们的注意力转移到本位制和发行准备的问题上,却根本没有有效的保障措施。

南京政府鉴于通货恶性膨胀,法币贬值愈烈,物价继涨愈速,人民对法币之信心愈趋薄弱,有根本改革创建新的足以取信国人之币制的必要,于是决定发行金圆券。金圆券改革宣称实行金本位制,十足准备,并组织发行准备监理委员会,公开检查报告。其目的原在取信于民,但在实际执行上却无异公开向人们宣告金本位制只是一个幌子。人民已把大量的金银外币缴兑金圆,而政府却没有发行硬辅币以取信于民,更没有把收进去的大量金银外币和政府早已掌握的金银外汇,一并移充外汇基金,让人民于正当需要时购置生产原料机器及日用必需品时兑换外汇,以坚定人民对于金圆价值的信任。在此前提下,如何骤然改换人民重物轻币的心理?

其次,金圆券定价问题上漏洞百出,后果严重。

金圆券规定法币与新币兑换率为3 000 000∶1,其他一切因素如果不变,则实际无异大钞发行。根据这一比率,收回所有的法币只需2亿元金圆券,但其发行限额规定是20亿元,一旦控制失当,无异货币立时膨胀10倍。原来的法币虽

---

[1] 姚崧龄编著:《张公权先生年谱初稿》下册,传记文学出版社1982年版,第810页。

属贬值,而1万元之单位仍可作最低限度之交易媒介,改用新币后,最低单位为1分,等值法币3万元,日常生活方面的应用,可以说物价已上涨300%,此举对下层百姓影响最大。

金圆券定价无视全国法币币值的巨大差异,仅以上海市价作为定价标准,而当时上海的通货膨胀程度远较许多地区为高,这样就通过强制政策将全国的物价一致提高。金圆券名为稳定物价,实则从政策上埋下了通货膨胀的隐患。

第三,以限价政策来维持币值的稳定违背市场的内在规律。

政府想利用政治和军事铁腕来永久维持限价,譬如狂躁的病人用冰袋,失眠的病人用安眠药,心脏衰弱的病人打强心针,只是一时治标之计而已。根治物价的措施应是发展生产、平衡收支,但是政府的限价政策非但没有帮助农产品和工厂制成品的增加,相反的,只想用硬性限价的方法把农产品的价格压下去,用硬性限制的方法阻塞了工厂原料的来源,杜绝了工厂成品的去路,使一个工业都市和内地农村在经济上脱节。

第四,试图以解决上海问题来解决整个中国的问题。

上海固可影响内地,内地也可打击上海。上海物价虽然扼守"八一九"的第一道防线,但也不可否认,上海已成了经济上的孤岛。上海与各地的经济隔离,工商界人心的消沉,以及各工厂的减工,已使生产显示出萎缩的现象。经济事业,如环无端,彼此息息相关,社会相互联带,决无"投鞭断流"的可能。上海区经济问题的解决,不能仅靠上海一地的力量,更不要说试图以上海问题的解决来解决全国的问题。

第五,以金圆券收兑金银外币无异将老虎从笼子里放出来,不加以约束的话,势必四处为害。

金圆券改革的一项重要政策即是收兑金银外币,初期兑出的金圆券接近7亿元,如果缺乏有效的引导,必然造成市场上游资松滥,再加上市民"重物轻币"的心理,抢购风潮、投机倒把都难以避免。

第六,"八一九"限价标准不统一,增加了人民负担,刺激物价上涨。

财政经济管制办法规定,所有物价照8月19日市价冻结,不得上涨,工资薪给报酬,亦照8月份指数计算,不得超过。但所有捐税、规费以及国营事业价格,则陆续按抗战前标准计算,按照银元比值,战前1元,即为金圆券2圆,国营事业价格与国家租税如均不加冻结,则按照办法规定,势必上涨100%。从财政政策上着想,可增加国库收入;但从稳定物价方面推断,与人民利益直接冲突,刺激物价上涨。

第七，美元与金圆券兑换比率为 4∶1（合法币 1 200 万元），与当时结汇证书的美元汇率（约法币 800 万元）约提高了 50%，进口原料及舶来品自然亦因成本提高而将价格随之上涨。由于外汇提高，影响一部分洋货价格，以及一部分需要外国原料制成品价格，将物价强行冻结在 8 月 19 日的规定亦难于推行。

由此可见，金圆券改革的政策上存在很多矛盾和漏洞，缺乏一个整体的维护人民利益为前提的最高原则，缺乏由此争取民心树立信用的基础。政府如果想达到切切实实的重建币信、提高币值、从而稳定物价、安定民生的改革目标，必须在执行上谋求补救之策。然而，事实证明，南京国民政府在政策执行上的表现更为糟糕。

第三节　金圆券改革推行中制度配套缺失

虽然金圆券改革之时，财政部长王云五曾信誓旦旦地保证可平衡岁入岁出和平衡国际收支，[①]但在当时整个军事、政治及经济混乱不堪的情况下这只能是自欺欺人的幻想。

改革之初，国民政府以政治高压手段执行限价政策，对整个工商业是严重的挫伤，上海一地尤为突出，在限价期中，上海工商业遭受抢购风潮的袭击，存货大减，元气大伤，全市工商业在限价中估计共损失资金约值金圆券 2 亿元，已无法进行正常生产和经营。[②] 强行限价致使粮食与民生日用必需物品的价格产区高于销区，原料高于成本，结果当然是销区日用物品以及工厂所需原料来源枯竭，影响所及，生产萎缩，酿成抢购无市与黑市猖獗等恶劣现象。

改革币制之初，南京国民政府在预算中曾将财政收支状况的改善寄望于税收的增加。曾有如下估计：收入方面依照整理财政及加强管制经济办法之规定，政府税收激增，尤以国产烟酒类税、所得税、盐税、印花税、货物税、关税之增

[①] 《中华民国史档案资料汇编》第 5 辑第 3 编，财政经济（三），第 816—817 页。王云五曾公开报告：政府正积极进行之平抑物价办法，计分五项。一、增加生产，二千万元美金之工业原料，即将输入，并将设法消除厂商疑虑，积极增产。二、节约消费坚决采取措施，彻底实行节约。三、疏导物资，将开放自备外汇输入物资，并严令各地方政府驻军，不得妨害物资流通。四、控制游资。五、合理限价，绝对取缔囤积。（《王云五报告》，《申报》1948 年 10 月 19 日）

[②] 中国科学院上海经济研究所、上海社会科学院经济研究所编：《上海解放前后物价资料汇编（1921—1957）》，上海人民出版社 1958 年版，第 41—42 页。

收为甚。印花税收入新预算,较原案增收几达 13 倍,国产烟酒类税及所得税增收为 10 倍左右,特别预算岁入项下之美军剩余物资、租借物资、敌伪产业物资及日本赔偿物资出售所得,且系按美金计值,由于美金折率提高,故收入数字亦大为提高。另有出售国营事业股票一项,为原预算中所无者,现亦一并列入,就整个数字估计,政府之收入在本年下半年度内改编预算所列者,约为原预算之 4 倍左右。普通预算之岁入岁出,仍能保持平衡,特别预算岁入岁出之差额,约为 20％左右,政府当另行筹划抵补之策,以上各项收入中,美援 4 亿美元并未列入,故特别预算中之差额,如以善为运用美援,节省开支,以资抵补,即属绰有余裕。支出方面,基于同样理由,亦有同样之增加,其中最大之支出,为依照整理财政及加强经济管制办法之规定,公教人员及军官佐士兵之薪饷,已大为增加,约为原预算案之 4 倍,各机关办公费以折合金圆后为数甚小,难于支应,自 9 月份起,亦经分别调整,一般均增加 7 成左右,大致为按职员人数作计算标准,每人每月为 10 圆左右,超过者核减,不足者核增,依此计算,约增加 5 倍左右,在该改编预算案中,普通预算收入最多者为货物税,占 29％强,次为盐税及关税,各占 17％强,所得税占 10％强,印花税占 8％强,国产烟酒类税占 5％强。支出最多者为国防部主管,占 30％强,债务支出占 18％强,财政教育支出均占 9％强,粮食及司法行政支出各占 5％强。特别预算收入最多者为国有财产及物资售价收入,约占 47％强,债务收入(其中一部须弥补者)约占 46％强,支出最多者为国防部主管,占 67％强。粮食部主管占 11％强。交通部主管占 7％强,改编预算较原预算案虽有甚大之变动,然由于收入剧增,支出节减,普通预算且有盈余,特别预算之差额亦比例减少,整个预算,较原案更为接近平衡,如年内物价无大波动,此项预算可望照案执行,不再追加。① 但这项预算在生产无法恢复,商业交易又因限价政策处于萧条的情况下,根本不能达到预期目标。再者,从这些税收来看都是间接税,势必造成成本增加,物价上涨。

当时也曾有学者针对南京国民政府财政预算的报告提出质疑以及根本解决财政问题的建议如下:

> 政府为求达到预算收支之平衡,切实整顿税源,酌量提高现有各税,按照战前标准调整,以裕税收。岁入方面,据估计,收入金圆计关税四亿八千

---

① 《下半年预算改编完成岁出入接近平衡》,《申报》1948 年 10 月 4 日。

万,货物税七亿,直接税三亿六千万,盐税三亿二千万,其他各税及国营事业盈余费收入等共二亿,出售剩余物资敌伪产业等约四亿,合共二十四亿六千万;岁出约三十六亿,收支相抵预算赤字尚短少十一亿四千万,占岁出约百分之三十,金圆发行额百分之五十以上。此项不足之数,拟运用美援暨发行金圆公债弥补,而军费庞大支出,尚未计入。综观收入估计,其中有关社会均平政策之直接税只占三亿,其余部分,均为可以转嫁之间接税,在在足以影响物价,精神上似殊嫌矛盾,不足与大刀阔斧雷霆万钧之经济政策相配合——笔者认为除非政府此项估计,为一种声东击西之退步着想,实际上另有国际贷款计划可以作为后盾,否则此种打算,欲求持以稳定物价,从而维持币值发生互为因果的作用,恐未必能如何美满。

一、整顿租税,应改从直接税累进高税率着手,少作间接税之调整,以免转嫁增加消费者之负担,引起物价之不稳定,从而影响币值。(例如只图便利之普遍增加盐税关税等,为最不合理想。)

二、发扬我国俭约美德,借镜匈牙利改币后力自节约所收之效果,躬行实践,由上而下,造成自发性的节约风气,第一为紧缩,第二为紧缩,第三仍为紧缩。兹分述办法于次:

(甲) 政府人员自高级政务官起,自身应尽量紧缩,节约一部分享受之物资,尤其是可以输出之物资,以期增加输出,换取外汇。

(乙) 公务机关应力求紧缩,提高办事效率,健全行政组织。国营事业机构,尽量节流开源,在绝不调整价格之原则下,力求自给自足,维持收支平衡,积极生产,以裕物资。

(丙) 由上层社会具有领导地位者,提倡节约,以身作则,树立朴质风尚,免除宴客俗套,自动节衣缩食,均平生活程度。养成由上而下之俭朴风气,特别须以京沪一带大都市,划为示范区。并以消极方式寓禁于征,按累进税率重征奢侈税,以裕国库收入。

三、切实推行下列的三平政策,整顿租税,以期开源;厉行节约,求其节流。再配合平衡政策,从事有关各部门点线之控制,以期推行经济政策上管制之严密,有条不紊,贯彻政府当局之财政政策,达到预算收支之接近平衡。

(子) 平衡财政收支

A. 积极整理公债,维持债信,准备发行金圆券公债,充实国库,吸收游资。

B. 整理租税，提高累进制的直接税，严密稽征，实行均平财富。

C. 为争取币信，提高币值起见，严格限制发行，按照金圆券限定发行数额，在可能范围内更求减低发行数额。

（丑）平衡国际收支

A. 新币制发行后，外汇价格提高，足以鼓励出口，提高输出品之数字，换取外汇，争取出超。

B. 限制非生产品进口，以缓和方式寓禁于征，提高进口税率，分别物品性质，作积极与消极性之限制，以杜漏卮。

C. 权衡国内轻重工业生产原料之需要，由政府分别缓急，直接从外国厂家及国内产地尽速购存，公正的平均的供给国内工厂为生产制造之需。

（寅）平衡物资供需

A. 平抑物价，配合全面（全国各大城市，方得谓之全面）经济管制，从根本上达到物价之稳定。

B. 检查仓库，合理执行，彻底取缔囤积居奇。

C. 减少行庄，绝对禁止今后的非法经营与业外交易。

D. 鼓励游资，流入正当途径，加强生产工作。

E. 切实抛售美援剩余物品，供应现实需要。

F. 出售国营事业，政府应具至诚，分别小单位，逐渐以各个小单位全部出让。

G. 控制日用必需品，实行定量分配制度，使无配购证者绝对不得购取；同时促进产销合作，免除中间商剥削。

H. 限制消费，课奢侈品及大量消费者以重税，寓禁于征。

综合以上所述之补救办法，政府果能采纳，以最大决心，沉着应付，相信维持三个月至六个月，当可奠定币值之基础。庶几物价稳定，民生粗安，财政收支预算，可望逐渐接近平衡，而新币制亦可乐观厥成矣。①

显然，政府根本不可能采纳这些建议，更不可能付诸实施。

1948年11月1日，行政院对"财政紧急处分令"提出了补充办法，被迫宣布放弃限价政策，同月11日又取消了金圆券发行限额的规定。随着金圆券发行量

---

① 段逸珊：《币制改革与物价》，《申报》1948年9月26日。

的失控,物价日益上涨,生产销售就意味着亏损,大批工厂被迫停产。据 1948 年末至 1949 年初对上海全市 87 个重要行业的调查,13 647 家民营工厂中,开工的约占总数的四分之一,其余都已停产。① 在此经济形势下,试图通过整顿税收来增加岁入的计划显然无法推行。从平衡国际收支的目标来看,金圆券推行后,对外贸易方面以"加强控制"为原则,进口仍受管制,输入限额尽量核减;出口外汇必须严格按照规定汇率,全部结售给中央银行。金圆券的汇率规定在最初曾一度推动了出口业务,但由于经济管制的严格执行,不久后上海的进出口业务一律陷于停顿。1948 年 11 月 22 日起,国民政府采用进出口外汇直接连锁制度——"外汇移转证"办法。但在这段时期中,国民政府所期望的推广出口效果,已远不及 1948 年 5 月实行"结汇证明书"时期。因为客观局势上已发生很大变化,由于进口商对继续经营进口业务缺乏兴趣,因而外汇移转证的需求量大减,外汇移转证因供求不平衡,到 1949 年 1 月底,移转证行市已仅及外汇黑市的 50%,甚至市面上出口商所持的外汇移转证,出现无人问津、售让困难的情况。在此情形下,正当的出口贸易又告窒息。据海关统计,上海 1948 年的出口总值为 121 522 000 美元,高于 1946 年的 110 819 000 美元,低于 1947 年的 137 624 000 美元,1949 年 1—5 月出口总值为 51 555 000 美元,与进口总值的大幅度下降,恰恰相反。但这种收支差额并不能使国际收支达到平衡,因为与此同时还有巨额的资金逃避。据 1948 年上海纱布出口记录,棉纱的输出值并未减退,反而增加。在此期间内,纱布出口的输往地 60% 以上是仅到香港。其实这种输出,实际并非实销,它在国外并无真实买主,而是国民党官僚资本以及某些高级官吏在自身逃离大陆之前,假运出纱布以逃避资金所致。假借纱布出口以逃避资金出境的现象,到 1948 年 12 月为最突出,在 12 月份 1 个月内,上海出口的棉纱、棉布高达 1947 年同月份出口的 3.79 倍和 3.82 倍;仅此 1 个月的出口量占 1948 年全年出口比重棉纱为 32.1%、棉布为 35.4%。这种反常情况,更足以说明这绝不是境外有实销,而是逃避资金出口。②

此外,南京国民政府也难以得到国外的有效援助。金圆券改革后,美驻沪总

---

① 中国科学院上海经济研究所、上海社会科学院经济研究所编:《上海资本主义工商业的社会主义改造》,上海人民出版社 1971 年版,第 71 页。
② 上海社会科学院经济研究所、上海市国际贸易学会学术委员编:《上海对外贸易》(下),上海社会科学院出版社 1989 年版,第 209—212、224、256—257 页。

领事和美军顾问虽都发表声明"充分合作"。① 但是美国政府方面并未给予金圆券改革以实际的贷款援助。美国进出口银行亦不作稳定币制之贷款,财务部某发言人称:现在财务部不可能作此种贷款。国际货币基金组织当时尚未正式批准金圆券对美元四比一之新兑换率,故中国不能获得基金援助。至于世界银行,除为特别发展计划之贷款外,不作稳定币制之贷款。且在任何情形下,世界银行与国际货币基金组织之步骤一致,对基金组织尚未批准其货币兑换率之政府,不会予以贷款。据专家称:在经济合作总署同意之条件下,动用一部分由出售经合总署物资得来之中国货币以平稳新币,则甚有可能。彼等称:此举须将某些累积的纸币"肃清",以稳定货币,即政府须将一部分累积的地方货币,停止其流通,中国通货膨胀之基本原因,在于财政亏短,如此将可减少。经济合作总署称:现在一切贷款皆于复兴计划方面,并无任何动用本署基金支持新币之计划。②

除了财政收支与国际收支上不可能实现平衡以外,对金圆券币值起决定性作用的是军事和政治局势。1948年9月24日解放军解放济南,10月15日解放锦州,19日解放长春,23日解放郑州及包头,24日解放开封,11月2日解放沈阳,东北全境解放。1949年军事形势发展更快,1月10日淮海战役胜利结束,15日天津解放,31日北平解放,2月5日行政院逃往广州,4月20日以后解放大军分路渡江,迅速解放了南京、镇江、无锡、芜湖、上海等政治经济重镇。这些军事消息和战局形势,极大地影响着当时整个经济和物价,冲击着人们的心理。解放区的扩大,即是金圆券流通地区的缩小,直接的结果便是信用日益低落、膨胀日益严重,各省地方当局为了减少金圆券的冲击,纷纷发行地方币,所以在银元券出台后已基本上无法推行。

---

① 《美领告诫同仁 协力推行新币制》,《申报》1948年8月24日。《巴大维声明对我新币全盘合作》,《申报》1948年8月26日。
② 《经合总署援华金可间接支持金圆》,《申报》1948年8月26日。

小 结

金圆券出台后,当时的人们即已指出币制本身的种种缺陷。朱斯煌曾将新币制比喻为"好像一个婴儿,先天不足,又生产在一个很不好的环境里面,欲其生育长成,要靠保姆扶养得法"。而此次改革币制,从币制本质说,似难和法币改革时的水准等量齐观,虽然名为金圆,实在依然是一张纸币,既不兑现,又不能自由购买外汇。而且这次改革的政治性大于经济性,300万元法币折合金圆1元,金圆4元合美金1元,完全一纸命令。这种规定如何维持,仍然要用政治手段来解决,管制经济抑平物价就是政治性的措施,但是经济问题,仍不能忽略应有的经济性的措施。币制已改,通货膨胀之门却未关闭。收回旧法币所需金圆仅2亿元,而发行额为金圆20亿元。[①] 庄智焕从三方面指出不利于金圆券币制的因素:一、外在的因素:内战的延续与扩大,其情势的恶劣且超过希腊,战费支出固足以加重国库负担,整个经济秩序,亦因战争的影响而遭破坏。二、币制本身的缺点:(1)政府以新币为十足准备而沾沾自喜,此种陈旧落伍的货币思想足以败事。(2)过去宋内阁时代,以抛售黄金为收缩通货的工具,现在却一反而为高价收兑金钞,以达成膨胀通货的效用,最费解的是财政当局对于兑进的金钞,迄未善加利用,而徒醉心于新币的十足准备,对于因收兑金钞而大量流出的金圆券,亦竟熟视无睹,等于自掘坟墓。(3)金圆券的发行额定为20亿元,但仅仅金券2亿元即足以收兑全数旧法币,所以金圆券的膨胀,已法定的超过旧法币10倍。(4)旧镍币的恢复流通,殊足以影响人民对新币的观感和信念。此外,新币外价难以坚守法定比率,外汇资产登记办法,亦难全部严格执行,都可以说是新币制的先天缺憾。三、政策的错误:此次新币制的实施办法,忽略了财政经济方面的根本要图,政府似乎并无平衡财政的决心,贸易政策和工业政策诸方面,也缺乏适

---

① 《上海金融界星五座谈会记录》第一集(1948年8月27日至12月24日),第4页。

当的配合。政府亦未认识生产和消费严重脱节的事实,非但不从增加生产着眼,反而滥施管制,不断束缚工农生产事业的合理活动,终而促成了一切生产机构的总崩溃。其实经济的问题,还得仰仗经济的办法,才能获得合理的解决。①

有人分析,金圆券在性质上虽然与法币相同,但与法币出台时相比存在更多不利条件:货币流通区域大为缩小;生产物资较战前不只减少一半;军事形势急转直下,军事上的胜败对币信影响很大;财政赤字更加严重;主要的税收来源关税减少,而在巨大贸易逆差的情况下,外汇来源减少,另一方面却因购买军需物资,必须支出大量外汇。因此充作金圆券的现金准备,如果美援不源源而来,这笔准备金迟早必会动用。②

更有人提出了金圆券不能成功的十个理由:(1)金圆券是一种"命令纸币",其产生与更改基于当局的命令。(2)金圆券是不兑现纸币,虽说属于管理金本位,有十足的准备,但所谓现金与保证准备都只见于空洞的规定,不足以确立民间的信心。(3)金圆券的发行额,若照收回全部法币的标准,只应是两亿元,而事实上法币未全收回时早就大批发行,故金圆券一开始就是一种膨胀的通货。(4)金圆券20亿元的最高发行额是建筑在纸币流通完全恢复战前速率的假定的,不料新币实际流速未减,政府并未因之戒慎发行。(5)金圆券的发行额现在显已超过20亿元,政府并不能谨守当初自己的规定。(6)金圆券如果照说是金本位,便不应将民间存金完全收兑。(7)金圆券兑换金钞所创造的许多过剩购买力,不曾以有效的方法使其回笼。(8)金圆券发行后政府没有给生产事业任何协助,反而把生产的动机阻塞了。(9)金圆券发行后金钞买卖已不可能,民间失掉最后的储藏工具,只有向商品市场抢购。(10)金圆券膨胀中执行限价,完全违反自然经济法则,陷市场经济于停滞,同时政策上从极端的管制到极满的放纵,只有使物价涨无止境,相对地使金圆券的购买力大大萎缩,而变成了大家所不欢迎的通货。③

从上述论断可见,在金圆券出台之际,其本身的缺陷和外部的环境即已注定它失败的命运。金圆券改革以政治命令的方式出台,其目的是"加强勘乱",它的出现是基于政治目的,因此在规定和推行手段上都背离了经济的法则。法币出

---

① 庄智焕:《从战后各国货币改革的经验看金圆券》,《银行周报》第32卷第47期,1948年11月22日。

② 汤德明:《从法币到金圆券》,载《时与文》第3卷第19期,1948年8月27日。上海市档案馆藏档,档号:D2-0-1004。

③ 夏炎德:《金圆券不能成功的十个理由》,《银行周报》第32卷第50期(上),1948年12月13日。

台时在充实发行准备的政策之外,还通过无限制买卖外汇来维持法币的币值,而金圆券改革则严格限制外汇的买卖。金圆券改革最有成效的工作是收兑了大量的金银,但这些金银既未用于币信的维持,亦未通过发展生产消纳因收兑金银而流向社会的大量金圆券,使得本来作为储藏手段而静止的金银变为游资,加剧了通货膨胀。

而在金圆券崩溃后,又推出了银元券,并试图以恢复银本位和兑现来获取人们的信任。法币改革之前关于币制改革的讨论中,已使人们认识到在当时的国际国内条件下已无法维持银本位,可在国内白银已出售或者外运殆尽、军事溃败、政权行将瓦解之际,又再度打出兑现的幌子,已不可能唤起人们的信任了,更何况在规定上又予以种种限制和推诿的手段,其失败在出台之际已经注定。

不过金圆券和银元券失败的根本症结,不是货币制度本身问题,而是个财政问题,内战持续,财政绝对不会平衡,每年惊人庞大的赤字支出,势必发行钞票来弥补,通货恶性膨胀,货币已成为财政的俘虏。在这种情形下,不论采用什么本位,什么办法来改革币制,必定是愈弄愈糟,徒然使老百姓加深一成痛苦罢了,不会有什么成果。当时的学者崔敬伯曾对此有过精辟的阐释:"政治组织如果建筑在寡头金融资本之上,则任何币制改革与银行改革,结果只是行不通。勉强行之,也要大大的变质。或者防一弊而更生一弊,去一瘤而再长一瘤,愈改而纠纷愈多,愈割而元气愈弱,终至不可收拾。"[①]这是失败的原因所在,亦是教训所在。

[①] 崔敬伯:《血液与心脏——币制改革、银行改革及社会改革》,《大公报》1948年8月23日。

尾声：银元券政策

金圆券为人民拒用以后，民间日常所需，及工商业交易媒介，必须有代用之物，其时各省最普遍流行者，则为旧铸之银元，通商大埠则以美金、港纸等外币代之，各种旧有铜镍辅币亦随时随地作价为流通筹码，甚至各商店、各学校亦多以片纸记数，加戳以代筹码，紊乱现象达于极点。政府各种军政支出只得以库存外币、黄金、银元支付，1949年4—6月间，国库方面先后付出银元34 435 970元，白银70万两，黄金195 610两，台币4 435亿余元，各种外币折合美金24 605 396元。[1] 在此情形下，国民政府不得不于同年7月发行银元券。

1949年7月3日，行政院代电，实行"币制改革"，以银元为本位，发行银元兑换券。财政部宣传推行银元券的原因是"我国民间习用银元，信任硬币，自法币、金圆两度贬值以来，此种趋势尤为明显。本部熟思审虑，以为在此时期，为求适合人民心理，顺应社会需求，便于重建币信计，拟先恢复银元本位"。转而又称"银元硬币体质笨重，较大数额之收付，即感携带运送之不便，在现代经济生活中，原非最适宜之制度，而政府库存金银外汇尚相当充裕，倘能妥善管理，确切保证以十足准备、公开检查、随时兑换为条件，发行若干币券，与银元同样流通行使……故拟于鼓铸银元硬币之外，授权中央银行察酌社会需要，依照规定成色，拨足十足准备金，发行银元兑换券，同时流通行使"。在实际执行上，所发行的只是银元兑换券，而且为了限制兑现，兑换地点只指定若干都市。《银元及银元兑换券发行办法》规定：中华民国国币以银元为本位。银元及辅币由中央造币厂铸造，中央银行发行。为便利行使起见，由中央银行发行银元兑换券及银元辅币券，应有十足准备，其中银元、黄金或外汇合计不得少于六成，有价证券、货物栈单合计不得多于四成。银元铸造未充分时，银元兑换券之兑现，得以黄金为之，

---

[1] 中国人民银行总行参事室编：《中华民国货币史资料》第二辑，第647页。

其兑换率由中央银行挂牌公告。中央银行对于政府垫款,非依照规定收足准备金,不得支付。中央银行发行数额及准备金实况,中央银行监事会应按月实施检查,并由行政院、财政部请监察院派员会同检查。各省省银行经财政部之核准,得发行面额一元之银元兑换券及银元辅币券,其发行数额及准备实况,应按月报告财政部,并由财政部随时检查。①

银元券改革的宣言及办法中虽然信誓旦旦,看似准备充足、保障确实,但人们已深受此前的恶性膨胀和种种欺骗手段之害,对银元券的出台不感兴趣,缺少信任。自银元券发行后,兑换情形已极寥落,因此所谓挂牌兑换外币、黄金,以银元准备为诱饵,亦无人过问。有人认为"银元券已属一种欺骗性纸币,纵使有银元为准备,亦不能使人相信,因过去政府改币,朝令夕改,已失信于民,而今岂易重收覆水"。而且银元本身价值不稳,倘若中央银行兑出相当数量之银元券后,是否能有相当数值之银元准备,亦值得怀疑。②

银元券虽宣称兑现,但又采取手段限制兑现,将兑现地点限定在少数几个大城市便是其中之一。7月8日,中央银行指定广州、重庆、桂林、贵阳、衡阳、福州、成都等行为兑换行,其他如梧州、柳州、赣县、长沙、汕头、厦门、海口、南郑、万县、自流井、南宁等行处,可以发行,但不能兑换。7月16日,西康省主席刘文辉致电财政部长徐堪,因该省未经指定有银元兑换地点,人民鉴于数次币制贬值之损失,对此尤为疑虑,必至视同金券拒绝使用,因此央行运到银元尚未发行。9月11日,西南军政长官张群建议为推行银元券,应请财政部于设有中央银行地方办理兑现,先于万县、自贡市两地实行。凡未设央行之县市、请由央行委托代库行局,免费承汇银元券至兑现地点兑现。并请求改铸库存黄金条块为一钱、二钱、五钱、一两等小条块或金币,用以补银元兑现之不足,而便授受。③

8月15日,财政部派员会同监察院及行政院代表于7月31日前往中央银行检查银元券发行数额及准备情况,检查情形见表73。

据官方透露,至1949年9月中旬,全国银元券发行已日见增加,估计发行总额已达1亿元,但流通数额不大。除兑现及税收收回者外,实际流通额约达2 000万元。发行总额中,广州占最多,约为5 000万元,实际流通额为1 000万元。重庆发行额约3 000万元,实际流通额约500万元,其余各地发行额约占

---

① 中国人民银行总行参事室编:《中华民国货币史资料》第二辑,第658—661页。
② 《广州中央银行首次公布银元券对外币、黄金牌价》,《大公报》(香港),1949年7月5日。
③ 中国人民银行总行参事室编:《中华民国货币史资料》第二辑,第664—665、669页。

2 000 万元，实际流通额共占 500 万元。①

表 73　银元券发行数额及准备金情形　　　　　（单位：元）

发行总额	13 298 542	准备金总额	13 298 542
银元券	12 632 542	银　　元	8 268 542
辅币券	666 000	银　　角	580 000
		黄　　金	55 625 两，折合银元 4 450 000 元

资料来源：中国人民银行总行参事室编：《中华民国货币史资料》第二辑，第 667—668 页。

  8月9日，财政部又拟定了《省银行发行银元一元券及辅币券办法》，各省省银行经财政部核准，得发行银元兑换券，发行钞券准备金之缴存保管事宜，应组织发行准备监理委员会办理。该会设委员7人至9人，以下列人员为当然委员：省参议会议长、审计处处长、省财政厅长、省银行监察人一人、省商业同业公会理事长、省银钱业同业公会理事长。现金准备不得少于六成，以生金银、银元、银元兑换券充之。保证准备不得多于四成，以政府公债、库券及生产事业投资股票充之。各省省银行发行准备监理委员会，应于每月终了分别检查钞券发行数额及发行准备实况，作成报告书公告之，并同时报请财政部查核。发行准备监理委员会如发现发行准备不足，或发行超过财政部核定数额时，应即通知发行行停止发行，收回其超过部分，并呈报财政部查核。各省立银行接到前条通知后，应即收回超过部分，非补足其发行准备及经财政部核准，并由发行监理委员会认可后，不得续增发行。各省省银行发行钞券及其准备，财政部应随时派员检查，必要时并得长期派员监理。② 发行省钞，目的无非是借助于各省的现金准备推行银元券，在发行准备的保管及检查上的规定亦极为严密。但无论如何变通，都已无法挽回国民政府在经济上和军事上的溃败，银元券随着该政权的终结而流于破产。

  银元券政策试图以恢复银本位和兑现来获取人们的信任。法币改革之前关于币制改革的讨论中，已使人们认识到在当时的国际国内条件下已无法维持银本位，可在国内白银已出售或者外运殆尽、军事溃败、政权行将瓦解之际，却再度打出兑现的幌子，已不可能唤起人们的信任了，更何况在规定上又予以种种限制和推诿的手段，其失败在出台之际已经注定。

---

① 中国人民银行总行参事室编：《中华民国货币史资料》第二辑，第 670 页。
② 同上书，第 672—674 页。

结　语

在对南京国民政府的纸币政策进行系统梳理与检视后,有以下几个问题需要进一步提炼与总结。即:这一时期纸币政策的阶段性特征;南京国民政府纸币政策管理的检讨;华商银行的自身缺陷;南京国民政府利用纸币对于民众财富的掠夺等。

一、南京国民政府纸币政策的阶段性特征

南京国民政府时期的纸币历经兑换券、法币、金圆券、银元券四个阶段。初期采行的是以银本位制为基础的兑换券政策,尽管某些省银行在地方政治势力的庇护下推行不兑现纸币制度,但作为金融业主体的政府银行和商业银行仍实行金属货币制度,银行发行的纸币可以随时兑现。在这一制度下发行准备充实与否直接关系到纸币的信用,也制约着纸币的发行数额。各发行银行以及不同地区间发行准备的实力、规定及执行情况,决定了纸币信用的高低和流通范围。此一阶段,金融业呈自由市场形态,政府只发挥监管的作用。

1935年的法币改革开辟了中国货币史的新纪元,纸币与金银脱离关系,而进入管理货币制度阶段。法币意味着由"国家法律"赋予政府银行发行的纸币具有无限法偿的能力。但国民政府当局者为迎合人们长期以来所形成的重银心理,提高新币的信用,即在有关法币改革的法令、宣言及各种宣传中将法币有十足准备、设立专门的管理机构、无限制买卖外汇,作为昭示法币信用的重要筹码。在法币改革初期的许多工作亦是围绕发行准备问题展开。金圆券改革之初再次把发行准备政策作为昭示新币信用的重要手段,并得到了社会舆论的积极肯定。但在不兑现的通货管理制度下,发行准备所发挥的功能与兑换券阶段相比亦发生了根本变化,它不再表现为与纸币信用的直接关联,而主要体现在心理上的作用。政府把本来应该承担的"管理"责任,再度转嫁到金银准备这一问题,而没有

从制度的建设与配套上去维持纸币的价值。

二、南京国民政府纸币政策管理的检讨

法币改革后,已转变为管理通货制度,由何人管理及如何管理便成为关系币制成败的关键因素,政府种种举措对货币价值有很大影响,政府责任亦较以前远为重大。

此时,政府应在加强纸币发行的管理、平衡收支、发展生产上下功夫,达到稳定币值的目标,但从南京国民政府在发行准备政策执行的情况来看,屡屡失信,最终导致了人们对政府信心的丧失。诸如:相关的法规、宣言、条例、办法频繁变更,朝令夕改,不断打破既定的规定,如在法币和金圆券改革之初的金银收兑时规定了时限,却又不断展期,尤其在金圆券金银收兑中后来又允许未兑换者持有金银,而对已经兑出者没有任何补偿,等于变相助长不守法行为,也失去了民心。在法币改革之初,明明已放弃银本位,当局者却在宣传中反复强调法币仍为银本位,财政部在货币制度说明书中也列举理由说明仍是银本位,这些在当时即有许多学者著文予以驳斥,其实政府这种不顾及事实的宣传和强词夺理不仅不会安抚人心,反而让人们对政府产生不信任。这种"言"与"行"的矛盾与背离,当局者的随意解释,在纸币政策的沿革历程中经常出现。政策的维持有赖于管理者的执行,如果管理者本身已失去信用,那么政策本身更无法推行。金圆券出台之际,就有人向蒋介石提议"如果照金圆券方案全凭政治压力,只有加重人民不信任政府新货币的心理,发行数量即使在市面流通必需量以内,人民也以去币存物为利,各地物价一定冲破政治力量的控制"。[①]而疯狂的抢购风潮正印证了人们对政府的不信任。

货币不是凭空产生的,国家虽然在主观上可以发行不兑换纸币,但却不能抹杀货币的客观条件。所谓管理通货制度,其着重之点,就在于"管理"二字,而且货币不是容易"管理"的,因为物价问题不是单纯的货币问题,货币问题尤不是单纯的货币数量问题。实行管理货币的一大前提,就是必须有健全的机构切实管理,方能有效,南京国民政府时期始终没有这样一个健全的机构。要维持纸币币值的稳定,最关键的还在财政,如果财政能够平衡或接近平衡,不用借发行为挹

---

① 黄元彬:《金圆券的发行和它的崩溃》,中国人民政治协商会议全国委员会文史资料研究委员会编:《法币、金圆券与黄金风潮》,文史资料出版社 1985 年版,第 57—58 页。

注,发行数量自然能够控制。财政收支不能平衡,货币价值也不易维持稳定,而货币价值的不稳定,也更能加深财政收支的不平衡,二者互为因果,成则均成,败则均败。而在南京国民政府时期,一多半的时间里战争不断,军费支出庞大,在此情形下,财政绝对不会平衡,每年惊人庞大的赤字支出,势必发行纸币来弥补,通货恶性膨胀,货币已成为财政的俘虏。管理通货的纸币政策,以南京国民政府承担责任、做出承诺始,却以放弃责任、打破承诺终,在此复杂的演变过程中,由于政府对纸币政策的规定、宣传与实际执行的背离而不断失去民众的信任,最终导致对政府信心的崩溃,使政府所有的挽救措施都失去效力。

三、纸币发行主体存在制度性缺陷

华商银行在业务上过多依赖于政府,因此也更容易受到政府的操纵。中国银行业产生于外商银行与传统钱庄的夹缝中,因此从一开始,其业务重心就转向依靠政府为其主要客户及资金来源,由于能从政府公债中得到高额回报,商业银行将大量资金投向政府部门。公债一般指国家发行的公债,也称国债。南京国民政府成立后,主要依赖于华商银行的资金支持,通过发行内国公债的形式筹集财政经费。当时的发行程序是:财政部发行的公债、库券先向银行抵押取得现款,用作抵押品的政府债票一般按票面价格的 5 到 8 折抵借现款,利息为 8 厘到 1 分,时间一般在半年以内。[①] 然后将公债库券送到证券交易所开拍,使其可在市面流通。一俟押款到期,即按照到期日交易所开出的行市价格,和押款银行钱庄结算,还清本息。为了便利继续做交易,财政部对银行钱庄的结价,往往比交易所开的行市低半元或一元。银行从中获得利润非常可观,也就乐于承担这种类似包销商的角色,因此公债就成为政府与银行之间联系的纽带。但这一过度卷入政府财政的运作模式,使银行难以逃脱政府的操纵,容易受政治摆布而停止兑换和滥发纸币,随之而来的必定是公众信任的丧失和不可兑换纸币的贬值。

四、南京国民政府的纸币政策是对民众财富的掠夺

当时法院审理了一起关于货币兑换的纠纷案件,非常典型地反映了南京国民政府纸币政策变动对于民生的影响。案情如下:持票人陈左贞的丈夫于 1928

---

① 吴景平主编:《上海金融业与国民政府关系研究(1927—1937)》,上海财经大学出版社 2002 年版,第 134 页。

年 2 月 20 日以固本堂的名义存入大生纱厂银元 5 513.94 元,言明按月八厘付息,存户陆续取回本金一部分,至 1942 年 6 月止结存本金 3 139.36 元,加上从 1942 年 7 月至 1949 年 2 月的利息 2 301.48 元,共计 5 440.84 元。1949 年持票人向该厂要这笔存款时,该厂通知按政府规定战前存款照 813 倍偿还,然后以 300 万元作一兑换金圆券。陈左贞不接受这样的结果,因为货币的价值有天壤之别,在 1928 年 2 月 20 支纱每件银元 63.50 元,5 000 余枚银元可买 78 件余棉纱,而到兑换时折合金圆券一元余,而当时的 20 支纱每件金圆券 235 000 元,不要说一件棉纱都无法企及,连一副大饼油条的价格都要金圆券 20 元。但法院最终的判决结果依然是驳回陈左贞的上诉,并由原告承担诉讼费用,理由是"民国十七年间银元为普通货币,民国二十四年十一月政府改行法币政策后二者债务之关系即应改为法币,现政府已发行金圆,规定法币与金圆之比率,原告只能请求被告以金圆偿还等"。[①] 这笔存款是陈左贞的丈夫遗留给她和孩子的生活费,她当时已近 60 岁,无生产能力。可这笔最初的巨款历经 21 年的储蓄却化为乌有。这一案例是对南京国民政府纸币政策影响于民生的生动写照,也是政府对人民赤裸裸的掠夺。从兑换券到法币、法币到金圆券的变革中,国民政府着力最深的便是金银的收兑,他们一次次用纸币换取民众手中的金银,却又一次次以恶性通货膨胀的手段将纸币变成废纸,最终将民间的财富劫夺一空。

南京国民政府纸币政策失败的根源是对财政预算和银行体系行政控制的结合,政府预算是由政治当权者所操持,而不是由正当途径选举出来的权威加以严格审查、监督,中央银行被当作是政府的账房,从而其创造货币的能力不但不是国民经济的福星,反而成为祸根。通货膨胀如脱缰之马而任其所之,政府的最后命运,早已注定。

[①]《五千余枚银元折合金圆券一元余案件概况》,上海市档案馆藏档,档号:B123-4-210。

参考文献

一、未刊档案史料

(一) 中国第二历史档案馆藏档

国民政府行政院档案(全宗号：二(2),缩微盘号：16J-1534)

财政部档案(全宗号：三、三(1)、三(2))

中央银行档案(全宗号：三九六)

中国银行档案(全宗号：三九七、三九七(2))

交通银行档案(全宗号：三九八)

中国农民银行档案(全宗号：三九九)

发行准备管理委员会档案(全宗号：六二六)

(二) 上海市档案馆藏档

中央银行档案(全宗号：Q53)

中国银行档案(全宗号：Q54)

交通银行总行档案(全宗号：Q55)

中南银行档案(全宗号：Q265)

浙江兴业银行档案(全宗号：Q268)

浙江第一商业银行档案(全宗号：Q270)

上海商业储蓄银行档案(全宗号：Q275)

金城银行档案(全宗号：Q264)

中国实业银行档案(全宗号：Q276)

四明银行档案(全宗号：Q279)

中国农工银行档案(全宗号：Q280)

中国通商银行档案(全宗号：Q281)

上海银行公会档案(全宗号：S173)

上海市钱商业同业公会档案(全宗号：S174)

(三) 四川省档案馆藏档

四川省财政厅档案(全宗号：民59)

(四) 重庆市档案馆藏档

财政部档案(全宗号：0015)

中央银行档案(全宗号：0282)

中央银行重庆分行档案(全宗号：0286)

(五) 天津市档案馆藏档

天津市银行业同业公会档案(全宗号：J129)

中国银行天津分行档案(全宗号：J161)

大陆银行天津分行档案(全宗号：J216)

天津特别市财政局档案(全宗号：J54)

天津商会档案(全宗号：J128)

(六) 北京市档案馆藏档

北平市政府档案(全宗号：J1)

交通银行北京分行档案(全宗号：J032)

(七) 广东省档案馆藏档

广东省政府档案(全宗号：2)

(八) 斯坦福大学胡佛档案馆藏档

蒋介石日记

孔祥熙档案

宋子文档案

杨格(Arthur N. Young)档案

张嘉璈档案

中国国民党党史会档案

Stanley K. Hornbeck Papers

(九) 斯坦福大学图书馆藏胶卷档案

British FO Files

US Confidential Files

Records of the Office of Chinese Affairs 1945－1955

二、资料汇编(按出版先后排序)

全国经济会议秘书处编《全国经济会议专刊》,上海:财政部驻沪办事处,1928年。

陈度编《中国近代币制问题汇编》(全三卷),上海:瑞华印务局,1932年。

中国银行总管理处经济研究室编《全国银行年鉴》(1934),上海:汉文正楷印书局,1934年。

中国银行总管理处经济研究室编《全国银行年鉴》(1935),上海:汉文正楷印书局,1935年。

中国银行总管理处经济研究室编《全国银行年鉴》(1936),上海:汉文正楷印书局,1936年。

中国银行总管理处经济研究室编《全国银行年鉴》(1937),上海:汉文正楷印书局,1937年。

吴小甫编《中国货币问题丛论》,货币问题研究会,1936年。

张一凡、潘文安主编《财政金融大辞典》,世界书局,1937年。

财政部财政年鉴编纂处编《财政年鉴》三编上册,财政部财政年鉴编纂处,1947年。

财政部财政年鉴编纂处编《财政年鉴》三编下册,财政部财政年鉴编纂处,1948年。

《上海金融界星五座谈会记录》第一集(1948年8月27日至12月24日)。

中国科学院上海经济研究所、上海社会科学院经济研究所编《上海解放前后物价资料汇编(1921—1957)》,上海:上海人民出版社,1958年。

吴冈编《旧中国通货膨胀史料》,上海:上海人民出版社,1958年。

中国人民银行总行参事室金融史料组编《中国近代货币史资料》第1辑,北京:中华书局,1964年。

中国人民银行金融研究所编《中国农民银行》,北京:中国财政经济出版社,1980年。

姚崧龄编著《张公权先生年谱初稿》,台北:传记文学出版社,1982年。

中国人民银行上海市分行金融研究室编《金城银行史料》,上海:上海人民出版社,1983年。

卓遵宏编著《抗战前十年货币史资料》(一),台北:"国史馆",1985年。

中国人民政治协商会议全国委员会文史资料研究委员会编《法币、金圆券与黄金风潮》，北京：文史资料出版社，1985年。

中国人民银行总行参事室编《中华民国货币史资料》第1辑，上海：上海人民出版社，1986年。

中国人民政治协商会议上海市委员会文史资料工作委员会编《旧上海的金融界》，上海：上海人民出版社，1988年。

卓遵宏等编《抗战前十年货币史资料》（三），台北："国史馆"，1988年。

中国第二历史档案馆、中国人民银行江苏省分行、江苏省金融志编委会合编《中华民国金融法规选编》，北京：档案出版社，1989年。

上海社会科学院经济研究所、上海市国际贸易学会学术委员会编《上海对外贸易》，上海：上海社会科学院出版社，1989年。

中国人民银行上海市分行金融研究所编《上海商业储蓄银行史料》，上海：上海人民出版社，1990年。

中国人民银行金融研究所编《美国花旗银行在华史料》，北京：中国金融出版社，1990年。

中国银行总行、中国第二历史档案馆合编《中国银行行史资料汇编》上编，北京：档案出版社，1991年。

中国人民银行总行参事室编《中华民国货币史资料》第2辑（1924—1949），上海：上海人民出版社，1991年。

重庆市档案馆、重庆市人民银行金融研究所合编《四联总处史料》，北京：档案出版社，1993年。

中国第二历史档案馆编《中华民国史档案资料汇编》第五辑第一编，财政经济（四），南京：江苏古籍出版社，1995年。

交通银行总行、中国第二历史档案馆合编《交通银行史料》第一卷，北京：中国金融出版社，1995年。

中国第二历史档案馆编《中华民国史档案资料汇编》第五辑第二编，财政经济（三），南京：江苏古籍出版社，1997年。

中国第二历史档案馆编《中华民国史档案资料汇编》第五辑第三编，财政经济（一）（二）（三），南京：江苏古籍出版社，2000年。

上海市政协文史资料委员会编《上海文史资料存稿汇编》经济金融（5），上海：上海古籍出版社，2001年。

Documentary history of the Franklin D. Roosevelt presidency,volume10,11,Congressional Information Service,Inc.,2002.(《富兰克林·罗斯福总统档案》)

洪葭管主编《上海金融志》,上海:上海社会科学院出版社,2003年。

洪葭管主编《中央银行史料》,北京:中国金融出版社,2005年。

上海市档案馆编《上海银行家书信集(1918—1949)》,上海:上海辞书出版社,2009年。

王世杰:《王世杰日记》,林美莉编辑校订,台北:"中研院"近代史研究所,2012年。

三、著作(按出版先后排序)

徐寄顾《增改最近上海金融史》,上海:商务印书馆,1932年。

贾士毅《民国续财政史》,上海:商务印书馆,1932—1934年。

吴承禧《中国的银行》,上海:商务印书馆,1934年。

刘振东《中国货币改造问题与有限银本位制》,上海:商务印书馆,1934年。

崔晓岑《中央银行论》,上海:商务印书馆,1935年。

章乃器《中国货币金融问题》,上海:生活书店,1936年。

王承志《中国金融资本论》,上海:光明书局,1936年。

蒋廷黻《纸币概论》,上海:中华书局,1936年。

关吉玉编著《中国战时经济》,国民政府军事委员会委员长行营,1936年。

黄元彬《白银国有论》,上海:商务印书馆,1936年。

杨荫溥《中国金融研究》,上海:商务印书馆,1936年。

[日]滨田峰太郎《中国最近金融史》,东洋经济新报社,1936年。

余捷琼《中国的新货币政策》,上海:商务印书馆,1937年。

张一凡、潘文安主编《财政金融大辞典》,上海:世界书局,1937年。

闵天培编著《中国战时财政论》,上海:正中书局,1937年。

吴克刚编译《战时金融与币制》,文化生活出版社,1937年。

华汉光《中国货币问题》,上海:商务印书馆,1938年。

马咸《法币讲话》,上海:商务印书馆,1938年。

[日]宫下忠雄《支那货币制度论》,大阪宝文馆,1938年。

林维英著,朱义析译《中国之新货币制度》,上海:商务印书馆,1939年。

刘大钧《非常时期货币问题》,独立出版社,1940年。

刘炳炎《纸币与战争》,正中书局,1940年。

[日]饭岛幡司《支那币制论》,有斐阁,1940年。

陈禾章、沈雷春、张韵华编《中国战时经济志》,上海:世界书局,1941年。

郭家麟编著《中国现行货币制度》,军事委员会政治部,1941年。

钱承绪《中国金融之组织:战前与战后》,上海:中国经济研究会,1941年。

杨志鹏、王梅魁《我国近十年来货币政策之演进》,青岛:青岛书屋,1941年。

张肖梅等编纂《中外经济年报》第三回续编,上海:世界书局,1941年。

[日]宫下忠雄《支那银行制度论》,严松堂书店,1941年。

[日]宫下忠雄《支那战时通货问题一斑》,日本评论社,1943年。

邹宗伊《中国战时金融管制》,重庆:财政评论社出版,1943年。

郭家麟《十年来中国金融史略》,中央银行经济研究处,1943年。

李骏耀《中国纸币发行史》,重庆:中央银行经济研究处,1944年。

千家驹《中国法币史之发展》,南华出版社,1944年。

陈行《中央银行概论》,上海:银行通讯出版社,1948年。

中国经济研究所编著《新币制——金圆券》,华夏图书出版公司,1948年。

[日]香川峻一郎《钱庄资本论》,实业之日本社,1948年。

吴群敢《在华外商银行的概况》,上海:现代经济通讯社,1949年。

彭信威《中国货币史》,上海:上海人民出版社,1958年。

献可编著《近百年来帝国主义在华银行发行纸币概况》,上海:上海人民出版社,1958年。

Chang Kia-Ngau, *The Inflationary Spiral: The Experience in China*, 1939 - 1950, The Technology Press of Massachusetts Institute of Technology, 1958.

谭玉佐《中国重要银行发展史》,台北:中国新闻出版公司,1961年。

Arthur N. Young, *China and the Helping Hand*, 1937 - 1945, Oxford University Press, 1963.

Shun-hsin Chou, *The Chinese Inflation*, 1937 - 1949, Columbia University Press, 1963.

杨培新编著《旧中国的通货膨胀》,北京:生活·读书·新知三联书店,1963年。

Arthur N. Young, *China's Wartime Finance and Inflation*, 1937 -1945, Harvard University Press, 1965.

郭荣生编著《中国省银行史略》,台北:"中央银行"经济研究室,1967年。

张寿贤《陈光甫先生传略》,台北:上海商业储蓄银行,1977年。

[美]阿瑟·恩·杨格,《一九二七至一九三七年中国财政经济情况》,陈泽宪、陈霞飞译,北京:中国社会科学出版社,1981年。

汪敬虞《十九世纪西方资本主义对中国的经济侵略》,北京:人民出版社,1983年。

杨荫溥《民国财政史》,北京:中国财政经济出版社,1985年。

张公权著,杨志信译《中国通货膨胀史(1937—1949)》,北京:文史资料出版社,1986年。

叶世昌编著《中国货币理论史》,北京:中国金融出版社,1986年。

《中国银行上海分行史(1912—1949)》,北京:经济科学出版社,1991年。

姜宏业主编《中国地方银行史》,湖南人民出版社,1991年。

[美]道格拉斯·C·诺思著,《经济史上的结构和变革》,厉以平译,北京:商务印书馆,1992年。

戴建兵《中国近代纸币》,北京:中国金融出版社,1993年。

钟祥财《法币政策前后中国的货币理论》,上海:上海社会科学院出版社,1995年。

卜明主编《中国银行行史(1912—1949)》,北京:中国金融出版社,1995年。

于彤、戴建兵《中国近代商业银行纸币史》,石家庄:河北教育出版社,1996年。

林美莉《抗战时期的货币战争》,台北:"国立台湾师范大学历史研究所",1996年。

马寅初《马寅初全集》第2、3、10卷,杭州:浙江人民出版社,1999年。

刘慧宇《中国中央银行研究(1928—1949)》,北京:中国经济出版社,1999年。

许崇正主编《货币银行学》,北京:中国经济出版社,2001年。

季长佑《金圆券币史》,南京:江苏古籍出版社,2001年。

吴景平等著《抗战时期的上海经济》,上海:上海人民出版社,2001年。

杜恂诚主编《上海金融的制度、功能与变迁(1897—1997)》,上海:上海人民出版社,2002年。

吴景平、马长林主编《上海金融的现代化与国际化》,上海:上海古籍出版社,2003年。

杜恂诚《金融制度变迁史的中外比较》,上海:上海社会科学院出版社,2004年。

[日]久保亨著,王小嘉译,朱荫贵校审《走向自立之路:两次世界大战之间中国的关税通货政策和经济发展》,北京:中国社会科学出版社,2004年。

文芳主编《货币风潮——币祸》,北京:中国文史出版社,2004年。

复旦大学中国金融史研究中心编《上海金融中心地位的变迁》,上海:复旦大学出版社,2005年。

戴建兵《白银与近代中国经济(1890—1935)》,上海:复旦大学出版社,2005年。

宋佩玉《抗战初期上海的外汇市场(1937—1941)》,上海:上海人民出版社,2007年。

[美]查尔斯·P·金德尔伯格《西欧金融史》,徐子健、何建雄、朱忠译,北京:中国金融出版社,2007年。

[英]弗里德里希·冯·哈耶克《货币的非国家化》,姚中秋译,新星出版社,2007年。

[英]弗里德里希·冯·哈耶克《哈耶克文选》,冯克利译,南京:江苏人民出版社,2007年。

洪葭管《中国金融通史·国民政府时期(1927—1949年)》,北京:中国金融出版社,2008年。

刘平《近代中国银行监管制度研究》,上海:复旦大学出版社,2008年。

叶世昌《中国经济史学论集》,北京:商务印书馆,2008年。

[美]阿瑟·N·杨格著,陈冠庸等译校《中国的战时财政和通货膨胀(1937—1945)》,广州:广东省社会科学院原世界经济研究室,2008年。

[美]彼得·L·伯恩斯坦《黄金简史》,黄磊译,上海:上海财经大学出版社,2008年。

[美]米尔顿·弗里德曼《货币的祸害》,安佳译,北京:商务印书馆,2008年。

贺水金《1927—1952年中国金融与财政问题研究》,上海:上海社会科学院出版社,2009年。

[美]托马斯·罗斯基《战前中国经济的增长》,唐巧天等译,杭州:浙江大学

出版社,2009年。

［英］尼尔·弗格森《货币崛起》,高诚译,北京：中信出版社,2000年。

［美］米尔顿·弗里德曼、安娜·J·施瓦茨《美国货币史》(1867—1960),巴曙松、王劲松等译,北京：北京大学出版社,2009年。

［美］弗雷德里克·S·米什金《货币金融学》,钱炜青、高峰译,清华大学出版社,2009年。

［西］赫苏斯·韦尔塔·德索托《货币、银行信贷与经济周期》,葛亚非、刘芳等译,张灏校,北京：电子工业出版社,2012年。

石涛《南京国民政府中央银行研究(1928—1937年)》,上海：远东出版社,2012年。

张秀莉《币信悖论：南京国民政府纸币发行准备政策研究》,上海：远东出版社,2012年。

李爱《白银危机与币制改革》,北京：社会科学文献出版社,2014年。

《交通银行史》编委会著《交通银行史》,商务印书馆,2015年。

四、论文(按发表先后排序)

蔼庐《论上海中国银行之公开准备》,《银行周报》第12卷第12号,1928年4月3日。

裕孙《从金融统计上以观中行之发行公开》,《银行周报》第12卷第13号,1928年4月10日。

张公权《各国之发行准备制度与上海中国银行准备公开办法之比较》,《银行周报》第12卷第16号,1928年5月1日。

寿熹《我国纸币发行现况之考察》,《东方杂志》第32卷第17号。

罗从豫《吾国今日不兑换纸币问题》,《银行月刊》第8卷纪念刊。

蔼庐《论上海中国银行之公开准备》,《银行周报》第12卷第12号。

谦益《论上海中国银行发钞公开》,《钱业月报》第8卷4号。

蔼庐《银行收兑汉口改钞感言》,《银行周报》第11卷第41号。

裕孙《山东省银行二次停兑感言》,《银行周报》第11卷第38号。

耿爱德著,受百译《上海纸币及现银准备述略》,《银行周报》第14卷第6号,1930年2月25日。

蔡可选《金本位制度之现在与将来》,载《清华学报》第10卷第1期,1935年

1月。

杨荫溥《银潮中吾国纸币现状及其应变政策》,载吴小甫编《中国货币问题丛论》,货币问题研究会1936年版。

朱偰《世界通货战争之现阶段及中国应取之对策》,《东方杂志》第32卷第13号,1935年7月1日。

张素民《币制改革之意义及其影响》,《东方杂志》第32卷第23号,1935年12月1日。

王烈望《新货币制度之研究》,载《银行周报》第19卷第48期,1935年12月10日。

朱宇苍《法币的准备品与准备银行》,《钱业月报》第16卷第6号,1936年6月15日。

邬丹云《财部改革币制第二次宣言与世界银市》,载《银行周报》第20卷第22期,1936年6月9日。

权时《调剂内地金融之"一元券及辅币券"的性质》,《银行周报》第22卷第18期,1938年5月10日。

顾季高《中国新货币政策与国际经济均衡》,载《经济学季刊》第7卷第1期,1936年6月。

何廉《中国通货管理几个重要问题之商榷》,《大公报》1935年11月11日。

黄元彬《新货币政策成功之关键》,《银行周报》第20卷第15期,1936年4月21日。

李泰初《中国存银量与法币之前途》,《财政评论》第1卷第1期,1939年1月1日。

《战后金银进出统计》,《财政评论》第1卷第2期,1939年2月1日。

贾德怀《中国金银概况及收兑情形》,《财政评论》第1卷第2期,1939年2月1日。

亦闻《日本果能破坏中国法币制度乎?》,《财政评论》第1卷第1号,1939年1月1日。

杨端六《财政部的货币新法令》,载吴小甫编《中国货币问题丛编》,货币问题研究会1936年版,第235—236页。

朱斯煌《钞票之准备基础与信用》,《银行周报》第28卷第25、26期合刊,1944年7月15日。

侯树彤《评财部币制新令》,《大公报》1935年11月16日—20日。

园田日吉《法币价值何以能稳定?》,《财政评论》第1卷第2期,1939年2月1日。

朱斯煌《钞票之准备基础与信用》,《银行周报》第28卷第25、26期合刊,1944年7月15日。

汤德明《从法币到金圆券》,载《时与文》第3卷第19期,1948年8月27日。

刘善初《泛论币制改革》,《银行周报》第32卷第41、42期,1948年10月11、18日。

李恭宇《论前后两次币制改革》,《银行周报》第32卷第41期,1948年10月11日。

社论《望政府珍重金圆券的发行》,《银行周报》第32卷第43期,1948年10月25日。

王文玮《从银本位、金本位、纸本位说到币制改革》,《银行周报》第32卷第39期,1948年9月27日。

庄智焕《从战后各国货币改革的经验看金圆券》,《银行周报》第32卷第47期,1948年11月22日。

夏炎德《金圆券不能成功的十个理由》,《银行周报》第32卷第50期(上),1948年12月13日。

沈云龙《王云五与金圆券案质疑》,台湾《传记文学》第35卷第4期。

黄如桐《1935年国民党政府法币政策概述及其评价》,《近代史研究》1985年第6期。

慈鸿飞《初期法币性质辨析》,《中国近代经济史研究资料》(五),上海社会科学院出版社1986年版。

郭欣《析1935年国民党政府实施的法币政策》,《江西社会科学》1986年第5期。

苏智良、朱华《民国史上最丑恶的一章——金圆券币制改革与"打虎运动"》,《档案与历史》1986年第4期。

叶世昌《初期法币是不兑现纸币》,《中国近代经济史研究资料》(七),上海社会科学院出版社1987年版。

陈建智《抗日战争时期国民政府对日伪的货币金融战》,《近代史研究》1987年第2期。

吴景平《李滋罗斯中国之行述评》，《近代史研究》1988 年第 6 期。

洪钢《论国民党政府的法币政策》，《中南财经政法大学学报》1989 年第 1 期。

朱雪芬《南京政府倒台前夕的一场币制改革闹剧——评金圆券政策的出笼与失败》，《宁波师范学院学报》（社科版）1990 年第 3 期。

缪明杨《宋代纸币发行准备金述略》，《财经科学》1995 年第 5 期。

魏永理《试论中国国家纸币的产生及其历史地位》，《甘肃社会科学》1995 年第 5 期。

马俊起《法币的通货膨胀与国民党政府的外汇政策》，《金融研究》1995 年第 2 期。

谷昆山《法币改革及其在抗日战争中的作用》，《西南金融》1995 年第 5 期。

姚会元《法币政策与抗日战争》，《抗日战争研究》1996 年第 1 期。

姚会元《论法币改革》，《学术月刊》1997 年第 5 期。

刘承斌《略论法币政策对抗战的作用》，《郑州大学学报》1997 年第 6 期。

邱松庆《略论南京国民政府的法币政策》，《中国社会经济史研究》1997 年第 4 期。

王建科《"法币"发行初期为可兑现纸币》，《江海学刊》1998 年第 1 期。

郭太风《王云五：金圆券风潮中的一个关键人物》（上、下），《档案与史学》1999 年第 4、5 期。

贺水金《论国民政府的法币政策》，《档案与史学》1999 年第 6 期。

李金铮《旧中国通货膨胀的恶例——金圆券发行内幕初探》，《中国社会经济史研究》1999 年第 1 期。

吴景平《英国与中国的法币平准基金》，《历史研究》2000 年第 1 期。

陈民《法币发行制度与通货膨胀》，《苏州大学学报》2000 年第 4 期。

戴友锋《法币改革和金圆券改革的比较研究》，《福建金融管理干部学院学报》2001 年第 3 期。

杜恂诚《二十世纪二三十年代中国信用制度的演进》，《中国社会科学》2002 年第 4 期。

孔庆国、张生《抗战时期法币的特殊角色述论》，《民国档案》2003 年第 4 期。

吴景平《上海金融业与太平洋战争爆发前上海的外汇市场》，《史学月刊》2003 年第 1 期。

[韩]金正贤《论国民政府的法币价值稳定政策及其在抗战中的作用》,《抗日战争研究》2004年第4期。

吴景平《金圆券政策的再研究——以登记移存外汇资产和收兑金银外币为中心的考察》,《民国档案》2004年第1期。

吴景平《上海金融业与金圆券政策的推行》,《史学月刊》2005年第1期。

叶世昌《简论20世纪中国纸币理论的演变》,《复旦学报》2006年第2期。

李家智《论西方大国对国民政府币制改革的反响及其成因》,《西华师范学院学报》2006年第3期。

吴景平、龚辉《1930年代初中国海关金单位制度的建立述论》,《史学月刊》2007年第10期。

张秀莉《金圆券发行准备监理委员会述论》,《民国档案》2008年第4期。

张皓《王云五与国民党政府金圆券币制改革》,《史学月刊》2008年第3期。

王作化、王富喜、曹晓颖《王云五与民国末年的"金融风暴"》,《文史精华》2009年第12期。

刘艳萍《中国近代信用货币演变初探(1840—1935)》,中国社会科学院研究生院博士学位论文,2008年,指导教师:朱荫贵教授。

董昕《中国银行上海分行研究(1912—1937)》,复旦大学博士学位论文,2005年,指导教师:吴景平教授。

田兴荣《北四行联营研究(1921—1952)》,复旦大学博士学位论文,2008年,指导教师:吴景平教授。

张秀莉《限制与利用:南京国民政府时期省银行发行权的沿革》,《史林》2010年第5期。

张秀莉《1940年代后期沪港间资金的流动及影响》,《史林》2011年第4期。

宋振凌《南京国民政府币制改革研究》,西南政法大学法律史学博士论文,2011年,指导教师:曾代伟教授。

王丽《杨格与国民政府战时财政研究(1937—1945)》,复旦大学博士学位论文,2012年,指导教师:吴景平教授。

谈福海《民国期刊视野下的1948年币制改革》,江西师范大学硕士论文,2012年,指导教师:刘劲松教授。

王丽《抗战时期中英平准基金述略——以美籍财政顾问阿瑟·恩·杨格为中心的考察》,《抗日战争研究》2013年8月。

张秀莉《政治变局中的金融震荡：1928 年平津挤兑风潮》,《史林》2014 年第 3 期。

王丽《重建战后金融体系的努力：国民政府与国际货币基金组织》,《史林》2015 年第 1 期。

五、报刊资料

《申报》

《中央日报》

《新闻报》

《大公报》

《银行周报》

《文化建设月刊》

《中央银行月报》

《东方杂志》

《银行月刊》

《钱业月报》

《财政评论》

《交行月刊》

《金融周报》

《密勒氏评论报》

《北华捷报》

后　记

南京国民政府纸币政策研究从2009年国家课题立项至今已近10年，这10年间虽然因为这样那样的工作和研究转向，并未将全部精力投入在此，但我从未放下对相关资料的搜集、阅读与思考，书的出版也不是此项研究的终结，还有不少关键性的问题一直萦绕于脑海，今后会以专题研究的形式继续。

本书的研究时段虽只有22年，纸币政策也是一个非常专门的问题，但投入研究之后才发现史料收集的工作量之大、涉及面之广，都出乎预期，颇感力有不逮，所幸得到诸多老师、前辈和学界朋友的支持，才有了呈现在读者面前的初步成果。回首这些年的研究历程，太多感激涌上心头。

首先要感谢复旦大学历史系吴景平教授和上海财经大学经济学院杜恂诚教授两位恩师的培养和支持，无论求学期间还是毕业后，总能在困难的时候得到老师的点拨与教诲，使我得以坚持下去。

其次要感谢在访求档案和学术研讨中给予我帮助的各位老师和同门。中国第二历史档案馆的马振犊老师和郭必强老师，天津市档案馆的周利成老师，广东省社会科学院的王杰老师，广东省档案馆的郑泽隆老师，复旦大学历史系的朱荫贵老师，台湾"中研院"近史所的林美莉老师，西南大学的刘志英师姐等都曾给予我很多关照和帮助。2011年我在上海社会科学院的资助下前往斯坦福大学进行为期半年的资料查阅工作和访问交流，使我得以系统地查阅了南京国民政府关键人物的档案以及美国和英国的相关档案，收获非常大，感谢院所给予我这样的机会，同时也要特别感谢胡佛研究所的郭岱君老师、林孝庭老师、房国颖老师，加州伯克利大学的何剑叶老师、梁禾老师给予我的巨大帮助。

最后要感谢上海社会科学院出版社的唐云松副总编与陈如江老师所付出的辛勤劳动，他们从出版的专业视角帮我校正了一些问题和不妥之处。

学术研究虽然是一项个体性的工作，但并不孤单，因为研究者总是在汲取前人和各方同道的智慧中前行,交流、交锋、交融正是研究的魅力所在。尽管历史不能提供完美的指引,却是人们探索世界和认识自我的一面镜子,正如马克·吐温所言"历史不会重复自己,但会押着同样的韵脚",鉴往知来正是历史研究的意义所在。敬祈读者不吝赐教!

图书在版编目(CIP)数据

国际视野下的南京国民政府纸币政策研究/张秀莉著.—上海：上海社会科学院出版社,2018
 ISBN 978-7-5520-2491-3

Ⅰ.①国… Ⅱ.①张… Ⅲ.①纸币－货币政策－研究－中国－民国 Ⅳ.①F822.9

中国版本图书馆CIP数据核字(2018)第234759号

国际视野下的南京国民政府纸币政策研究

著　　者：张秀莉
责任编辑：唐云松　陈如江
封面设计：夏艺堂艺术设计
出版发行：上海社会科学院出版社
　　　　　上海顺昌路622号　邮编200025
　　　　　电话总机021-63315900　销售热线021-53063735
　　　　　http://www.sassp.org.cn　E-mail:sassp@sass.org.cn
排　　版：南京展望文化发展有限公司
印　　刷：上海万卷印刷股份有限公司
开　　本：710×1010毫米　1/16开
印　　张：20.5
插　　页：1
字　　数：346千字
版　　次：2018年9月第1版　2018年9月第1次印刷

ISBN 978-7-5520-2491-3/F·551　　　　　定价：88.00元

版权所有　翻印必究